JN260478

市橋一郎 著

北関東の横穴式石室

同成社

序　文

　2002年4月6日、新年度授業の開始を翌週に控えた土曜日、授業の準備や春休みにたまった資料等を整理するために朝から研究室にこもって作業を行っていた。作業が順調に進み始めたころ、日ごろ懇意にしている商学部の川村晃正教授から会わせたい人がいるとの連絡があり、私の研究室に教授といっしょにこられたのが市橋一郎氏であった。聞けば専修大学大学院に進学して、私の指導を受けたいとのことであった。同氏とは私がまだ宮内庁に勤めていた30歳前のころに足利市でお会いしたことがあるが、その後は会わずじまいであった。市橋氏は私よりも5歳以上年長であり、またすでに足利市教育委員会に勤めておられ多くの報告書を出版されている。さらに私の関西大学大学院時代の先輩である右島和夫氏から、市橋氏は群馬大学工学部学生ではあったが尾崎喜左雄先生の薫陶を受けていたことをうかがっていた。しかも群馬大学では右島氏の先輩である。

　以上から、正直あまり積極的に歓迎できない気分であったことを告白しなければならない。何といっても私の先輩のそのまた先輩を指導すること。つまり、市橋氏からすれば後輩よりも年下の人の指導を受けることになる。とりわけ、すでに多くの経験を積んで報告書なども出版されておられたことから、年下の私の「指導」に対し、素直に聞いてくださるのかという疑念が払拭できなかったのである。

　しかし、聴講生としての1年間を終えるころにはこうした危惧が杞憂に過ぎなかったことがわかり、ずいぶんと楽な気持ちになった。と同時に市橋氏の人となりを多少とは言え危惧した自分を恥ずかしく思ったものである。市橋氏は既述のように工学部の出身であるが本来考古学に興味があり、大学卒業後も考古学の勉強を独学で学び続けていた。しかし、現場サイドに立った勉強に偏りがちなため、理論をはじめ研究史や他分野の学問との関係などには及ばない部分を多く残していたことは否めない。市橋氏自身もそうしたことを熟知していたために、50代半ばを過ぎて今一度基礎から学ぼうとされたのであろう。このため私は特に理論書や関連する他学問の書籍を多く紹介し、また読んでくるようお願いした。毎週足利から通うだけでも大変であったと思うが、研究に邁進する真摯な姿は学部や大学院に学ぶ若い諸君に大いに刺激を与えた。指導者としては、本人が思う以上に若い学生に与えてくれた刺激がうれしく思われた。

　さて、市橋氏は栃木県下の横穴式石室を分析したいという希望を持っていた。ほぼ同じころ、小林孝秀君も横穴式石室の研究をするために駒澤大学から専修大学の大学院に進学して私の指導を受けていた。しかし、私は二人に対し、横穴式石室に特化した指導は行っていない。視野を広くして歴史全体の中から課題に迫ることが肝要と思ったからである。この観点に基づいて、市橋氏や小林氏を含む学生たちとともに韓国に行き、実際の遺跡めぐりも何度か行った。それにしても実年齢はお世辞にも若いとは言えない市橋氏が、私の無理難題に耐えてよく頑張ってくれたものと思う。本来ならば栃木県下における横穴式石室の構造分析で終わっていたはずであるが、用語の問題をはじ

め副葬品のあり様や横穴墓への関心、そして石室構造の背後に潜む「畿内」政権との関係や下毛野地域内の政治事情等、多岐にわたる分野に解明の矛を向けたことはむろん本人の努力の賜物であることは言うまでもない。本書は今後栃木県下の横穴式石室を研究するに際して、まずひもとかねばならない1冊になるであろうことは疑いない。

　しかし、本書は市橋氏の長い研究生活の集大成ではない。長寿国となった日本においては、まだまだ引退するという年齢ではなかろう。実際、現在も足利市の各種行事で活躍中であるとうかがっている。どうか健康に留意され、今後ますます活躍されることを心から願っている。

　　2014年7月

　　　　　　　　　　　　　　　　　　　　　　　　　　　　　　　　　　土生田　純之

目　次

序文　i

はじめに　3

第1章　栃木県における横穴式石室の研究史とその問題点 ……………7
第1節　研究史 ……………………………………………………………7
1. 明治期～大正期の古墳調査史　7
2. 昭和期～現在の古墳調査史　8
3. 1970年代以降に発表された栃木県内の横穴式石室の研究史　9

第2節　問題点と課題 ……………………………………………………11

第2章　横穴式石室を構成する要素の名称について ……………………13
第1節　玄門構造を構成する各部位の名称 ……………………………13
1. はじめに　13
2. 研究史　13
3. 各部名称の使用比較　14
4. 日本建築から見た名称の検討　17
5. 各部名称の再検討　19
6. 命名・名称についての提言――まとめにかえて　20
7. おわりに　21

第2節　腰石について ……………………………………………………23
1. はじめに　23
2. 用語として使用されてきた経緯　25
3. 定義　28
4. 腰石の各部位の検討　29
5. 横穴式石室の属性分析における腰石について　30
6. 腰石分類（細分）の要素　34
7. 腰石の使用についての課題――まとめにかえて　34

第3章　栃木県における横穴式石室の様相 …………………………………… 43

第1節　栃木県の横穴式石室の概要 ……………………………………… 43
1. はじめに　43
2. 栃木県の導入期　43
3. 展開期　44
4. 終末期　44
5. おわりに　45

第2節　足利市常見古墳群の様相 ………………………………………… 47
1. 古墳の概要　47
2. 古墳の比較検討　53
3. 常見古墳群の年代的な変遷とその歴史的意義　55

第3節　足利市足利公園古墳群A号墳の石室をめぐる諸問題 …………… 59
1. はじめに　59
2. 古墳の概要　59
3. 成果と問題点　63
4. おわりに　70

第4節　矢板市番匠峰古墳群の再検討 …………………………………… 72
1. はじめに　72
2. 番匠峰古墳群の歴史的環境　72
3. 研究略史　74
4. 横穴式石室の検討　76
5. 出土遺物の検討　80
6. 立地の検討　82
7. 周辺の横穴式石室墳との比較　83
8. 考察　87
9. 番匠峰古墳群の位置づけ──まとめにかえて　91
10. おわりに　92

第5節　栃木市岩家古墳の石室に関する検討 …………………………… 94
1. はじめに　94
2. 研究史　95
3. 問題点──この石室を明らかにするための検討すべき点　98
4. 岩家古墳の石室の特定　100
5. 比較検討──岩家古墳の石室の性格と系譜を求めて　101

		6. 岩家古墳の実態——まとめにかえて　110

		7. おわりに　110

第4章　栃木県における横穴式石室の変遷　113

第1節　栃木県における初期横穴式石室の受容の様相　113

		1. 6世紀前半の古墳の様相　113

		2. 初期横穴式石室の受容　114

		3. 初期横穴式石室の受容理由　119

		4. 中央勢力との関係——まとめにかえて　120

第2節　栃木県における無袖横穴式石室の変遷と系譜　122

		1. はじめに　122

		2. 各種無袖横穴式石室の分類　122

		3. 各種無袖横穴式石室の受容状況と地域性　122

		4. 無袖石室の系譜　126

		5. 無袖石室の階層性　129

		6. 特性の抽出——まとめにかえて　130

第3節　いわゆる切石石室の出現とその意義　133

		1. はじめに　133

		2. 栃木県の切石石室研究の経緯とその定義　133

		3. 分類・編年　134

		4. 系譜　148

		5. 地域性と流通——まとめにかえて　151

第5章　栃木県における古墳時代後期の特性　155

第1節　横穴式石室墳の須恵器供献について　155

		1. はじめに　155

		2. 栃木県における横穴式石室墳出土須恵器の研究史　155

		3. 課題の抽出　157

		4. 栃木県下における横穴式石室墳出土の須恵器について　157

		5. 課題の検討　160

		6. 須恵器供献儀礼について　165

		7. 供献について　166

		8. 供献と放置——まとめにかえて　168

9. おわりに　168
第2節　栃木県の横穴墓についての一考察……………………………………170
　　1. はじめに　170
　　2. 研究史　172
　　3. 形態による分類　173
　　4. 年代観（編年）　176
　　5. 系譜の検討　179
　　6. 横穴墓の特性と分布――まとめにかえて　182
　　7. おわりに　187
第3節　横穴式石室から見た栃木県足利地域と群馬県太田地域の関わり………190
　　1. はじめに　190
　　2. 栃木県足利地域の横穴式石室　190
　　3. 群馬県太田地域の横穴式石室　196
　　4. 考察　203
　　5. おわりに　207

参考文献　211

あとがき　225

図 版 目 次

第 1 図	横穴式石室構造模式図	15
第 2 図	民家の部材の名称	17
第 3 図	時国家内部	18
第 4 図	我妻家内部	18
第 5 図	門構造模式図	19
第 6 図	権現山古墳石室実測図	20
第 7 図	宮下古墳石室見取図	20
第 8 図	栃木県下の腰石を有する横穴式石室	24
第 9 図	福岡県かって塚古墳横穴式石室実測図	25
第10図	長崎県黄金山古墳横穴式石室実測図	25
第11図	人体における「腰」の位置	27
第12図	地形における「腰」の位置	27
第13図	石垣における「腰石」の位置	27
第14図	三重県おじょか古墳横穴式石室実測図と石室構造模式図	28
第15図	直方体石材の各部位の名称を示す図	29
第16図	静岡県興覚寺後古墳と秋合8号墳の横穴式石室実測図	29
第17図	腰石の据え方の模式図	30
第18図	丹後・丹波における初現期の横穴式石室実測図	31
第19図	静岡県萩ヶ谷A4号墳と女池ヶ谷3号墳の横穴式石室実測図	32
第20図	玄室構築法（奥壁・側壁別）の分類図	32
第21図	日本列島の基底石を縦位に配置する石室の実測図	35
第22図	下伊那谷座光寺地区 北本城古墳と高岡1号墳の横穴式石室実測図	38
第23図	常見古墳群の分布図	48
第24図	足利郡山川村所在の古墳地籍図	49
第25図	正善寺古墳の墳丘と横穴式石室実測図	50
第26図	海老塚古墳の墳丘と横穴式石室実測図	51
第27図	口明塚古墳の墳丘と横穴式石室実測図	52
第28図	正善寺古墳の葺石平面図と断面図	54
第29図	海老塚古墳の葺石平面図と断面図	54
第30図	口明塚古墳の葺石正面図	54
第31図	足利公園古墳群およびその周辺の古墳の位置図	60

第32図	足利公園 A 号墳墳丘測量図	62
第33図	足利公園 A 号墳横穴式石室の実測図	63
第34図	足利公園古墳群全体図	65
第35図	足利公園古墳群内横穴式石室の変遷図	67
第36図	足利公園古墳群内の各古墳の横穴式石室側壁に使用されている山石・川原石の割合内容を示した図	70
第37図	番匠峰古墳群の所在図	73
第38図	番匠峰古墳群の分布図	74
第39図	番匠峰古墳群の各号墳横穴式石室の平面図	78
第40図	各横穴式石室平面図の比較図	79
第41図	ほぼ完形の大刀および関連刀装具の実測図	81
第42図	番匠峰古墳群出土鉄鏃の実測図	82
第43図	境林古墳横穴式石室の平面図および出土した直刀と馬具（一部）の実測図	84
第44図	大和久古墳群（1・2号墳）の横穴式石室実測図	85
第45図	那珂川町川崎古墳の横穴式石室と出土遺物の実測図	86
第46図	県内無段川原石積み石室の所在図	89
第47図	栃木市岩家古墳の位置図	94
第48図	岩家古墳の墳丘実測図と石室実測図	96
第49図	栃木県の大型切石石室の分布・実測図	102
第50図	栃木県の大型切石石室の玄室長と玄室容積の関連図	104
第51図	上三川町多功大塚山古墳の墳丘・石室・遺物実測図	106
第52図	福島県谷地久保古墳の墳丘実測図および石室実測図	107
第53図	山陰の石室実測図	109
第54図	片袖石室の実測図	116
第55図	中山古墳出土遺物実測図	117
第56図	権現山古墳の石室と出土遺物の実測図	118
第57図	初期横穴式石室に関係する古墳の分布図	119
第58図	無袖有段構造石室（山石積み石室）	123
第59図	無袖有段構造石室（川原石積み石室）	123
第60図	無袖無段構造石室（山石積み石室）	125
第61図	無袖無段構造石室（川原石積み石室）	126
第62図	狭長な無袖無段構造石室（川原石積み石室）	126
第63図	栃木県以外の無袖有段構造石室	127
第64図	栃木県以外の無袖狭長石室	129
第65図	栃木県における切石石室の分布図（付一覧表）	134
第66図	切石石室1類の編年図	136

第67図	切石石室2類の平面図	137
第68図	切石石室3類の平面図	137
第69図	石下古墳群の分布図（付一覧表）	138
第70図	石下古墳群の主体部の変遷図	139
第71図	上原古墳群の分布図	140
第72図	上原古墳群の石室編年図	141
第73図	西坪古墳群の分布図	142
第74図	切石石室4類－アの平面図	143
第75図	切石石室4類－イの平面図	143
第76図	切石石室4類－ウの平面図	145
第77図	切石石室4類－エの平面図	146
第78図	足利公園M号墳石室出土土器図および石室略図	162
第79図	文選11号墳の横穴式石室および石室出土須恵器実測図	163
第80図	栃木県内の横穴墓の分布図	171
第81図	各形状の横穴墓の実測図	174
第82図	横穴墓出土土器の実測図	178
第83図	唐御所横穴墓と治衛門穴横穴墓の平面図の比較	180
第84図	板倉町頼母子4号墳および安中市相水谷津横穴墓の実測図	181
第85図	那須地域の横穴墓の編年図	183
第86図	長岡百穴横穴墓群の編年図	184
第87図	厩穴横穴墓の所在地図	187
第88図	厩穴横穴墓の概略図	188
第89図	足利地域・太田地域における主な横穴式石室の所在図	191
第90図	足利地域の横穴式石室の実測図(1)	192
第91図	足利地域の横穴式石室の実測図(2)	193
第92図	太田地域の横穴式石室の実測図(1)	197
第93図	太田地域の横穴式石室の実測図(2)	198
第94図	太田地域の横穴式石室の実測図(3)	199
第95図	6世紀中頃から8世紀にかけての主要遺跡分布図	205
第96図	太田市東矢島古墳群の分布図	206

表 目 次

第 1 表　竪穴系横口式石室の分類一覧表の一部分 …………………………………………………… 26
第 2 表　畿内型石室の属性変異一覧表とその説明 …………………………………………………… 33
第 3 表　腰石を有する横穴式石室の比較 ……………………………………………………………… 37
第 4 表　足利地域の横穴式石室を有する古墳一覧表 ………………………………………………… 69
第 5 表　番匠峰古墳群の横穴式石室計測値・形状・出土遺物などの一覧表 ……………………… 77
第 6 表　栃木県内の無段構造（玄門部床面平坦構造）の川原石積み横穴式石室比較表 ………… 88
第 7 表　検討した横穴式石室の編年表 ………………………………………………………………… 91
第 8 表　岩家古墳の墳丘・石室測定値一覧表 ………………………………………………………… 97
第 9 表　栃木県の大型切石石室一覧表 ………………………………………………………………… 103
第10表　栃木県の大型切石石室墳の5要素の変遷比較一覧表 ……………………………………… 105
第11表　栃木県における6世紀前半を中心とした主要古墳の編年表 ……………………………… 115
第12表　須恵器が出土した横穴式石室墳の一覧表 ……………………………………………… 158～160
第13表　横穴式石室内に須恵器を埋納している古墳基数一覧表 …………………………………… 161
第14表　横穴式石室墳からなる古墳群と出土須恵器の関係表 ……………………………………… 164
第15表　足利地域・太田地域の横穴式石室墳編年表 ………………………………………………… 200

北関東の横穴式石室

はじめに

　日本列島において国家形成黎明期の段階である古墳時代の展開を明らかにするには、文献史料は情報量が少なく、考古学的資料からの検討が重要である。
　この時期の列島内の政治形態は広域首長連合による統治であったとされている[1]。その広域首長連合の紐帯となっているもののひとつとして、象徴物としての墳墓——古墳がある。古墳という墓制には、階層性が現出しており、しかもその副葬品は多彩であり、威信財的な遺物も含まれている。この古墳の動向から広域首長連合の動向ひいては国家形成過程の一部を構築できるのではないか。
　土生田純之は、「古墳分析の第一次的意義が文化の解明にある」ものの、「政治史的分野の研究にも有効である」（土生田 2006：p53）としている。「前方後円墳体制」論[2]はその成果のひとつであった。本書では、古墳時代後期の関東における国家形成過程を古墳から明らかにしていくことを検討したい。
　古墳の構成要素から何を抽出するか。階層性を現出している点としては墳丘形状およびその規模が広く知られている。すなわち大型前方後円墳を頂点としたヒエラルキーである。しかしながら、古墳発生時から存在する前方後円墳も6世紀末には多くの地域で消滅し、古墳時代後期後半〜終末期は比較検討できない。
　そのためこれに代わる古墳の構成要素として、古墳時代後期から終末期まで継続する横穴式石室を取り上げる。
　内部主体である横穴式石室は、墳丘の形状・規模に次いでその階級性を表出しやすい遺構であると考える。最高首長が採用した形態の横穴式石室は、形態および規模差の要因に各階層に対する規制と認可という政治的背景を想定することで、その政治史的側面をたどることが可能である。
　横穴式石室は5世紀末葉から6世紀初頭頃に関東で現出するが、地域差や時期差に応じて異なる形態を示す[3]。多くはヤマト政権のその地域に対する政治的意図が、時間差を持って横穴式石室の形態に表れるが、ヤマト政権の関心が低い地域では地域間の交流により特定された横穴式石室の受容もあるかもしれない。
　最高首長層の墓制は横穴式石室であり、その延長上にある横口式石槨であるが、新興有力集団の中には横穴式石室ではない墓制を元来有していた集団もある。この墓制が横穴墓である。しかし、横穴式石室と横穴墓が相互に影響しあうことも考えられ、必要に応じて横穴墓の検討をおこないたい。
　そうした考慮も必要であるが、関東の各地域における横穴式石室の受容と展開を分析することで、ヤマト政権と各地域における交流の様相が見えてくるのではなかろうか。同様に横穴式石室の分析が、関東においてはヤマト政権からの働きかけに対し、どのような対応をおこなったのかを分析することにより、はじめて相互の関係を明確にできるだろう。

本書では、日本列島における国家形成段階のワンステップである畿内による東北地方の制覇という政治的目的が、栃木県の諸地方に与えた影響を調べるため、同地における横穴式石室の受容とその展開を分析する。また、必要に応じてその出土遺物や並行して受容された横穴墓をも検討の対象としていきたい。

　本書は以下のような構成となっている。
　第1章では、栃木県における横穴式石室の研究史とその問題点として、研究史をまとめ、その問題点と課題を提示した。
　第2章では、用語の統一化は学問の自由を阻害するものであるとの見解もあるが、研究対象の遺構・遺物を正確に伝達するには、共通の用語を持つ必要があるという視点から、横穴式石室を構成する要素の名称の中で、玄門構造を構成する各部位の名称と腰石についてとりあげ、その問題点を論じた。
　第3章では、栃木県における後期古墳の様相を、西部および北部を例にとって分析した。すなわち足利地域（西部）における地域首長墓の集まりである常見古墳群を、ついで前方後円墳を含む古墳群として足利公園古墳群、円墳のみで構成されている古墳群として北部の矢板市番匠峰古墳群を分析した。また最後に終末期の古墳のあり方として、散在して群をなす古墳の例として中央部の栃木市岩家古墳を検討した。
　第4章では、まず栃木県における横穴式石室の導入を分析するため、導入時期の古墳の紹介と横穴式石室受容の様相やその理由を考察した。すなわち、初期横穴式石室を受容した岩舟・大平地域と宇都宮丘陵地域はともに多彩な形態の横穴式石室が見られ、立地の条件や交通上の要所であることなど、類似した環境にある。これら石室墳は、「国」単位の中心勢力集団とは別に、共通する何らかの役割を中央勢力から求められた集団が、その要求に応えた結果造墓されたものと考えた。次に、有段構造の川原石積み横穴式石室にしぼり、その様相と展開について論及した。その結果、系譜の源流は東海地方にあり、伝播ルートは原東山道ルート、原東海道ルートと多様であることを指摘した。そして最後に、栃木県特有のいわゆる切石石室の出現とその意義について見解を述べた。特に最高首長層に受容された大形切石石室の系譜や分布のあり方は重要であり、栃木県の場合、6世紀中葉から後半に中央勢力を構成する有力集団の介入があり、従来から存在した複数系統の有力首長が多くの大形古墳を出現させた。しかし、すでに広域にまたがる紐帯が形成されていたため（いわゆる下野型古墳の成立）、墓制に畿内の影響は強く現れず、おのおのの石室の構成要素にいくらかの相違が見られる程度であることを指摘した。そしてこの時期が、東北地方への陸路交通の確立とあいまって、中央勢力が栃木県（下毛野）に兵站基地（物資の集積地）を必要とした時期であったと想定した。
　第5章は、栃木県における古墳時代後期の特性として、まず横穴式石室墳の須恵器供献について検討し、ついで栃木県の横穴墓について同時期の封土墳との相違を明らかにしながら、横穴墓の分布や形態からその系譜や性格を考察した。また古墳時代後期は、陸路の開発が顕著になった時期であり、そうした陸路の要衝地のひとつである足利・太田地域の横穴式石室の様相から、この時期に

おける当該地の歴史的意義を見出そうとした。

　なお、ここであらかじめ地名の表示について触れておきたい。
　現行の行政地名と歴史地名の使い分けについて、一番問題になるのが栃木県と下野の関係である。どちらか一方にまとめるのは困難である。さらに栃木県＝下野でないことも問題を複雑にする。那須地域の存在であり、足利地域の存在である。歴史地名は時代によってその示す土地の範囲が異なる場合があり、使用できる時代の上限も考えなければならない。ここでは用語統一の必要性から多少無理があっても栃木県で統一したい。
　また関東と東国の関係も同様の問題がある。この件についても現行の行政地名である関東に統一したい。
　ただし、引用文献などで下野や東国の記載のあるものはそのまま使用するし、その箇所を受けて論を展開するときは文章の流れを優先して下野や東国を使用することもある。
　なお、引用文献や参考文献の表記については、当該箇所に（　）にて明示していくが、文献そのものについて言及している場合は、［　］にて表示していく。

註
（1）たとえば、この政治形態を山中敏史は「前方後円墳に代表される定型化した墓制の成立と列島各地への普及、それは、東北中部から九州にいたる各地域の部族連合・部族・氏族が、共通の首長葬送儀礼と首長霊継承祭祀を採用し、畿内連合を中核として、一つの連合体を形成した」（山中 1986：p230）と表現し、鬼頭清明は「前方後円墳の全国的ひろがりが近畿王権を中心とする政治的連合・統合を示している」（鬼頭 1993：p50）としている。白石太一郎は広域の首長連合の成立により画一的な内容を持つ定型化した古墳が出現し、この広域首長連合が初期の「ヤマト政権」にほかならないとした（白石 2009：p23）。
（2）1991年の都出比呂志の論は、国家段階と認めるいくつかの指標をあげて古墳時代は初期国家の段階に到達していたというもの（都出 1991）であり、その後、部分的な修正・補強をおこなっている（都出 1993・1995a・1995b・1996）。
（3）そもそも横穴式石室は4世紀末に半島から伝播したものであるが、白石は樋口隆康らの先行研究（喜田 1914、樋口 1955）を基に、九州の2系譜と畿内の1系譜は別々に導入されたものであり従来から言われていた半島⇒九州⇒畿内とする説（小林 1950など）とは異なる見解を示した（白石 1965）。この畿内の横穴式石室についての特定・系譜についてはいくつかの論考（白石 1966、山崎 1985、森下 1986など）があるが、土生田は新しい他界観を持つ墓制をともなった横穴式石室としての畿内型石室を定義した（土生田 1991・1994）。一方で九州の横穴式石室（柳沢 1975・1980・1982）も各地に伝播しており、また近年では半島内での発掘調査が進み、その比較検討から地域間交流によると思われる半島からの直接的伝播も考えられてきている。よって、関東への横穴式石室の波及は必ずしも畿内からの直接間接的な波及によるものだけでなく、他の地域から関東へ波及している事例をも検討する必要がある。

第1章
栃木県における横穴式石室の研究史とその問題点

第1節　研 究 史

1. 明治期〜大正期の古墳調査史

　明治19年（1886）の夏に坪井正五郎が足利市足利公園古墳群の横穴式石室（以降、必要に応じ単に石室と呼称する）を調査した。この石室は日本における近代的考古学の手法で初めて調査された横穴式石室となった（坪井 1888）。実際に携わって発掘調査を実施した古墳は1基であったが、すでに発掘された2基と合わせて、ただちに報告書が刊行された。その調査内容や遺物の分析などは現在の学術水準に劣らない内容であった。また副葬品でも馬具に秀逸な遺物が出土しており、現在も馬具関係の企画展示に出品されている。石室も3基のうち2基は当時のまま残っていたものを保存整備し、大切に保護されている。現在これらの古墳は足利市の指定文化財となっている。この調査が刺激となって、地元の好事家から東京の研究者への問い合わせが続き、研究者の来足となり、明治26年（1893）若林勝邦の足利市機神山山頂古墳の埴輪調査（若林 1893）、明治44年（1911）高橋健自による助戸十二天古墳の調査（高橋 1913）、大正2年（1913）高橋健自・谷井済一による助戸新山古墳と西宮古墳の調査（高橋・谷井 1913）などが関係雑誌に記録されている。また、明治26年（1893）の機神山山頂古墳の埴輪調査の原因は古墳東側の屋敷地拡張による開発行為であったが、現在、出土遺物の図面が残っている[1]。

　県内では『東京人類学雑誌』に八木奘三郎が下都賀郡や河内郡の古墳を紹介し、高橋鉱吉は宇都宮市宮下古墳の調査を報告し、荒川隆之助は鬼怒川沿岸の古墳について述べている。明治期末から大正期になると、地元の古墳に関する調査・報告は、『東京人類学雑誌』から『考古界』・『考古学雑誌』に移り、大正期中ごろからは『下野史談』も発表の場となり、和田千吉・丸山瓦全・高橋勇・森本樵作・田代黒龍・篠崎久四郎・蒲生秀・石川桐圭らの論文が掲載されている[2]。

　特に丸山瓦全は、高橋健自・谷井済一ら東京在住の研究者を地元に案内するだけでなく、『考古学雑誌』『下野史談』『上毛及び上毛人』などの雑誌への投稿を頻繁におこない、大正9年（1920）には栃木県史跡名勝天然記念物調査会委員の委嘱を受け、栃木県内の古墳をはじめとしてあらゆる文化財の調査を実施し、栃木県の文化財保護行政の基礎作りを外部から支援し続けた。

大正 15 年（1926）には『栃木県史跡天然記念物調査報告』第 1 集が発行された。

2. 昭和期〜現在の古墳調査史

　昭和期になると昭和 45・46 年（1970・1971）ごろまでに、真岡市鶏塚古墳（佐藤 1929、佐藤・後藤 1931）、足利市八幡山古墳（森 1936）、同市織姫神社境内古墳（後藤・内藤・森 1937）、足利市および周辺地域の古墳分布調査（丸山ほか 1940）、下都賀郡内の古墳分布調査（栃木県下都賀郡教育会 1941）、足利市立岩古墳群（清水 1952）、同市本城両崖山麓東古墳（滝口・前澤 1953）、栃木市大宮の古墳（石川 1954）、佐野市八幡山古墳（前澤 1954）、益子町天王塚古墳（塙 1954、久保・工藤 1956）、同町荒久台 6 号墳（工藤 1956）、那珂川町那須八幡塚古墳（三木・村井 1957）、足利市八幡・山辺小学校裏古墳（前澤 1957）、同市田中町 3 丁目市営住宅裏古墳（前澤 1959）、佐野市五箇古墳（下津谷ほか 1961）、足利市足利公園古墳群中南西部古墳（前澤 1965）、壬生町藤井古墳群（大和久・岡村 1966）、鹿沼市狼塚古墳（大和久 1966）、高根沢町台新田古墳（大和久 1967）、芳賀町千ガ窪古墳（塙ほか 1968）、鹿沼市藤江古墳（塙 1964）、宇都宮市雀宮牛塚古墳（辰巳 1968、大和久 1969a）、大平町七回り鏡塚古墳（大和久 1974）、小山市飯塚古墳群（大和久 1970）、那珂川町吉田富士山古墳（大和久ほか 1972）、さくら市早乙女台古墳（赤山・大和久 1971）、小山市桑 57 号墳（大和久 1971a）、足利市熊野神社古墳（赤山 1971）などが調査された。[3]
隣県の群馬県では、尾崎喜左雄が昭和 10 年代から多くの横穴式石室を調査し、昭和 41 年（1966）に集大成として『横穴式古墳の研究』を出版し、栃木県の横穴式石室研究にも大きな影響を与えた。

　昭和 40 年代までの栃木県の集成としては、昭和 47 年（1972）『栃木県の考古学』（大和久震平・塙静夫著）がある。このころから市町村史でも古墳をはじめとした埋蔵文化財を多く取り上げるようになり、以後の研究に大きく寄与した。また、昭和 51・54 年（1976・1979）発行の『栃木県史』資料編考古一・二は県下の主要な古墳を取り上げた。昭和 56 年（1981）日本考古学協会「シンポジュウム関東における古墳出現期の諸問題」、昭和 59 年（1984）三県シンポジュウム「古墳出現期の地域性」、昭和 61 年（1986）古代サマーセミナー「シンポジュウムⅠ東国における首長墓の変遷―下野国を中心として―」、平成元年（1989）三県シンポジュウム「東日本における横穴式石室の受容」は栃木県の古墳研究に大きな刺激を与えた。さらに東北・関東前方後円墳研究会では、平成 8 年（1996）より毎年テーマを設定してシンポジュウムを開催し、おおむね県単位で研究者に発表させ、現在まで多くの資料集を刊行している。県内においても、発表の場も多くなり、大学関係の雑誌としては宇都宮大学の『峰考古』、栃木県全体の考古学研究者の組織の雑誌としては『栃木県考古学会誌』、地域の雑誌としては『唐澤考古』、『下野考古』、グループの雑誌としては『考古回覧』などが挙げられる。さらに博物館・資料館における紀要や企画図録、県市町村史の研究紀要・年報なども貴重な発表の場である。

　また最近までの調査・研究の成果をまとめた平成 19 年（2007）財団とちぎ生涯学習文化財団発行『研究紀要第 15 号―栃木県の埋蔵文化財と考古学―』は、栃木県の古墳研究史を学ぶものにとっては欠かせないものであり、多くの項に分けて、ほぼもれなく紹介されている。

3. 1970年代以降に発表された栃木県内の横穴式石室の研究史

　栃木県の横穴式石室の特徴のひとつである「切石積みの横穴式石室」（切石石室）についての論文は大和久［1971b・1972］が最初である。これは石室を検討するとともに、その年代観を出土馬具をもとに考究したもので、これらの石室は中央勢力からの切石積み構築法を採用したものとした。加えて大和久［1976］では、家形横穴墓と切石積み横穴式石室との類似性の確認や切石積み石室の各地区における重要性を指摘をした。大和久［1971b］を基本的には踏襲した形となった山ノ井［1981］では4区分に編年した。これは切石の利用・加工度に従った区分と年代の推定であり、馬具・飾大刀・須恵器の年代観と石材の加工度を基準にしてそれぞれの類型に年代を与えた。さらに、梁木・木村［1983］では山ノ井分類に地域差を加え、各地区の横穴式石室の切石使用状況と石材産地との関連の確認をした。また、石材使用形態の差は地域差あるいは被葬者の違いであるとした。栃木県古墳勉強会［1986］では切石石室の構築年代を6世紀後葉から7世紀初頭とした。また栃木県下の古墳について、地域別の編年をはじめて示した。秋元・大橋［1988］では切石石室を主体とする大形前方後円墳を分析して首長墓の動向を確認をし、古墳の諸要素を多角的に分析した結果、切石石室でも埴輪を持つ古墳は6世紀後半にさかのぼるとした。さらに下野型古墳を提唱し、切石石室の系譜を出雲の石棺式石室との関係で検討している。大橋［1990］は切石石室の集大成というべきもので、切石石室は複数の系統と階層差で理解され、Ⅰ、Ⅱ類は思川、田川水系の最有力首長墓にのみ限定使用、Ⅳ類はその下位層が採用とした。また小森［1990］は秋元・大橋［1988］や大橋［1990］の考えを受け入れながら割石や川原石使用石室との対比にも備えて、石室の平面形も分類の要素として取り入れ5類に分けた。このほかに切石石室を扱ったものとしては、上野［1992］は階層差による構造の違いを論じ、小林［2005d］は伯耆や九州を視野に入れている。

　導入期の横穴式石室については、栃木県古墳勉強会が中山古墳を調査し、右片袖であることを確認し、栃木県古墳勉強会［2004・2005］で出土馬具からMT15〜TK10型式期の間と想定している。ほかに初期横穴式石室の論考としては、関東地方全般を対象とした原田［1972］や宇都宮市権現山古墳について論究した山ノ井［1989］がある。

　一方、竪穴系横口式石室の系譜と思われる石室の一群が栃木県下では県南中央部を中心として盛行するが、大橋［1990］では飯塚型と命名し、池上［1988］は竪穴系横口式石室とし、鈴木［1994］は地下系石室としている。また大橋［1990］で藤井型と命名した横穴式石室の特徴としてあげた框石の上に方立石を立てる玄門構造に対して中村［1996］は組み立て玄門と命名して、玄門構造の属性変異のひとつとみる。そして6世紀末前後に、組み合せ玄門から組み立て玄門が発生したとしている。鈴木［1994］では、小山市飯塚古墳群を中心として構築された砂礫裏込め石室の論考をおこなっている。砂礫裏込めは砂に小石が混入した砂利と川原石（礫）の裏込め総体をさし、川原周辺に一般に認められる土砂堆積状況に類するものとしている。片根［1997］は東部から南部の川原石積み石室の編年をおこなっている。

　胴張りを持つ石室も古くから注目されており、矢板市番匠峰古墳群の発掘調査報告書である屋代

［1978］で栃木県下の胴張りを持つ石室の集成とその石室企画について検討している。その後、秋元［2009a］が新たな見解を発表した。

　1990年代ごろから県内各地域の横穴式石室の検討がおこなわれたが、県中央部以外にも、齋藤・中村［1992］が足利地域の横穴式石室、中村［1996］が鬼怒川東岸域の横穴式石室、中村［1998］が栃木県北部の横穴式石室を分析している。その後、中村［2003］では、今までの3論文を基にして、県下全体を見通し、横穴式石室を片袖式横穴式石室の導入（第1段階）、飯塚型の出現（第2段階）、切石石室の出現（第3段階）、両袖型胴張り形の導入（第4段階）の4段階に設定した。そのうちの1、4段階の特徴は栃木県だけでなく、他地域にも見られる特徴であり、2段階の特徴は関東ではあまりみられず、3段階は栃木県独自であるとした。ほかに大澤［2003］が足利地方の後期古墳の諸問題について独自の見解を述べている。秋元陽光は酒井ほか［2010］の中で西方町西方山古墳群の横穴式石室の編年をおこなっている。また石材については、たとえば進藤［2004］は長岡石（凝灰岩）、上野川［1992］は石灰岩、栃木県古墳勉強会［2010］は岩舟石・磯山石（安山岩質角礫凝灰岩）を使用した石室について検討している。

　大和久・塙［1972］や栃木県古墳勉強会［1986］で栃木県下の古墳について地域設定や地域ごとの編年が示され、横穴式石室を持つ古墳も当然その編年の中に組み込まれていた。その後間もなく池上［1988］が栃木県における横穴式石室を総括的に概観した。一方、大橋［1997］は5地域に区分し、大きく3期に分けて横穴式石室の編年をおこなっているが、地域区分は栃木県古墳勉強会［1986］を踏襲している。中村［2000］は東国における横穴式石室の開始と展開の中で、栃木県内の横穴式石室の研究史についても論及している。秋元［2005］は栃木県の後期・終末期古墳の編年をしている。中村［2007］では、今までの栃木県内の横穴式石室の研究史を総括している。広瀬［2011］は栃木県の横穴式石室を大きく4分類し、さらにその中を17に細分し分析することにより、そこにヤマト政権の東国統治の再編のもくろみを実証しようとした。

　横穴式石室にかかわる葬送儀礼としては、土生田［1996］が栃木県の横穴式石室内に須恵器がもたらされないことを指摘し、近藤［1999b］は吉備と栃木県の比較から私論を提起している。

註
(1) このとき地元の湯沢勝蔵・峰岸政逸が発掘調査し、峰岸がその記録『古墳発掘遺物』を残したというが、確認されていない。一方その結果（古墳の所在地・石室・出土遺物）を地元の相場朋厚がスケッチしており、その記録は残っている（相場 1898）。彼は画家田崎草雲の弟子であり、そのことが出土遺物の図面をより確かなものにしている（市橋 1979）。
(2) これらの個々の論文名・掲載雑誌名については、大和久・塙［1972］の「主要文献目録」に掲載されている。また、県内の市町村史、展示施設の展示図録などにも関係地域についての記載がみられる。
(3) 昭和45・46年（1970・1971）ごろから古墳に関する発掘調査・調査も多くなり、栃木県では、昭和42年度から『栃木県埋蔵文化財調査報告書』を刊行し始め、昭和52年度から『栃木県埋蔵文化財保護行政年報』を作成した。これにより、栃木県内の発掘調査についてはほぼもれなく把握できるようになった。よって、ここで羅列するのは煩雑になるので、以降のものについてはそれらの文献に譲る。

第2節　問題点と課題

　明治期から昭和40年代半ばまでの栃木県内の横穴式石室墳の情報量はわずかなものであったが、その後現在にいたる情報量は、ここ約10年間の長期にわたる不景気により大規模な発掘調査は衰退したものの、それまでの約30年間の蓄積を加えると膨大な量になる。

　こうした情報を駆使し、研究史でも述べたが先学の努力により、集成や分類はおおむね達成できた。栃木県の横穴式石室は4時期に分かれること、導入時期はMT15型式期とTK10型式期の間のころであること、最盛期には墳丘構造を含め下野型古墳というべき特徴を持つ横穴式石室墳となることなど、いくつかのことが明らかになってきた。とはいうものの、300基以上ある横穴式石室全体を対象とした分析・検討は始まったばかりである。

　さらには横穴式石室だけでなく、埴輪や須恵器などの共伴遺物や武具武器馬具などの出土遺物をも視野に入れた検討も必要であり、類似の遺構である横穴墓についての検討もおこなうべきであろう。また、後世の記述とはいえ文献史料も概観する必要がある。さらには、横穴式石室以外にも、ヤマト政権とかかわる事象を新たに掘り起こすことが肝要と思われる。そうした広い視野から横穴式石室を見直すことにより、新たな視点の横穴式石室研究が展開するのではないか。

　そうしたことを踏まえて、ヤマト政権が東北経営のために栃木県の首長層に働きかけた形跡を「横穴式石室の受容とその展開」から明らかにするという課題に挑みたい。

第2章
横穴式石室を構成する要素の名称について

第1節　玄門構造を構成する各部位の名称

1. はじめに

　研究者によって埋葬施設を構成する各部の名称が微妙に異なることがある。それらの相違を各自が十分に検討したうえで各部の名称を使用しているのであればよいが、その名称の根拠に疑問のあるものや、明らかに間違いと思われるものもある。
　横穴式石室の研究をおこなうにあたり、自分なりに各部の名称の定義を確認しておくことが必要であるとの思いから、特に玄門構造を構成する各部の名称を中心に再検討をおこなった。

2. 研究史

　横穴式石室の呼称については、白石太一郎によれば「明治期には「塚穴[1]」と呼ぶことが多かったが、高橋健自が『古墳と上代文化』(1922)で「横穴式石槨」と呼び、その後「横穴式石室」の呼称が一般化した」(田中・佐原編 2002)という。
　いま少し検討してみると、高橋健自が『古墳と上代文化』で横穴式石室を「横穴式石槨」と呼んでいる時期より8年程前の大正3年(1914)に古墳時代論争がおきている[2]。この論争は喜田貞吉が『皇陵』(1913)で述べた古墳の年代観に対して、高橋は喜田とは反対に「竪穴式石槨」(竪穴式石室)のほうが「横穴式石槨」より年代が新しいと主張したことから始まった論争であるが、高橋が「横穴式石槨」と呼称しているとき、すでに喜田は大正2年(1913)には「横穴式石室」と呼称している。出版物で「横穴式石室」の名称が使われた古い例になる。
　この時点では考古学者の高橋が「横穴式石槨」と呼称しているためか、『考古学雑誌』では「横穴式石室」の呼称はほとんど使用されておらず、「横穴式石室」の呼称が一般化したのは1922年以降と推察される[3]。「横穴式石室」の用語が普及しなかったいまひとつの理由は、喜田自身が高橋との古墳時代論争の間に「横穴式石室」の呼称を使用しなくなったことにもよると思われる。
　一方、高橋が主張するには、「石室とは石槨の如く屍体を置くべき場所にあらず、墳前別に営造

したる一種の建築物なるべければなり」（高橋 1916：p434）とし、中国の武氏石室、孝堂山石室をあげ、孝堂山については墳丘の前方に地上構築物である「石室」があり、石祠・祠堂とも称し、ここで墳前祭祀をおこなったとしている。また同一論文のなかで、石槨は「多くは玄室と羨道よりなるを常とする」（p436）とも述べており、室としての実態があることは認識しているが、中国では石室という用語を他の意味に使用しているので「横穴式石室」という用語を用いることを避けたとも解釈できる。(4)

また羨道・玄室・奥壁の名称はすでに明治時代に使用されている（山中 1905）。

しかしながら横穴式石室を構成する各部の名称の多くが提唱されるには尾崎喜左雄の研究成果を待たなければならなかった（尾崎 1966）。(5) その後、これらの名称について詳しく記載したり、定義されている辞典・事典や論文を大塚初重・小林三郎や土生田純之が発表している（大塚・小林 1982、土生田 1992）。

まず尾崎［1966］（以下、文献1と称す）では、「第一章第三節横穴式古墳構築の概要」の中で横穴式石室・玄室・羨道・填塞・両袖型・片袖型・袖無型・梱石（しきみいし）・框石（かまちいし。"かまちいし"と"しきみいし"は、各文献で呼び方が違うので、逐一よみがなを付す）・楣石・間仕切・境石などを定義している。定義なしで使用している用語としては床面・天井・右壁（奥壁に向かって右の壁）左壁・奥壁・前壁などがあり、「第三章第二節　形から見た玄室平面図形の構成」の中では複室の石室・真正の楣石・冠石・玄門柱・門柱・羨門・舗石などの用語を使用している。

次に大塚・小林［1982］（以下、文献2と称す）では「第二部用語解説　Ⅵ古墳の内部構造」の中で横穴式石室・玄室・両袖型・片袖型・袖無型・袖石・玄門・羨門・前室・前門・梁石・楣石・冠石・境石・框石（しきみいし）などを定義して述べている。

次に土生田［1992］（以下、文献3と称す）では、「B埋葬施設を構成する各部の名称」の中で横穴式石室・玄室・両袖型・片袖型・袖無型・袖部・袖石・玄門・素形・羨門・開口部・単室・複室石室・前室・後室・前門・楣石・擬似楣石・鴨居石・前壁・冠石・敷居石・閾石・梱石（しきみいし）・框石（かまちいし）・仕切石・間仕切・境石・屍床仕切石・腰石・石障・突起・石棚・石梁・玄室前道・石屋形などの用語を述べている。

3. 各部名称の使用比較

前節では各部材の名称を定義や解説している3文献を掲載したが、ここでは各部名称の使用比較について述べる。なお名称のうち、石室平面形の種類の名称、壁の構築状況の名称は除く。

(1) 基本的な名称

基本的な名称としては横穴式石室・玄室・床面・天井・側壁・奥壁などが挙げられるが、これらは建築物の各部の名称を意識して使用しており、各文献でもほぼ同じ名称を用いている。(6) 名称の相違が顕著なのは玄門構造付近である。

(2) 玄門——広義と狭義

文献1では明確な定義は見られないが、門柱状石（玄門柱）・上部構造・下部構造を含むものを玄門としている。たとえばp86「c 虚空蔵塚、中里塚両古墳」のなかで「玄門にはその冠石と梱石とに、上下相対して、左右に一個宛扉の柄穴と推定される孔が残存している」と述べており、上部構造・下部構造があるときはそれらを含めて玄門とみなしている。

文献2では「袖石が柱石状の立石で構成され、羨道部よりも狭い時にはこれを特に玄門と呼ぶ」と定義し、袖石は「玄室の入口部、玄室の幅を減らして羨道部に連なる部分」としている。袖石については、文献2のp365の横穴式石室構造模式図（第1図）では前室と羨道の境にある柱石状の立石に「袖」と記載されているが、「石」がついておらず整合性がない。また、この個所は文献2でいうところの前門にあたるであろう。文献2では玄門は立石で構成されたものに限定されている。

文献3は「玄室入口の屈曲部を袖部と呼ぶが、ここに立柱状の石材を内側にせり出させて羨道よりも幅を減じるように用いることが東国や九州に多くみられる（無袖式のものでも玄室と羨道の境界に立柱状石材の認められるものがある）。尾崎はこのような構成を示すものを特に玄門と呼んで、他の素形とは区別した」（p114）と文献1の定義を紹介するが、また、「畿内や吉備などこのような構造のほとんどない地方でも、単に玄室の入口部という意味で玄門と呼ぶことが多い」とも述べ、共通の用語でも異なる意味に使われていることを指摘している。

(3) 玄門の上部構造——楣石・疑似楣石・冠石・鴨居石など

文献1では楣石は玄室と羨道の境の天井部に設置されるものであり、「架構式の入口に架構されているもの」（p20）と定義している。また冠石の名称も使用し、定義されていないが、切石積みの時は楣石状の構造をそのように呼称している。

文献2では「玄室柱石の上に架けられている梁を梁石と呼ぶ。梁石は天井石と密着していて梁の役割も兼ねているが、天井石から離れて玄門のためだけに特別に架けられているものを楣石という」（p365）と述べており、梁石と楣石を定義している。楣石は天井石から離れて玄門のためだけ

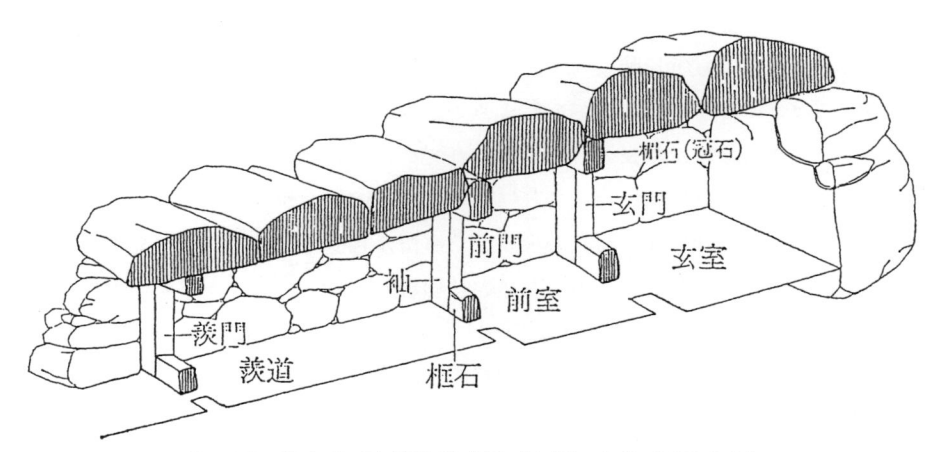

第1図 横穴式石室構造模式図（大塚・小林 1982 より）

に特別に架けられたものとしているが、文献2の横穴式石室構造模式図（第1図）では楣石としている石は天井石から離れておらず天井石に密着しており、文言の定義と異なる。

また、「玄門部に石柱をもたない素形石室の場合、袖石の上部に天井石に接して梁の役割を持つものを冠石と呼ぶ」(p365)と定義した冠石を横穴式石室構造模式図（第1図）では楣石（冠石）として柱石のある石室の場合にも表示しており、表現に混乱が認められる。

文献3は楣石・擬似楣石については「尾崎はここに天井から遊離して横石がわたしてあるものを楣石、天井石がその部分だけ低く架けられて代用しているものを擬似楣石と呼んだ。しかし現在では擬似楣石を含めて楣石と呼ぶことが多いようである」(p114)と文献1の定義を紹介する。冠石は「段差のある天井構造が採用されてからも楣石と類似の石材を玄室の入口にわた」したものと定義している。

(4) 玄門の下部構造——閾石・梱石（しきみいし）・框石（かまちいし）・仕切石・敷居石など

文献1は第20頁で「玄室と羨道との境の床面には梱石（しきみいし）または框石（かまちいし）があり、」「梱石（しきみいし）は玄室及び羨道の床面がほぼ同高である場合に床面に埋設され、その上部を床面上にあらわしている施設」、「框石（かまちいし）は玄室及び羨道の床面に差がある場合、多くは玄室床面が下位にあり、玄室に面して石組みの段を設置したもの」と定義している。

文献2では「石室の床面にみられる間仕切石も玄室を前後に二分する境石、玄室と羨道とを区分する框石（しきみいし）がある」と述べ、境石と框石を定義している。ここで横穴式石室構造模式図（第1図）であるが前述の文章と一致しているとすると玄室を二分したそれぞれの室が前室・玄室（後室）となると前室の入口にある「間仕切石」が框石（しきみいし）であることは理解できるが、そうなると横穴式石室構造模式図の玄室（後室）の入口部の「間仕切石」は「境石」なのか「框石（しきみいし）」なのか問題になる。文章と横穴式石室構造模式図が一致していないなら前室の定義をしておくべきであろう。いずれにしても疑問の残るところである。ここでは複室石室と単室の石室とを別々に説明したほうがよいと思われる。また「框石（しきみいし）」とあるが、一般には框石の読みは（かまちいし）であり（しきみいし）とするなら梱石とすべきであろう。この部位の名称を（かまちいし）とすべきか（しきみいし）とすべきかを検討するところであり、框石（しきみいし）としては他の文献と比較検討することが困難である。

框はいくつかの辞書・辞典で確認してもしきみの読みはない。[7]

文献3は「玄室と羨道の境に横長の石材が置かれていることがある。これを敷居石、閾石等とも呼ぶが、尾崎は特に梱石の語を用いた。これに対して玄室の床面が羨道よりも低く段差になって降下するものがあるが、この部分にも横長の板石を玄室側から貼り付けるように立てて用いることがある。これを框石と呼ぶ。これらを含めて石室の仕切石と総称するが、玄室の中央部にあってこれを二分するものを間仕切、境石などと呼ぶ」(p114〜115)と定義している。玄門部に関して見てみると閾石・梱石・框石・敷居石の総称を仕切石とし、梱石・敷居石・閾石（しきみいし）を玄室と羨道の境に置かれる横長の石材と定義している。そして框石（かまちいし）は玄室の床面が羨道より低く降下する部分に横長の板石を玄室から貼り付けるように立てて用いるものと定義している。

4. 日本建築から見た名称の検討

　ここで横穴式石室の基本的な名称を一瞥すると、これらは日本建築の構造の名称を利用していることがわかる。これらにあわせて相違点のみえる玄門構造付近の各部の名称を日本建築の構造の名称とつき合わせてみる。

(1) 敷居と鴨居

　鴨居は引き戸・引き違い戸などの上框（上端の枠）を受けるための溝付きの横木、敷居は出入口や間仕切りに引き戸や引き違い戸を用いるとき、建具の下部に据えるため、柱間に渡す溝のある横木であり、第2図内の番号19、20でわかるように建具の上下を受ける横木をさす名称である（太田ほか編 1967）。すなわち敷居と鴨居は下部構造・上部構造に付設した溝付きの横木の名称であり、

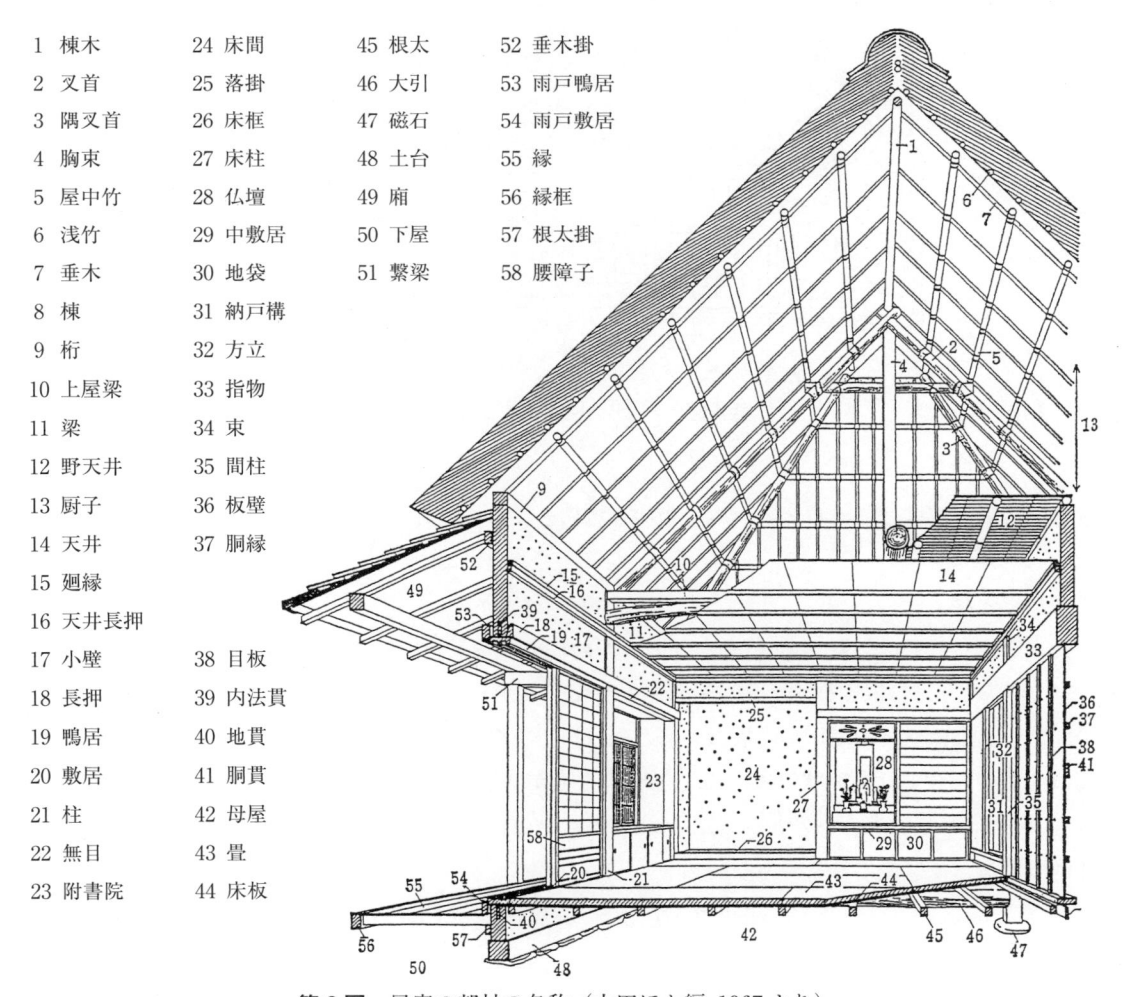

1 棟木	24 床間	45 根太	52 垂木掛
2 叉首	25 落掛	46 大引	53 雨戸鴨居
3 隅叉首	26 床框	47 磁石	54 雨戸敷居
4 胸束	27 床柱	48 土台	55 縁
5 屋中竹	28 仏壇	49 廂	56 縁框
6 浅竹	29 中敷居	50 下屋	57 根太掛
7 垂木	30 地袋	51 繋梁	58 腰障子
8 棟	31 納戸構		
9 桁	32 方立		
10 上屋梁	33 指物		
11 梁	34 束		
12 野天井	35 間柱		
13 厨子	36 板壁		
14 天井	37 胴縁		
15 廻縁			
16 天井長押			
17 小壁	38 目板		
18 長押	39 内法貫		
19 鴨居	40 地貫		
20 敷居	41 胴貫		
21 柱	42 母屋		
22 無目	43 畳		
23 附書院	44 床板		

第2図 民家の部材の名称（太田ほか編 1967より）

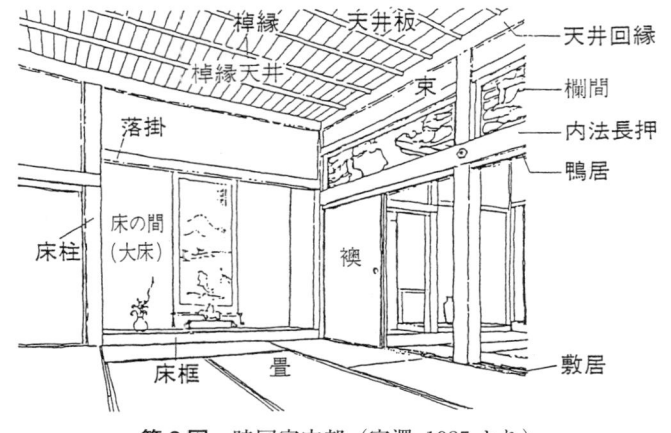

18 第2章 横穴式石室を構成する要素の名称について

第3図 時国家内部（宮澤 1985 より）

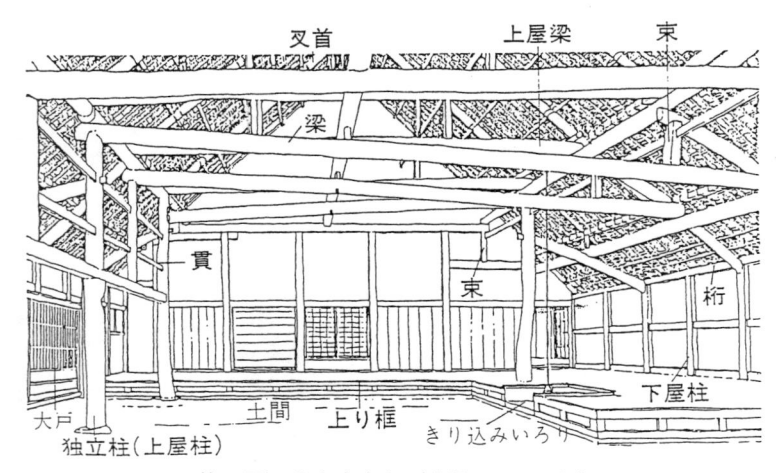

第4図 我妻家内部（宮澤 1985 より）

下部構造・上部構造それ自体の名称を敷居・鴨居とするのは妥当でないと考える。

(2) 框と楣

　框（かまち）とは、窓・戸・障子などの周囲の枠をいう、特に下端の枠を指す。楣（まぐさ）は、「窓や入口の上方に置く横木」（太田ほか編 1967）をいう。大戸口部分などの出入口の上辺と下辺の部位の名称は框と楣である。框は手前と先（奥）を明確な高さをもって区別するもので、框は手前の地面の高さより高い状況にあることが多く上がり框（第4図内の中央）、床框（第3図内の中央）、縁框（第2図内の番号56）などという名称からもうかがえる。また框と楣の呼称の組み合わせは門構造物では使用されていない。

(3) 梱と楣

　梱の意味は、「しきみ（間）、とじきみ（戸閾、しきい・しきみ）、門の中央に立てるくい。門の

内外の仕切り」(鎌田・米山 1987) であり、楣（まぐさ）の意味は、「門の上の横の梁」(鎌田・米山 1987) である。門構造物において上辺と下辺の部位がある構造物のときは他の呼称もあるが上部構造は楣、下部構造は梱と呼称している。少なくとも門構造物の下部構造を框（かまち）とは呼称しない。

5. 各部名称の再検討

(1) 玄門の名称について

まず玄門そのものの名称であるが、玄門構造付近を玄室への入口と見るか、玄室の前に門があると見るかによって、呼び方が変わってくると思われる。玄門の前の門と見るとき立柱状石材などの付設物がない構造で門といえるのかという見解が出てくるが、そのような玄室入口部を素形の玄門部という言い方が一般化してきているので、この部分の名称を玄門（部）とすることを支持したい。

また、柱石だけを玄門と呼称する考え方もあるが、実際のいろいろな門を検討してみると門柱だけでも門と称するし、第5図のごとく門柱に上部構造・下部構造があるものも当然であるが門と称している。よって柱石のみの場合を始め、上部構造・下部構造を有するものすべてを玄門と呼称したい。

(2) 玄門の上部構造

楣石・擬似楣石・冠石・鴨居石等の呼称があるが、楣石が一番適していると考える。楣は門の上の横の梁の意味であり、用法として間違いはない。また天井石が一段下がった状態のものを説明するのには擬似楣石を用いればよい。

冠石は石をとると冠であり、建造物にはこのような部材の名称はない。門の上部構造に冠木（かぶき）があるが、この名称を援用するなら　冠木石であろう。

鴨居石はイメージはわかりやすいが、貫に別の部材である溝のある板材を取り付けたものが鴨居であり実際の玄門での構造と異なる。

(3) 玄門の下部構造

閾石・梱石（しきみいし）・框石（かまちいし）・仕切石・敷居石等の呼称がある。

梱石（しきみいし）の梱は門の中央に立てる杭の意味もあるが、門の内外の仕切りの意味があり（第5図）、用法として間違いはない。すなわち玄室床面と羨道床面が門の内外と同様に同じ高であれば、妥当な呼称である。

框石（かまちいし）は框からきているが、上りはな、床の間の床を受ける横木などを指すもので、手前と先

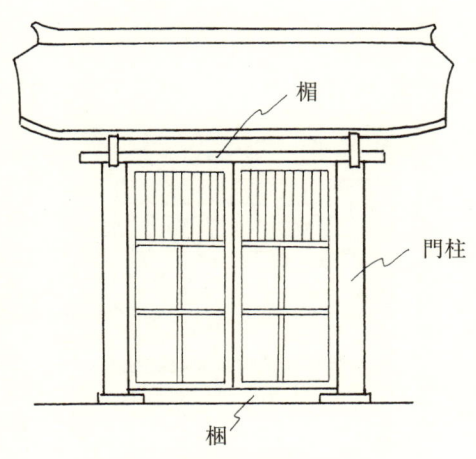

第5図　門構造模式図

20　第2章　横穴式石室を構成する要素の名称について

（奥）で床面に段差をもった構造である場合が多い。すなわち玄室床面と羨道床面で段差を構成する場合は框石の呼称のほうが適している。

　仕切石は機能的呼称であり、用法として間違いではないが玄門の上部構造（楣石）と対で考えると梱石の方が位置を特定できるものであり、より適していると考える。仕切石は文献3のように総称として使用するのが適切と考える。

　敷居石はイメージはわかりやすいが、貫に別の部材である溝のある板材を取り付けたものが敷居であり実際の玄門での構造と異なる。

6. 命名・名称についての提言——まとめにかえて

（1）命名の基準

　すでにいくつかの名称がついてしまったものについて整理するうえで必要な点を検討したが、以下のようなことに注意を払うことが肝要と思われる。

①統一した命名をおこなうには、あるひとつの技術分野の名称に準拠したなら、すべてそれに順ずるようにする。

②準拠する技術分野で呼称するものがない場合は、その部位の機能的な名称を呼称する。

③各部の名称はその部位の周辺の構造が変わることによってその部位そのものの名称が変化しないようにする。

④俗称・現場用語は避ける。

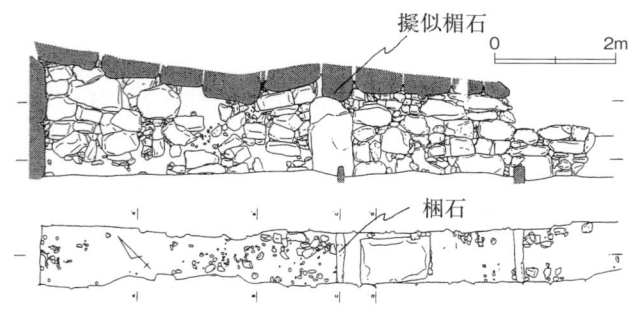

第6図　権現山古墳石室実測図（関根・今平ほか 1985 に名称加筆）

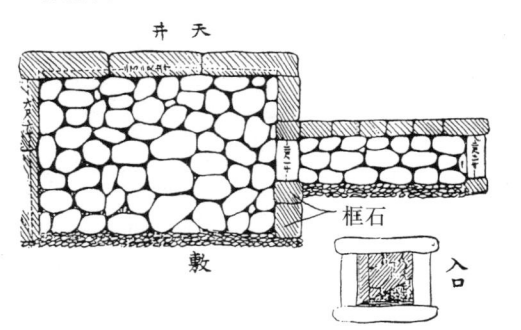

第7図　宮下古墳石室見取図（高橋 1899 に「框石」を加筆）

（2）玄門構造を構成する各部の名称

　まず玄門構造全体の名称であるが、玄門にかかわる特別な仕様のまったくない玄室入口部を素形の玄門部と解することで、玄門構造全体の名称としては玄門が妥当と考える。

　また、日本建築の構造の名称を利用して玄門としているからには、玄門構造の各部名称も門構造の各部名称を可能な限り援用することが至当と考える。すなわち門の上部構造は楣、門の下部構造は梱（しきみ）であるから（第5図）、第6図に示すごとく玄門部の上部構造は楣石（この場合は擬似楣石）、玄門部の下部構造は梱石（しきみいし）の呼称が適している。

なお第7図のごとく玄門部付近において玄室床面と羨道床面に段差があり、玄室の床面が羨道よりも低くこの段差部分に横長の板石を玄室側から貼り付けるように立てたり石組み状にした施設（第7図は石組み状のもの）は、日本建築の上り框などの段差を有する構造を想定できるものであり、日本建築の構造で使用されている框の名称を用いることは何ら矛盾しないと考える。また梱石の上にのる石柱は建造物の部材の名称に方立があるので、方立石と呼称してもよいと考える。

(3) 名称の上位概念化

梱石は玄室と羨道の境を仕切る石であるが、石室によっては玄室や羨道内を仕切る石がある。このような各室の内で二分するように仕切られている石は間仕切石とし、梱石、間仕切石などの総称としては、仕切る対象が限定されておらず仕切石の呼称が適している。

楣石は玄門部に架構されているものであるが、横穴式石室構造の中には玄門部・羨門部付近でない個所で架構されているものがあり、これも楣石としてもよいとおもわれるが、日本建築ではこのように架構される部位として広く梁の名称が使用されているので、これを梁石と呼称し、楣石・擬似楣石を含めた総称としても使用できると考える。

7. おわりに

用語の統一化は学問の自由を阻害するものとの見解があるが、研究対象の遺構・遺物を正確に伝達するには、研究者が共通の用語を持つ必要があると考える。そのためにもこうした検討に多くの研究者がかかわっていくべきではないだろうか。

註
(1) 塚穴の用語については、明治時代に活躍した坪井正五郎が「ある人は曾て塚の内の石室即ち塚穴をば居穴だと申して居りましたが古墳を発掘して塚穴と成ったのを見てから前説の非を悟って今では塚穴は古墳の一部の損じたものと云ふ事を信ずる様に成りました」（坪井 1886）と述べており、当初は住居用の穴蔵の意味があったことがうかがえる。一方、齊藤忠は「塚穴というのは「塚の内の石室」という意味で、古墳の横穴式石室の開口しているものに対して呼称したものである。明治年間を通して一つの学術用語として用いられていた」（齊藤 1972）と解説している。
(2) 勅使河原［1988］に解説されている。ほかに石田・坂詰［1971］などで詳しく述べられている。
(3) 『考古学雑誌』では当時「横穴式石室」の呼称はほとんど使用されておらず、「横穴式石室」の呼称が一般化したのは、その後すなわち大正11年（1922）よりあとと述べたが、具体的に見ていくと、梅原末治は梅原［1915］で「横穴式石室」の用語を使用している。（それ以前の梅原［1913］などでは「石槨」を使用）ところが梅原［1916a］では「石壙」、梅原［1916b］では「横穴式石壙」の用語を使用しており、古墳時代論争の影響を受けていることが推察できる。しかしながら梅原［1917］からは「横穴式石室」に統一される。また他の研究者では笠井新也が笠井［1917a］に「横穴式の石室」の呼称を使用、笠井［1917b］には「横穴式石室」と呼称している。島田貞彦は島田［1918］、小松眞一は小松［1921］、後藤守一は後藤［1922］、坪井良平は坪井［1925］でそれぞれ「横穴式石室」の用語を使用しているが、まだ一般的な使用とはならず、「石槨」「横穴式石槨」の用語のほうが多い状況であった。「横穴式石室」

の用語が一般化したのは昭和 11・12 年（1936・37）ごろであった。

(4) さらに高橋は「我々も石材で構成された塚穴は寧ろ石室とでも呼ぶべきで、石榔といふ名辞を用ひるのは榔の字義に對して穏當を欠くから、餘り適當な稱呼と思はないが単に一般に用ひられて居るから用ひて居るといふ位に過ぎない」（高橋 1914：p35-36）とも述べている。

(5) 東国の古墳の研究者である尾崎喜左雄からこのような提唱がなされたのは、畿内の横穴式石室にくらべて東国の横穴式石室のほうが複雑化・多様化していたことと、尾崎が昭和 11 年に群馬県社寺兵事課の嘱託として赴任して以来 30 年間にわたり調査した東国、特に群馬県下の膨大な横穴式石室のデータにもとづくことにある。

(6) ただし両側の側壁を呼称するときはおおむね 3 通りのいいかたがある。第 1 は奥壁に向かって右を右側壁、左を左側壁という方法。第 2 は東側壁・西側壁というような方位で特定する方法がある。さらに第 3 は奥壁を背にして右を右側壁、左を左側壁と呼称する方法がある。第 3 は昭和 40 年前後に関西方面で使用し始めた方法といわれている（白石太一郎氏御教示）。現在でも 3 方法がすべて使われている。一番多いのは第 1 番目の方法であるが、奥壁に向かってなどという前提条件を述べないと第 3 の方法と混同する恐れがある。日本建築では、一対ある建築物などは東金堂・西金堂や東塔・西塔など方位で特定しているようである。なお本書では、第 3 の呼称法を原則的に使用する。

(7) いくつかの辞典によれば、框は「キャウ・クワウ、ひつぎの口・かまち」（諸橋 1985）、「キョウ・キャウ、かまち・わく」（白川 1997）、「キヨウ・キャウ、かまち・わく」（鎌田・米山 1987）であった。

(8) 太田ほか編［1967：p61～63］にある大戸口の 3 種類の説明の中で框と楣の名称を使用している。

(9) 従来は横長の板石を玄室側から貼り付けるように立てた施設を框石としているが（土生田 1992）、ここでは石組み状にした施設をも框石と呼称する。ただ段差部分も含めて呼称するときは石だけでなく羨道側が高くなるという構成要件が加わるのであるから框構造としたほうが妥当な呼称と考える。

(10) 第 2 図内の番号 32 が方立である。

(11) 間仕切石の間には室の意味があり（簡野 1955）、一つの室を二つに仕切ると解することができ、単に仕切るだけの仕切石の名称より具体的であり、妥当な選択であると考える。

第2節　腰石について

1. はじめに

　栃木県内の横穴式石室は6世紀前葉[(1)]に築造を開始し、7世紀後半まで存続するが、その系譜はすべてが明らかにされたとはいえない。県内には種々の横穴式石室の形態が知られており、何次かにわたる横穴式石室の築造技術の伝播があったことをうかがわせる[(2)]。しかもそれぞれの横穴式石室築造技術の系譜は県内各地に散在している。そのため一地区あるいはより小範囲の一古墳群の中で種々の横穴式石室の形態が混在する現象がみられるものもある。たとえば足利市織神山古墳群[(3)]、同市足利公園古墳群などがあげられる。このような場合その古墳群の中で編年の検討をおこなうことも必要であるが、それぞれの横穴式石室の築造技術の一つ一つについてもその出自や広がりなどを追求することも、その古墳群を構築した集団の性格を見極める一つの手立てになるのではないだろうか。

　現在、筆者が検討している横穴式石室における属性分析の対象の一つとなる腰石についても、こうした何次かの築造技術の伝播のなかで出現していると考えている。栃木県においては、宇都宮市の市街地北方にある宇都宮丘陵上に腰石を使用した横穴式石室（瓦塚古墳群内の瓦塚25号墳・26号墳・32号墳、山本山2号墳、谷口山古墳、大塚山古墳）が所在している[(4)]（第8図）。この横穴式石室の一要素だけを追及することには一抹の危惧を感じるが、石室の奥壁・側壁にあらわれる腰石のインパクトはおおきく、特に縦位に置く腰石を構成する石室の側壁は実測図だけを見ても目立つものである。よって栃木県に波及した各種横穴式石室築造技術の系譜を追求する契機として、まずは腰石の検討を試みたい。

　2003年、静岡県考古学会では静岡県下に所在する1100基の横穴式石室を集成した。そして石室の各種属性を検討し、畿内型石室、畿内系石室、竪穴系横口式石室あるいは畿内系と在地系などの分類を県内各地域でおこなっている。これら県内各地域の論考の一つである田村隆太郎はその属性の一つとして腰石を取りあげ、在地系石室の一要素としている（田村 2003）[(5)]。また重藤輝行は北部九州の初期横穴式石室における各属性のバリエーションの分類化の中で腰石を新しい要素として取りあげている（重藤 1992）。これも在地系石室の一要素としてとらえられるものである。一方、土生田純之は、いわゆる腰石で板石状のものを縦位に配置する石室のなかには「韓国の洛東江にその源流を求めることができるのではないか」としている（土生田 2003：p256）。腰石を田村は在地系といい、土生田はそのうちの一部には外来系の要素の一つと考えられるのではないかとしている。この相違の整合性についても検討していきたい。

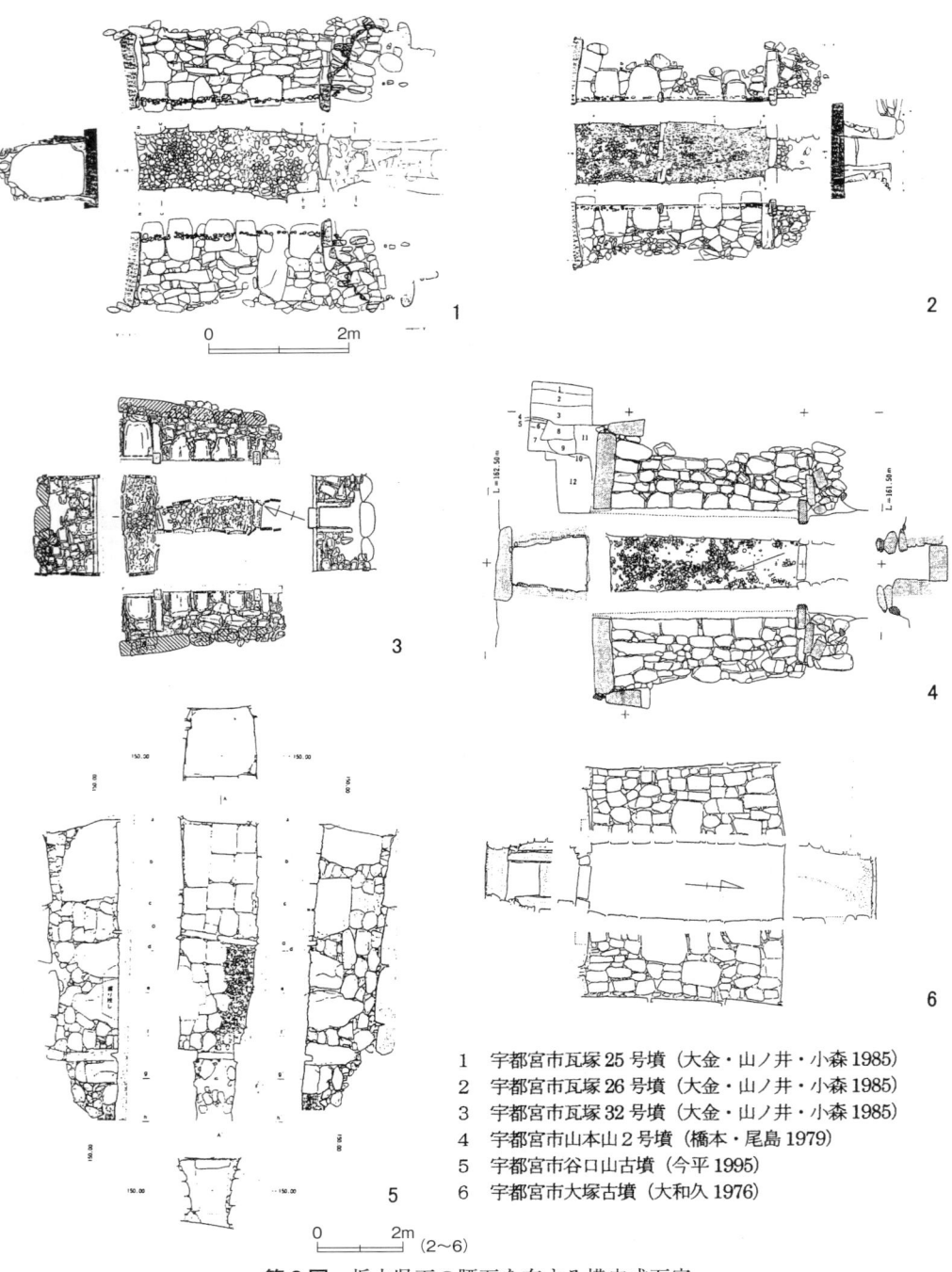

24 第2章 横穴式石室を構成する要素の名称について

1 宇都宮市瓦塚25号墳（大金・山ノ井・小森1985）
2 宇都宮市瓦塚26号墳（大金・山ノ井・小森1985）
3 宇都宮市瓦塚32号墳（大金・山ノ井・小森1985）
4 宇都宮市山本山2号墳（橋本・尾島1979）
5 宇都宮市谷口山古墳（今平1995）
6 宇都宮市大塚古墳（大和久1976）

第8図　栃木県下の腰石を有する横穴式石室

2. 用語として使用されてきた経緯

(1) 腰石の使用例

　少なくとも1960年代の後半には、九州の横穴式石室に腰石の用語が使用されていたことが児島隆人や小田富士雄の論文から知ることができる[(6)]。児島は福岡県かって塚古墳（第9図）で奥壁の横長の巨石（上面に小石が積まれている）を腰石と呼称している（児島 1967）。小田は横穴式石室古墳における複室構造の形成についての論考中で、奥壁や側壁の石積みを説明するときに腰石の用語を使用している（小田 1968）。たとえば、福岡県乗場古墳は「複室の壁は巨石を立て腰石とし、その上に長方形割石を小口積みしている」と述べている。これらでは、たとえば賀川光夫は大分県日田郡穴観音古墳の内部構造の説明では「両壁の下部は巨石をすえ、それに比較的小さな石材を積み重ねて石室を作って」いると述べている（賀川 1951）。ほかの九州地方の横穴式石室に関する論文でも巨石の用語があるいは大石などの用語が使用されており、只字式石室の命名の基になった佐賀県稲荷塚古墳調査報告（松尾 1940）でも「周囲の石壁は基礎に巨石を据えその上を漸次持送式に積んでいる」としている。さらに以前の論文になると、側壁などの石積みの構造が表現されていないことが多い。

　また、1965〜1975年に発行された九州地方の市史で、腰石を有する横穴式石室の図面と解説のある5市史の記載を見てみると、3市史が腰石の用語を使用している[(7)]。

　1975年には腰石の用語を使用している二つの論文が発表されている。佐田茂は「竪穴系横口式石室の一側面」として当時、発掘例が増加し研究が進んできた竪穴系横口式石室の構造と古墳群における位置について論じている（佐田 1975）。石室の構造から型式分類を試みて、Ⅰ・Ⅱ・Ⅲ・Ⅳ類に分類している。これらの分類に属する古墳の具体的な説明をおこなうとき、たとえば長崎県大村市黄金山古墳（第10図）などの側壁・奥壁を説明するときに腰石の用語を使用している。柳澤

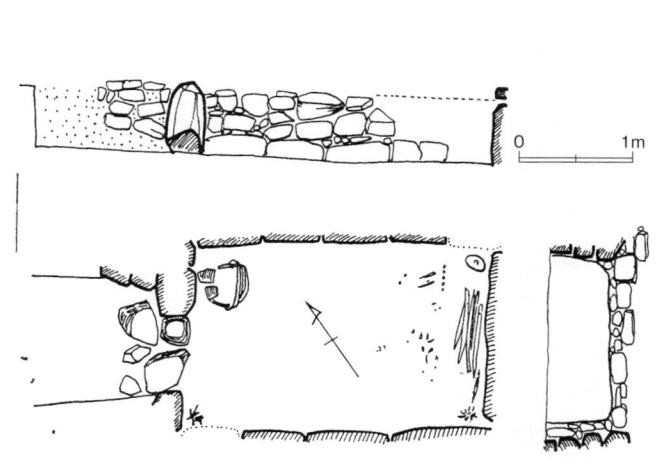

第9図　福岡県かって塚古墳横穴式石室実測図（児島 1967より）

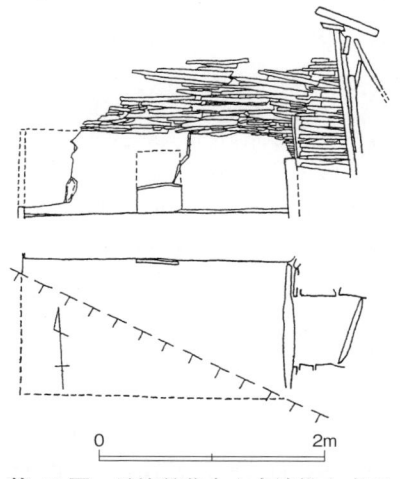

第10図　長崎県黄金山古墳横穴式石室実測図（佐田 1975より）

第1表 竪穴系横口式石室の分類一覧表の一部分（柳澤 1975 より一部引用）

分類	古墳名	横口前面構造	墳形・規模	石室実長				壁体構築法			丹の塗布	備考
				幅	長	横口部幅	石室高	腰石	割石平積み	塊石積み		
I	老司古墳1号石室	A		0.95	2.1				○		○	
	2号石室	?	前方後円・90	0.6	1.75				○		○	
	3号石室	A		2.1	3.2				○		○	
	4号石室	A		0.8	2.2				○		○	
	黄金山古墳	?	円	1.2	2.2	0.6	1.6以上	○	○			
	長谷16号墳	?	?	1.0	2.0							
IIa	飛山1号墳	B	円	0.9	2.2	0.8	0.9以上	○		○	○	
	高崎1号墳	?	円	0.75〜0.9	2.0	0.8		○		○		
	長迫古墳	?	円	0.7	2.2	0.7	1.2	○		○		
	栗崎山7号墳	?	円・55	0.5〜0.8	2.4	0.5	0.9以上	○		○		
	浦口3号墳	?	円・12×14	1.0	2.4	1.0		○		○	○	
IIb	稲童8号墳	B	円・18	0.7〜1.1	2.6	1.0		○		○		
	森原1号墳	A	前方後円・28	0.7〜1.2	2.6	0.85		○		○		
IIIa	セスドノ古墳	C	円・40	1.7〜1.9	3.1	0.5		○	○		○	
	片山9号墳	C	円	0.7	2.0	0.4	1.2	○	○			
	浦口4号墳	B	円・12	1.0	2.4	0.6	1.3以上	○	○			
	平原7号墳	B	円	0.7〜0.75	1.7	0.7	1.0	○	○		○	
	サコガシラ1号墳	?	円	1.5	2.5			○	○			
	勇猛山3号墳	C	円・7.0	0.9〜1.2	2.8	0.5		○	○			

単位 m

一男は「北部九州における初現期横穴式石室の展開」のなかの「竪穴系横口式石室」の章においてその分類や初現期横穴式石室のなかでの位置づけを論考している（柳澤 1975）。そして竪穴系横口式石室の分類の検討の中でこの種の石室構造の基本的要素で形式分類をおこない（I・IIa・IIb・IIIa・IIIb・形式不明の分類）一覧表にしているが、その一覧表の付加された項目の一つとして壁体構築法があり、そのなかに「割石平積み」「塊石積み」とともに「腰石」の用語がある（第1表）。また奥壁も一枚の腰石という表現を使っている。

(2) なぜ腰石というのか

人間が立ち上がった状態で腰の位置ぐらいの高さにある石（石層・石積み）を腰石と呼称していたのが、おおもとの用語であろう。いうまでもないが腰は人間の部位のひとつであり、上半身と下半身に分ければ下半身であり、下半身は下から部位名を示すなら、足、腰、腹となる。すなわち地面に接した足でなく、その次の上の部位が腰である（第11図）。ほかに地形の呼称にも腰があり、腰巻と呼称する地方もあるが、第12図に示したB地点、C地点が腰であり、A・D地点は裾であって腰・腰巻にあるとはいわない。すなわち山の平地に接した一帯より、少し上の一帯を指している。

『広辞苑』によれば、腰石は「建物の腰部、根石から少し上の部分の石積み」とある。また『石垣』の巻末に付設されている「石工用語集」によれば、腰石は「建物の根石より少し上の石層」とあり、建設関係の分野の用語として存在する（田淵 1975）。ほかの石室の部位の呼称と同様に、構築物の

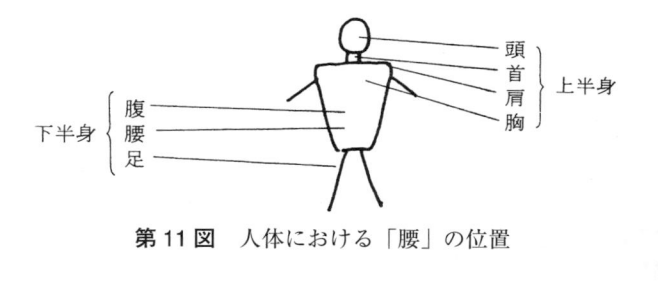

第11図　人体における「腰」の位置

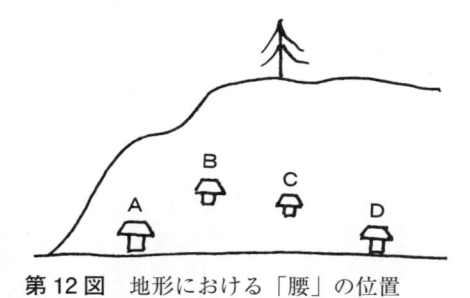

第12図　地形における「腰」の位置

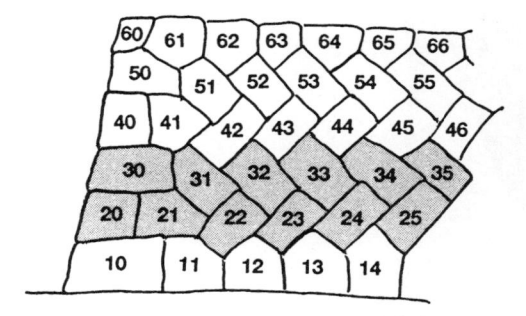

第13図　石垣における「腰石」の位置

天端石　　60.61.62…
隅石　　　10.20.30…
隅脇石　　11.21.31…
根石　　　10.11.12.13…
腰石　　　20.30.21.31…
　　　　　根石＋20.30.21.31…

構造に使用されている名称を利用していることがわかる。[8]横穴式石室においての部位の呼称と、ほぼ位置的にも類似していると思われる。しかしながら、腰石の用語の使い方はこの後の「3. 定義」で取り上げるが、考古学で使用される腰石は壁を構成する最下位の石である基礎石そのものを指しているのに対して、第13図に示すごとく石垣など石組み構造物の腰石は基底石を含め（あるいは含めず）、さらにその上の何石かの石層・石積みの石を指しており注意を要する。[9]

(3) 腰石の出自

　肥後型石室と関係のある三重県志摩郡おじょか古墳（第14図）の玄室周壁は基本的に基底部に板石を立て並べている（森下 1986）。ところが奥壁および側壁の一部では壁面より離脱した状態にあり、石障状をなしており、これは石障が周壁基底部に取り入れられる途中の形態であると指摘している。さらに大阪府堺市塔塚古墳（5世紀中葉〜後半）における周壁石材配置は石障が基底部に取り入れられた形態とみなしている。[10]すなわち腰石は肥後型石室の石障が周壁基底部に取り入れられて形成されたとする（森下 1986：p13）。そうした意味では、腰石は重藤が論ずるところの新しい要素であろうか（重藤 1992）。

　一方、竪穴系横口石室においても黄金山古墳（5世紀中葉〜後半）[11]や福岡県京都郡長迫古墳などでは腰石が採用されており（柳澤 1975）、肥後型石室だけでなく、ほぼ同時期に採用されていたと思われる。

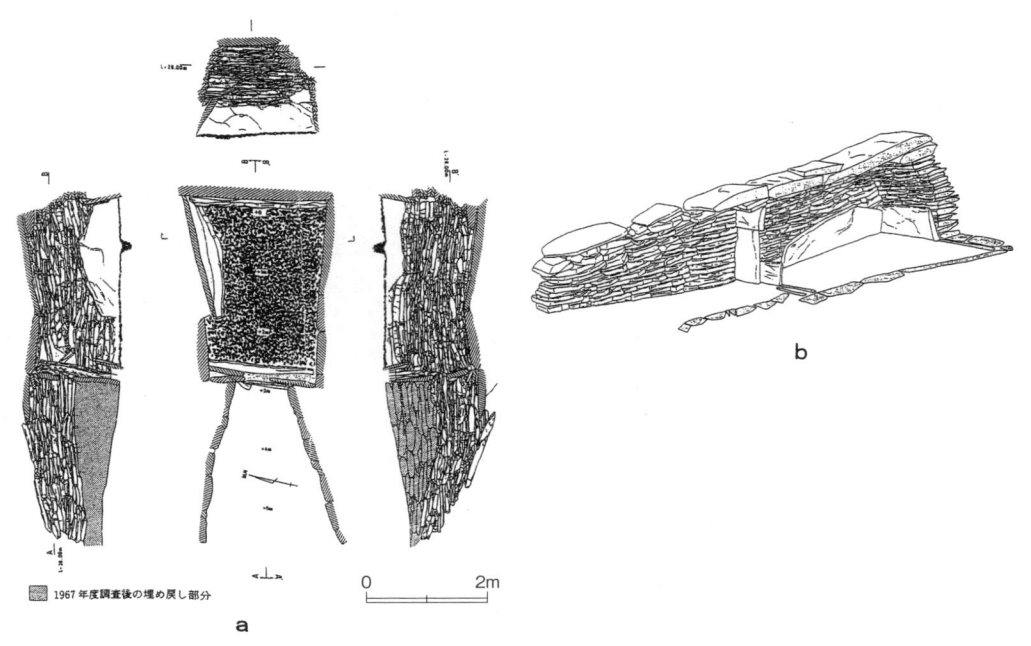

第14図　三重県おじょか古墳横穴式石室実測図と石室構造模式図（関西大学文学部考古学研究室編　1992より）

3. 定　義

　横穴式石室における各部位の名称の定義については、尾崎喜左雄の定義（尾崎 1966）が現在に至るまで基本になっているが、その主たる研究の対象は東国の横穴式石室であったため、九州地方に多い腰石についての検討はなされなかった。
　土生田純之は、いろいろな形態の横穴式石室を全国的な視点から分析・整理し、用語の定義をしており、腰石についても、「最下部の石材（基石）だけが他よりもひときわ大きいものを腰石という」と定義している（土生田 1992）。以降この定義に準拠している論考を見受ける。たとえば、大谷宏治は「地域、用語、時期区分にかんして」の（E）壁面の構造の中で、腰石を「壁体の最下段に用いられた他の石材よりも大型の石材」と定義している（大谷 2003）。菊池吉修は横穴式石室の各部の名称は土生田［1992］に順ずるとし、腰石についても準拠しているが、より具体的な表現をしている（菊池 2002）。すなわち「2段目以上の石材に対し2倍程度大きい最下部の石材は腰石ととらえ、石材の積み方により石室内から見て他の石材より大きく見えるものも腰石の範疇に含めている」としている。
　いずれにしても考古学での腰石の用法は、石室の壁の基底石を指しており、建設関係の分野の用語としての腰石とは相違する。

4. 腰石の各部位の検討

　腰石として使用される石材の形状は、塊石（大形石）と板状石に分けられる。また、板状石の場合は大部分が直方体に近い形状となるが、この面は3種6面となり、おのおのの面の呼称は一番表面積が小さい面が小口、次に大きい面が横口、一番大きい面が広口と呼称している（第15図）。一例をあげれば、植松章八は、広口積み、横口積み、小口積みの用語を使用している（植松 2004）。各古墳の石室構造を説明するときに、たとえば静岡県浜北市興覚寺後古墳（第16図 a）では「本石室の構造にみられる特徴は、奥壁・側壁・袖部ともに大型の角礫を広口積みにする腰石を設け」とあり、直方体の石材の各部位の名称では「側壁は、根石に大型の角礫を横口積みして腰石とし、その上部に小型の角礫を小口積みしている」とある。秋合8号墳（第16図 b）では石室の平面図に腰石（の上面）が作図されており、これをみてみると一番広い面は上面にあり、2番目に広い面

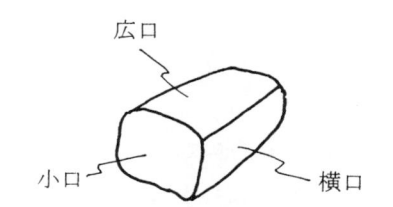

第15図　直方体石材の各部位の名称を示す図

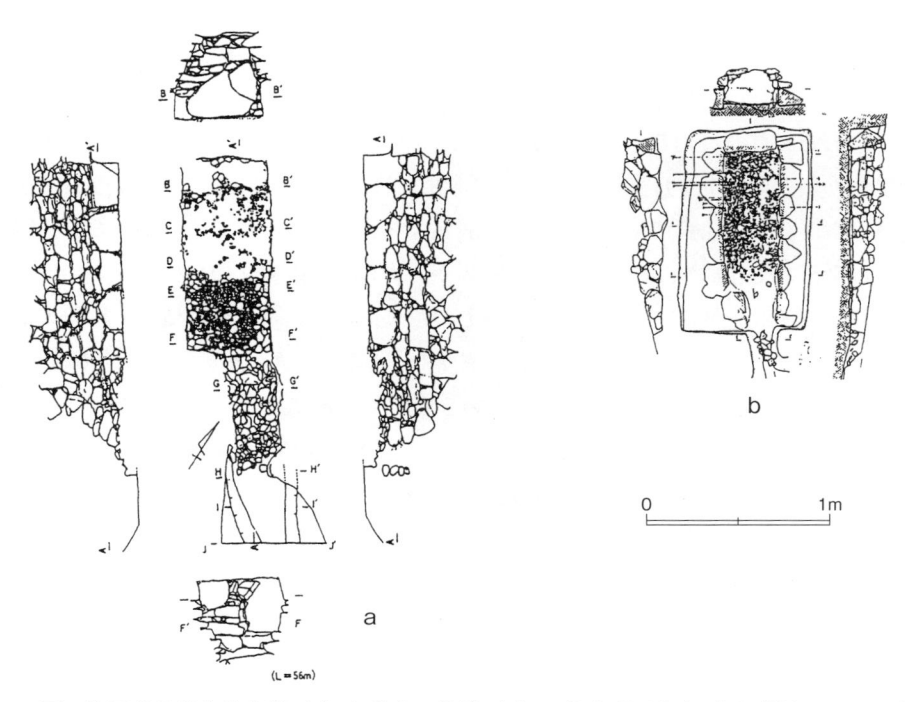

第16図　静岡県興覚寺後古墳（a）と秋合8号墳（b）の横穴式石室実測図（植松 2004 より）

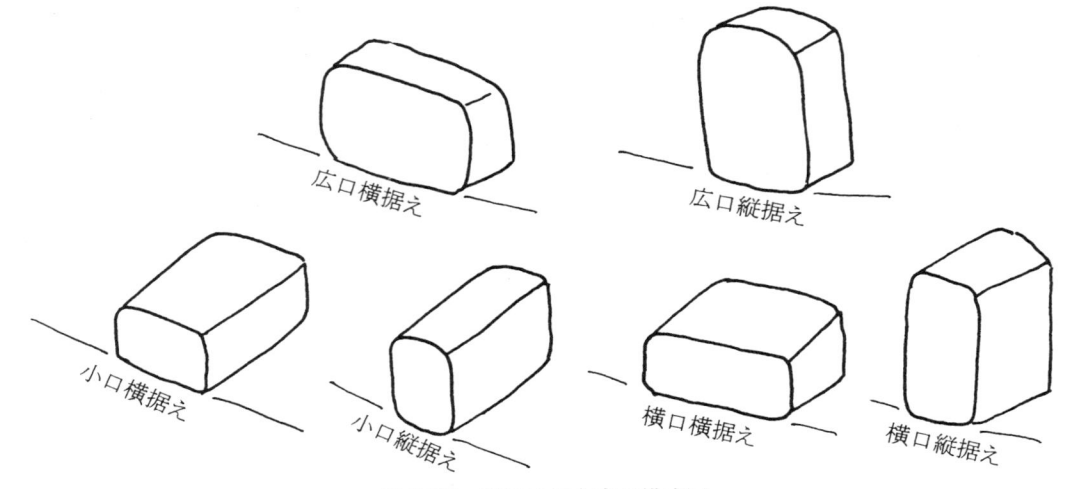

30　第 2 章　横穴式石室を構成する要素の名称について

第 17 図　腰石の据え方の模式図

が石室内部に向けられて据えられていることがわかる。なお興覚寺後古墳の平面図には腰石の上面が作図されていないので、広口積みか否かは図面からは確認できない。

　また腰石の据え方も横置きと縦置きがあるが、おのおのの面を内側に向けて据えるとそれぞれ 3 種類あることになる（第 17 図）。横置きと縦置きについては林日佐子や菊池が論述している。林は、丹後・丹波における初現期の横穴式石室を玄室の平面プラン、壁面構成、横口部およびその前面の構造によって分類している。このうちの壁面構成の要素の一つとして腰石をあげている。そして用法として「腰石をたてにすえ」と表現し、単に「腰石を用い」という表現と分けている。第 18 図中の 2 新ケ尾 10 号墳、4 入谷西 A−1 号墳、6 医王谷 3 号墳の石室の腰石が立てて据えられている（林　1998）。

　菊池は、腰石を縦に据えた縦積みを主体とする石室（女池ケ谷 3 号墳、第 19 図 a）と腰石を横に据えた横積みを主体とする石室（萩ケ谷 A−4 号墳、第 19 図 b）に分類し、時期設定としては「縦積みを主体とする石室は、横積みを主体とする石室より後出すると言える。もっとも横積みを主体とする石室は平行して存続することから、横積みから縦積みへの変化が発生するのではない」と述べている（菊池　2002）。また、石材のどの面を石室内に向けているのかについては記載がないし、図面からは明らかではない。さらに述べると、文中で「基底石の大半を縦積み」、「横積みの基底石」「縦積みを主体とする石室」との表現を用いているが、腰石は基底だけ、一段だけであるから積むという表現より、据える、置くという表現のほうがよいと考える。「縦積みを主体とする石室」とすると側壁の石組み構造が天井まで石材が縦方向に積み上げられているようにとられてしまう恐れがあるのではないか。

5. 横穴式石室の属性分析における腰石について

　重藤は、北部九州における初期横穴式石室の各属性バリエーション分類化の中で、腰石の有無を

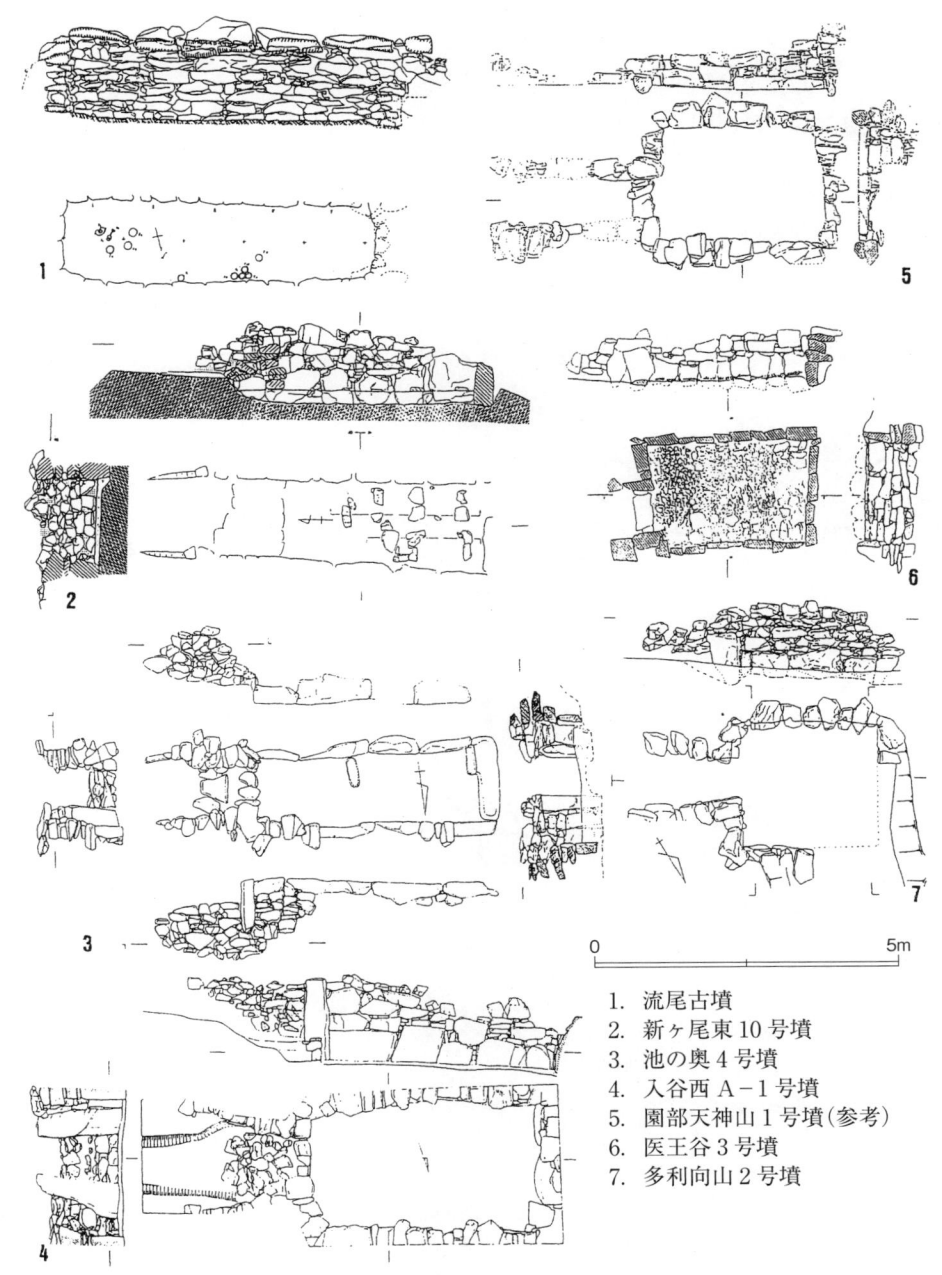

第18図　丹後・丹波における初現期の横穴式石室実測図（林 1998 より）

1. 流尾古墳
2. 新ヶ尾東10号墳
3. 池の奥4号墳
4. 入谷西A-1号墳
5. 園部天神山1号墳（参考）
6. 医王谷3号墳
7. 多利向山2号墳

基準とした。そして石室の横口部と他の属性のバリエーション間の相関関係を作成すると腰石を有する石室は新しい傾向になるとしている（重藤 1992）。

　博多湾周辺の横穴式石室の属性分析をおこなっている土井基司は、属性として平面形態、前壁比、玄室構築法を取り上げ、最後の玄室構築法では奥壁、側壁に分けて、さらに腰石の高さによって細分している。側壁では、腰石の最大高が玄室下半高の1/2以上、1/3～1/2、腰石でないものの3

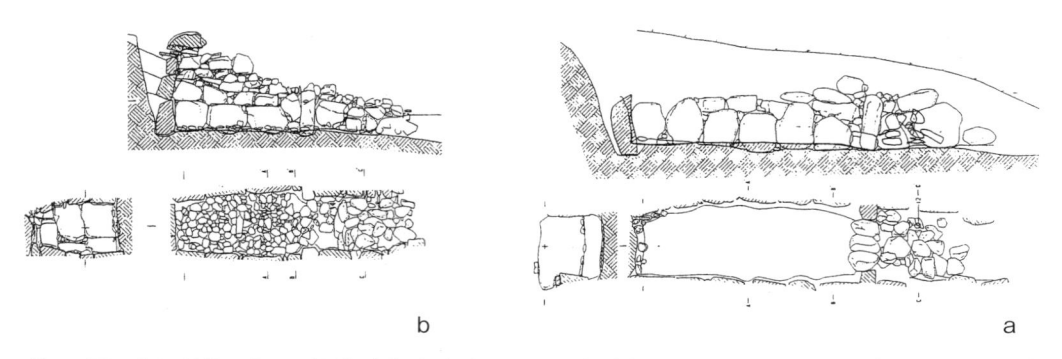

第19図　静岡県萩ヶ谷A4号墳（b）と女池ヶ谷3号墳（a）の横穴式石室実測図（菊池 2002 より）

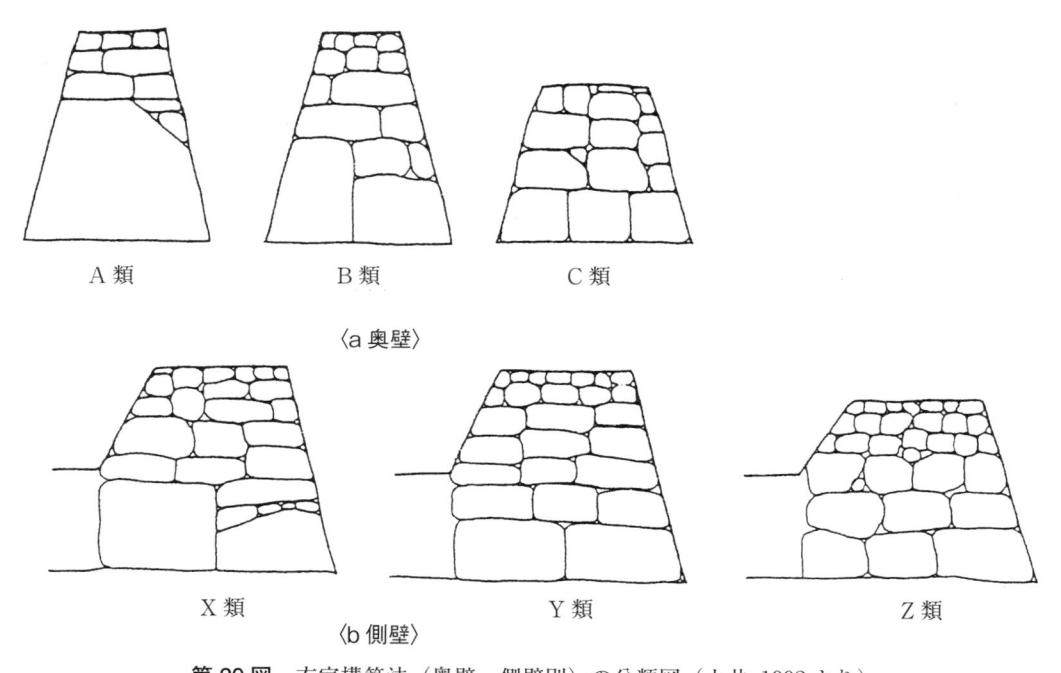

〈a 奥壁〉
A類　B類　C類

〈b 側壁〉
X類　Y類　Z類

第20図　玄室構築法（奥壁・側壁別）の分類図（土井 1992 より）

分類としている（土井 1992、第20図）。玄室下半高という基準が汎列島的でなかったためか、多くの人には継承されなかった。しかし腰石の高さ比率で、細分したことは評価できる。

　太田宏明は畿内型石室に対して、九つの属性を設定した（太田 1999）。その内に奥壁、玄室側壁という属性があり、それらは細分（属性変異）されているが、全体の状況での分類のため、腰石の変化での細分ではない（第2表）。しかも腰石の用語はなく、基底石に統一されている。

第2節　腰石について　33

第2表　畿内型石室の属性変異一覧表とその説明（太田 1999 より）

	1類	2類	3類	4類	5類
奥壁	O.1	O.2	O.3	O.4	O.5
玄室側壁	G.S.1	G.S.2	G.S.3	G.S.4	G.S.5
袖部	S.1	S.2	S.3	S.4	S.5
前壁	Z.1	Z.2	Z.3	Z.4	Z.5
羨道側壁	S.S.1	S.S.2	S.S.3	S.S.4	S.S.5

属性変異一覧

奥壁
O.1　板状の石材を小口積みし、1段7石程度。石材は長辺が50cm以下のものが壁体立面で観察できるもの。
O.2　扁平な石材をブロック状に横位に据えて使用。長辺が1m程度の石材も使用。1段4石程度
O.3　奥壁の整備が進み巨石を使用し壁面を構成するが一段一石積みがまだ達成されていないもの。
O.4　巨石を使用し一段一石が達成された段階のもの、奥壁は縦長の長方形で2段積みのものと3段積みのもの2種がある。
O.5　天井が低くなるのに連動して奥壁が正方形もしくは横長になったもの。もしくは一石積みのもの。

前壁
z.1　持ち送りのきついドーム状のもの。
z.2　垂直に近い形で2、3個の石材を積んでいるもの。
z.3　垂直に1石もしくはそれに準じる形でつんでいるもの。天井の高いものと低いものがある。
z.4　前壁を斜めに架構するもの。
z.5　前壁を斜めに架構するもので天井の低いもの。

袖部
S.1　3段以上で積み、玄室側壁までの側面を1段2石以上で積んでいるもの。
S.2　3段以上で積み、玄室側壁までの側面を1段1石で積んでいるもの。
S.3　立石を用い、その上面に天井石まで1、2石積むもの。
S.4　立石の上に直接天井石がのるもの。
S.5　立石を用いず、かつその上に直接天井がのるもの。

玄室側壁
GS.1　板状の石材で小口積みされているもの。石材は50cm以下
GS.2　扁平な石材をブロック状に横位に据えて使用するもの。最大で長辺が1m程度の石材も使用。5〜7段積み。
GS.3　石材が大型化し3〜4段積みとなったもの（調節の石材は1段に数えない）。
GS.4　基底石を縦位に立てて使用するもので3段積み以上のもの。
GS.5　1〜2段積みのもの。

羨道側壁
SS.1　板状の石材で小口積みされているもの。
SS.2　扁平な石材をブロック状に横位に据えて使用するもの。4〜6段積み。
SS.3　立石より小型の巨石材で積まれているもの　2〜3段積み。
SS.4　立石と同程度の巨石材でつまれているもの。
SS.5　ほぼ1石でつまれているもの。

6. 腰石分類（細分）の要素

(1) 腰石の有無

重藤は腰石の分類（細分）を有・無の二つに分けている（重藤 1992）。

肥後型、北部九州型における腰石の採用は5世紀中葉から後半で、板石状で、腰石高は高い。始めは広口横据えで、腰石高が低くなる展開があっても基本的には広口横据えと考える。[13]

静岡県内の横穴式石室における腰石の採用は6世紀後半頃で、石材は塊石・板石状で、腰石高は低く、多くは横据えである。おおよその流れとしては小口横据え（腰石無）から広口・横口横据え（腰石有）である。腰石が採用されるということは、基底石が大形になることであり、このことは方向に関係なく石材が大形になることであり、一般的にはそれは石室の大形化につながる。したがって一つの画期となるのではないだろうか。

(2) 腰石の据え方

石材が直方体状の板石状の場合は3種6面あるし、据えるには横位と縦位に配置する場合があり、3×2＝6通りの据え方がある。[14] 腰石を採用するときは安定する横位に配置するのが常識的である。安定する横位に配置せず縦位に配置することは、マイナス要因である。不安定な要素を受け入れてでも縦位に配置する必要性があったか、あるいはそうした不安定な要素を解消した新たな技術の導入があったと考えられる。よって、腰石が縦位に展開したときはそこに外的要因が加わったか、外部からの新たな導入と理解するのが妥当であると考える。

(3) 腰石高の天井高との比率

静岡県内の横穴式石室における腰石の展開で生じた縦位の腰石は天井高との比率が低く、土生田が述べている腰石高の天井高との比率の高い、いわゆる「腰石」で板石状のものを縦位に配置する石室（土生田 2003、第21図、ただし図中cを除く）とは異なる。[15] 天井高との比率が細分の要素になり得ることがわかる。

(4) 壁全体での分類

壁全体を一つの属性とすると腰石の高さ・腰石の上の石積み方法が細分の要素となる。腰石の上の石積み方法としては小口横積み、横口・広口横積み・腰石同大の石積み（この場合は腰石とは呼称しない）などが考えられる。

7. 腰石の使用についての課題——まとめにかえて

腰石について、以下の三つの点をあらためて指摘しておきたい。

第一に、腰石は建築用語（石工用語）と考古学用語で違いがある。

a 畦地1号墳　　　　b セスドノ古墳

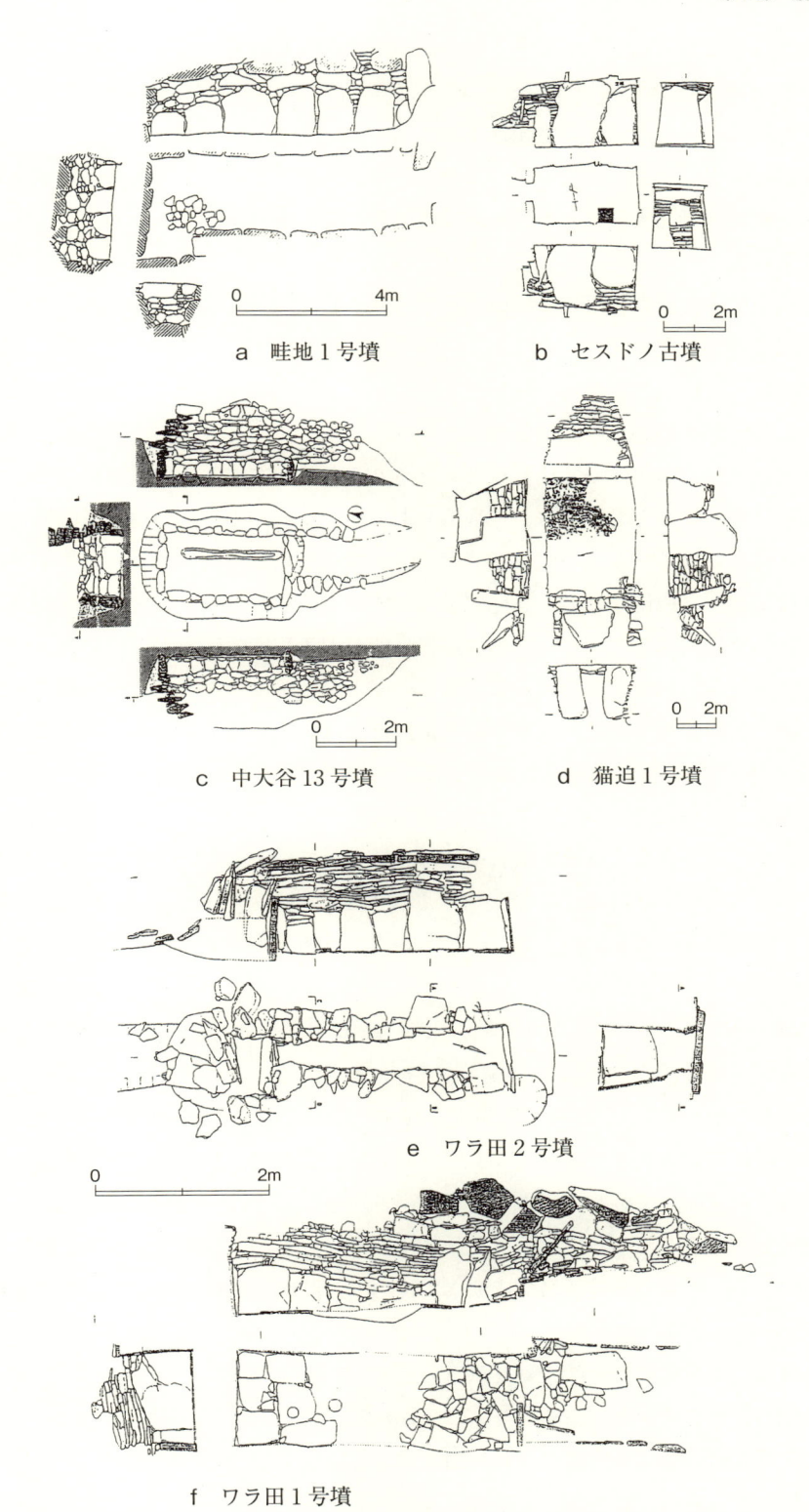

c 中大谷13号墳　　　d 猫迫1号墳

e ワラ田2号墳

f ワラ田1号墳

第21図　日本列島の基底石を縦位に配置する石室の実測図（土生田 2003 より）

考古学で使用される腰石は壁を構成する最下位の石である基底石そのものを指しているのに対して、石垣など建造物分野で使用される腰石は基底石を含め（あるいは含めず）、さらにその上の何石かの石層・石積みの石を指しており相違する。

第二に、腰石の採用（形成）経緯は単一でなく、その系譜は在地系もあるし、外来系もあると考えられる。これまでの研究成果によれば5系統が知られている。

①石障取り入れ説。
②大形の箱式石棺の展開説（石棺系横口式石室化）。
③竪穴系横口式石室の展開説。
④石室の大形化（石積みの簡略化）説。[16]
⑤数次にわたる朝鮮半島からの直接伝播説。

①石障取り入れ説は、いわゆる肥後型などにみられる石障を有する横穴式石室において石障が周壁に取り入れられたとするものである。在地系であろう。②大形の箱式石棺の展開説は、小田が黄金山古墳を例としてあげている（小田 1966・1979）。本古墳以外に類似の石室は多くは確認されていないが、今後の調査に期待したい。[17]③竪穴系横口式石室の展開説や④石室の大形化（石積みの簡略化）説も在地系に該当するであろう。古墳築造集団がある程度の巨石が入手でき、かつ取り扱いができるようであれば、石材の数を減らし作業性の向上を図るため大きい石を使用する方向へ向かうと考える。⑤数次にわたる朝鮮半島からの直接伝播説は、土生田の論じるところの外来系である（土生田 2003）。ただし継続して石室が造営されたときの展開（あるいはマイナーチェンジ）による変形が①②③④とどう相違するのかは今後の課題である。

ここで栃木県下の腰石を有する横穴式石室の系譜について検討したい。すでに「1. はじめに」で述べたが該当する古墳は宇都宮市瓦塚25号墳、同瓦塚26号墳、同瓦塚32号墳、同山本山2号墳、同谷口山古墳、同大塚古墳の6基である。これらの古墳は2グループ（Aグループ、Bグループとする）に分けられる。

Aグループは瓦塚32号墳、山本山2号墳、大塚古墳の3基である。これらは腰石を横位に据える構造で④に近い系譜と考える。大塚古墳は基底石の大きさにばらつきがあり、腰石と認められるかどうか問題もあるが、基底石が腰石に展開する過程の途中を示す例かもしれない。瓦塚25号墳は、作図では腰石が縦位に据えられているが、玄室床面を見れば基底石が大型化した状況となんら変わらない。しかも1石を除いて腰石の高さと石室の高さ比率が低くほかの縦位の腰石石室の範疇には含まれないとする。Aグループは宇都宮丘陵地域でとらえたもので、Bグループと比較検討する意味もあって設定した。かなり普遍的な構成要素ではあり、県内に類似のものをある程度見出すことが可能である。

これら3古墳の石室を詳細に比較すると以下の通り。
①墳丘規模から主墳クラスと小古墳クラスに分かれる。
　主墳クラスは大塚古墳、小古墳クラスは山本山2号墳・瓦塚25号墳
②3基とも組み立て玄門を有すが、完成度に差がある。
　完成度の低い山本山2号墳・瓦塚25号墳→完成度の高い大塚古墳

ただし退化現象が起きているとすると矢印は逆転する。
③側壁の腰石の高さにばらつきがある石室とある程度揃った石室に分かれる。
　　腰石の高さがばらつく大塚古墳・瓦塚25号墳→腰石の高さが揃う山本山2号墳

第3表　腰石を有する横穴式石室の比較

宇都宮丘陵地域の腰石Aグループ3古墳

古墳名	墳形・規模	石室規模	石室形態	側壁構造	玄室部構造	出土遺物	備考
大塚古墳	円墳 54.3m	玄室長5.17m 幅1.95〜2.1m 高さ1.75〜2.14m	両袖	凝灰岩の山石を平積み。基底石に大形の石を採用しているが、すべてではない	立柱石・框構造・楣石		
瓦塚25号墳	円墳 径18m	石室長3.5m 玄室長2.54m 幅0.9m 高さ1m	(疑似)両袖	基底石に大型の石を据え、その上にその上部に平たく小口積みにしている。川原石が少し使用	立柱石(側壁から突き出ている)・框構造		
山本山2号墳	円墳 径18.8m	石室長5.5m 玄室長4.25m 幅1.1〜1.35m	(疑似)両袖	基底石は凝灰岩の山石からなる大形の石を横位に据えその上に小ぶりの石を横方向に目が通るように平積み	立柱石(側壁に埋め込まれる)・框構造・(楣石)	直刀1・刀子2・鉄鏃48・須恵器甕破片	

宇都宮丘陵地域の腰石Bグループ3古墳

古墳名	墳形・規模	石室規模	石室形態	側壁構造	玄室部構造	出土遺物	備考
瓦塚26号墳	円墳 径40m	石室長7.73m 玄室長6.12m 幅1.9m	両袖	基底石(腰石)は大きめの石を立て、その上に割り石を積む(基底石の間隙に小口積みするが、積方は雑)	立柱石(側壁に埋め込まれる)・框構造・楣石(不明)	直刀2・鉾1・鋼1・刀子1・甕破片	床面全体に川原石の小礫を敷く。玄室中央に間仕切り有
谷口山古墳	円墳 径約29m	石室長7.0m 玄室長5.5m	両袖(片袖？)	基底石を立ててすえ、その間に中小の割り石を積み、基底石の上にも同様に積む	立柱石(ほぼ側壁に埋め込まれる)・框構造・楣石	直刀3・雁股鏃1・土師器坏1・須恵器提瓶1	玄室中央に間仕切り有、奥壁側に正方形の板石、玄門側は板石と玉石を敷く
瓦塚32号墳	円墳 径14m	石室長8.2m 玄室長5.05m 幅1.5m	T字型	基底石を縦積みにし、その上や間隙に同質の小石を乱積み	立柱石(側壁に埋め込まれる)・框構造・楣石	直刀5・刀子1・鐔1・鎧	

長野県下伊那座光寺地区3古墳

古墳名	墳形・規模	石室規模	石室形態	側壁構造	玄室部構造	出土遺物	備考
北本城古墳	前方後円墳 全長24m	石室長6m？ 玄室長5.6m 幅1.6〜1.7m 高さ1.4m	竪穴式横口石室？	高さ1m強の平盤石材の平坦面を最下段とするよう立て並べ、その上部に2〜3段の石を小口積みにし、その上端に天井石を構架している	立柱石(西側)・框構造	楕円形鏡板付轡・兵庫鎖・壺鐙・須恵器多数	床面は前後で石敷きの形状等に差をつけて2分割している
高岡1号墳	前方後円墳 全長約72m	玄室長5.3〜5.8m 幅2m	無袖・長方形	基底石はややや縦位の大形石を据え、その上に小形の石材を平積み。石材の間隙には横長の石材を詰める	立柱石？	馬具の金具	
畔地1号墳	円墳 径19.8m	石室長7.2m 玄室長5.9m 幅1.8m 高さ1.4m	L字型	下段に平石を立て上段にはやや小型の石材を平積み	天井石を下げる？	銀製垂飾付耳飾などの武器・馬具・装飾品	

④側壁の積み方が、ほぼ横に目の通る平積みの石室とやや横に目は通るものの平らな石材が乱積みに近い石室に分かれる。

　　乱積み傾向の大塚古墳・瓦塚25号墳→平積みに近い山本山2号墳

　3古墳の変遷を比較する中で、墳丘規模が主墳クラスと小古墳クラスを同列で検討することは正確な結論を得にくくすると思われる。しかも在地化傾向の強いこの構成要素を検討するには、ほかの主要な要素——緩やかな胴張りとか玄室構造の中で変遷を見る必要がある。すなわち石室の系統によっては、石材の大型化の時期に相違が出てくる可能性もあり、古墳の規模（石室規模も含めて）の相違もあり、この3古墳の変遷を決めるのはむずかしい。しいて腰石の成立過程からみれば大塚古墳・瓦塚25号墳→山本山2号墳となり、大塚古墳に緩やかな胴張がみられることから6世紀後半とし、山本山2号墳の石材が小形切石に近くなっていることから7世紀初〜前半頃と想定される。

　こうしたAグループの溯源は石材の簡略化すなわち静岡県下の横穴式石室などにみられるような石室の大形化傾向の中において出現したものであろう。

　Bグループ（瓦塚26号墳、瓦塚32号墳、谷口山古墳）は腰石と腰石を接触させずに間隙を取って縦位に据え、その間隙に小形の石材を横位に詰め、さらにそれらの上に同様な小形の石材を横位に積む側壁構造を有する。これらは⑤の系譜に該当するものであろう。これらの石室は腰石の縦横比率や天井高に対する腰石高の比率もさほど高くはなく、しかもその積み方は乱雑であり決して整美な状況でなく技術の高さは感じられないが、長野県下伊那谷の座光寺地区の3古墳の石室との関係を考慮したい。3古墳とは北本城古墳（第22図a）、高岡1号墳（第22図b）、畦地1号墳である。もちろん、時期的にもかなり差があり、構造的にも異なる点があり、直接に波及してきたものととらえるには早計ではあるものの、Bグループの石室構造を解明するために、比較検討していき

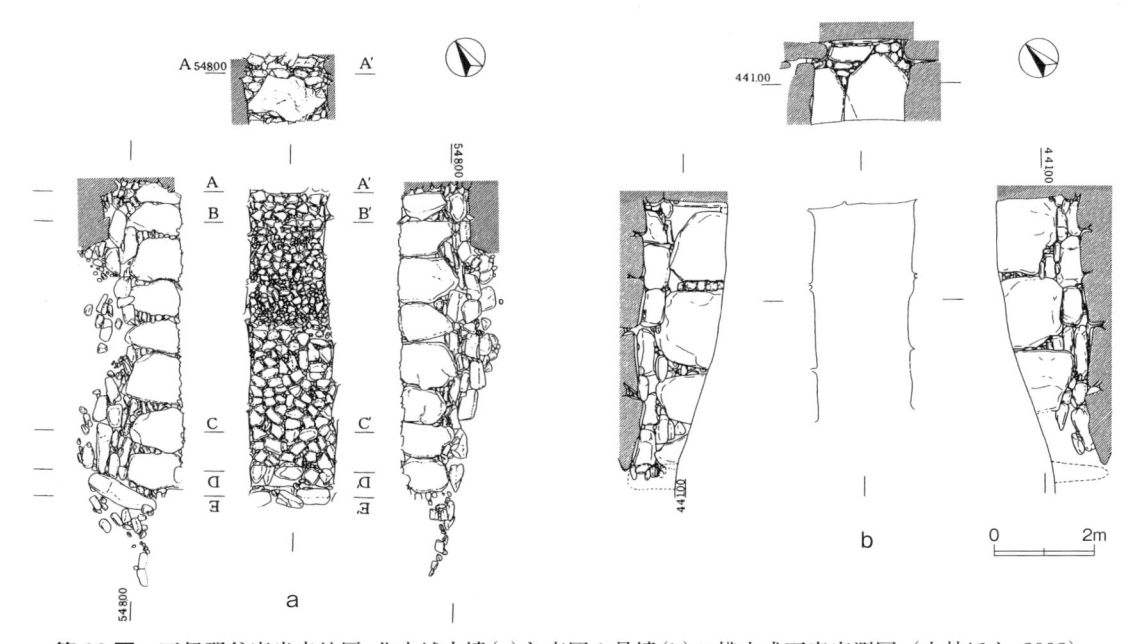

第22図　下伊那谷座光寺地区　北本城古墳(a)と高岡1号墳(b)の横穴式石室実測図（小林ほか 2008）

たい。
　まずはBグループの3古墳を今少し検討する。3古墳はいずれも円墳であるが、瓦塚26号墳は径40m、谷口山古墳は径約29m、瓦塚32号墳は径14mと規模がかなり異なる。前2古墳は時期や地域で異なるが群集墳のなかでは主墳かそれに準じるものである。しかしながら石室規模においては、ほぼ同じとみることができる。また瓦塚32号墳は墳丘規模は小さいが、馬具が出土している。
　瓦塚26号墳と谷口山古墳を比較すると、石室構造については共通の構成要素が多い。奥壁が1枚、框石・立柱石からなる玄門構造（瓦塚26号墳・谷口山古墳ともに楣石の存在も予想される）、玄室中央に間仕切り石、持ち送りなどである。
　要は組み立て玄門が盛行している時期に、側壁に特徴ある横穴式石室を地域的にはスポット的に、墳丘が主墳規模クラスと小規模クラスの古墳が受容したということであろうか。さらに小規模クラスの古墳であっても石室は中クラスであることは注意すべきである。
　栃木県中央部で盛行した組み立て玄門を有すること栃木県南西部・中央部から北部まで派生する玄室中央に間仕切り石を有することなどのいくつかの栃木で盛行した石室構築構成要素を持った石室に縦位の腰石という構築要素が加わっている。そして、ほかの地域に展開していないことや3基だけであることなどから短期間における受容であったと思われ、その時期は6世紀末～7世紀初と想定する。
　これら3古墳の石室は、長野県下伊那谷の座光寺地区の3古墳の石室との共通要素は以下の通り。
①墳丘規模の異なる古墳が受容している。
②県内1カ所のみで、しかも狭い地域に少数の古墳が受容している。
③石室規模はあまり変わらない。
④墳丘規模の小さい古墳は変形石室である。
　一方で、長野県下伊那谷の座光寺地区の3古墳は6世紀初～前半で側壁の積み方が整然としている。宇都宮丘陵の3古墳は6世紀末～7世紀初頭で、側壁の積み方が乱雑になっている。この違いは大きい。
　しかし、年代的には韓国全羅北道錦江河口南岸近辺の古墳（軍屯1号墳他）は、6世紀後半である（土生田 2003）ことから、韓国のこれらの古墳の石室の技術が直接・間接に栃木の3古墳に伝播した可能性もある。
　とにかく栃木の3古墳の石室が外来系と想定される縦位に腰石を据える側壁構造の系譜に連なることは、否定できないであろう。そして、同様な系譜が一波でなく何波に別れて、伝播するからこそ、時期的につながらない同様な系譜が散在することになるのであろうか。
　最後に第三であるが、まだ全国的な視点から腰石の受容（形成）経緯が分析・整理できていない点である。
　そのため属性分析において細分などをおこなう必要があるときは、腰石を基底石（基石）としてとらえ、属性としては側壁・奥壁として検討するのが現時点では好ましいと考える。

註

(1) 栃木県下における最初の横穴式石室について、山ノ井清人は大平町中山古墳として出土遺物の特長から6世紀第1四半期に比定（山ノ井 1989）、小森哲也・中村享史は同じく中山古墳をあげMT15段階とした（小森・中村 1989）。大橋泰夫は横穴式石室の採用は6世紀前葉から中葉（MT15型式期）とし、中山古墳（MT15～TK10型式期）や岩舟町小野巣根4号墳（MT15～TK10型式期）、南河内町別処山古墳（MT15～TK10型式期）などをあげている（大橋 1997）。中村はMT15型式併行期の馬具を出土した中山古墳を従来の研究によって6世紀初頭としている（中村 2003）。いずれも中山古墳を栃木県下の最初の横穴式石室とすることでは異論はないが、実年代でわずかな相違があり、ここでは6世紀前葉としたい。

(2) たとえば山ノ井によれば宇都宮丘陵では6世紀第2四半期〜第3四半期頃に大和の大形横穴式石室の系譜を引く片袖横穴式石室（宮下古墳）、ついで四半期遅れて群馬県前橋市前二子古墳の系譜を引く両袖横穴式石室（瓦塚古墳）が築造され、一方宮下古墳の系譜を引く無袖横穴式石室（権現山古墳）も造られた。6世紀後半以降は瓦塚古墳の系譜を引く両袖横穴式石室（瓦塚25・26・32号墳、戸祭大塚古墳、山本山2号墳など）が採用されているとしている（山ノ井 1989）。

(3) この古墳群は5基の横穴式石室が発掘調査されている（高橋・谷井 1913、後藤ほか 1937、前澤 1979、穴沢・馬目 1990）。玄室平面が長方形の両袖石室（機神山17号墳）、胴張りの両袖石室（機神山16号墳）、胴張りの無袖石室（機神山11号墳）、T字型石室（機神山10号墳）、隅石を有する胴張りの無袖石室（機神山24号墳）であり、これらの石室の形態は多様である。なお古墳名は足利市文化財総合調査団［1986］による。

(4) ほかに高山古墳があげられている（山ノ井 1989）。なお大塚山古墳を戸祭大塚古墳と呼称している。

(5) 田村は横穴式石室の諸属性の一つとして腰石をあげている（田村 2003）。すなわち「側壁の最下段に、大型石や板石による腰石を用いる石室が多い。これも在地系石室の一要素である」（p210）、「河原石の使用と腰石の使用は同じ在地系石室の使用石材に関わる要素であるが、異なる展開を見ることができる」（p210）と述べ、「胴張・河原石・腰石・立柱石といった在地系石室・在地化の諸要素が、本来の在地系石室（擬似両袖式・無袖式石室）だけでなく、畿内系の形態である両袖式・片袖式の石室にも認められる」（p211）としている。

(6) 腰石の用語は1960年代の後半には九州の古墳の石室に使用されていたが、畿内や関東では研究者によって巨石、板石、基底石、根石などの用語が用いられており、腰石の用語は採用されていないようである。このころ、白石太一郎は九州の該当する石室を論考しているが、扁平な石などの用語を使用しており、腰石の用語は用いられていない（白石 1965）。

(7) 5市史（中津市史刊行会 1965、直方市史編さん委員会 1971、武雄市史編纂委員会 1972、田川市史編纂委員会 1974、宇佐市史刊行会 1975）のうち、直方市史、武雄市史、宇佐市史が腰石の用語を使用している。この時期までの市町村史の多くは横穴式石室の図面と内部構造の細かな解説が掲載されておらず、壁の石積みに言及するまでに至ってないほうが一般的である。これは九州ばかりでなく、ほかの地域でも同様である。

(8) 建築物の構造の名称のなかで腰、腰石に近い名称として腰板がある。腰板は木造建築の壁構造の下部が板壁構造になっているのがあるが、この板壁を腰板と呼ぶ。木造校舎の壁によくみられる。縦方向に板を取り付けているが、この状況が縦位に腰石を立てた状況にいる。この場合は下（廊下面）から腰の位置ぐらいまでの高さで作られている。

(9) 第13図に示すような石垣で腰石を示すと、おおむねスクリーントーンの部分であり、根石を含む場合があるにしても、根石だけを腰石とは言わない。なお図の呼称は主に窪田［1980］による。

(10) 白石によれば、調査報告は日本考古学協会第25回総会研究発表でなされており、その報告によれば「玄室の壁は最下部だけ板石を横にたて列べその上に割石を積みあげたもの」であるとしている（白石 1965）。

(11) 小田によれば、黄金山古墳は「横穴式石室構造が導入された初期における旧墓制側からの対応現象」の一形態であるとしているが、竪穴系横口石室や横口式石棺でなく「箱形石棺をそのまま石室の下底部として板石平積みの横穴式石室を構築した」特異な構造を示しており、別の系統であるとみなしている。そして本古墳以外には北九州では知られていないので、地域的なものとすることも可能であるが、「石棺系横口式石室の系譜に属せしめても不都合ない」としている（小田 1966・1979）。柳澤も竪穴系横口石室に分類しているものの、「組合式箱形石棺状に周壁を各々一枚の板石を置いて腰石とし」ていると述べているように、周壁は箱形石棺状であることを認めている（柳澤 1975）。

(12) 田村は、横穴式石室の諸属性の一つとして腰石をあげている。「側壁の最下段に、大型石や板石による腰石を用いる石室が多い。これも在地系石室の一要素である」として大型石や板石を腰石としている（田村 2003）。

(13) 腰石高が低くなることは、竪穴式横口石室から横穴式石室への流れの中で、石室内の框構造が低くなることによるものと思われる。

(14) しかしながら6通りあるから六つに細分できるとしても、いままでの調査状況では、実際に六つに細分することは困難である。すなわち腰石の全体を確認するためには石室（壁）を取り崩さなければならず、そうした条件の調査でないときは腰石の面の確認は小口か否かにとどまる。しかし縦位と横位の細分は一目瞭然に理解できる。

(15) 土生田は基石の石室高に占める割合が、大半と50〜60％とでは異系統のものとみなしている（土生田 2003）。

(16) 古墳の構築技法たとえば地下式・半地下式における基底石（基石）の用法との関わりも検討する必要がある。

(17) ほかには鳥取県東郷町片平4号墳などがあげられる（土生田純之氏のご教示による）。

第3章
栃木県における横穴式石室の様相

第1節　栃木県の横穴式石室の概要

1. はじめに

　最初に栃木県における横穴式石室の概要を述べる。栃木県の横穴式石室についての研究は多くの論考があるが、そのなかでも中村享史は従来の研究を総括して栃木県の横穴式石室の変遷を4段階に設定している（中村 2003)[1]。しかし、ここでは導入期・展開期・終末期に分けて論述する。

2. 栃木県の導入期

　栃木県において最初に受容した横穴式石室は、片袖石室の大平町中山（将門霊神）古墳である。中山古墳は、県西部のうち足尾山地の南端が一番南にせり出した東部裾部の緩斜面に位置している約18mの円墳で、石室長4.67m、玄室長2.44m、奥壁幅1.28mの右片袖（奥壁を背にして右側）である。築造年代は出土した馬具などからMT15～TK10型式期である（栃木県古墳勉強会 2005）。
　ほかに周辺の片袖石室としては、時期はわずかに下がるが約20mの円墳である岩舟町小野巣根4号墳（右片袖）や、時期が定まっていない直径約22mの円墳である大平町マガキ1号墳（左片袖部が内側へ突出）がある[2]。栃木県中央部には、TK10型式期前後の全長43mの前方後円墳で右片袖・玄門部段構造の宇都宮市宮下古墳と全長約37mの前方後円墳である下野市別処山古墳がある。栃木県西南部では、足利市明神山古墳群内の前方後円墳明神山古墳が片袖であるが、石室の形状がほかの片袖石室とは異なっている（近藤 1999）。
　また、従来狭長な石室で群馬県前二子古墳などとの比較から導入期と指摘されていた栃木県中央部の宇都宮市権現山古墳の無袖石室は、玄門構造などから6世紀第2～第3四半期と想定し、同じ古墳群内の宮下古墳以後の石室とする説もある（山ノ井 1989）。

3. 展開期

　TK10～TK43型式期を中心とした年代に栃木県各地域では多様な横穴式石室が受容され、首長墓・有力者墓に採用される。[3][4]

　まずは他の地域よりやや早く地下式で入口部に段を有する石室が、栃木県中央部南寄りの小山市飯塚古墳群内に受容される。そして古墳群内で変遷しながら、周辺地域に波及していく。この系統の石室（大橋［1990］により飯塚型と呼称される）は壬生町藤井古墳群内の石室では、玄門部に組み立て玄門を取り入れることにより藤井型石室（大橋1990）と呼称されている。[5] 藤井型は玄門部の段がなくなる構造へ変遷する。同じ組み立て玄門構造をもつ古墳として壬生町上原古墳群・新郭古墳群などがある。これに対し中村は「藤井型石室は東日本に広く分布する両袖型胴張り形石室の系譜上から理解できるものである」（中村　1998：p31）として、飯塚型とは別の系譜であると指摘している。

　TK10～TK43型式期頃に別の系統である無袖石室を大平町七廻り塚2号墳・3号墳が受容する。2基とも円墳で、石室平面形状が長方形の山石積み石室である。なお3号墳は赤色顔料が奥壁に塗布されていた。

　TK43型式期の年代になると最高首長墓に凝灰岩の大形切石石室が受容される。栃木市・壬生町吾妻岩屋古墳である。[6] 以降最高首長墓としては墳形が前方後円墳から円墳（壬生町車塚古墳など）そして方墳（上三川町多功大塚古墳）と変遷していくにもかかわらず、おおむねその大形切石石室を引き継いでいく。[7] 同じ頃ないしはそれよりわずかに下がった時期に栃木県東部では小形切石石室が主体的に受容される。ほかに無袖・両袖の山石積み石室・川原石積み石室も前後の時期に出現し、多様である。

　TK209型式期、早いところではTK43～TK209型式期の頃に玄室の側壁が外側に弧をしっかりと描くようになる。関係論文の多くはその弧の曲がり程度で緩い胴張りと胴張りに分けて呼称しているが、埼玉県などで見られるような円形に近い極端な胴張りはほとんど見られない。しかし、現象としてTK209型式期前後からの石室の多くは玄門構造の有無にかかわらず玄室平面形は胴張り形状となる。中村はこれを「第4の段階・TK209期両袖型胴張り形の導入」（中村　2003）としている。これをもって栃木県の終末期の開始と見るむきもある。

　ちなみに栃木県南西部・北部は玄門構造が普及しないが、このことはすでに中村［1998］により指摘されている。

4. 終末期

　栃木県の終末期の特徴はあまり明確ではない。年代を7世紀前半から古墳消滅までとすると、最高首長墓では大形切石石室が展開期の頃からそのまま最後の古墳と想定される多功大塚古墳まで続く。現時点では福島県に所在するような横口式石槨はない。また、群馬県のような截石切組積み石室[8]

もない。展開期の石室の系譜がそのまま古墳消滅まで続くが、7世紀前半に石室容積が小さくなる傾向を示す。墳丘形状の画期とはわずかにずれが生じる[9]。

中小首長墓・有力者墓についてもあまり明らかでなく、終末期前半は玄室平面形状が胴が張る形を継承することが指摘できるが[10]、後半においては石室築造よりすでに構築された石室への追葬による対処が想定される。

また、横穴墓の変遷に、その画期が見出せる可能性がある。いまひとつは未調査の方墳にその時期のものがあることも考えられる。佐野市大桝塚古墳（1辺38m方墳）、足利市愛宕神社古墳（方墳・前期の可能性もある）などが挙げられる。

5. おわりに

きわめて簡単であるが、栃木県の横穴式石室の概要を述べた。本県の特徴的な横穴式石室のひとつである、地下式で入口部に段を有する石室や大形切石石室については次節以降で詳述する。また具体的な事例として、常見古墳群、足利公園古墳群、番匠峰古墳群を取り上げ、それぞれの古墳群の様相を検討する。

註
(1) 以下のような4段階を開示している。
   1. MT15期　横穴式石室の導入（片袖型）
   2. TK10期　飯塚型の出現
   3. TK43期　切石石室の出現
   4. TK209期　両袖型胴張り形
(2) 最近大平町マガキ1号墳を調査した栃木県古墳勉強会［2010］によれば、玄室平面形が長方形、奥壁がほぼ1枚であること、「縞石」の新たな採用、腰高な墳丘などから、6世紀後半代に位置づけられている。
(3) 各地域単位、各古墳群単位で異なる石室が受容されるだけでなく、一つの古墳群内で異なる石室が受容されることもある。例として足利市織神山古墳群、足利公園古墳群があげられる。
(4) この時期の古墳群において主墳・盟主墳を中小首長墓、群を構成する円墳を有力者墓とした。これらの呼称については今後検討の余地がある。
(5) 中村［1996］により提唱された。
(6) 吾妻岩屋古墳直前の最高首長墓と想定されている小山市琵琶塚古墳の内部主体が不明であるので、その受容はさらにさかのぼる可能性は残る。また、現在確認されている吾妻岩屋古墳の横穴式石室は前方部前端に所在しており、後円部に主体部が存在するか否か、存在するなら横穴式石室か竪穴系主体部かという課題も残る。
(7) 秋元は多功大塚山古墳（方墳）の石室は截（切）石切組積みと想定している（秋元 2005）。
(8) 註5でも述べているが、多功大塚山古墳の石室は複数個の切石による切石切組積みの可能性が指摘されており、最終段階では大形切石ではない可能性がある。それにしても大形切石石室は終末期の画期とはならないが、大形切石石室の変遷の過程で石室の規模が縮小傾向に変換する時期があり、この時期が終末期であると考えたい。

（9） すなわち栃木県においては6世紀末までは前方後円墳で、7世紀初頭には円墳となり、さらに最終末には方墳となるとする見方が一般的である。
（10） しかも、その所在も単独であったり、群集墳の端にあることが知られている。また、群集墳においては規模の小さい横穴式石室の出現が予測される。

第2節　足利市常見古墳群の様相

　常見古墳群は毛野地区あるいは足利地域の後期の首長墓群として理解されている[(1)]。第23図に示されているように、常見古墳群内の古墳は田島古墳、金吾塚古墳、星の宮神社古墳、正善寺古墳、海老塚古墳、口明塚古墳を挙げることができる。

　このうち発掘調査した古墳は、正善寺古墳、海老塚古墳、そして口明塚古墳がある。未調査の古墳については、前澤輝政・橋本勇により地籍図・村絵図などからの検討がなされている（前澤・橋本 1981、第24図）。ここでは、発掘調査をおこなった3古墳について検討し、その様相を考察したい。

1. 古墳の概要

(1) 正善寺古墳（第25図）

　足利市常見町418番地ほかにあり、主軸を南西部に向け、後円部に山石使用の両袖横穴式石室を持つ全長約87mの前方後円墳として知られていたが、1988・1989年（昭和63、平成元）に墳丘の範囲確認調査がおこなわれ、全長103m、後円部約62m、前方部約73mの基壇を有する前方後円墳であることが明らかになった。基壇のテラスは撹乱を受けているが、盛り土を若干のせたやや平坦な基壇であったと想定される。また葺石は基壇傾斜面にあり、墳丘傾斜面では不明である。周溝底幅は約5.5mで、二重周溝の可能性もある。円筒埴輪が出土している。横穴式石室内の副葬品は確認されてない（足利市遺跡調査団 1989、足利市教育委員会文化財保護課 1990）。

(2) 海老塚古墳（第26図）

　足利市常見町469番地ほかにあり、残存墳丘が雑木林になっていた。内部主体は横穴式石室で、江戸時代にはすでに開口されていた。明治時代の記録では、石室の全長8間、高さ7尺とある[(2)]。1980年（昭和55）の発掘調査（前澤・橋本 1981）で、径約50mの基壇を有する円墳であると判断された。横穴式石室は、破壊が激しいが全長9m以上、奥壁は2枚で、側壁は大きめの山石で構成されていたであろう。石室からは、丸玉、小玉、釧、石突（槍）、鉄鏃、小札（挂甲）、雲珠、喰、金銅製鈴、須恵器（フラスコ型長頸瓶、甕）などが、墳丘・周溝からは埴輪（円筒、形象）などが出土した。横穴式石室内から須恵器が出土したことは注目すべきことである。また葺石は基壇（墳丘1段目）傾斜面・墳丘2段目傾斜面にある[(3)]。周溝は二重周溝と推定される。1990年（平成2）度に横穴式石室のみ山川公園内に復元された。

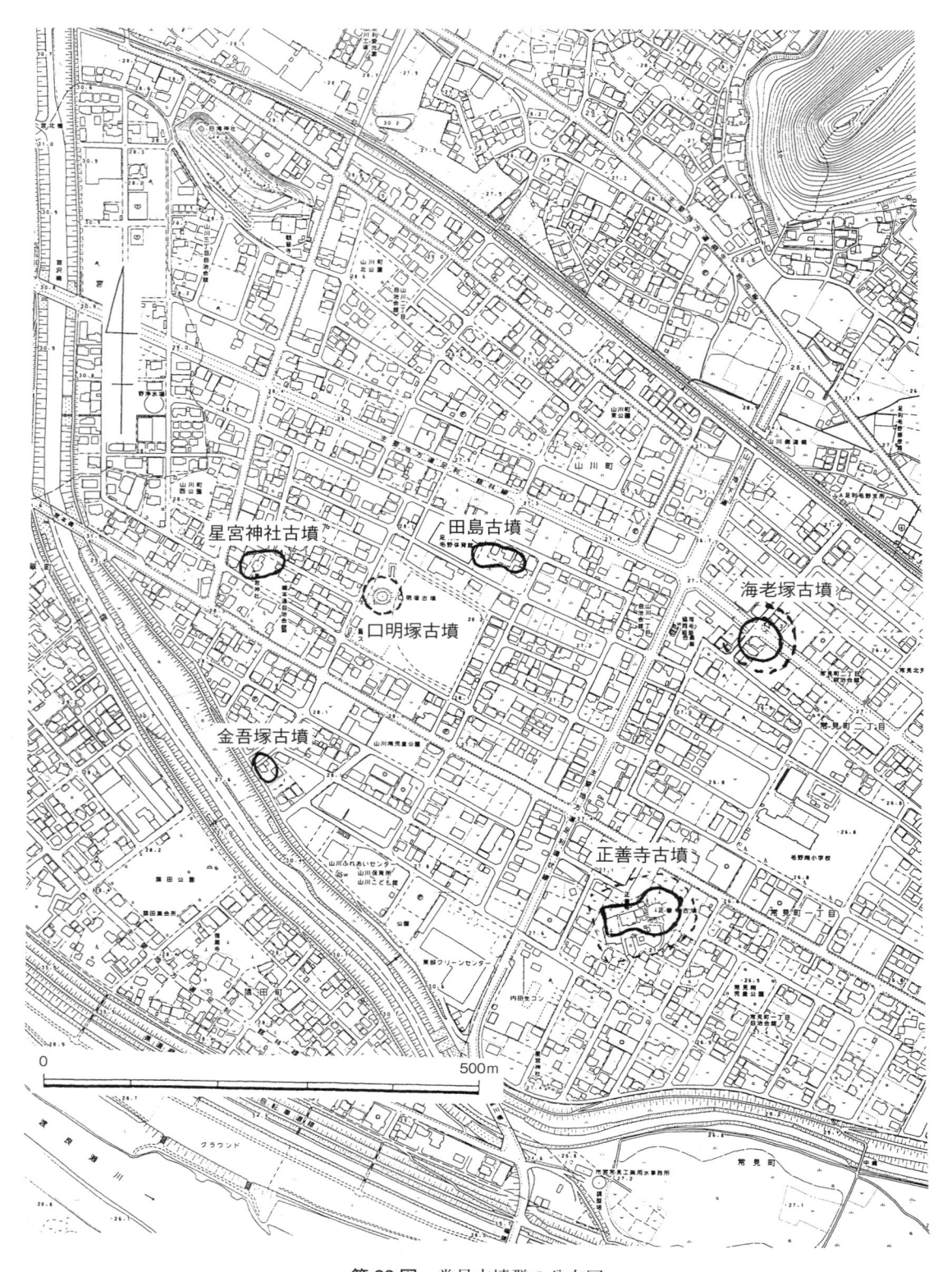

48　第3章　栃木県における横穴式石室の様相

第 23 図　常見古墳群の分布図

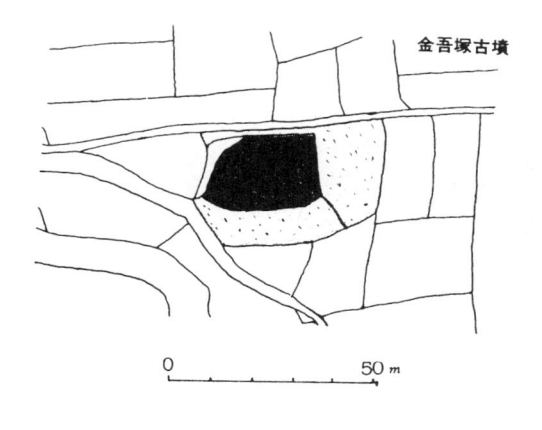

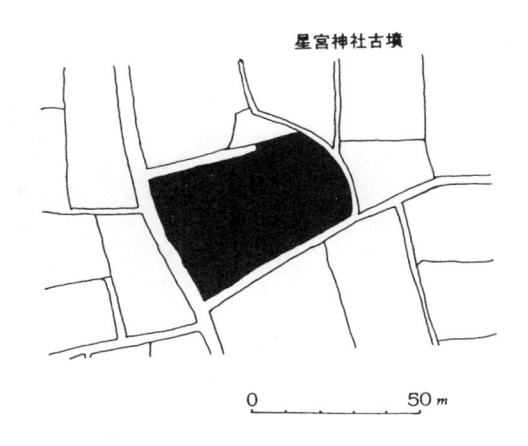

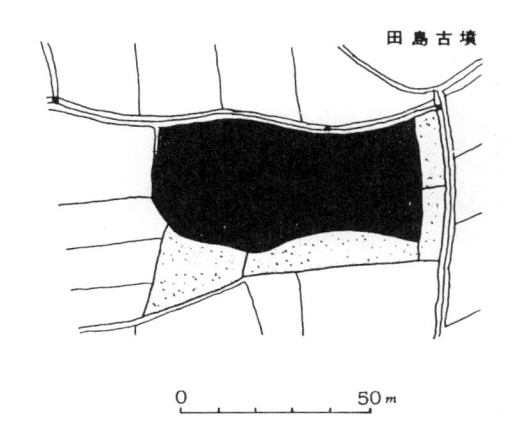

第2節　足利市常見古墳群の様相　49

未調査古墳の概要

名　　称	墳　　形	主軸または径	備　　考
山川田島古墳	前方後円墳	66〜70m 前方部巾、約32m 後円部径、約32m	周湟あったか？ 湮滅
星ノ宮神社古墳	前方後円墳	約42m 前方部巾、約30m 後円部径、約25m	ほぼ湮滅
金吾塚古墳	前方後円墳か？	29〜30m (高さ約4.0m)	東に開口する横穴式石室 (長さ約7.2m) 周湟あったか？　湮滅

第24図　足利郡山川村所在の古墳地籍図（前澤・橋本 1981 より）

(3) 口明塚古墳（第27図）

　足利市山川町274番地ほかにあり、墳丘全体が墓地になっていた。内部主体は横穴式石室ですでに開口されていた。山川公園造成地内に入るため、範囲確認と保存整備の資料を得るために1991年（平成3）度に発掘調査をおこなった（足利市教育委員会文化財保護課 1993）。その結果、径約47mの基壇を有する円墳であることが明らかになった。横穴式石室は、両袖石室で、現存長約6.9m、

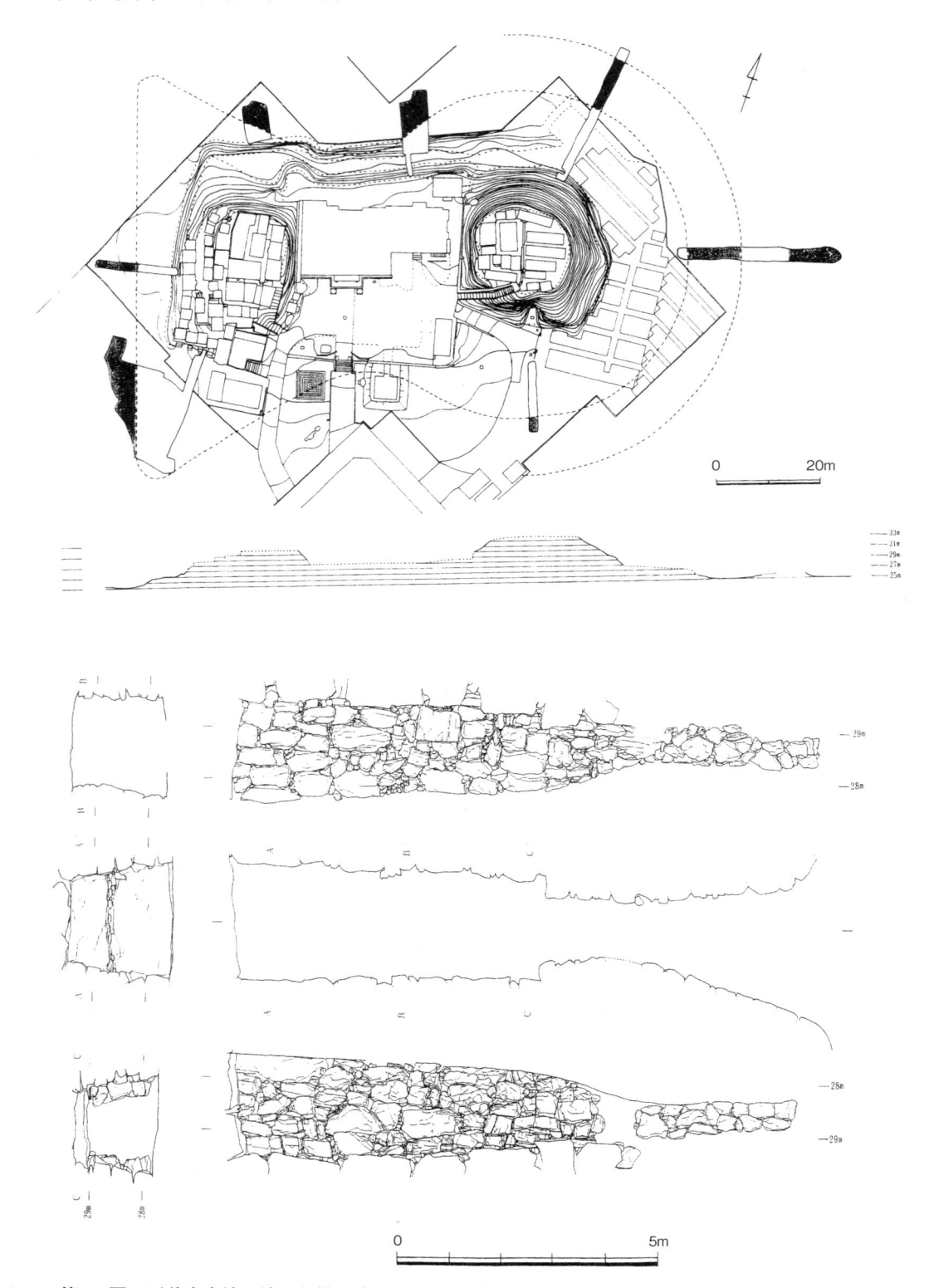

50　第3章　栃木県における横穴式石室の様相

第 25 図　正善寺古墳の墳丘と横穴式石室実測図（足利市教育委員会 1990，足立ほか 1996 より）

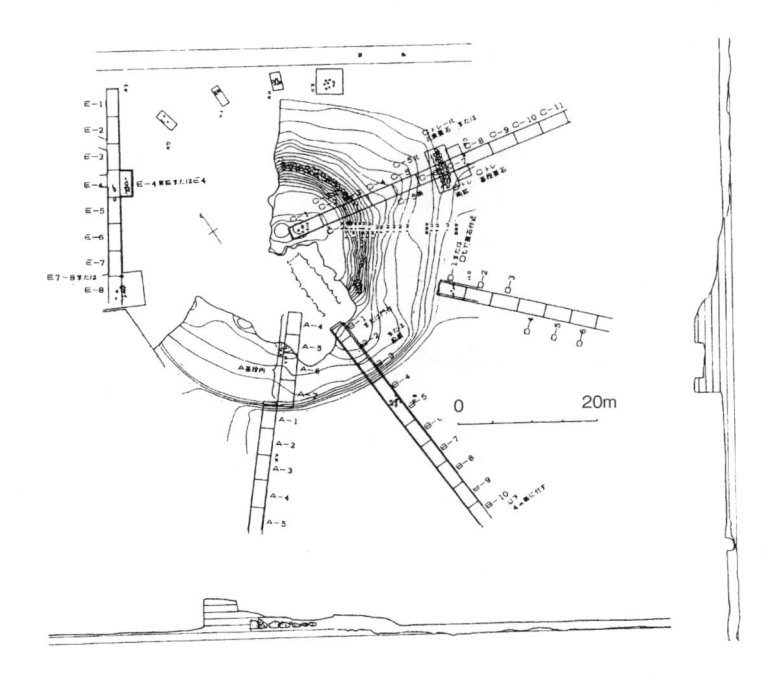

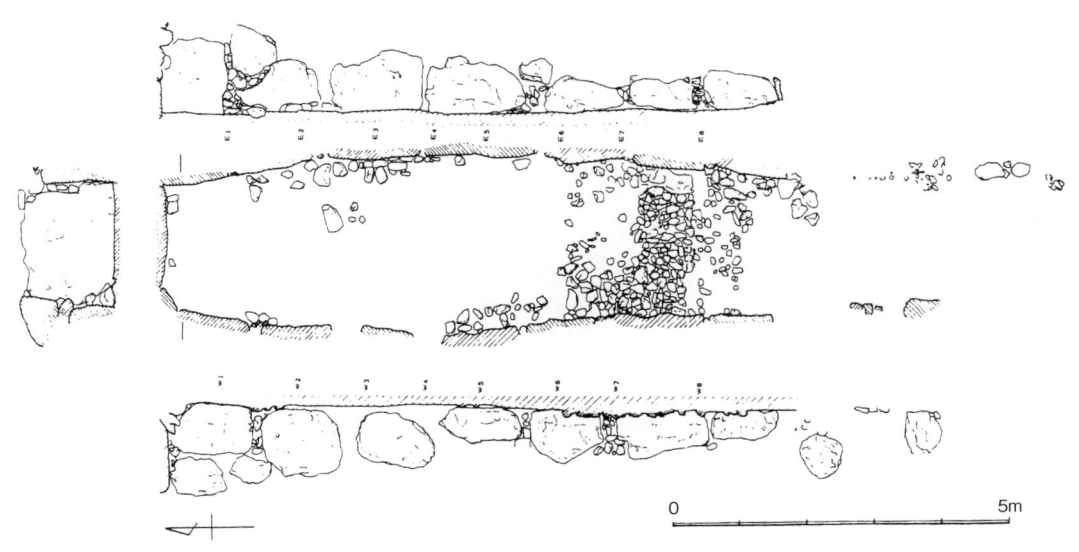

第 26 図　海老塚古墳の墳丘と横穴式石室実測図（前澤・橋本 1981 より）

玄室長 5.4m、最大幅約 2.7m、高さ約 2.5m、奥壁は 1 枚で、側壁は中段に大きめの山石を使用し、大きく持ち送りをおこなっている。墳丘裾に山石と川原石からなる葺石がめぐる。埴輪（円筒、形象）が出土した。横穴式石室内の副葬品は出土していない。

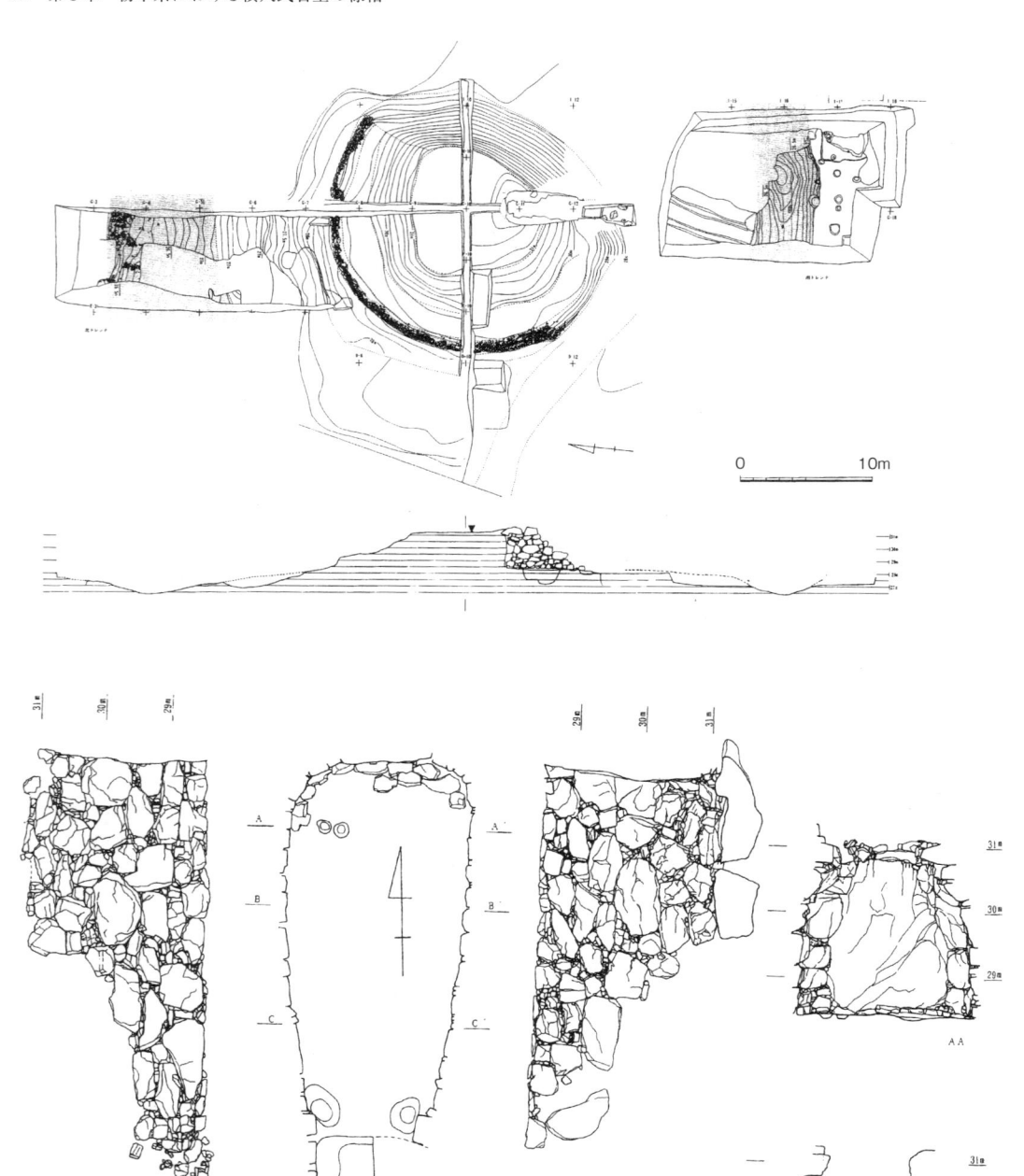

52　第3章　栃木県における横穴式石室の様相

第27図　口明塚古墳の墳丘と横穴式石室実測図（足立ほか 1996 より）

2. 古墳の比較検討

(1) 墳形・墳丘について

　正善寺古墳は前方後円墳であり、海老塚古墳・口明塚古墳は円墳である。[4] 正善寺古墳・口明塚古墳はいずれも構築面下に榛名二ツ岳の噴出物である FA を含む層を有する。海老塚古墳もその可能性が強い。このことより6世紀以降の古墳であることがわかる。また、栃木県下では首長墳の系譜はおおむね6世紀末ごろに前方後円墳から大型円墳・方墳へと推移している。[5]

　3古墳とも1段目のテラスは幅が広く、いわゆる基壇を有する古墳である。正善寺古墳・海老塚古墳は周溝底から立ち上がる斜面（基壇斜面）には葺石があり、テラスはやや平坦ないしわずかに傾斜している。口明塚古墳は基壇斜面が周溝の底からそのまま緩やかな傾斜で2段目の葺石の根石に至っており、基壇の肩が不明瞭である。他に事例を求められないが、これを基壇構築の工法の省略化あるいは形式の変形化と想定するならば新しい要素と思われる。なお、正善寺古墳・海老塚古墳はいずれもトレンチでの確認であるが二重周溝の可能性が高い。

　これらのことより前後関係は墳形からは正善寺古墳→海老塚古墳・口明塚古墳、基壇の形態からは正善寺古墳・海老塚古墳→口明塚古墳となる。

(2) 横穴式石室について

　正善寺古墳と口明塚古墳の横穴式石室はともに両袖石室であるが、口明塚古墳は胴張りをなし、玄室の全長／幅比が大きいなど新しい要素を持つ。[6] 正善寺古墳は群馬県前橋市総社二子山古墳の前方部にある横穴式石室の形態と類似点がある。玄室平面形は両袖長方形で、天井部は断面では弧を描くように設置され、その先には、まぐさ石がある点で似る。袖部は両古墳とも素形であるが、正善寺古墳の袖部は同じような幅の石を重ねており、より袖部を意識している。総社二子山古墳は後円部にも横穴式石室を有しているが、右島和夫によれば後円部石室が墳丘の築成と同時期であり、6世紀後半でも早い段階と考えられ、前方部石室はこれに若干後出するものと考えられている（右島1994）。海老塚古墳は羨道部前半の多くが失われているため不明であるが、玄室平面形は無袖の緩やかな胴張形であろう。前後関係は正善寺古墳→口明塚古墳であり、海老塚古墳は横穴式石室の形態が異なるので比較はできない。奥壁が正善寺古墳・海老塚古墳（推定）は2石、口明塚古墳は1石である。

(3) 葺石について

　正善寺古墳は2段築成の基壇（1段目）斜面に残り、傾斜角は約25°を測る。緩い斜面に葺かれたこの葺石は、古い葺石の系譜を引き継いでいる（第28図）。海老塚古墳は2段築成のいずれにも残る。基壇斜面は約30°、2段目斜面は約35°を測る。基壇斜面の葺石は傾斜角が約30°とあるが、一部に石垣状の組み方が見られる（第29図）。口明塚古墳は3段築成の2段目に残る。根石は大きく、石垣のように急傾斜である。基壇斜面での比較をすると正善寺古墳より海老塚古墳のほうが葺

第28図 正善寺古墳の葺石平面図と断面図（足利市教育委員会 1989 より）

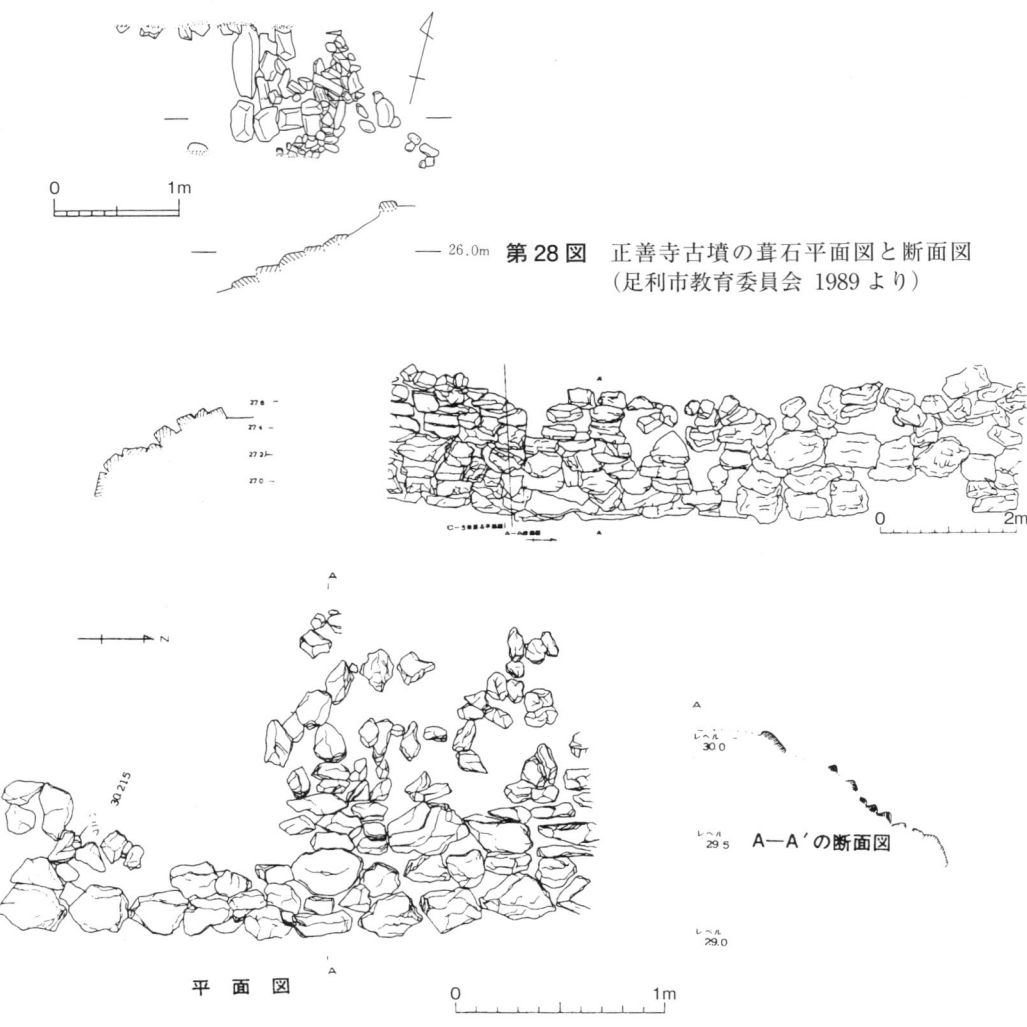

第29図 海老塚古墳の葺石平面図と断面図（前澤・橋本 1981 より）

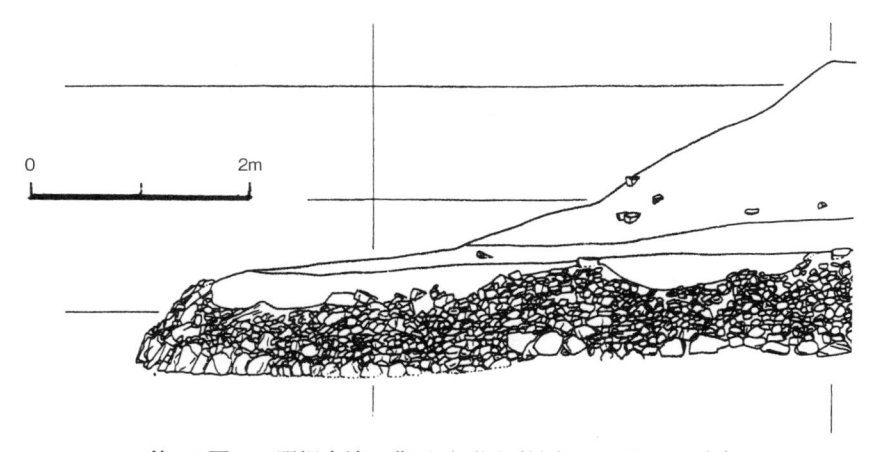

第30図 口明塚古墳の葺石正面図（足立ほか 1996 より）

石の傾斜が急である。2段目では海老塚古墳より口明塚古墳のほうが葺石の傾斜が急である（第30図）。

大澤［1993］にあるように、葺石の傾斜が緩いものから急なものへと遷移するとするなら、前後関係は正善寺古墳→海老塚古墳→口明塚古墳となる。

3. 常見古墳群の年代的な変遷とその歴史的意義

調査した正善寺古墳、海老塚古墳、口明塚古墳の墳形・墳丘、石室、葺石について比較することにより、年代的な変遷を検討することができた。結論としては、すでに述べているが、正善寺古墳→海老塚古墳→口明塚古墳の順である。

3古墳とも横穴式石室を持ち、埴輪が樹立していることから、6世紀中葉を含む後半から6世紀末～7世紀初頭の間に構築されたことはほぼまちがいない。栃木県下において首長墓の系譜は、6世紀末ごろに前方後円墳から大型円墳・方墳へと変わることが知られていることから、前方後円墳である正善寺古墳から海老塚古墳への変遷時期をこの時期に比定しても問題はない。しかし海老塚古墳の墳形が円墳か否かについては未だ確定できていない。前方後円墳や帆立貝式前方後円墳の可能性が残る。

また未調査のまま消滅してしまった田島古墳、金吾塚古墳、星の宮神社古墳は、調査した3古墳に前後して構築されたと想定される。前澤輝政・橋本勇は地籍図などから推定された墳形より田島古墳は5世紀代の前方後円墳（推定全長70m）、金吾塚古墳は前方部を東に開いた全長30m前後の前方後円墳、星の宮神社古墳は後円部より大きいと見られる前方部が西南面した前方後円墳としている（前澤・橋本 1981）。また金吾塚古墳は東に開口した長さ4間（約7.2m）の横穴式石室を設けていたと記録に残ることから、後期の古墳である。これら未調査の古墳が明らかにされなければ常見古墳群の首長墳の年代的な変遷は決定できないが、田島古墳が正善寺古墳に先行し、金吾塚古墳、星の宮神社古墳は正善寺古墳の前後に築造されたと考えられる。

常見古墳群は墳丘規模で比較すると足利地域の他地区の後期古墳を凌駕しており、小円墳群がともなわないなど、他地区の前方後円墳を主墳とする古墳群とは異なり、古墳時代後期の足利地域の首長墳群であることは相違ない。また未調査の3古墳が残るにしても調査した3古墳の変遷過程がが定まったことにより、前方後円墳から大型円墳に推移すること、前方後円墳が消滅した後も埴輪の樹立が続いていることが明らかになった意義は大きい。

足利地域における古墳時代後期の状況を見ると、全長30～50mの前方後円墳が数基ないし数十基の小円墳を従えて散在している。このうち発掘調査の進んでいる足利公園古墳群を見ると、さまざまな形態の横穴式石室が存在している。長方形の両袖横穴式石室を持つM号墳は、全長約34mの前方後円墳である。胴張り形無袖横穴式石室はA号墳に見られ、円墳で埴輪を持つ。胴張り形両袖横穴式石室としてはJ号墳・K号墳などがあり、埴輪は持たない。これらの古墳は6世紀後半から6世紀末ないし7世紀初頭のものと思われ、その前後関係はM号墳→A号墳→J号墳・K号墳となり、石室の平面形の形態からだけではあるが、常見古墳群の3基の石室の平面形の形態の前

後関係に対応し得る可能性をもっている。このことは古墳時代後期において、足利地域では首長層と下位の小首長層とで同様の石室変遷が見られたものと思われる。これは、足利地域における古墳時代後期の階層性を知る上で重要なことである。

　また、海老塚古墳の横穴式石室内に須恵器を埋納していたことは、注目される。足利地域ではほかに足利公園3号墳（坪井正五郎 1888、上述のM号墳と同一古墳）や文選11号墳（足利市教育委員会 1990b）が挙げられる。土生田純之によれば、栃木県においては「導入期石室はいずれも主体部内に須恵器を埋納することがな」く、「6世紀後半になると横穴式石室の築造は定着し地域差も顕著になるが、いずれも墓室内への土器埋納は基本的には認められていない」とし、墓室内への土器は栃木県においては定着しなかったと述べている（土生田 1996）。したがって足利地域の古墳時代後期は、群馬県など他地域からの影響を考慮する必要がある。[10]

　最後に正善寺古墳のあり方を述べると、右島和夫が論じた群馬県下における最終段階の主要前方後円墳のあり方に近い。[11]

　このように少なくとも正善寺古墳の時期には群馬県からの影響を受けており、その影響が海老塚古墳へも群馬県下では一般的な横穴式石室内の須恵器埋納という形で引き継がれているように見られる。しかし、その海老塚古墳が胴張り形無袖石室というそれ以前から足利地域にある横穴式石室の形態であることや、[12]口明塚古墳の横穴式石室が那珂川町川崎古墳とかなり類似の石室形態を有しているとともに、両古墳は群馬・栃木県ではこの時期終焉した埴輪の樹立を継続しており、[13]足利地域の独自性や栃木県下の他の古墳との関係も十分検討する必要がある。ただこの時期の栃木県下の主要古墳はすでに「下野型」という独自の形態を示しており（秋元・大橋 1988）、栃木県中央からの直接的影響を受けたとは考えにくい状況である。[14]それゆえ今後は関東地方全体あるいは東海、畿内の動向をも踏まえて考察することにしたい。

註

(1) 前澤・橋本［1981］、前澤［1983］、市橋・大澤・足立［1992］などに見られる。また足利地域とはここでは現渡良瀬川以北の範囲とする。

(2) 明治18年調『山川村外四ヵ村地誌編輯取調書』に「字海老塚の畑に在り。高さ三丈、周囲八拾間」、「南の方半腹に巨穴あり、口縦三尺横四尺、北へ入ること八間。奥の広さ（著者注：幅を意味する）壱丈、高さ七尺。口より奥迄両側大石にて組上げ、上は横二間、幅三尺位の大石にて覆ひ、其上充分に土を持てり」とある。

(3) 墳丘の築成において基壇を墳丘1段目とし、その上にのる墳丘構築単位を2段目とする。これは基壇が盛土されている事例があるので、基壇の形成も墳丘構築と見なし、これを1段目としたい。

(4) 海老塚古墳について、橋本勇は山川村絵図から北に前方部を設けた前方後円墳の可能性を指摘している（前澤・橋本 1981：p19）。また、近藤義郎も「調査当時の状況で推定径約50メートルの円墳」であったが、あるいは「前方後円墳の後円部の残丘であったかもしれない」（近藤 1999）と述べ円墳であると断定することを留保している。報告書挿図5（前澤・橋本 1981：p23）右側の断面図では西側は墳丘第1段目の立ち上がりは点線でありその西側も点線で記載されており、東側のように実線でなく、周溝となる様子は見られない。このことは周溝がさらに西側にある可能性を示す。すなわち西側に短い前方部か作り出しの存在を想定させる。しかしながら、ここでは墳形はいったん円形と判断している報告書に

従う。
(5) 従来、栃木県下では前方後円墳から大型円墳へと変わるとされていたが、上三川町で大型方墳が発見されており、かならずしも円墳に変化するものでないことが明らかになってきた。隣県の群馬県では、従来から円墳・方墳に変わることが知られているものの（右島 1990）、栃木県では方墳はきわめて限定的に採用されている。
(6) 齋藤弘・中村享史は足利市内の両袖石室の検討の中で、袖部における区画の意識の明確になっていく過程の変遷から編年し、その新しい時期の横穴式古墳の石室に胴張りがあることを指摘している（齋藤・中村 1992）。ただし前方後円墳の横穴式石室と円墳の横穴式石室とをまとめて検討しているが、今後資料が増えた段階で区別して検討することも必要であろう。群馬県下でも胴張り形の横穴式石室は新しい要素であり、しかも前方後円墳には認められず、限定された地域の円墳に導入されている（右島 1990）。
(7) 明治 18 年調『山川村外四ヵ村地誌編輯取調書』に「字金吾塚平林の中にあり、高弐尺周囲、周囲五拾間にして辰の方の半腹に巨穴あり、口縦二尺五寸横三尺、西へ入る事四間。奥の広さ九尺、高さ七尺。両側共前塚（著者注：海老塚のこと）同断なり」とある。
(8) 足利公園の再開発にともない公園内の古墳の調査がおこなわれ、以前の調査の成果を加えることにより、古墳群の大部分の様相が明らかになってきた（坪井 1888、前澤 1965、前澤 1979、足利市教育委員会文化財保護課 1991・1993・1994・1995a・995b）。
(9) K 号墳は床面まで掘っていないので石室平面形を述べるのにはあまり適さないが、羨道部は平行になっており袖部が不明瞭ではあるが口明塚古墳によく似ていることから、ここでは胴張り形両袖横穴式石室を持つ古墳としたい。
(10) ただし文選 11 号墳は、その墳形の状況や、横穴式石室の形態・構造が小山市飯塚古墳群の中に類似の石室をもつ古墳が見られる。十分に留意したい。
(11) 右島和夫によれば、6 世紀後半から 6 世紀末ないし 7 世紀初頭において「全長がおよそ 70m ～ 100m ほどの比較的大型の前方後円墳が相互の間に適当に距離をおいて見いだされる。その数は少なくとも 14 基以上に達するものと推測される」という。また「このあり方が、それぞれの前方後円墳に関わる首長層が直接支配していた領域の広さを示していることは明らかである」としている（右島 1994：p350）。すなわちこれら主要前方後円墳の埋葬者たちが、推定される古代の郡の領域と整合しないながらも直接支配していた領域が古代の郡領域程度であるとしたら、正善寺古墳の埋葬者も足利地域程度の領域の支配者であってなんら差し支えない。すでに述べているが、群馬県下の最終段階の主要前方後円墳のうちの 1 基である前橋市総社二子山古墳の前方部に所在する横穴式石室の形態と類似しており、群馬県下の影響を強く感じる。また、地理的にも群馬県下の最終段階の主要前方後円墳 14 基の分布に本古墳を配してもなんら違和感を生じない。さらに、足利市の東隣の佐野市には、該当する前方後円墳はいまのところ確認されていない。一方、足利市の南部（新宿町）に発掘調査を実施されていないが後期古墳である全長推定 67m の淵の上古墳がある。近くに全長約 45m の前方後円墳の勢至堂裏古墳などがあり、墳丘の規模がやや小さいが、この一群を中心に古代の郡領域程度の支配領域が設定可能である。
(12) 齋藤・中村は足利市内の横穴式石室の検討の中で、胴張り形無袖石室は集成された 7 基の古墳すべてにおいて特徴が非常に似ており、形態の相違から変遷を考えるのは困難であるとしているが、遺物などの年代観から前後関係を 5 段階に想定し、海老塚古墳を 4 段階目のものとしている（齋藤・中村 1992）。ここではその説に従うが、横穴式石室の形態だけを考えれば、一時期にこれら 7 基の古墳が構築されたとも想定できるし、他の地方から首長墓である海老塚古墳の横穴式石室に導入されて、市内の

他地区の古墳に波及したとも想定できる。さらに述べるなら、緩やかな胴張形無袖石室は群馬県でも盛行しており、この点からも群馬県からの影響が想定される。

(13) 6世紀末葉の全長約49mの前方後円墳で、横穴式石室は羨道部がほとんど削られ、玄室のみ残っている。石室平面形の形態は胴張り形両袖横穴式石室で、持ち送りが強く、天井部を高くしている点で口明塚古墳に似る。1987・88年（昭和62・63）に調査された（大川 1989）。

(14) 完全な「下野型」古墳は最高首長層のみに継承されるものであり、足利の地域首長層はそれが許されなかったものの、彼らの支配下に置かれていたと考えるのが妥当であろう。当然ながら、ここでは横穴式石室の動向・系譜について論究しているのであり、栃木県中央部の実質的な支配が足利地域に及ばないと述べてるわけではない。

第3節　足利市足利公園古墳群 A 号墳の石室をめぐる諸問題

1. はじめに

　足利公園古墳群は、1886年（明治19）に公園開設にともない3基の調査（坪井 1888）、1962年（昭和37）足利公園内ドライブウェイ建設にともない南西部の古墳1基を発掘調査（前澤 1965）、その後、1990年（平成2）度から1994年（平成6）度にかけて実施した公園再整備にともなう発掘調査（足利市教育委員会 1991・1993・1994・1995a・1995b）で全貌が明らかになってきた。これら3回の調査で11基の古墳が発掘され、その結果推定1基を含めすべての古墳に横穴式石室があることが知られている。

　そのうち完全な状態のものは2基しかなく、そのうちの1基がA号墳である[1]。すでに平面図と側壁の片側については知られていたが（前澤 1979）、もう一方の側壁や縦・横断面図などの図面はなく、2005年に筆者は齋藤弘・齋藤糸子・吉村久仁子らと実測する機会を得た。また、この石室の異なる石材の使用の仕方に特徴が見られるので、その意義についてもあわせて論じたい。

　なお、本節は市橋・齋藤・齋藤［2005］の市橋執筆部分を加筆修正したものである。

2. 古墳の概要

(1) 地理的環境

　栃木県の南西部に足利市がある。足利市の北部は足尾山地から南に伸びた数多くの支脈の一部である山地、南部は関東平野の北縁部にあたる平地があり、中央部は足尾山地を源とする渡良瀬川が北西から南東に流れている。土地の基盤は秩父古生層からなり、浸蝕されて現在の山地を形成している。浸蝕されたいくつかの谷間からは小俣川、松田川、名草川等の小河川が流れ、扇状地性の段丘状の沖積地を形成している。中央部の渡良瀬川沿いは渡良瀬川の分・支流による渡良瀬川扇状地および自然堤防、後背湿地である。南部の平地も足利市と群馬県太田市・邑楽町・館林市との境界付近を流れる矢場川（旧渡良瀬川の河道の一つといわれている）沿いまで渡良瀬川扇状地が続いている。また、この渡良瀬川扇状地には、渡良瀬川の旧流路の痕跡が現在でも確認でき、旧流路により生じた自然堤防は散在して、古い集落をのせている。ほかに後背湿地、邑楽台地（洪積台地）等が交差しており、複雑な様相を呈している（沢口 1966・1977、田米開 1977・1979）。

　足利公園古墳群は足利市の中央部よりやや西側にある緑町に位置し、渡良瀬川北岸の堤防から300m北にある蓮台（岱）山を中心とした丘陵上に所在する。蓮台山の北は水道山に連なり、さらにその北は切通しを越えて両崖山へ続く。蓮台山の尾根から平地までの比高差は約30mある。

60　第 3 章　栃木県における横穴式石室の様相

(2) 歴史的環境

蓮台山の尾根から西・南・東の傾斜地に散在する足利公園古墳群周辺の歴史的環境について、古墳に限定して述べる。

第 31 図に示すごとく、丘陵や山地の尾根や山裾部には足利公園古墳群（第 31 図中の 1 の古墳群、以下数字のみの表示とする）以外にも、明神山古墳群（2）、八幡山古墳群（3）、坊主山古墳群（4）、田中古墳群（5）、岩井山古墳群（6）、助戸山古墳群（9）、助戸新山古墳群（10）、江川古墳群（11）、本城一丁目古墳群（12）、本城二丁目古墳群（13）、本城三丁目古墳群（14）、機神山古墳群（15）、西宮東古墳群（16）、西宮西古墳群（17）、水道山古墳群（18）、東山古墳群（19）、物見古墳群（20）、吾妻古墳群（21）、立岩古墳群（22）、中山古墳群（23）、中堀古墳群（24）、西山古墳群（25）の古墳群が分布している。これらの大部分は古墳時代後期の古墳群と思われる。平坦地には、勧農車塚古墳（7）、助戸十二天古墳（8）が現存しているが、比較的規模が大きい中期古墳である。

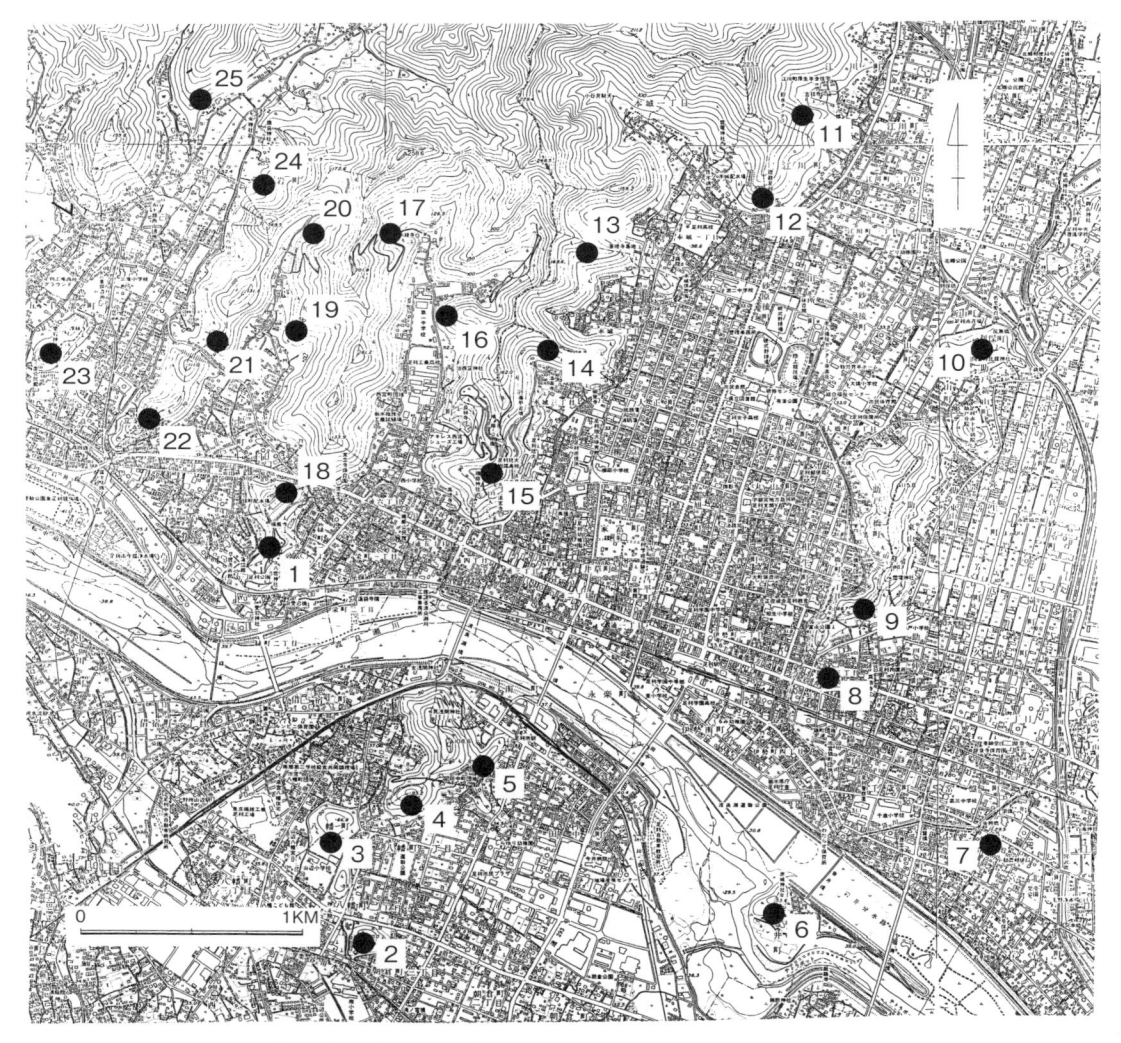

第 31 図　足利公園古墳群およびその周辺の古墳の位置図

古墳群のうち、明神山古墳群（2）は市内朝倉町に位置し、渡良瀬川南岸の浅間山丘陵の南端である明神山に所在する。古墳群の範囲は丘頂から西・南斜面そして南側の平坦地まで広がり、前方後円墳1基・方墳1基・円墳31基の合計33基を数える。このうち前方後円墳1基と円墳10基の調査が実施されている。完全に破壊されていた4号墳を除いて、主体部は横穴式石室であった。一番古い古墳は前方後円墳の33号墳（大澤 2003）で、前方部を南に向けた全長約31mの古墳である（消滅）。主体部は片袖の横穴式石室で全長6.6m、玄室長1.5～1.6m・巾1.8mを測る（近藤 1999）。出土遺物は須恵器、耳環8、直刀5、刀子5、鉄鉾1、鉄鏃9などがあり、埴輪は円筒埴輪、形象埴輪がある。1号墳は直径約20mの円墳で、無袖横穴式石室は割石からなり全長7.8mを測る。出土遺物は馬具、装身具、武器等がある。埴輪は円筒埴輪、形象埴輪が出土した。横穴式石室は現存する。33号墳に続く築造か。他の円墳はこの後に続きおおむね6世紀末には築造され、7世紀中ごろまで追葬・祭祀などがおこなわれたと思われる（前澤・橋本 1985）。

八幡山古墳群（3）は市内八幡町に位置し、浅間山丘陵中の坊主山の南にある八幡山の南から東にかけて散在する円墳71基からなる栃木県指定史跡の古墳群である。現在までに7基ほどの古墳が発掘調査されている。いずれも横穴式石室を有する古墳時代後期の円墳である。[3]

機神山古墳群（15）は市内本城三丁目・西宮町に位置し、足利の市街地を見下ろせる丘陵の尾根や傾斜地に所在する。前方後円墳3基・円墳21基あわせて24基の古墳と、無墳丘の箱式石棺2基からなる。このうち山頂の駐車場の東側にある機神山山頂古墳は1893年（明治26）ごろ発掘され、円頭大刀1・直刀3・馬具・鏡・耳環16・小玉・切子玉・丸玉・須恵器・埴輪などが出土している。主体部は横穴式石室で全長約8.1m、無袖でわずかに胴張りをなす。奥壁は大きな山石一石とそのうえに平積みされた平たい山石からなり、周りの隙間には小石が詰めこまれている。側壁は大小の山石からなり、小石は山石と山石の隙間に詰め込まれている（相場 1898、齋藤・中村 1992）。織姫神社の石垣の下にわずかに石室が残る10号墳は1936年（昭和11）に調査され、Ｔ字形をした横穴式石室であることがわかった（後藤・内藤・森 1937）。1913年（大正2）に長林寺裏山古墳（22号墳）が発掘調査され、胴張り形横穴式石室から環頭大刀などが出土している（高橋・谷井 1913、齋藤 1991）。

機神山古墳群は発掘調査がおこなわれている古墳が少なく、[4]この古墳群の性格や形成過程を述べることは困難であるが、前方後円墳3基についてははじめに行基平山頂古墳が5世紀末ごろに形成され、その後26号墳が作られ、6世紀後半には機神山山頂古墳が構築されたと考えられている（齋藤・中村 1992）。

助戸山古墳群（9）は、市内助戸三丁目に位置する。助戸山と呼ばれる丘陵上にあり、尾根上および東から南傾斜面に17基の古墳が散在する。このうち丘陵鞍部に立地した群内唯一の前方後円墳が2001年（平成13）に発掘調査された。西に前方部を向けた前方後円墳で、墳丘の全長は27.5m。南側は2段築成となっており、幅2.5mが西側と東側で確認された。葺石・埴輪をともなう。主体部はわずかに胴張りの無袖横穴式石室で後円部南側に開口している。破損状態がはなはだしく、石室の全貌は不明であるが、全長7m以上、玄室長4.7m以上、石材はチャート山石を使用している。出土遺物から、この古墳は6世紀末ごろ築成され、7世紀はじめに追葬されたと推定され

ている（足利市教育委員会文化課 2003）。

　物見古墳群（20）は市内今福町に位置し、今福町の北に伸びる谷の傾斜地に散在する13基の円墳からなる。そのうち13号墳が1998年（平成10）に発掘調査された。山裾の傾斜面に構築された2段築成の円墳で、径16.6m以上、谷側からの高さは約6mある。葺石はあるが、埴輪はない。1段目テラス面には3個体以上の須恵器大甕が並べられていた。内部主体は西向きの横穴式石室で、奥壁は1枚の山石、側壁は30〜60cmの山石からなる。石室の平面形はやや胴張りで側壁は強い持ち送りである。石室の長さは約5.9m、最大幅約1.73mを測る。出土遺物は石室内からは直刀、切子玉、刀子、鉄鏃、石室外から耳環、鉸具が出土している。この古墳は埴輪を持たないことなどから、7世紀初頭以降に築成された古墳と想定されている（足利市教育委員会文化課 2000）。

（3）今までの成果

　足利公園A号墳は1886年（明治19）の調査では、番号5の古墳として方向・材料・入口の寸法・奥壁の寸法・天井石数・奥壁石数・奥行きの寸法・床や蓋（閉塞石）の石の種類・出土遺物などが記録されている（坪井 1888）。特に材料の項では「欠石・丸石」と記載されており、当時においてすでに山石・川原石の併用が知られていた。この古墳は、先に述べた1990年（平成2）度から1994年（平成6）度にかけておこなわれた公園再整備にともなう発掘調査において1990年に調査され、直径約14mの円墳で、横穴式石室は南に開口しており、葺石・周溝・円筒埴輪が確認された。このときは墳丘の測量を実施したが、横穴式石室の実測はおこなわなかった。そのため出土した円筒埴輪基底部1個や葺石・周溝の位置は図面に記載されているものの、横穴式石室の位置は記載されていない。その後に筆者らが測量した横穴式石室を墳丘の図面に加筆しようとしたが、墳丘の上に公園再整備時の土が盛られており、再整備前の墳丘と現状の墳丘に相違があり、その上測量杭もすべてなくなっているため、あらためて現状の墳丘を測量して、横穴式石室の平面図を書き込んだ墳丘平面図を作

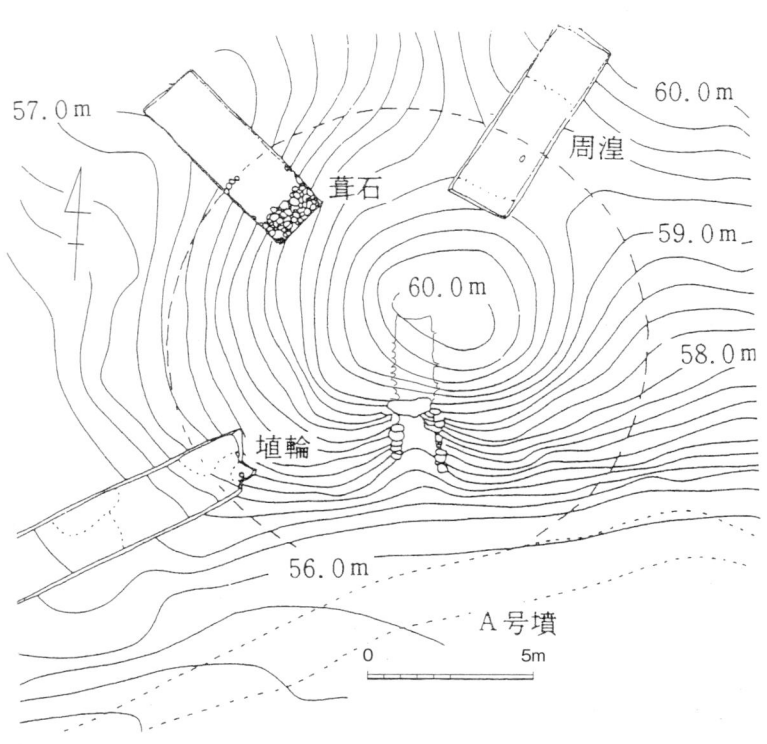

第32図　足利公園A号墳墳丘測量図（足利市教育委員会文化財保護課 1991に石室位置を加筆）

成した。この平面図に1990年度の墳丘測量図をいくつかの定点をもとに重ね合わせて、横穴式石室の平面が加わった1990年度当時の墳丘測量図を作成した（第32図）。ちなみに墳頂部で厚さ20cm程の再整備時の盛土があることがわかった。

3. 成果と問題点

今回のA号墳の石室実測（第33図）により、欠如していた片側の側壁や縦・横断面図などの図が明らかになり、他の横穴式石室の図面と比較検討しやすくなった。また、この石室の特徴である山石・川原石の併用の割合や、それぞれの石材の配置を明らかにすることができた。さらに、墳丘と横穴式石室の位置関係が図面上でも確認できるようになった。

足利公園古墳群は、調査した古墳は11基、未調査古墳は両毛線の南にある愛宕山古墳と東隣接の民地にある古墳2基のあわせて3基である（第34図）。調査した古墳11基はすべて横穴式石室とみなされているが、図面で記録されているものは8基である。

(1) A号墳以外の各古墳の概要

この機会に、横穴式石室の編年を検討してみたい。まだ本報告が出ていないので詳細は不明であ

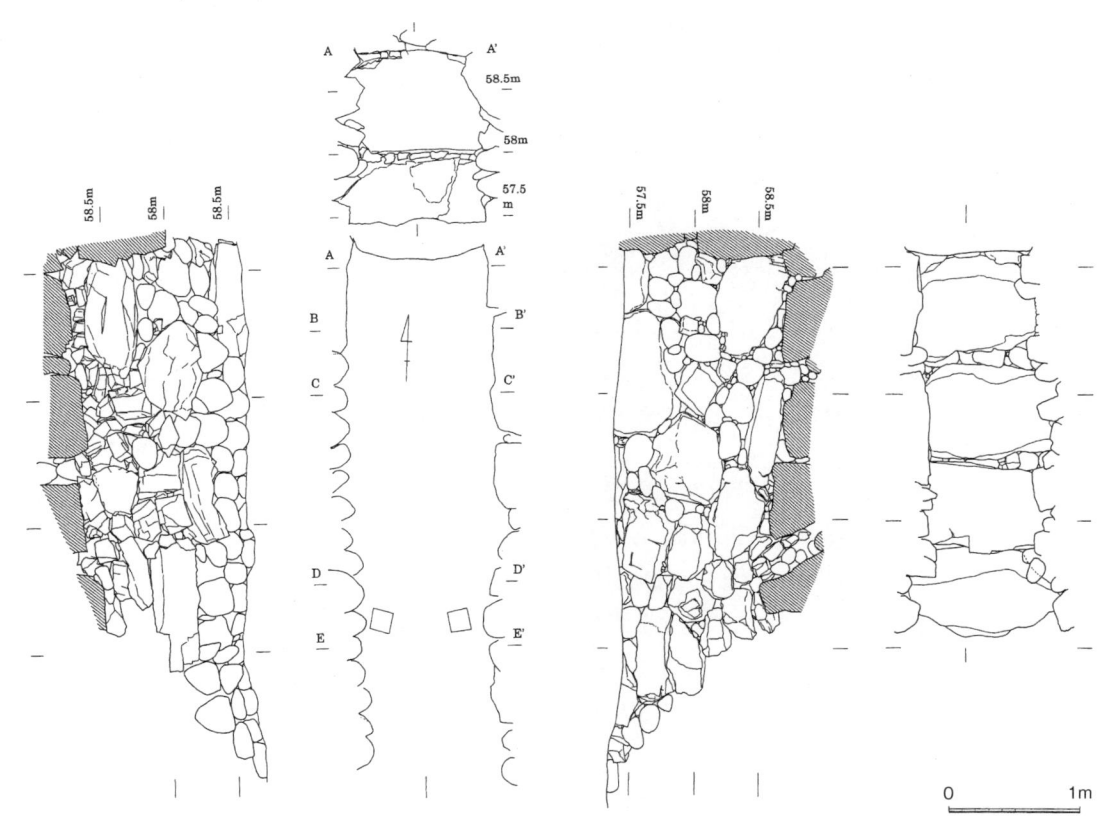

第33図 足利公園A号墳横穴式石室の実測図（市橋・齋藤・齋藤 2005 より）

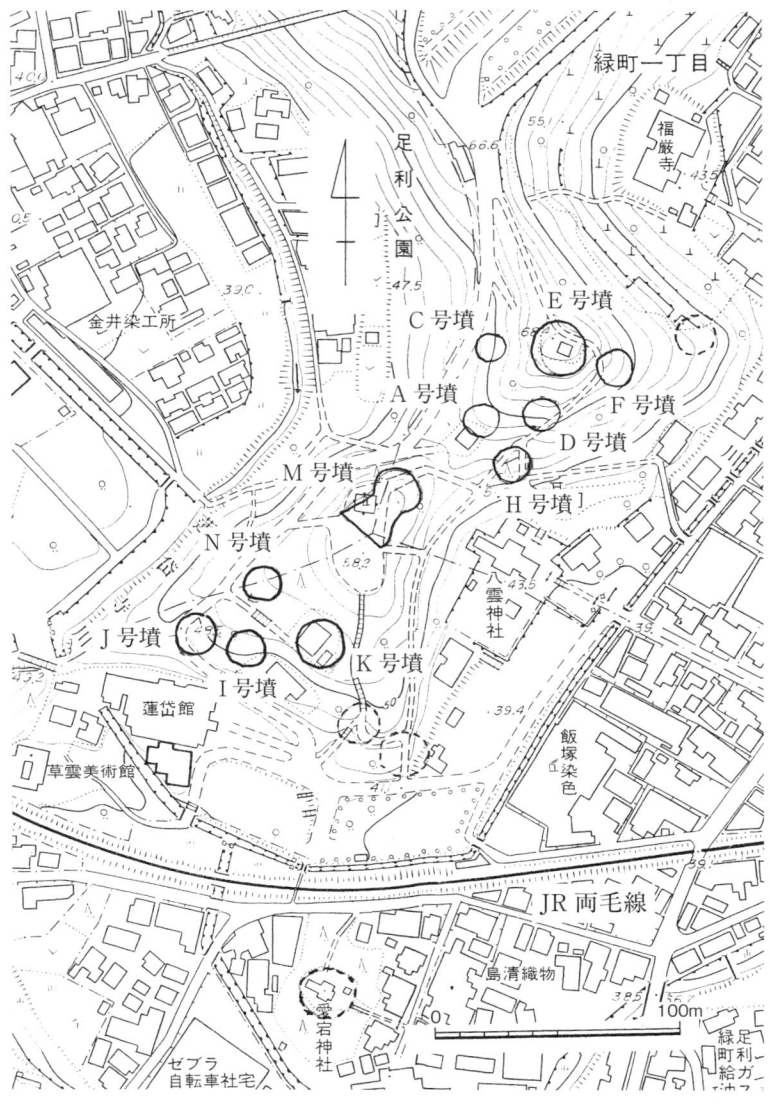

第 34 図　足利公園古墳群全体図

るが、概報（足利市教育委員会文化財保護課 1991・1993・1994・1995a・1995b）により、かつて作成した概要（市橋 1996a）を、以下簡略に記す。

C 号墳

直径約 12m の円墳。横穴式石室は南西に開口。周溝・埴輪を確認。形象埴輪として 4 本足の動物埴輪が原位置にあり。現存石室は川原石の小口積みで、天井石は失われていた。規模は長さ 1.8m 以上、幅約 0.9m、高さ 0.8m を測る。作図されていない。

D 号墳

円墳。横穴式石室は南に開口。葺石を確認。石室は川原石とチャートの山石からなり、天井石は失われていた。規模は長さ約 4.5m 以上、高さ 1.5m 以上を測る。実測図未作成。

E 号墳

葺石の根石から径約 20m の円墳、その外側の石敷からは径約 30m を測る。横穴式石室は完全に消滅。葺石・円筒埴輪を確認。須恵器・鉄鏃を出土。坪井［1888］における 2 号墳であり、報告書では奥壁 2 石、石室長 12 尺、石室幅奥壁で 4.7 尺（約 142cm）、入口で 3.5 尺（約 106cm）を測る。また平面図の略図があり、F号墳と同じ形をしており無袖横穴式石室と思われるが、F号墳では石室幅が奥壁と入口で同じ寸法であるのに対して、本石室の幅は奥壁にくらべて入口が狭い。よって無袖横穴式石室であったとしても平面形が長方形でなく、撥形と想定される。埴輪列は約 3 尺（約 90cm）ごとに樹立。

F 号墳

直径約 16m の円墳。横穴式石室は南東に開口。葺石・周溝・円筒埴輪列を確認。埴輪列の円筒埴輪間隔は疎（1m 以上の間隔）である。形象埴輪として家形埴輪などの破片あり。石室の側壁は

河原石の小口積みで、奥壁はチャートの山石 2 石を重ねている。天井石は 3 石で、石室の規模は長さ 3.5m 以上、高さ約 1.75m、奥壁下幅 1.4m を測る。床面は川原石の間に砂利と砂を詰めている。石室の図面あり。羨道部の一部が削られているが、平面形が長方形の無袖横穴式石室と思われる。坪井［1888］における 1 号墳である。

H 号墳

直径約 16m の円墳。横穴式石室は破壊が著しいが南西に開口。石室の図面あり。石室の長さ 5.14m、玄室長 3.00m、梱石あり。石室の平面形は判断がむずかしいが徳利形の両袖横穴式石室と推定する。葺石・周溝・円筒埴輪・器財形埴輪を確認。石室内から刀子 1、直刀 1、鉄鏃が出土。

I 号墳

直径約 16m、高さ 2m 以上の円墳。横穴式石室は南に開口。葺石を確認。石室は川原石を主体とし、奥壁はチャートの山石 2 石を重ねている。石室の規模は長さ約 7.1m、玄室長さ約 5.1m、高さ約 1.9m、幅約 1.9m を測る。石室の図面あり。石室の平面形はゆるやかな胴張り形の両袖横穴式石室で、袖部に縦長の山石が両側に残っており、石柱と推定する。床面は平らな河原石の上に細かい砂利が置かれる。石室内から金銅製鈴 8・刀子 2・直刀 1・弓金具 1 が、石室前面からは須恵器・土師器が出土。

J 号墳

周溝を確認。前澤［1965］によれば、直径約 12m 〜 15m・高さ 1.7m の円墳。横穴式石室は南に開口。葺石・埴輪は確認できない。石室の側壁は川原石を主体とし、奥壁はチャートの山石である。石室の図面あり。石室の規模は長さ約 5.3m、玄室長さ約 4.3m、高さ約 1.1m、幅約 1.8m を測る。石室の平面形奥窄り形の両袖横穴式石室。床面は平らな川原石が敷かれている。石室内から金属環 9・刀子 4・直刀 3・鉄轡 1・玉類 94 が出土。

K 号墳

直径約 16m・高さ 2.5m 以上の円墳。横穴式石室は南に開口。葺石を確認。円筒埴輪列は確認できなかった。石室の側壁はチャートの山石を主体とし、奥壁もチャートの山石である。石室は全掘していないが現況の規模は長さ約 7m、高さ推定 2.1m、幅約 1.7m を測る。石室の図面あり。石室の平面形は奥窄り形の無袖横穴式石室。石室内および墳丘周辺からは須恵器大甕、墳丘 1 段目テラスからは須恵器長頸瓶が出土。

M 号墳

全長約 34m、後円部直径約 24m、前方部前端幅推定 24m、後円部高さ 6m 以上の前方後円墳。横穴式石室は南東に開口。葺石・円筒埴輪列を確認。形象埴輪として鞆形・鞍形・盾形・大刀形・衣蓋形などの形象埴輪あり。石室前面からは須恵器が出土。石室の側壁はチャートの山石からなり、奥壁はチャートの山石 2 石を重ね、天井は 5 石からなる。石室の規模は長さ約 8.3m、玄室長さ約 3.5m、高さ約 2.2m、幅約 2.0m を測る。石室の図面あり。石室の平面形は長方形の両袖横穴式石室。坪井［1888］における 3 号墳である。

N 号墳

直径約 20m 以上の円墳。横穴式石室は南南東に開口。葺石・円筒埴輪を確認。形象埴輪として

靫形・盾形などの形象埴輪あり。石室はＴ字形、側壁・奥壁は川原石の小口積みで、一部に奥壁はチャートの山石を使う。石室の規模は入口から奥まで長さ約7m、羨道の高さ約1.1m、幅約0.7m、玄室の長さ推定5m、高さ約1.3m、幅約0.96mを測る。石室の図面あり。石室の平面形はＴ字形の変形横穴式石室。床面は平らなチャートの山石が敷かれその上に砂利が置かれる。石室内から耳環2が、墳頂部からは須恵器大甕が出土。墳丘周辺からは須恵器破片が出土。

(2) 編　年

足利公園古墳群の変遷

　これら11基のうち、横穴式石室の図面があるＡ号墳、Ｆ号墳、Ｈ号墳、Ｉ号墳、Ｊ号墳、Ｋ号墳、Ｍ号墳、Ｎ号墳の8基について検討する。このうちＭ号墳は前方後円墳であり、小首長墓と思われるので他の円墳と別にして検討する考えもあるが、とりあえず一括して検討する。

　横穴式石室の属性のひとつである石室の平面形態で8基を見てみると、両袖、無袖、変形に分けられる。しかし判断のむずかしい石室がある。Ｈ号墳は袖部が明瞭でないが、玄室幅が玄門部に近づくにつれて徐々に狭くなり、羨道部では一定の幅となっている。すなわち玄門部で変曲点がある。このような場合は両袖としたい。平面形態という属性間には前後関係よりも並行関係が優勢である。両袖としてはＪ号墳、Ｈ号墳、Ｉ号墳、Ｍ号墳、無袖としてはＡ号墳、Ｆ号墳、Ｋ号墳、変形のＴ字形としてＮ号墳がある。

　両袖のＪ号、Ｈ号墳、Ｉ号墳、Ｍ号墳の石室において、Ｍ号墳は平面形が長方形で、羨道部が長いことが特徴である。Ｈ号墳は長方形の範疇であると思われるが、中央部幅がやや広いとか奥壁幅より玄門部近くの幅が狭いなど典型的な長方形でなく胴張り形の兆候を見ることができる。Ｊ号墳、Ｉ号墳は石室平面が胴張り形である。なお、Ｉ号墳は袖部に石柱状の施設があり、この古墳群唯一素形でない玄門部を有する。

　無袖であるＡ号墳、Ｆ号墳、Ｋ号墳についても検討する。Ａ号墳、Ｆ号墳はいずれも平面形は長方形であるが、羨道部は破壊されている恐れがあるが短いと思われる。Ｋ号墳は平面形が胴張り形である。

　足利地域では石室の平面形は長方形から胴張り形へと変遷することが知られている（市橋1996b）。ここでそれが採用できれば両袖石室の古墳はＭ号墳→Ｈ号墳→Ｊ号墳・Ｉ号墳と変遷する。無袖石室の古墳はＡ号墳・Ｆ号墳→Ｋ号墳と変遷する（第35図）。

　ここで足利公園古墳群の石室を編年するにあたって、ほかの基準となるものを求めると、円筒埴輪が有効である。すでに大澤［2003］で検討されていることであるが、埴輪列間が密である古墳、埴輪列間が粗である古墳、埴輪のない古墳の3時期に区分できる。すなわち、埴輪列間が密である古墳（第1期）はＭ号墳、埴輪列間が粗である古墳（第2期）はＡ号墳・Ｆ号墳・Ｈ号墳、埴輪のない古墳（第3期）はＪ号墳・Ｉ号墳・Ｋ号墳となり石室で時期区分した配列と矛盾していないことがわかる。ちなみに変形のＴ字形石室のＮ号墳は埴輪列間が粗である。

　かつて足利公園古墳群の古墳の一部を3時期に編年したが（市橋 1996b）、このときは常見古墳群の古墳の石室との比較で検討した。また大澤［2003］も一部同様の考察をし、さらに「足利公園

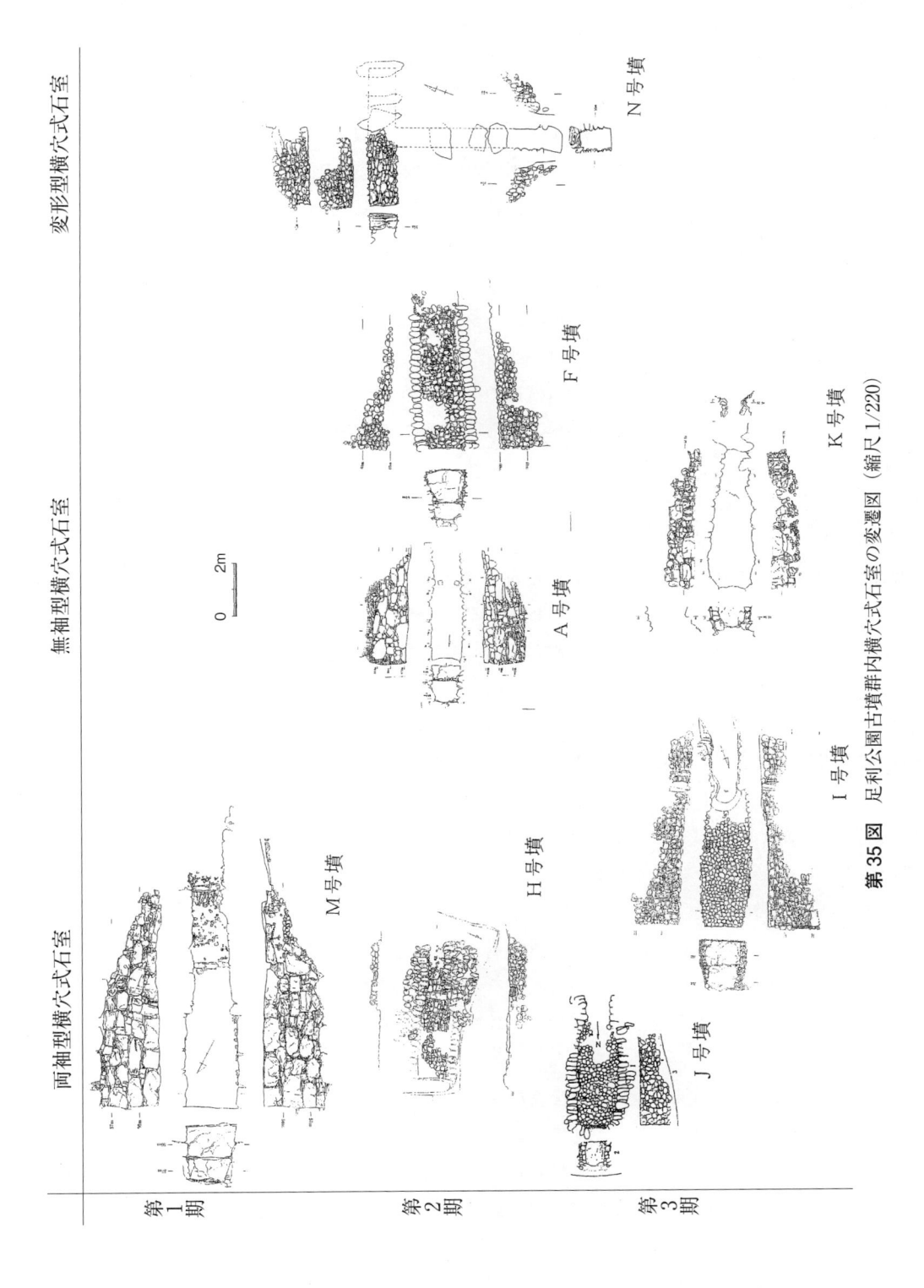

第 35 図 足利公園古墳群内横穴式石室の変遷図（縮尺 1/220）

古墳群での築造過程を見ると丘陵の下にいくほど新しい古墳となる傾向がある」との見解も述べている。その傾向は是とすべきである。すなわち第1期のM号墳が南側の丘陵の頂上にあり、第2期のA号墳、F号墳、H号墳がこれらの周りに配置され、第3期はこれらの南側裾斜面にJ号墳、I号墳、K号墳が所在している。しかし言い換えて「丘陵の上へ行くほど古い古墳となる傾向がある」から丘陵の最も高いところには最も古い古墳が所在するとまでは敷衍できない。M号墳よりE号墳のほうが高いし、水道山古墳群も同一古墳群とするなら水道山山頂古墳（第2期に相当）のほうが高いからである。さらに機神山古墳群、明神山古墳群でも、丘陵の最も高いところで古墳群内の最も古い古墳の所在が明らかになっているわけではない。いま少し検討を要する。

鏡石について

1石からなる奥壁を鏡石ということがある。石材として山石を使用した奥壁の変遷過程において、到達点の形態とされている。すなわち多段多石構造→（3・4石構造）→2石構造→1石構造の変遷がおおむね認められている。また1石構造の奥壁の場合、退化傾向があることも知られている。一方、玄室平面形状は長方形→胴張形へ、さらに詳細には緩やかな胴張形→胴張形→奥窄り形と変遷する傾向にある。栃木県では埼玉県にあるような極端な胴張形状はほとんど受容されていない。すなわち胴張の究極の状態である奥窄り形に1石構造の奥壁が対応しており（足利公園古墳古墳の第3期のJ・K号墳が該当する。また、この2基からは埴輪が出土していない）、さらに1石構造の退化形態と想定される一石の大形な石の周りに小形の石が積まれる奥壁（さらには1石からなる奥壁の幅が狭くなる）も奥窄り形に対応している。このことは鏡石が胴張り化傾向を促進させているととらえられないだろうか。石室横幅を広くとる要求から胴張化がきているのではないか。胴張化して幅広になった側壁と奥壁を整合するには、必然的に奥窄り形になる。幅広になれば天井石はより大きな石が必要になり、最大巨石が天井石にもっていかれ、そのうち奥窄り形が発展して、鏡石の縮小現象が起き、退化した鏡石の出現となるのではないか。すなわち石室の幅広要求が、鏡石の退化現象を引き起こしたのではなかろうか。石室の幅広要求は明らかにできないが、棺の縦から横の配置換えがその一因であったのではないか。そうした埋葬方法の変化にともない鏡石の退化現象が起きたと考えられないだろうか。

石材についての考察

つぎに使用されている石材について検討する。特に横穴式石室の側壁は一番使用量が多く、天井石のように形状を限定されていないので、いろいろな石材が使用可能であり、その中でどの石材を使用するかは、築造集団の意思が入りやすいと推察できるので、以下側壁の石材について検討したい。

まず一般的には近場の供給地の石材を使用すると考えられている。すなわち、丘陵地では丘陵の基盤となっている山石を使用し、平地では近くの川原で供給される川原石を使用する。

足利地域で側壁の石材が確認できる横穴式石室を集成すると第4表のとおりである。山石で築造された古墳と川原石で築造された古墳が混在している群集墳の中では、あまり明瞭に現れないが、足利地域全体で見ると、丘陵上に築造された古墳は山石で構築されている。しかし平地においても規模の大きい古墳は山石で築造されている。すなわち前方後円墳や大型円墳9基のうち1基（平坦

第3節　足利市足利公園古墳群A号墳の石室をめぐる諸問題

第4表　足利地域の横穴式石室を有する古墳一覧表

古墳名	墳形	墳長	石室長	奥壁石材	側壁石材	天井石材	葺石石材	備考
熊野古墳	円墳	10	412	山石2	山石	山石		
羽黒古墳	円墳	14	700	山石1	山石	山石		
立岩古墳	円墳	—	545	山石2	山石	山石		
物見13号墳	円墳	17	590	山石1	山石	山石	山石	
第1中学校東側山麓古墳	円墳	—	629	山石2	山石	山石		
機神山山頂古墳	前方後円墳	36	808	山石1	山石	山石		
行基平古墳群1号墳	円墳	11	550	山石2	山石	山石	あり	
行基平古墳群3号墳	円墳	—	588	山石2	山石	山石		
両崖山東麓古墳	円墳	—	716	山石	山石	山石		
足利公園古墳群A号墳	円墳	14	456	山石2	山石・川原石併用	山石	川原石	
足利公園古墳群C号墳	円墳	12	180〜	—	川原石か	—		
足利公園古墳群E号墳	円墳	20	364	—	川原石か			
足利公園古墳群F号墳	円墳	16	350〜	山石2	川原石	山石	川原石	
足利公園古墳群H号墳	円墳	16	514	—	川原石		川原石	
足利公園古墳群I号墳	円墳	16	710	山石2	川原石		川原石	袖部山石
足利公園古墳群J号墳	円墳	12〜15	530	山石	川原石主体	—	川原石	
足利公園古墳群K号墳	円墳	16	700	山石2	山石主体	山石	川原石・山石	
足利公園古墳群M号墳	前方後円墳	34	830	山石2	山石		川原石	
足利公園古墳群N号墳	円墳	20〜	700〜	山石	川原石主体・山石一部	山石	川原石	
助戸山3号墳	前方後円墳	28	646	山石	山石	—	山石・川原石	
田中3丁目市営住宅裏古墳1号墳	円墳	—	571	山石	山石？			
明神山古墳	前方後円墳	31	662	山石2	山石・川原石併用	山石	川原石	
明神山古墳群1号墳	円墳	20	775	山石1	山石	山石	川原石	
明神山古墳群2号墳	円墳	10	400	山石	山石主体	山石	川原石	
明神山古墳群3号墳	円墳	15	180〜	川原石	川原石	—	川原石	
明神山古墳群6号墳	円墳	6	300	山石	川原石主体か		川原石	
明神山古墳群7号墳	円墳	10	450〜	川原石	川原石		川原石	
明神山古墳群8号墳	円墳	18	650〜	—	川原石		川原石	
明神山古墳群9号墳	円墳	11	100〜	山石2	山石主体		川原石	
明神山古墳群10号墳	円墳	8	160〜	山石1	山石主体		川原石	
正善寺古墳	前方後円墳	108	1111	山石2	山石	山石	川原石	
文選11号墳	前方後円墳	—	575	山石	川原石	—	なし	
海老塚古墳	円墳	50	910	山石	山石		山石	
口明塚古墳	円墳	48	840	山石1	山石	山石	山石・川原石	
永宝寺裏古墳	前方後円墳	66	662	山石1	山石	山石		
山辺小学校裏1号墳	円墳	13	約400	山石	山石主体		川原石	
山辺小学校裏2号墳	円墳	10〜15	440	山石	山石主体	山石5	川原石	

墳長単位（m）石室単位（cm）

地）が川原石、1基（丘陵裾）が山石・川原石併用、7基が山石使用。山石使用古墳7基のうち、平坦地所在の古墳が4基ある。正善寺古墳、海老塚古墳、口明塚古墳、永宝寺裏古墳でいずれも川原からの搬入のほうが容易な場所なのに、わざわざ離れた丘陵地の山石を搬入している。

　すなわち、墳丘・石室規模が大きくなると使用する石材の搬入距離が長くなる傾向にあるといえる。いいかえれば、搬入距離が長くなっても石室の全体に特定の石材を使用しようとしている。足利地域では、山石を使用することに首長としてのステイタスが示されたものと思われる。

　群集墳の中での石材の使用はどうなのか。足利公園古墳群で検討すると、丘陵の位置でいえば、山石を使用した古墳は川原石を使用した古墳より標高が高いところにある傾向が見える。K号墳

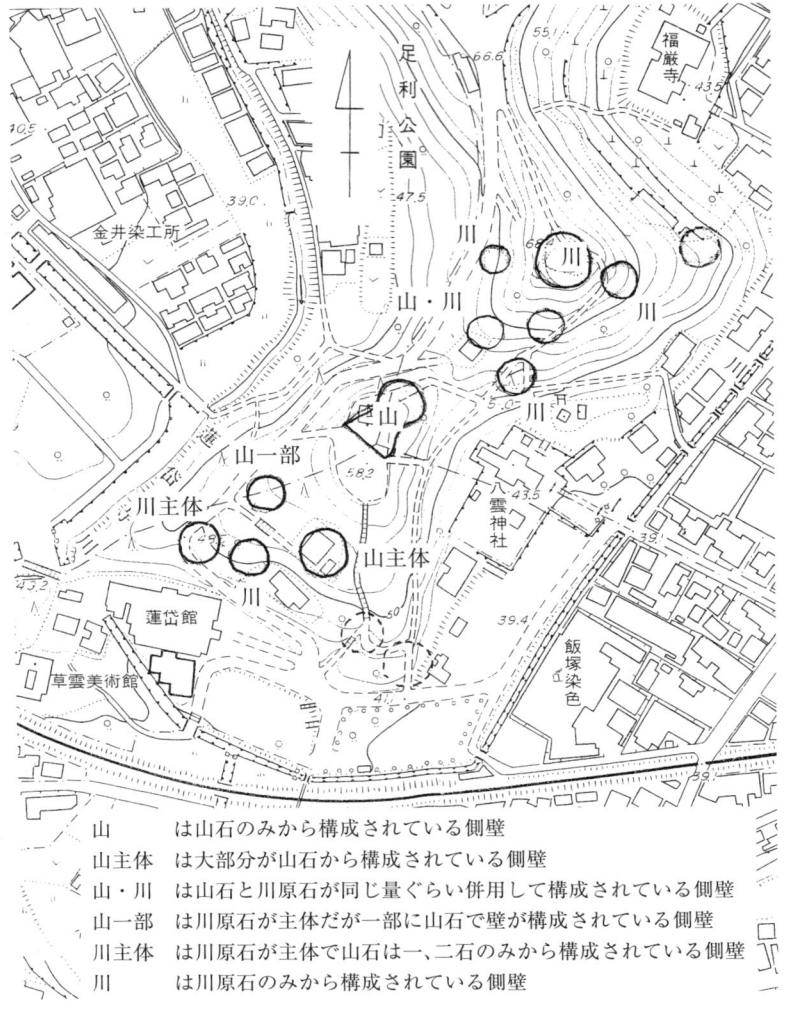

70　第3章　栃木県における横穴式石室の様相

山	は山石のみから構成されている側壁
山主体	は大部分が山石から構成されている側壁
山・川	は山石と川原石が同じ量ぐらい併用して構成されている側壁
山一部	は川原石が主体だが一部に山石で壁が構成されている側壁
川主体	は川原石が主体で山石は一、二石のみから構成されている側壁
川	は川原石のみから構成されている側壁

第36図　足利公園古墳群内の各古墳の横穴式石室側壁に使用されている山石・川原石の割合内容を示した図

（山石主体）は、J号墳・I号墳（川原石）より標高が高い位置にある。しかしすべてとはいえない。南側の頂上はM号墳で山石であるが、北側の頂上であるE号墳は坪井［1888］によれば丸石（川原石）である。北側に配された古墳は側壁に川原石を使用する古墳の方が高い関係になるものがあるが、総体で見ると低い位置にある古墳は側壁に川原石を使用している傾向にある（第36図）。

ここで遠近関係でみてみると、M号墳の周辺に側壁に山石を使用する（一部使用も含めて）石室を持つ古墳が囲繞する。側壁に川原石を使用する古墳はさらにこれらの周りに配されている。これは標高関係にはなく、まったくの遠近関係である。A号墳・K号墳・N号墳は小首長墓の後継者で、前方後円墳の築造はならなかったが、かろうじて山石を使用することでM号墳の後継者としての矜持を保ったのであろうか。そのように解することができるなら山石を使用する意義はここにあったといえる。

こうした見解はA号墳に特徴的に見られる山石・川原石併用の解明の糸口になると考えている。

4．おわりに

足利地域にはまだ未実測の横穴式石室や情報の少ない横穴式石室の実測図がいくつかあるので、今後これらの横穴式石室の測量をして、足利地域における古墳研究の資料の一つとして提供していけるようにしていきたい。そうした調査がここで課題となった山石・川原石併用の問題をはじめと

した横穴式石室にかかわる諸テーマの解決につながるものと考える。

註
（1）足利公園古墳群は1990年（平成2）の発掘調査のとき、坪井の命名した1号から5号までの古墳の特定が確信できなかったので、古墳の呼称を仮称であるという意味を含めてアルファベットとしていた。近年現地の説明板などでは数字で呼称をしているが、ここではまだ発掘調査の本報告書が刊行されていないので、仮称のアルファベット表示を続けていきたい。また古墳群の名称は発掘調査の概報で使用されている「足利公園古墳群」を採用する。
（2）厳密には古墳群と群集墳を分けるべきであるが、実態がわからないものが多いので、足利市遺跡調査団［1989］の記載に従って古墳群として表示する。
（3）森［1936］、丸山ほか［1943］、足利女子高等学校地歴研究部［1952］、前澤［1957］、前澤［1979］、前澤・橋本・大澤［1986］に報告されているが、前澤・橋本・大澤［1986］に発掘された古墳の一覧表が掲載されている。
（4）ほかに前澤輝政により行基平古墳群として5基調査されている（前澤 1979）。これは明治100年記念事業として織姫山公園の造成にともなう道路工事の緊急調査として発掘されてたものである。道路わきにそのとき調査された横穴式石室1基が現存している。
（5）この古墳は前方後円墳の文選11号墳で奥壁から玄門に向かって直線的に狭まる長方形の無袖横穴式石室を有する。大澤は石室から見た年代観は「6世紀前半よりは後、6世紀末までは下らない」としているが、別のところでは「6世紀中～後半」としている（大澤 1997）。このころは足利公園M号墳や明神山1号墳の時期か次の時期であり、ほかの首長墓・群集墳では山石を使用している時期である。ただし、明確でないが足利公園E号墳は同じころで川原石を使用している古墳であり、文選11号墳は足利地域で最初に川原石を側壁に導入した時期の古墳といえる。新たな技術の導入がここにあったと想定できる。さらにこの古墳の特徴である前方部の長さは短く裾は広がり、くびれのしまりがあまりない墳丘の形状であること、主体部がくびれ部に位置すること、石室部が掘りこまれていることなどの古墳構築技法は、足利地域ではそれまで見ることのできない技法であった。こうした古墳構築技法は小山市飯塚古墳群などで見ることができ下野中枢地域との関係もうかがえる。しかしながら本墳は須恵器を石室内に埋納しており、このような行為はきわめて群馬県の様相を示している。
（6）しかしながら現時点ではなぜ山石を使用することが首長としてのステイタスなのか明確な説明をすることができない。足利地域の首長層が受容した最初の横穴式石室が山石からなる石室であり、それが7世紀近くまで引き継がれていったととらえるのが現状では妥当な考えであるが、最初に導入された横穴式石室がいまだ特定されていない。現時点ではTK43型式期以前の鉄鏃が出土した明神山古墳の石室が有力な候補であると思われるが、この石室は山石・川原石併用である。明神山古墳群内において、この後に続く古墳は円墳（明神山1号）になってしまうが、やや細長いわずかに胴張り形の無袖横穴式石室で石室全体が山石からなっている。山石の石室から古墳群の形成が始まる足利公園古墳群とは異なる順序であり、最初の前提条件が崩れてしまう。ただ明神山古墳の石室はやや特異な形状の片袖石室であり、その出自は石室全体が山石からなる石室とはまったく別の系譜であり、その後において定着しなかった築造技術であったと解すべきであろうか。現時点では判断できない。ひとつには機神山古墳群の前方後円墳である行基平山頂古墳や機神山26号墳の主体部が横穴式石室であるかどうか、横穴式石室であるならどのような構造であるかが解明されれば足利地域の横穴式石室の様相はかなり明確になると思われる。こうした考えに対して、石室の素材としては、一個一個の規模を大きくとることのできる山石の方が、大型石室構築に適しているからであるとの指摘もある。

第4節　矢板市番匠峰古墳群の再検討

1. はじめに

　近年前方後円墳を中心とした古墳の研究が進み、この時代のシンポジュウムが毎年おこなわれている。また後期古墳の主体部である横穴式石室についても、編年・系譜などが年々明らかになってきている。

　栃木県においても栃木市・壬生町吾妻岩屋古墳や壬生町壬生車塚古墳など後期主要古墳の発掘調査がおこなわれ、新たな情報が明らかになってきている。

　一方、群集墳においては、1969年に調査された西方町西方山古墳群の調査報告書が刊行された（酒井ほか 2006）。新しい情報をもって当時調査された石室、出土遺物の考察をおこなっており、栃木県の古墳研究に大いに寄与するものである。ほかにも 1999 年には小山市飯塚古墳群の最終的な報告書も刊行されており（鈴木 1999・2001）、数基以上の石室墳が発掘調査報告書で明らかにされた古墳群は10をこえた。[(1)]

　また、それらの横穴式石室の大枠の編年観はすでに知られているものの、県内各地域における受容の様相は特徴的である。

　ここでは発掘調査報告書で明らかにされた群集墳のひとつである矢板市番匠峰古墳群をとりあげ、県内北部の群集墳の様相を再検討する。

2. 番匠峰古墳群の歴史的環境

　栃木県北部で横穴式石室の様相が明らかな群集墳としては、番匠峰古墳群、蛭田富士山古墳群、大和久古墳群などが知られている。ここでは番匠峰古墳群を取り上げる。

　番匠峰古墳群は、第37図に示すように栃木県北部中央に聳える高原山の南東に広がる矢板市地域にあり、市内の幸岡から片俣にかけた丘陵地を、内川の支流である宮川と宮川支流の簗目川によって形成された南東に伸びた細長い丘陵の西側斜面に所在する。この丘陵の東側斜面で、番匠峰古墳群から北へ 1km 先には岩下横穴墓群がある。またこの古墳群から南東方向約 4km 先には境林古墳がある。さらに内川流域や流域に面した丘陵側面には古墳時代前期から後期にかけての集落跡や古墳が散在している。

　丘陵の西側斜面に所在する番匠峰古墳群は、石室開口部の明らかなものはおおむね西南〜南方向に開口する。1・4号墳は丘陵頂近くに、2・3・5・6号墳は前述2基より下方の斜面に所在する（第38図）。また、石室規模の大きい1号墳は一番北側に位置し、やや他の古墳から離れて存在してい

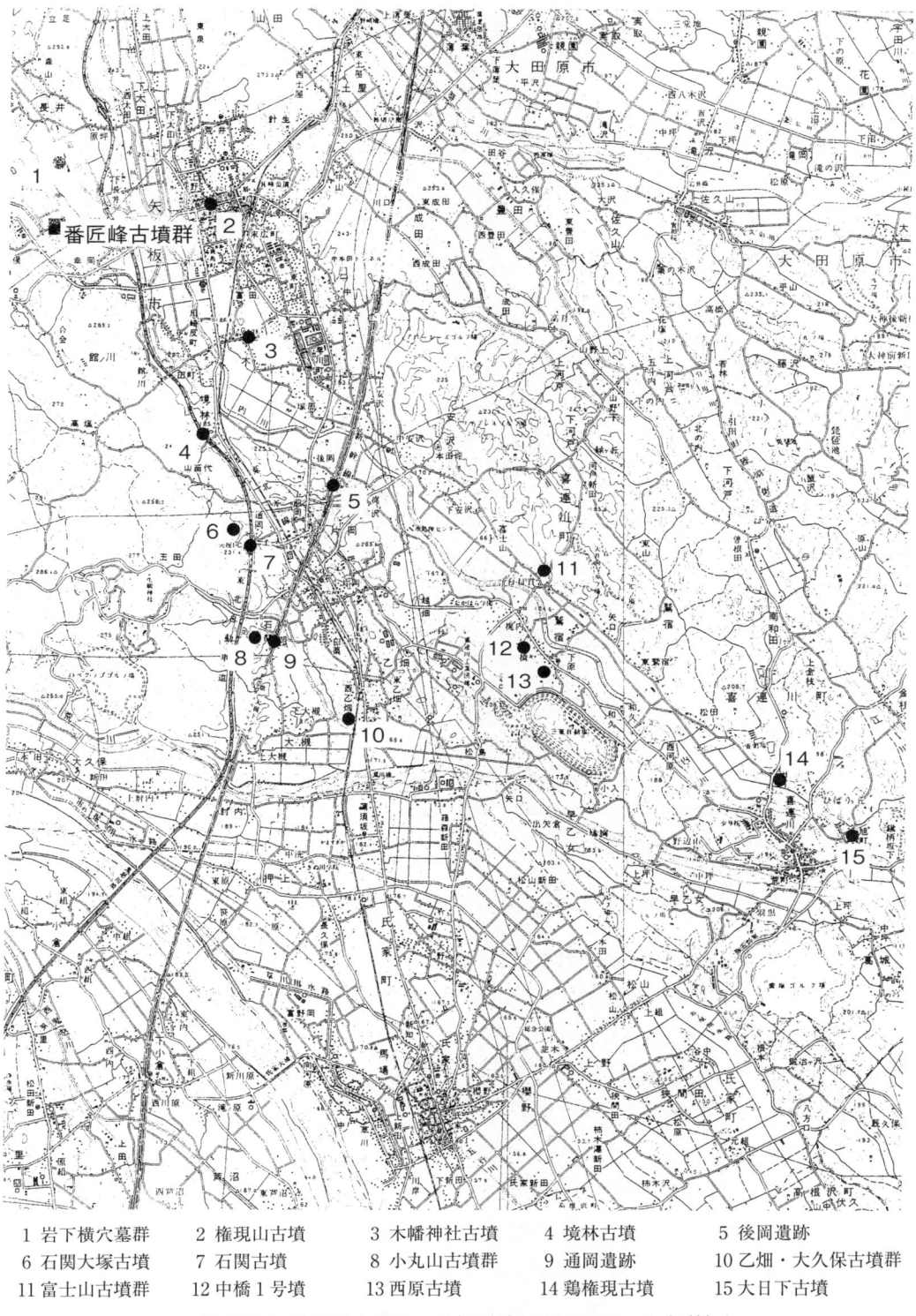

第 4 節　矢板市番匠峰古墳群の再検討　73

1 岩下横穴墓群　　2 権現山古墳　　3 木幡神社古墳　　4 境林古墳　　5 後岡遺跡
6 石関大塚古墳　　7 石関古墳　　　8 小丸山古墳群　　9 通岡遺跡　　10 乙畑・大久保古墳群
11 富士山古墳群　　12 中橋 1 号墳　13 西原古墳　　　14 鶏権現古墳　15 大日下古墳

第 37 図　番匠峰古墳群の所在図（秋元 2010 に一部加筆）

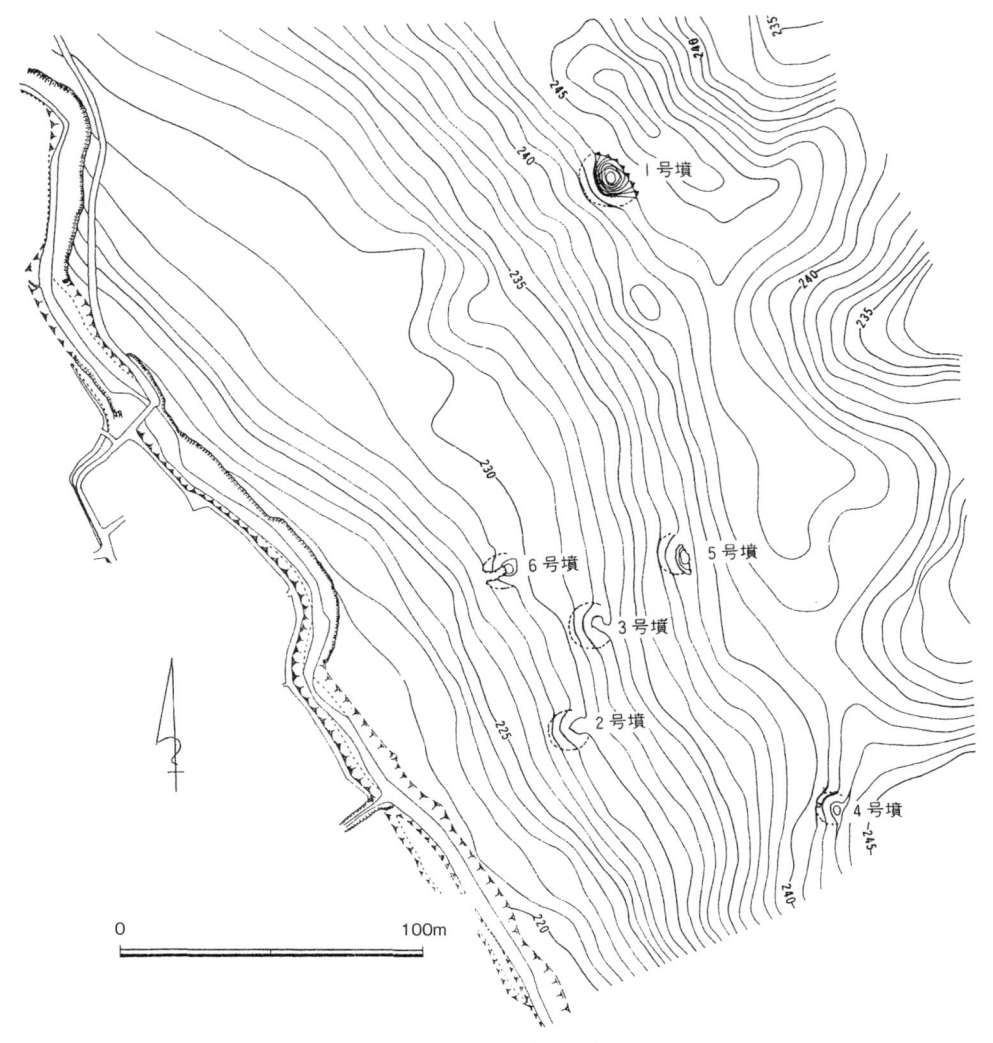

74　第3章　栃木県における横穴式石室の様相

第38図　番匠峰古墳群の分布図（屋代 1978 より）

るように見えるが、第38図に掲載されていない古墳1基が近くに所在するという。
　番匠峰古墳群は、1974年（昭和49）3月から約2カ月にかけて、屋代方子によって8基のうち6基が発掘調査された（屋代 1978）。

3. 研究略史

　屋代方子は、発掘調査報告書のなかで、石室に関する考察をおこなっている。6基の石室は、すべてが側壁は川原石積みの無袖横穴式石室であるとし、いずれも胴張りを有することから、石室平面プランから企画例を抽出し、県内・群馬県の胴張り石室と比較検討をおこなっている。また奥壁の様相を四つに大別している。結論として、番匠峰古墳群は「帰化人の影響が大きいことと、7世紀後半以降の年代」であるとしている（屋代 1978）。

中村享史は、屋代の報告書にもとづいて石室平面形における胴張りプランの復元をおこなっているが、これは当時他地域でもおこなわれており、そのような趨勢の中の一つと位置づけられる。また彼は、栃木県北部の横穴式石室の中で番匠峰古墳群の石室を無袖型胴張り形と両袖型胴張り形に分類し、無袖型のなかでは長方形から胴張り形へと変化するものの、無袖型胴張り形と両袖型胴張り形ではその前後関係は現在の資料からは判断しがたいとしている。そして系譜としては年代的に境林古墳に後続する石室として番匠峰古墳群の石室をあげており、さらに両袖型胴張り形と無袖型胴張り形が混在し、玄門があまり使われない状況は足利市所在の古墳群と共通していると指摘するとともに、川原石積みは組み立て玄門という地域色の強い属性を除くと南関東の石室と共通するとも述べている（中村 1998）。

秋元陽光は、塩谷郡所在古墳の検討の中で横穴式石室として番匠峰古墳群の6基を含めた8基を検討の対象としている（秋元 2009a）。8基とも側壁が川原石で構築されていることは共通である。分類の要素として規模、平面形、奥壁を採用している。規模については奥壁幅1m以上、玄室長4m以上を大型石室、それ以下を小型石室とし、平面形では奥壁幅と玄室幅（最大幅）の比較で比率の小さいもの（Ⅰ）と大きいもの（Ⅱ）に大別している。奥壁は側壁同様多段で構成するもの（a）、大型石で構成するもの（b）、大型石材を中心として両側に小型石材を補填して構成するもの（c）に細別した。その結果以下のように8基を分類している。

　Ⅰa類　（大型）境林古墳・番匠峰4号墳
　Ⅰb類　（大型）番匠峰6号墳
　Ⅰc類　（大型）番匠峰5号墳　（小型）番匠峰3号墳・立野古墳
　Ⅱc類　（大型）番匠峰1号墳　（小型）番匠峰2号墳

さらにこれまでの先学の成果からⅠa類→Ⅰb類→Ⅰc類→Ⅱc類という変遷を考え、時期はⅠaの出現を境林古墳からTK10型式期段階、ⅡcはTK209型式期段階の時期とした。

また塩谷郡の古墳において「横穴式石室を有する古墳において現時点では突出した規模の古墳は確認されていないが、石室自体はその規模により大型と小型に分類され、規模による階層性が推定される」としている（秋元 2009a：p109）。

ここで注目すべきことは、①石室の主要な分類要素の一つである玄室平面形を長方形や胴張り形としないで比率で表現したこと、②無袖・両袖を分類の対象にしなかったことである。

①については、玄室平面形の長方形や胴張り形の定義が意外と決めづらい。長方形と胴張り形の区別や両者の境界の判断については個人差が生じ、統一することはむずかしい。したがって、ひとつの方法としては理解できる。

②については、無袖・両袖の区別に際し、袖部の幅が相当程度あればよいが狭い場合は判断に迷う。具体的には番匠峰1号墳であるが、屋代［1978］では無袖であり、中村［1998］では両袖としている。そうした混乱を避けるために、袖の有無を分類の基準としなかったのであろうか。

それにしてもこの秋元の分類の仕方は、視点を変えた分類の基準として評価ができると考える。しかしながら、ほかの古墳群との比較、ほかの研究者が使用する石室要素との整合性をどのように

していくかが、若干の課題となるであろう。

4. 横穴式石室の検討

(1) 石室構造の検討

　対象とする6基のデータは報告書にもとづき第5表に示したが、ここで2、3の数値については検討をする必要がある。本文中における石室の測定値のなかで5号墳の玄室長が4.25mとあるが、図面の計測（石室平面図で図示されている先端までを玄室長とみなした場合）では3.9mである。他の箇所の図面からの計測は本文中の測定値と大差ないので、5号墳の玄室長は図面の計測の3.9mを用いる。つぎに石室の最大幅について4号墳、5号墳は図面と本文でやや数値の開きが見られる。ほかの石室の最大幅の違いは2～3cmであるが、4号墳、5号墳は5～7cmの違いがあり、有意差の範囲に入るものと思われるので図面の計測値を使用する。

　これら6基の図面（第39図）を比較検討すると以下のとおりである。

a. 玄室平面形における、いわゆる胴張り構造について

　屋代は胴張り構造を最大幅の位置から中央部、奥壁寄り、玄門寄りの3分類にし、またa／b（玄室長／奥壁幅）、a／c（玄室長／最大幅）の数値を求めて検討している。その結果、中央部に最大幅を持つ石室の典型は2号墳で、同様の形態は1・3号墳。5・6号墳は最大幅が玄門寄りであるが、5号墳は3号墳に類似する点が多く、6号墳は4号墳に類似するとしている（屋代 1978）。後者の理由として側壁曲線が弱い点と玄門幅が狭い点を指摘しているが、玄門幅が狭い点は同意できない。六つの石室の中で6号墳が一番広いからである。結局提示された分類が、編年や系統にうまく説明できていないように思える。

　私見を述べるなら、すべての古墳の玄室平面形はたがいに類似している。さらに個々に見ていくと、2号墳の平面形は3号墳の平面形とよく似ている。2号墳の平面形を1.5倍にすると1号墳の平面形に似る。この点は屋代の観察と同様である。さらに1・2・3号墳は玄室中央部で最大幅となる。一方、平面形でないが奥壁において、5号墳と6号墳は、同じ2段積みで下段がやや横長の四角形状、上段が縦長の五角形状の大形石からなる。また奥壁幅と最大幅の差が小さい点では4号墳と6号墳が似ている。このことから1～3号墳と4～6号墳に分けることができる。相関関係を第40図に示す。

b. 側壁について

　報告書では側壁の図面がない古墳が2基、片側だけが2基、両側ある古墳が2基と、図面観察する条件が異なるため、本文の観察文にもとづき検討すると、少なくとも下部ないし最下部は横積みとある。5号墳では細長い川原石、4号墳では側壁全体に横積みが多いなどの表現的な相違があるが、いずれも川原石乱石積み石室としている。横積みについては、個々の川原石の全形が見られないので、すなわち横積みと記されていても奥行きの長さが記述されていない。したがって横口（直方体の2番目に狭い面）積みと断定できないが、本文中では小口（直方体の1番狭い面）積みの用語も採用しているので、ここでの横積みは横位の小口積みでなく、川原石の横口積みとみてよいであろ

第5表 番匠峰古墳群の横穴式石室計測値・形状・出土遺物などの一覧表（石室計測単位 m）

古墳名	1号墳	2号墳	3号墳	4号墳	5号墳	6号墳
墳形・規模	円・21m	円・12.5m	円・13.6m	円・11m	円・12.3m	円・13.5m
玄室平面形状	無袖(両袖)・緩やかな胴張り	無袖・緩やかな胴張り	無袖・緩やかな胴張り	無袖・緩やかな胴張り	無袖・緩やかな胴張り	無袖・緩やかな胴張り
平面形状の特徴	玄室中央部に最大幅	玄室中央部に最大幅	玄室中央部に最大幅・弧状は西側に顕著	奥壁寄りに最大幅	玄門寄りに最大幅	玄門近くに最大幅・胴張りは弱い
羨道部平面図	図化	未図化	未図化	図化	未図化	図化
全長	6.8	4.66	4.71	4.68	5.75	5.4
玄室長	5.06	3.51	3.56	3.76	4.25	3.88
奥壁幅	1.32	0.8	0.84	1.1	1	1.34
玄門幅	1.01	0.83	0.82	0.93	0.97	1.22
最大幅	1.09	1.2	1.04	1.25	1.27	1.4
奥壁高	1.9	1.3	1.64	1.35	1.68	1.88 +
奥壁石材	山石	転石	山石	転石＋川原石	山石	山石＋川原石
奥壁構造	ほぼ1石	3段積み	2段積み	下方1石・上方川原石積	2段積み	2段積みで廻り川原石積
側壁石材	川原石	川原石	川原石	川原石	川原石	川原石
側壁構造	乱石積。奥壁付近・下部は横積が多い	乱石積。横積の割合が多い	乱石積。下部は横積が主	横積みが多い乱石積	乱石積。最下部は細長い川原石横積	乱石積。下部は大きな川原石が横積
側面図の有無	両側有	無	片側有	両側有	無	片側有
天井石材	山石	川原石	山石	山石	山石	(川原石)
出土遺物	直刀4(切先2)	直刀1	直刀1	直刀7(切先5)		(直刀)
	小直刀1		小直刀1	小直刀1	小直刀1	
	刀装具(鍔・柄口・鞘口・鞘尾)5	刀装具(鍔)1	刀装具(刀に装着した鍔)2	刀装具(鍔・鐔・鞘口・帯金具)5		
	鍔は八窓	鍔は無窓	鍔は無窓	鍔は八窓・六～八窓		
			刀子1		刀子1	
	鉄鏃26			鉄鏃12	鉄鏃片1	
	耳環7	耳環1	耳環1			
	管玉1					
	切子玉7				切子玉5	
	丸玉(土製)126				丸玉(土製)6	丸玉(石製)2
	小玉(ガラス製)34					
					勾玉14	
					釧2	

備考
1 山石は安山岩質の自然の割石で、この地方では堂庭石といわれている。
2 転石は川原等に転がっている、角のとれた大石をいう。

う。すなわち番匠峯古墳群では、側壁は基底部を中心に大振りの川原石の横口を玄室内部に向けて据えつけ、側壁全体的には川原石乱石積み状態にするのが特徴であるといえる。

c. 羨道部について

調査している3基は1号墳が1.74m、4号墳が0.92m、6号墳が1.52mといずれも羨道は短い。また羨道部平面形は羨門部に向かって幅が狭くなる逆台形状をなしている。すなわち玄室側壁が緩

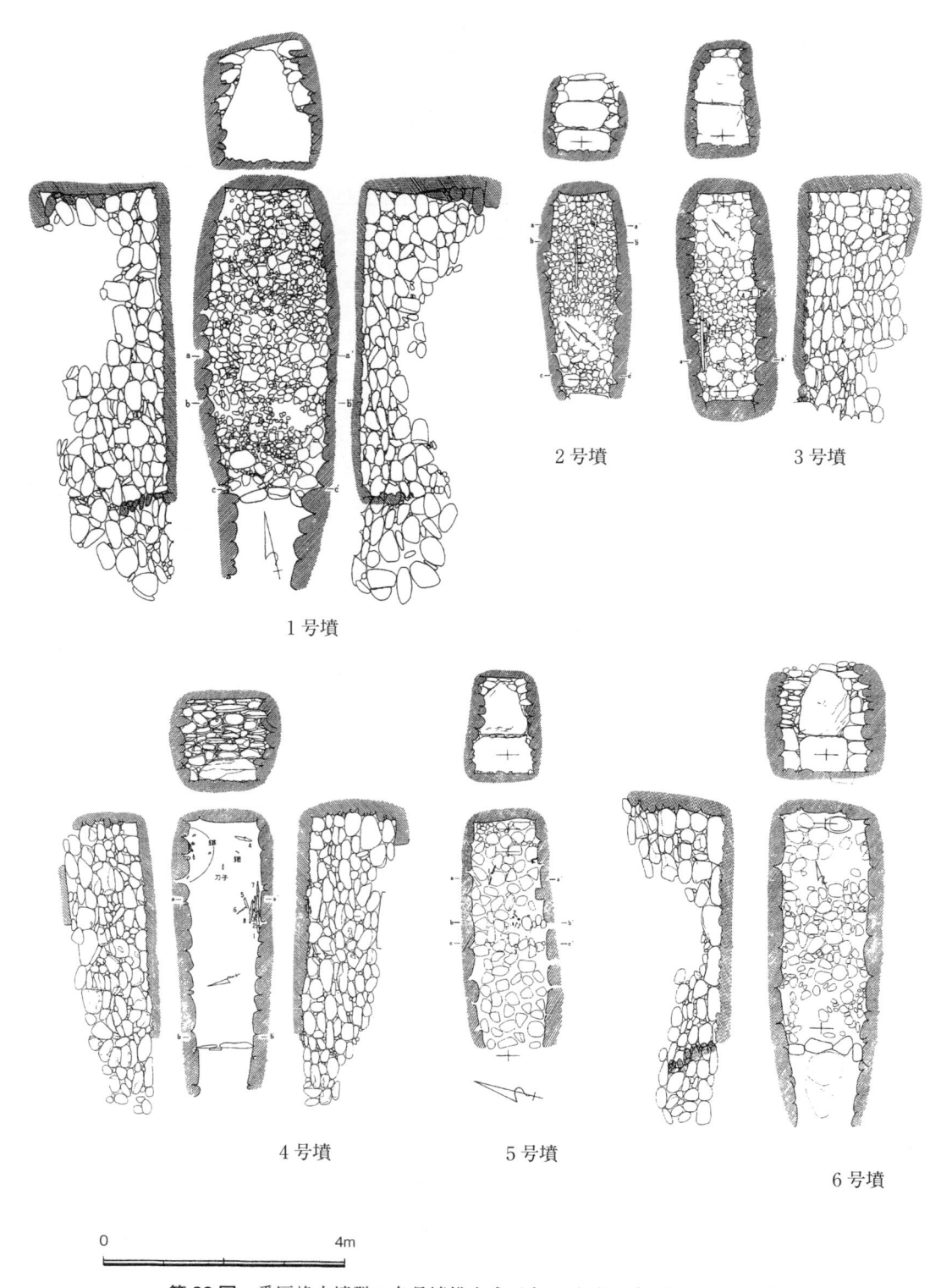

78　第3章　栃木県における横穴式石室の様相

1号墳

2号墳　　3号墳

4号墳　　5号墳　　6号墳

0　　　　4m

第39図　番匠峰古墳群の各号墳横穴式石室の平面図（屋代 1978 より）

やかな胴張り形をなしているが、その形状が羨道側壁へそのまま続いており、羨道部両側壁が平行にならない。

　他の3基にしても石室全長が測定されており（羨門部が平面図では確認できない）、それから玄室長を引いた羨道部の長さは2号墳は1.16m、3号墳は1.15m、5号墳は1.85mであり、5号墳がやや長いものの、前の3古墳とさほど変わらない。よってこの古墳群の横穴式石室は玄室長に比較して羨道長が短い傾向にある。

　2・3・5号墳の羨道部平面形については報告書では明らかでない。

(2) 分類編年
a. 石室平面形

　屋代はすべて無袖胴張り石室であるとし（屋代 1978）、中村は1号墳は両袖胴張り石室、ほかは無袖胴張り石室であるとしている（中村 1998）。秋元は無袖・両袖や胴張りの用語を使用しない（秋元 2009a）。

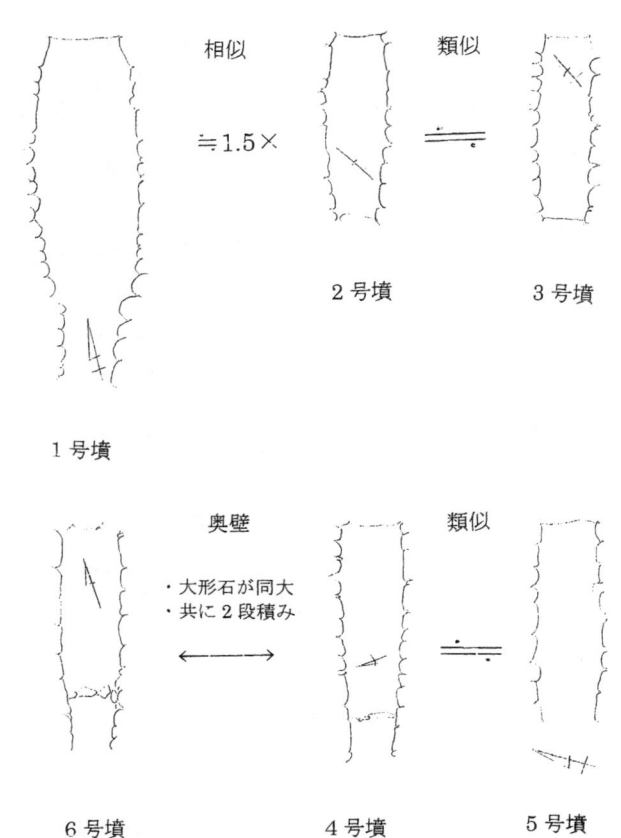

第40図　各横穴式石室平面図の比較図（屋代 1978の各号墳横穴式石室をトレース）

特に胴張りにかかわる要素としては、b／c（玄室幅／奥壁幅）を採用している。この玄室幅は最大幅としてよいであろう。これにより胴張りの程度の小さいもの（胴張りしていないもの、すなわち側壁が直線になる、たとえば長方形も含む）と大きいものとに分けている。数値によって分けていないので、相対的にしているのであろうか。結果的には、秋元［2009a：p107 第4表］ではパーセント表示を用いると、比率の大きいものは150.0、146.2％、小さいものは127.0、123.8、113.6、104.5％としている。すなわち1・2号墳と3～6号墳に分けている。そして今までの栃木県の石室の変遷から、長方形から胴張り形へ移行しており（秋元［2009a］ではⅠ類からⅡ類へとなる）、3～6号墳→1・2号墳の変遷が想定される。

　また1号墳は玄門部で側壁の川原石が内側へ突き出ており両袖胴張り石室であると認められる。しかし2・3・5号墳は羨道部を精査しておらず無袖か両袖かは判断できない。栃木県では無袖より両袖のほうが後出しており、その変遷に従えば、4・6号墳→1号墳となり、b／c（玄室幅／奥壁幅）から得られた編年観と相違しない。

b. 奥壁

　秋元は奥壁を側壁同様多段で構成するもの（a）、大形石で構成するもの（b）、大形石材を中心として両側に小形石材を補填して構成するもの（c）に細別した（秋元 2009a）。たしかに編年とし

てはa→b・cの順であり、すなわち4号墳→1～3・5・6号墳であろう。しかしcの要素を分類として抽出するよりもbを複数の大形石材で構成するものと1石の大形石材で構成するものに細分したい。すなわち使用石材の大形化という視点から考えれば、大形石材を中心として両側に小形石材を補塡する構成は別の石室系譜に現れる要素(2)であり、ここでは使用石材が段々と大形に変化していく変遷過程ととらえ、複数の大形石材で構成→1石の大形石材での構成へと変遷することをここでの分類根拠としたい。これによれば、番匠峰古墳群の石室は、4号墳→2・3・5・6号墳→1号墳と変遷することになる。

　c．小括

　石室の検討の中で、石室の平面形の類似から1～3号墳と4～6号墳に分けたが、それぞれは時期的・系譜的に継続していることが想定される。

　また、①石室平面形と、②奥壁から、

　　4号墳→3・5・6号墳→1・2号墳

と変遷すると考えられる。系譜的には一系であろう。

5．出土遺物の検討

(1) 直刀について

　すべての石室から直刀（1基だけ小直刀のみ）が出土していることは特筆すべきことである。おおむね6世紀後半から7世紀前半であろうが、この集団の性格にもかかわるので、ここで直刀について検討する。

　近年、菊地芳朗は古墳時代の刀はすべて直刀で、さまざまな長さのものがあり、「全長が60cm程度を境に、それを超えるものを大刀、それ以下のものを小刀とすることで各論はほとんど一致している」(3)（菊地 2010）としており、報告書では直刀・小直刀としているが、大刀・小刀と置き換えたい。

　さらに小型の刀子は工具用であり武器でないので、「武器としての機能が与えられたことが明らかな大刀と小刀を主要な検討対象とする」に、従うものとする。

　本古墳群では、1・2・3・4号墳出土の大刀は鐔または鎺をともなっている。菊地によれば、「7期には鉄製の鐔と鎺のみを着装する簡素な金属製大刀が現れ、8期になると各地の群集墳の主要な副葬品となって膨大な数が製作される」（菊地 2010：p136）(4)とあり、まさしく本古墳群出土の大刀は8期（古墳時代後期後葉～末）に該当するものであろう。

　次に大刀の長さであるが、本古墳群には第41図に示すとおり、略完形の大刀は4本あり、それらを検討する。菊地［2010］によれば7期は100cmを超えるものが主体であり、8期新相になると鉄製大刀は全長70cm前後が一般的になる。ほぼ全長のわかる3号墳出土の大刀は約106cmと7期に該当するとの指摘であるが、当然8期古相でも100cmを超えた大刀は存在する（菊地 2010：p126 図45左の大刀）。一方、全長約95cm・87cm（欠損部あり）・81cmである1・2・4号墳出土の大刀は、3号墳出土の大刀より短く8期新の70cmより長いことから、8期古相～新相とするの

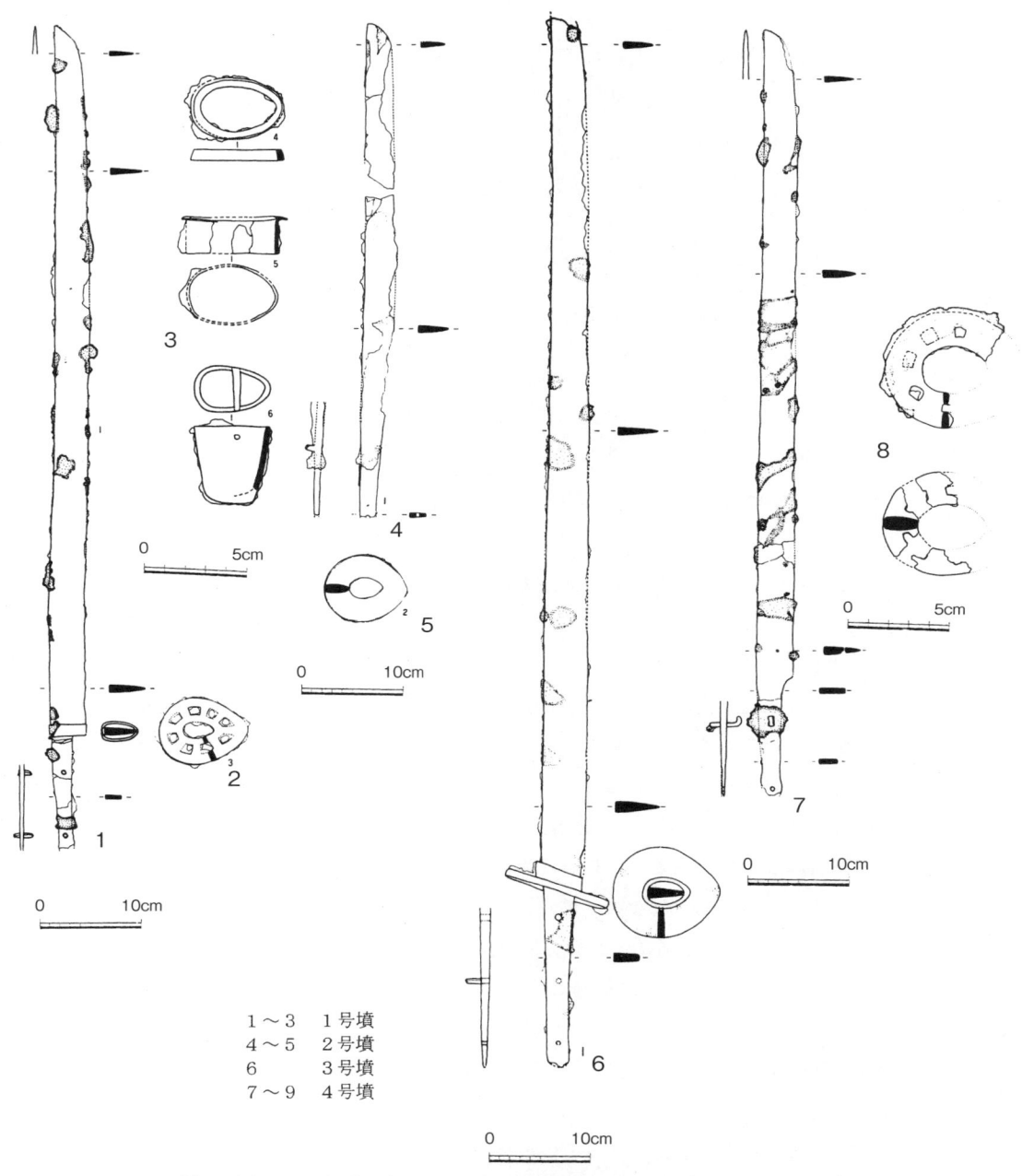

第4節　矢板市番匠峰古墳群の再検討　81

1～3　1号墳
4～5　2号墳
6　　3号墳
7～9　4号墳

第41図　ほぼ完形の大刀および関連刀装具の実測図（屋代 1978 より）

が相当であろう。なお古相と新相の境は6世紀末頃（菊地 2010：p126）である。

　また第41図-3は1号墳出土大刀（第41図-1）に装着される先すぼみの柄頭で臼杵編年Ⅱ期（6世紀末～7世紀前半）に該当する（臼杵 1984）。

　以上のことから本古墳群の大刀は、おおむねTK43～TK209型式期段階の時期に収まり、その範囲で、わずかに3号墳→2・4号墳→1号墳と変遷できるものの、その順序は前後する可能性を

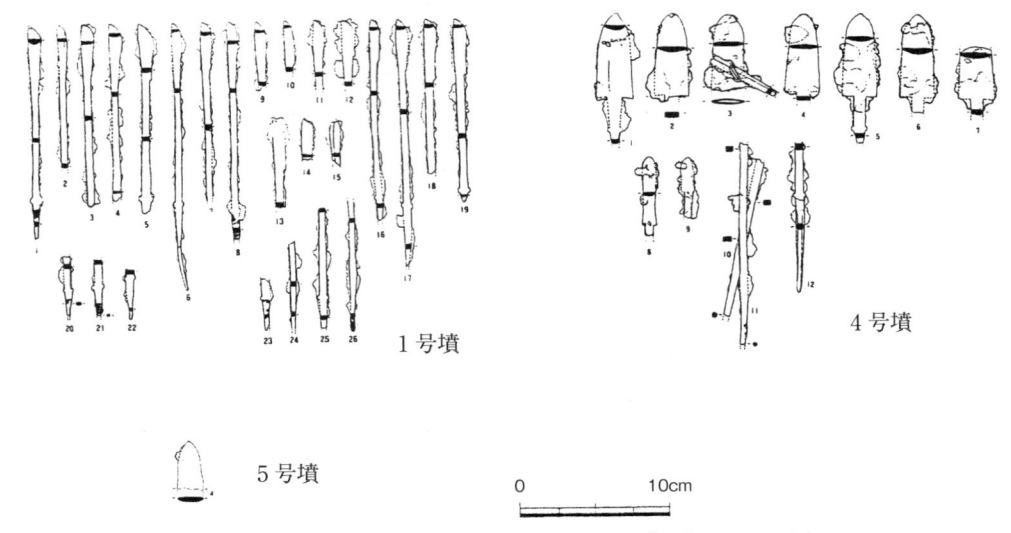

第42図　番匠峰古墳群出土鉄鏃の実測図（屋代 1978 より）

持つ。不明である2・3・4号墳出土大刀の柄頭の種類によってもその順序は異なる。

(2) 鉄鏃について

　他の出土遺物としては、年代観を比較的想定しやすい鉄鏃が3古墳（このうち5号墳出土の鉄鏃は広根系鉄鏃1が出土しているが、鏃身の一部のみなので検討対象としない）から出土している。この鉄鏃を第42図に示し検討する。

　4号墳は広根系鉄鏃7、細根系鉄鏃2、鏃身のないもの3である。広根系鉄鏃はいずれも有茎の三角・柳葉系で鏃身関が直角である。箆被の関のわかる2本は棘関である。細根系鉄鏃は両切刃造りであり、まだ片切刃造りはみられない。鏃身のないもののうち1本は棘関で、箆被の長いことから細根系鉄鏃と思われる。関義則によれば、箆被に棘関が現れるのは、細根系鉄鏃においてはTK43型式期段階以降であり、広根系鉄鏃においてはTK209型式期段階以降であるという（関1986）。

　1号墳は細根系鉄鏃19本、鏃身のないもの7本である。細根系鉄鏃はすべて片切刃造りで、両切刃造りは1本も見られない。鏃身のないものを含めて箆被の関のわかるものは棘関である。

　4号墳と1号墳の細根系鉄鏃を比較すると、4号墳は両切刃造りであり、まだ片切刃造りはみられないことから、4号墳が1号墳より古く、TK43型式期段階ごろであることがわかる。また1号墳の片切刃造りはふくらが角ばった形になったり、ふくらが完全に角になったものもあり、TK209型式期段階以降の様相を持つ。

6. 立地の検討

　この古墳群はすでに歴史的環境で述べたとおり、矢板市内の幸岡から片俣にかけた丘陵地を、内

川の支流である宮川と宮川支流の簗目川によって形成された南東に伸びた細長い丘陵の西側斜面に所在する。また、この古墳群から南東方向約4km先には境林古墳がある。一方、宮川を支流に持つ内川の流域はある程度の流域幅を持ち、流域に面した丘陵側面には古墳時代前期から後期にかけての集落跡や古墳が散在している[(5)]。

　那須地域は周辺も含めてその地理的環境をみると、まず那珂川が最大河川として、北から南流し、途中東に折れて八溝山地・茨城県を抜け太平洋へ注いでいる。この那珂川の西岸では主要河川の荒川、箒川が西方ないし北西方から合流している。さらにこれらの河川から支流が枝分かれしている。

　以上述べた河川流域を、A：那珂川本流域および主要支流の下流域、B：一定の広がりを有する流域幅を持つ那珂川の支流流域、C：狭い解析谷を形成する小河川の支流流域、の三ブロックに別けることができる。

　明らかにこの三ブロックの流域占有面積比較はA＞B＞Cである。さらに耕作地としての様相を考察するに、A流域は那珂川や主要支流に沿った幅広の平坦地があり、特に支流との合流では広い平坦面すなわち耕作地が存在する。それに対しC流域では狭長の谷間の平坦面に細い河川が流れており、かろうじて棚田や段々畑として使用できる耕作地が存在する。B流域はその中間的状況にある。

　これを那珂川西岸で主要河川の一つである内川流域で横穴式石室の様相の明らかな後期古墳を該当する箇所に当てはめると以下のようになる。

　A：那珂川本流域及び主要支流の下流域
　　川崎古墳・二つ室塚古墳・銭室古墳・首長原古墳・蛭田富士山古墳群
　B：一定の広がりを有する流域幅を持つ那珂川の支流流域（内川流域）
　　境林古墳
　C：狭い解析谷を形成する小河川の支流流域（内川の支流流域）
　　番匠峰古墳群

　このことは、傾向として、Aブロックに所在する古墳は、大規模な前方後円墳である地域首長墓や小首長墓・群集墳、Bブロックに所在する古墳は、小前方後円墳や武具・馬具を副葬する円墳など小首長墓や群集墳、Cブロックに所在する古墳は、突出した古墳を持たない群集墳であるとの指摘が可能である。

7. 周辺の横穴式石室墳との比較（第43図）

(1) 境林古墳との比較

　境林古墳は、番匠峰古墳群が内川流域のCブロックに所在する古墳群であるのに対し、内川流域のBブロックに所在する。本古墳は赤山容造ほかによって発掘がおこなわれ、調査報告書が作成されている（赤山ほか1973）。それによれば、奥壁は根石として転石を2石並べ、その上は川原石を横位に多段に配している。石室全長は約5mで、側壁は一部根石に転石を使用するがおおむね川原石積みを成し、石室平面形は長方形の無袖石室である（第43図）。出土遺物は直刀3、鉄鏃77

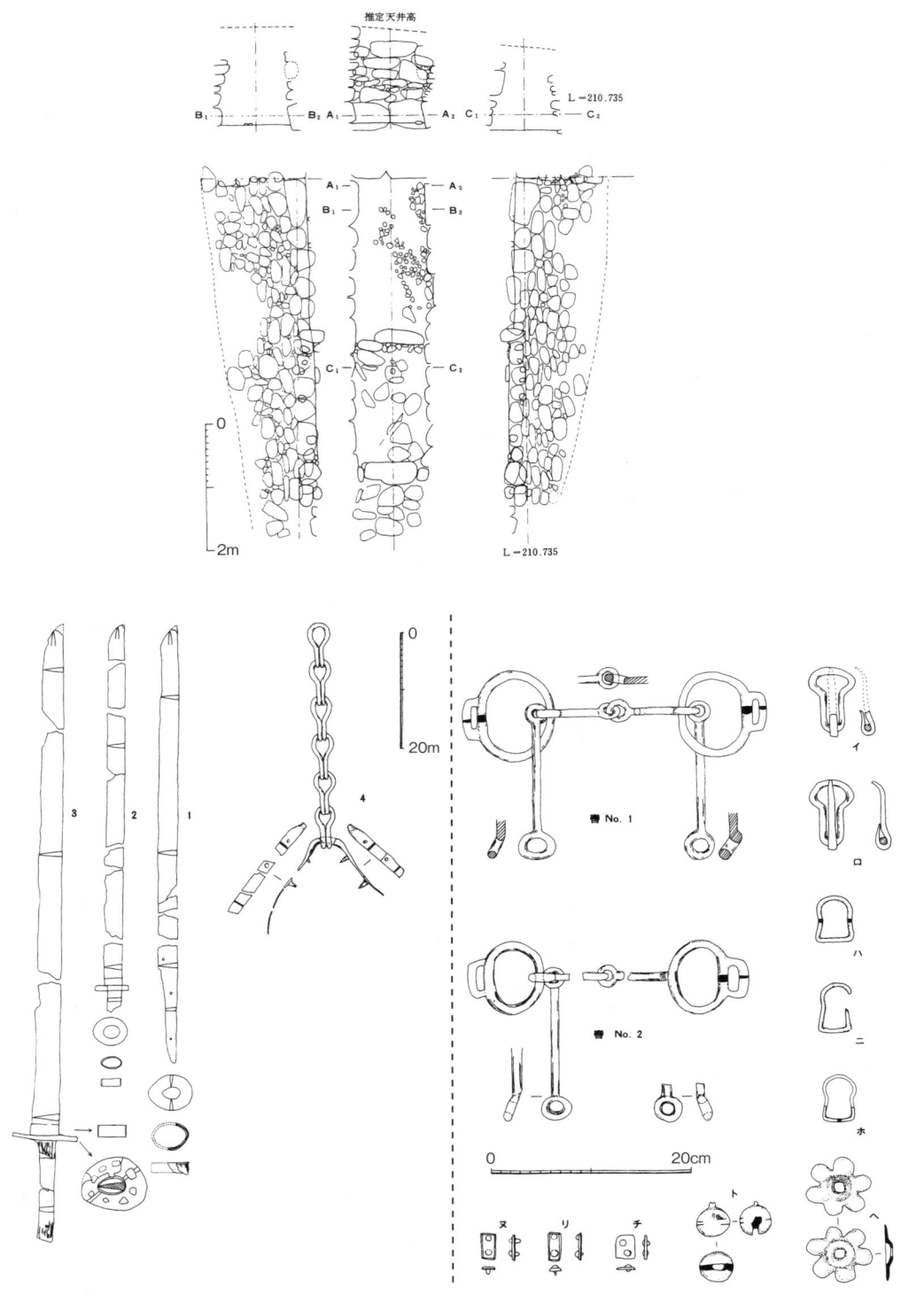

第 43 図　境林古墳横穴式石室の平面図および出土した直刀と馬具（一部）の実測図（赤山ほか 1973 より）

以上、馬具、土師器（鉢）などがある。埴輪は円筒埴輪のほか盾・靫などが出土している。

　石室平面形が長方形であることから、番匠峰古墳群より少なくとも1段階は古い石室であることがわかる。そのことは番匠峰古墳群では埴輪を持たず、境林古墳では埴輪を持つことからも理解できる。また境林古墳は、馬具が副葬されていることなどから番匠峰古墳群では一番古い4号墳より、一段上位の階層である。そして無袖川原石積み石室ということでは同じ構造である（側壁基底部の大部分は川原石横積み）ことから、境林古墳の石室構築技術に胴張りという新たな築造技術の波及があって番匠峰4号墳の石室が構築されたとも考えられる。あるいは新たな石室形態をもつ集団が移住してきて、番匠峰4号墳の石室をはじめとして、その後に古墳群が形成されたとみなすことも可能である。

(2) 大和久古墳群との比較（第44図）

　番匠峰古墳群の河川流域の南側になる荒川流域におけるAブロックに所在する。周辺には小前方後円墳を含む戸田古墳群などがある。大和久古墳群は、かつては30基近い古墳からなる古墳群であった。そのなかで、池上悟ほかによって、その一部が1号墳・2号墳として報告されている（池上ほか　1987）。第44図に示すように、いずれも全長2mほどの石室であり、その規模が小さいことから終末期ないしは終末期に近い時期の石室であろう。いずれも奥壁は周辺に川原石をつめるが大形の一石からなる。

　1号墳は側壁の根石としてほぼ同形の直方体の石を横長に据えている点、切石風の砂岩を框石・立柱石とし組み立て玄門としている点より、切石石室の技法が受容されており、中村編年3期[(6)]

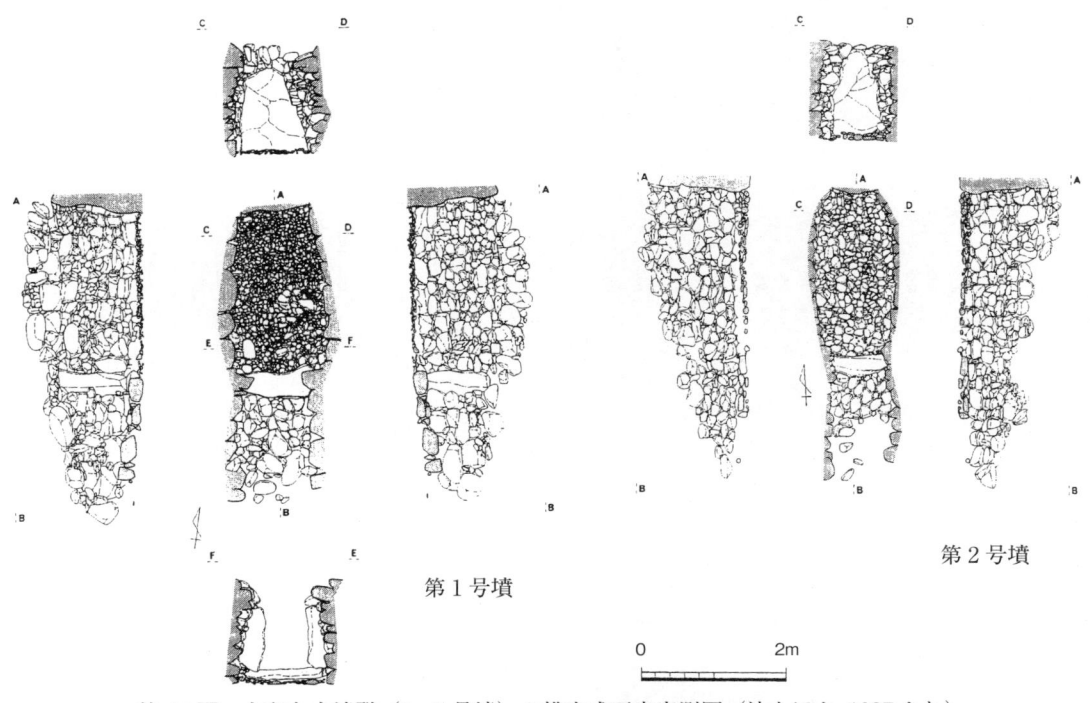

第44図　大和久古墳群（1・2号墳）の横穴式石室実測図（池上ほか 1987 より）

（TK43型式期段階）以降であることがわかる。ただし3期の切石石室の出現は最高首長墓クラスにおいてのことであり、群集墳への波及は最終段階TK209型式新期段階以降であろう。2号墳は奥搾りの明瞭な両袖石室で、その平面形は那珂川町川崎古墳の横穴式石室（第45図）に似る。これは胴張りの中でも新しい形状であり、緩やかな胴張りの受容期であるTK43型式期段階より後発である。中村編年でも両袖型胴張り形の導入は第4段階（TK209型式期段階）としている。

また、墓道構造では1号墳は溝状に周溝まで伸びており、2号墳は舌状の形状を成している。栃

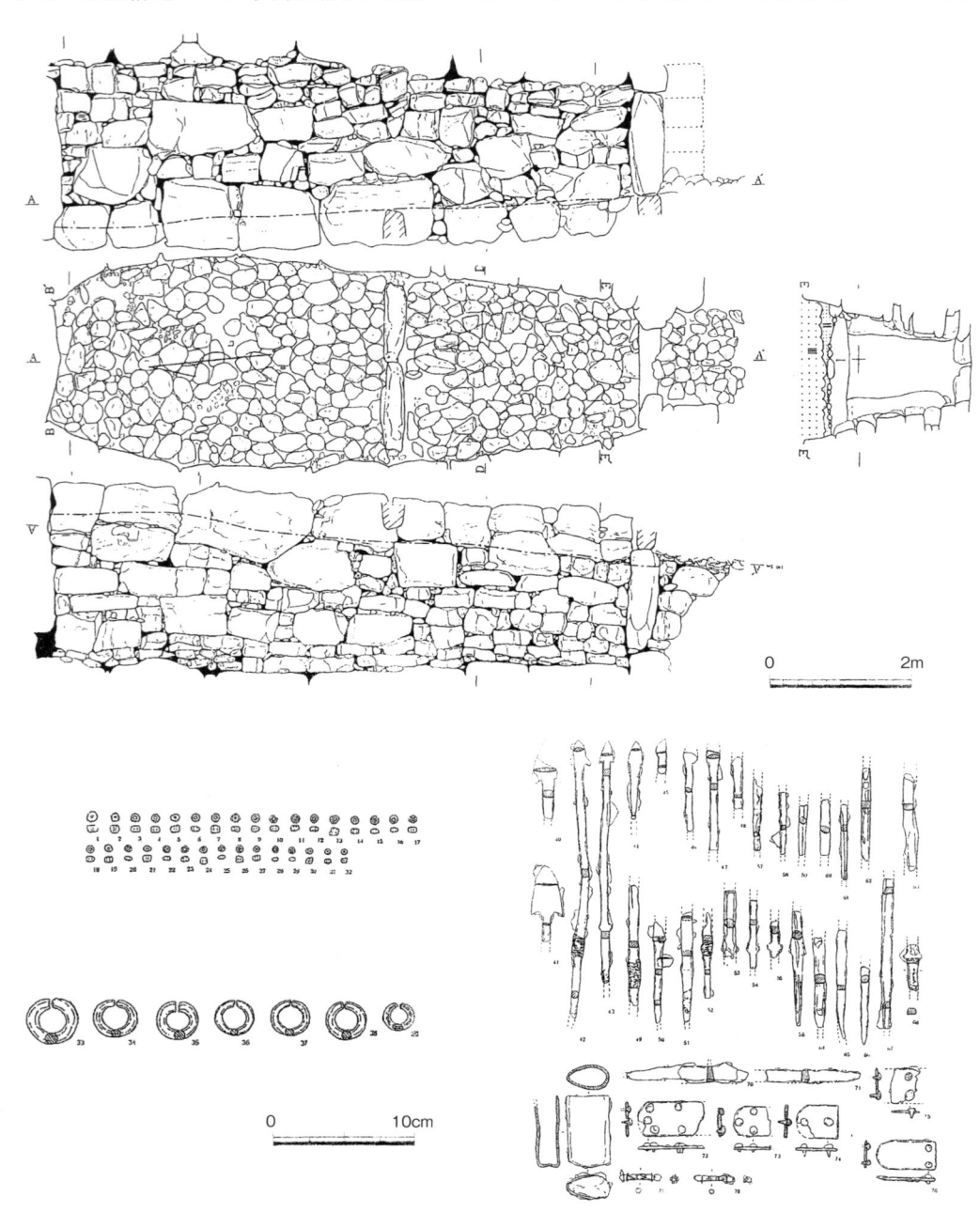

第45図 那珂川町川崎古墳の横穴式石室と出土遺物の実測図（大川 1989より）

木県においては、2号墳の舌状の形状のほうが古い傾向にある。
　ここで、番匠峰古墳群の石室と石室構築時期の古い大和久2号墳の石室を比較すると、番匠峰古墳群の石室は奥壁が多数ないし2石からなり、平面形状は緩やかな胴張りであることから2号墳の石室は番匠峰古墳群の石室より後発である。2号墳の奥搾りの明瞭な両袖石室は栃木県南部か、さらに類似の石室が所在する東海地方から川崎古墳と同時期ないしはやや遅れて受容したか、あるいは直接川崎古墳からの影響で築造されたと想定する。また、1号墳は遅れて栃木県中央・南東部の切石石室からの影響で部分的な要素を受け入れて築造されたと想定する。さらに、1・2号墳の石室とも規模が小さいことも、他の群集墳内の同形態の石室より新しく位置づけられるものであろう。
　以上のことより、同じ川原石積み石室ではあるが、大和久古墳群1・2号墳は番匠峰古墳群より新しいが、番匠峰古墳群からの直接的な影響は少ないものと考える。

8. 考　察

(1) 番匠峰古墳群の石室の特性

　すでに述べているが、6基の石室は「側壁基底部の大部分は川原石横積みで、その上部はおおむね川原石乱積み構造」という構成要素を共有している。さらに3基は詳細不明であるが、短い羨道部を有することも共通構成要素とすることができると思われる。相違する構成要素を持つものの、個々の石室として共通の要素でつながっている。また古墳の立地も丘陵の西側の緩やかな斜面にあり、石室が半地下式（いわゆる山寄せ）であることも共通している。このことから、これらの石室は連続性を持っている。すなわち、一系の集団であり、集団の変更が想定されるような大きく変わる石室構築技術の波及を受けていない墓群であると考えられる。その中にあって1号墳の両袖の構築は注目されるが、6世紀末〜7世紀初頭ごろに栃木県へ波及したこの技術を刺激伝播として受けたものであろう。しかしその受容の様子は、両袖であること以外は一段階前の石室構造となんら変わらない。このことから新しい集団が移動してきてこの地に最後の石室である1号墳を構築したとする考えは成立しにくいのではないか。
　中村享史は、足利市においても川原石積みの両袖胴張り形と無袖胴張り形が混在し、玄門があまり使われない状況があり、これは矢板市と共通している（中村 1998：p29）という。この文の直前に足利公園古墳群南西部円墳のことをとりあげていることから、足利市の例は少なくとも足利公園古墳群があてはまるのであろう。たしかに川原石積みの両袖胴張り形と無袖胴張り形石室があり、同意できるものである。
　ここで栃木県内の川原石積み石室の系譜を見ると、玄門部が平坦な（無段である）石室、玄門部が有段である石室、平面形が奥窄まり形の石室、玄室が狭長な石室などが知られている。番匠峰古墳群は玄門部が平坦な（無段である）石室に該当するが、足利公園古墳群も同様である。県内においては、西方山古墳群（酒井ほか 2006）、宇都宮市稲荷1号墳（梁木・水沼・藤田 1985）・聖山公園1号墳（梁木ほか 1983）のほか、那須地域にも散見される（第6表・第46図）。足利公園古墳群では、玄室が長方形石室であるF号墳・H号墳もある。胴張り形状の石室としてはI号墳・J号

第 6 表　栃木県内の無段構造（玄門部床面平坦構造）の川原石積み横穴式石室比較表

古墳名	足利公園F号墳	足利公園H号墳	足利公園I号墳	足利公園J号墳	西方山1号墳	西方山2号墳	西方山4号墳	西方山6号墳	稲荷1号墳	聖山公園1号墳	大幡古墳	二つ室古墳(後円部)	二つ室古墳(前方部)
墳形・規模	円・約16m	円・約16m	円・約16m	円・12〜15m	円・約20m	円・15.5m	円墳・18m	前方後円墳・約33m	円墳・12m	円墳・14m	円墳・25m	前方後円墳・推定47m	前方後円墳・推定47m
玄室平面形状	無袖・長方形	無袖	両袖・緩やかな胴張り	両袖・緩やかな胴張り	無袖・緩やかな胴張り	無袖・緩やかな胴張り	無袖・長方形	無袖・長方形	無袖・緩やかな胴張り	両袖・緩やかな胴張り	両袖？・緩やかな胴張り	無袖・逆台形	無袖・緩やかな胴張り
平面形状の特徴			玄室中央部に最大幅	玄室中央部に最大幅		平面狭長				玄室奥壁側に最大幅	やや奥窄まり形	やや奥窄まり形	やや奥窄まり形
全長	5.24	5.14	7.1	5.3	6.37	6	7.45	4.8	3.61	3.9	4.2	8.5?	4.8
玄室長	3.5	3	5.1	4.3	5	3.7	4.4	3.8	2.48	2.8	4.2	6	
奥壁幅	1.45	1.07	1.4	1.2	0.88	0.75	1.48	1.16	1.18	1	0.9	1.2	0.89
最大幅	1.52	1.1	179	1.6		1.06	1.49	1.25	1.42	1.38	1.5	1.62	1.42
奥壁高					1.64	1.58	1.82						
奥壁石材	山石	山石か	山石	山石	山石	山石	山石	山石	川原石	山石	山石	山石	山石
奥壁構造	2石	不明		1石か	3石	2石	2石	2石	根石は転石3石、その上は川原石積み	3石	1石	1石	4石
側壁石材	川原石	川原石	川原石	川原石	川原石	川原石	川原石・山石	川原石	川原石	川原石	川原石	川原石	川原石
側壁構造	小口積み	小口積み	小口積み	小口積み	小口積み	小口積み	乱積み	小口積み	基底部は大降りの石を横に据え、ほかは小口積み	小口積み	小口積み	奥壁に接して左右基底部に山石1石を据え、ほかは川原石積み	小口積み。一部は横口積みか
天井石材	山石	残存せず	残存せず	残存せず	山石	山石	山石	残存せず(轡1・鉸具破片2)	残存せず	残存せず	残存せず	山石	
出土遺物	直刀7	直刀1	直刀1	直刀3	直刀2			直刀6	直刀1	直刀1	直刀2・小刀1		直刀2・内反刀1
			弓金具1	馬具(轡1)			弓金具2	馬具(轡1・鉸具破片2・鉸具破片2)					刀装具・柄縁2・鐔2・鞘1・鞘尾金具1・留金具1
				刀装具(貴金具・鐔)	刀装具(鐔・鐔2)			刀装具(円頭柄頭・鐔2)	刀装具(柄縁金具・鐔1)				
	鍔は六窓		鍔は八窓	鍔は八窓	鍔は六窓・八窓			鍔は無窓・六窓・八窓	鍔は無窓				
	鉄鏃15〜16	鉄鏃	鉄鏃	鉄鏃4	鉄鏃12以上	鉄鏃5	鉄鏃6	鉄鏃146			鉄鏃	鉄鏃	鉄鏃
	刀子2	刀子1	刀子2	刀子4	刀子破片	刀子破片	刀子1	刀子破片14			刀子	刀子2	刀子2
	耳環8	耳環1	耳環10	耳環9			耳環3	耳環2					
	曲玉2、小玉37、丸玉4		切子玉4、丸玉7、小玉83	白玉22				弓金具1、胡籙金具	棗玉1、土玉10	小玉4			
	銅釧2・金属破片		金銅製鈴8						銅製品2				鉄環1
	埴輪(円筒)		須恵器(長頸壺・埦)、土師器(埦1)	須恵器(提瓶・埦)、土師器(埦7)				須恵器(提瓶)、土師器(埦・高坏・甕)	須恵器(大甕)、土師器(埦・高坏・甕)	土師器(埦1)			

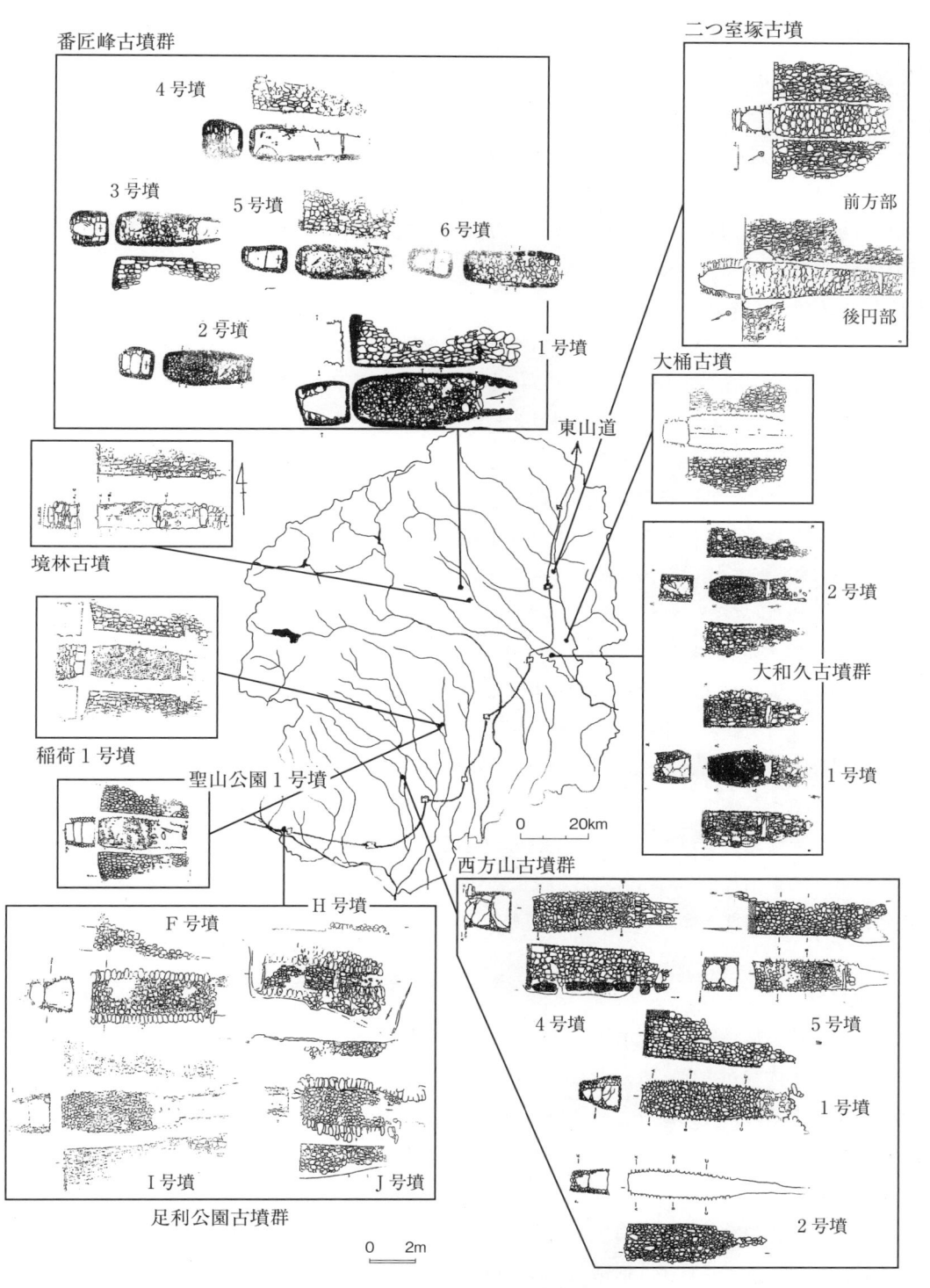

第4節　矢板市番匠峰古墳群の再検討　89

第46図　県内無段川原石積み石室の所在図（図中の石室実測図は屋代 1978、赤山ほか 1973、池上ほか 1987、梁木ほか 1983、梁木・水沼 1985、山越 1976、酒井ほか 2006、市橋 1996 など）

墳がある(9)。いずれも丘陵のなだらかな斜面にあり、山寄せ的である。西方山古墳群は、4号墳・6号墳が玄室平面長方形石室、1号墳・2号墳が緩やかな胴張り石室である。いずれも丘陵のなだらかな斜面にあり、山寄せ的である。宇都宮市稲荷1号墳と聖山公園1号墳はいずれも丘陵上にあり、これらの丘陵は水田となっている谷を挟んで向かい合っている。両古墳の直線距離は700m前後である。稲荷1号墳は緩やかな胴張り石室で、側壁の根石は横口を内側にして据えている。聖山公園1号墳は、胴張り石室である。いずれも丘陵のなだらかな斜面にあり、山寄せ的である。那須地域の大桶古墳（大和久 1976）は緩やかな胴張り形石室である。また大田原市二つ室塚古墳（山越 1976）の後円部石室・前方部石室も床面が平坦な（無段）石室で、後円部石室の玄室平面形は逆台形、前方部石室は緩やかな胴張り形である。これら3石室はいずれも奥窄まり形であり、その立地も平坦地にあるなど、ほかのグループの石室とはやや異なる様相が見られる。

　以上述べてきた古墳の構築時期は、多くは6世紀後葉から7世紀前半のなかに収まるもので、それぞれの地域にさほど変わらない時期に波及したと見ることができる。この系譜の川原石積み石室は那須地域へも波及しており、小山地域から芳賀地域を除き、栃木県内に広く数度にわたり波及したと思われる。また、番匠峰古墳群や稲荷1号墳などの石室側壁の構築技法として、基底部を横口に据えるという共通の技法がみられることは注目に値する。

　この系譜は緩やかな胴張り形石室にともなうことが特徴である。こうした緩やかな胴張り石室は群馬県内でも普及したが、そのおおもとは東海地方からの影響であろうか。東海地方ではたとえば三河の無袖石室の展開期に多くの胴張り石室が見られるし（岩原 2010：p25～27）、遠江の第2期以降に弱い胴張り傾向が認められる（田村 2010：p44）。

　一方、番匠峰古墳群の石室の特性について、古墳群として足利公園古墳群や西方山古墳群と比較すると、異なる様相が見えてくる。すなわち、番匠峰古墳群は川原石積みの両袖胴張り形石室と無袖胴張り形石室から構成されている古墳群（一系の古墳群）であるが、足利公園古墳群や西方山古墳群は系譜の異なる石室がある。特に足利公園古墳群は川原石積みの両袖胴張り形と無袖胴張り形石室も存在するが山石積み石室もある。また、山石・川原石積み石室、T字形石室もあって、多様な石室からなる古墳群（多系の古墳群）である。

(2) 階層性

　番匠峰古墳群の最後に出現する1号墳は、石室の規模だけでなく、墳丘規模も他より大きいものの、出土遺物の内容からは、ほかの石室より階層的に突出しているとはいえない。すなわち他の地域の古墳群の主墳のように馬具・武具が出土していない。このことから、番匠峰古墳群では墳丘や石室の規模からは主墳級の古墳はあるものの、階層差をもってほかの古墳と格差が図られているとは考えられない。

　もっとも境林古墳を含めて検討すると、境林古墳は番匠峰古墳群と石室構造としては同一の系譜であり、時期的には一世代早く構築されていること、出土遺物から上位の階層になることから、境林古墳の支配下の元に番匠峰古墳群が形成されたと推測することも可能である。

第 7 表 　検討した横穴式石室の編年表

時期	須恵器比定	古墳名		
6 世紀中頃	TK43 古	境林古墳		
6 世紀後葉	TK43 新		番匠峰 4 号墳	
6 世紀末葉	TK209 古		番匠峰 3・5・6 号墳	
7 世紀初頭	TK209 新		番匠峰 2 号墳 番匠峰 1 号墳	
7 世紀前葉	TK217			大和久 2 号墳
7 世紀中頃				大和久 1 号墳

(3) 年代観・番匠峰古墳群の築成開始時期

　秋元はⅠa類の出現を境林古墳からTK10型式期段階としている。これは中村が境林古墳をその出土遺物から6世紀中葉とみなしたことと、年代的に一致する。しかし、秋元分類でⅠa類とした番匠峰4号墳の石室は同類の境林古墳の石室と比較すると、境林古墳玄室平面形の長方形にくらべて、側壁の線がわずかであるが曲線となっており、一段階新しく見ることができるのではないか。番匠峰4号墳出土鉄鏃の検討からもTK10型式期段階にまで古くさせることはむずかしい。番匠峰古墳群の築成開始時期はTK43型式期段階の中で考えるほうが妥当性がある。

　なお、番匠峰古墳群の最終時期すなわち1号墳の時期は、出土遺物の検討からTK209型式期段階と考えるが、秋元分類のⅡc類（TK209型式期段階）と年代的には相違しない（第7表）。

　また埴輪・須恵器がまったく出土しないこともこの古墳群の特徴である。

9. 番匠峰古墳群の位置づけ――まとめにかえて

(1) 立地について

　番匠峰古墳群は、那珂川の主要支流である内川の流域あるいは流域を見下ろす丘陵斜面ではなく、その支流が開析する狭隘な谷に面した丘陵斜面に所在する。それは、当時の陸路の大動脈であった原東山道から離れている。

　すなわち原東山道沿いは、河川としては内川のさらに本流である荒川やその本流である那珂川沿いとなり、そうした地区では中・小首長墓が散在している。一方、番匠峰古墳群は、それらの地区から離れた内川上流の小支流が開析する谷に面した丘陵斜面に所在する。

　こうした状況は那須地域の多くの後発的な横穴墓群（小河川により開析された谷に面した丘陵の側面に所在する）の立地に似る。

(2) 出土遺物から

　番匠峰古墳群の出土武器からみた後期古墳出土の階層性でみるなら、歩兵部隊の小武装集団であろう。しかも重武装ではなさそうである。他の遺物からも古墳築成期間は短い（6世紀後半～7世

紀初頭）とおもわれ、馬具はないが、直刀（小直刀を含む）がすべての古墳から出土していることから、1号墳が墳丘や石室規模が大きいものの、それぞれの古墳はほぼ同程度の階層であると想定する。

(3) 番匠峰古墳群の位置づけ

その立地や出土遺物から移住集団の可能性がある。その集団がほぼ同程度の階層で、武装しているとするなら、屯田兵的存在であろうか。

屋代［1978：p67］では、被葬者を開拓者・帰化人としている。開拓者は納得しうる説である。ただし「帰化人」はその根拠をどこに見出すのであろうか。また移住集団であるとするなら、どこからの移住であろうか。私見としては、石室構造からは東海地方か県南地域の可能性が高いと思われる。その移住の様相としては、栃木県内を南西部から順次北へ展開したというより、何箇所かに移住し、それが何回か繰り返されたのではないか。

埋葬形態は異なるが、番匠峰古墳群の所在する丘陵の山越えの東側には別の移住集団と思われる岩下横穴墓群が所在する。同じような立地でありCグループに該当する。こちらは横穴墓であることから技術集団とも考えられる。[10]

どちらにしても6世紀後半・7世紀には小規模の集団が散在するように移住してきている様子がうかがえる。

10. おわりに

この小論は、番匠峰古墳群から県内北部の群集墳の様相を再検討したものであるが、その目的は、畿内勢力の東北地方経営にあたって栃木県地方に対する政治的位置づけについて、首長墓からだけでなく群集墳・横穴墓群からもうかがえないか、というものである。

東北地方経営に対する組織的な人的配置は、まず関東地方で実施され、時代が下がると東北南部そして東北地方全体へと配されていったのであろう。[11]

この小論がそうした課題の再検討の糸口となれば幸いである。

註
(1) 発掘調査報告書の刊行されている群集墳としては、北部では、番匠峰古墳群、蛭田富士山古墳群、東部では石下古墳群、中央部では、瓦塚古墳群、西赤堀遺跡、上原古墳群、新郭古墳群、藤井古墳群、南部では飯塚古墳群（既出）、西部では西方山古墳群（既出）、ムジナ塚古墳群、黒袴台古墳群、足利公園古墳群（概報）、明神山古墳群などをあげることができる。
(2) もちろん、大形石材を中心として両側に小形石材を補填して構成する奥壁は、奥壁の分類要素としては重要であり、胴張り系石室の奥壁の最終形態に位置づけられるものと考える。いわゆる玄室平面形小判形石室などに採用されている。
(3) 菊地は全長60cm程度を超えるものを大刀とし、各論はほとんど一致しているとしているが、やや意味するところが不明である。菊地［2010］の各章の論考の中では統一しているという意味か。あるいは

先行研究者の論ずるところが菊地［2010］と同様であるという意味か。いずれにしても、臼杵薫は、「明治時代以降古墳時代の鉄刀にも次の日本刀の刀剣分類を援用してきた」（臼杵 1984）として、大刀は刃長 60.6cm 以上、刀は刃長 30.3cm～60.6cm 等としている。ほかの文献も臼杵［1984］と同様である。ここではその指摘にとどめておく。

(4) 菊地は弥生時代から奈良時代の刀剣類を九つの時期に整理し、さらにこれらを 1 期、2～3 期（古墳時代刀剣類 I 期）、4～6 期（古墳時代刀剣類 II 期）、7～8 期（古墳時代刀剣類 III 期）、9 期の 5 時期に区分している。ここでは 7～8 期（古墳時代刀剣類 III 期）が対象時期であり、7 期は古墳時代後期初頭から後期中葉、8 期は古墳時代後期後葉から後期末に相当するとしている（菊地 2010）。

(5) 具体的には、北から集落跡としては堀越遺跡・十三塚遺跡・毘坂遺跡・薮内 I 遺跡・山生遺跡・上宿遺跡・千手院遺跡、古墳としては権現原古墳群・木幡神社古墳・後岡古墳・大塚台古墳・太白神社古墳・フウキ久保古墳・富士山古墳群・梶内 1 号墳・下原古墳群・中橋古墳群・西原古墳などがあげられる（鈴木 2008）。

(6) 中村享史編年による（中村 2003）。

(7) 川崎古墳は旧馬頭町大字久那背字川崎に位置し、那珂川の中流域の東岸で、武茂川が那珂川へ流入する合流点の北方 800m の両河川にはさまれた平坦地に所在する。前方部を西に向けた全長約 49m の前方後円墳である。主体部の横穴式石室は玄室長約 8.2m、奥壁側幅約 1.7m を測る。玄室平面形胴張り形の両袖石室である。奥壁は山石 1 石からなり、側壁は基底部・中段部に山石の大石を用い、ほかは小ぶりの山石で、隙間に川原石をつめている。乱積み気味であるが、やや横方向に目が通る。玄門部に梱石がありその上に立柱石が乗る。玄室床面の中央部よりわずかに玄門よりに間仕切り石が設けられている。出土遺物は、鞘尻 1、鉄鏃 29、留め金具 5、飾り弓金具 2、耳環 7、ガラス小玉 32、須恵器などがある（大川 1989）。

(8) 東海地方から南関東を経由して栃木県へ波及した可能性もある。以下東海地方からと述べてある箇所も同様な可能性は残る。

(9) 1886 年（明治 19）から何回かの時期に分けて発掘調査がおこなわれ、そのつど調査報告書や概報が出されているが、それらの成果の概要を市橋がまとめている（市橋 1996a）。

(10) 岩下横穴墓群は、近くに製鉄遺跡は発見されていないが、那須地域の横穴墓のいくつかは製鉄遺跡と似た立地にあり、その関連が指摘されており、横穴墓群の埋葬者は開拓技術・製鉄技術など新たな技術を有する集団と想定される。また宇都宮市長岡百穴横穴墓群は石工・造墓技術工人集団との関係が指摘できる（市橋 2010）。

(11) こうした人びとの集団移住という現象は、渡来系の人びとの集団が移住してきたあるいは移住させられてきたということだけでなく、ある種の目的のため多様な集団が移住してきたあるいは移住させられてきた現れと見ることができる。このような現象は古墳時代ばかりでなく、東北地方は中央政権（東国政権を含む）により常に支配の対象とされてきたことと表裏一体である。古代においては六国史に東北地方への人びとの移住の記録が見える。また関東の地名が東北に現れる。中世においては古文書から鎌倉幕府の意図で坂東御家人の東北地方への移住が見られる。さらに近現代においてはより北方であるが北海道を対象として中央政府の意向で屯田兵ばかりでなく、県単位による集団移住などが実施され、道内に県名村が誕生している。これらも一種の北方政策すなわち中央政権の北方支配への意識の現れと見ることができる。

第5節　栃木市岩家古墳の石室に関する検討

1．はじめに

　岩家古墳は栃木市大塚町字岩家に所在し大塚古墳とも称するが、思川から西へ2.5km離れた田原ローム面の侵食が進んだ低台地の西端に位置する（第47図）。大塚町は下野国府跡のある国府町に隣接し、下野国府跡はこの古墳から南東方向4km先にある。

　今回この古墳の石室を検討する必要性があると考えた理由は、以下の通りである。栃木県内における古墳時代後期の最高首長墓に採用された内部主体である大形切石を使用した横穴式石室[1]（以後大形切石石室と略称する）は、これまで多くの研究がなされてきた。しかし、岩家古墳の石室は同様の石室であるにもかかわらず、あまり取り上げられることがなかった。その理由は石室前面が破損しており、前面に構成される羨道部や墓道の規模や状態がまったく不明なばかりか、それらが存在したか否かさえもわからないためであろう。また他の大形切石石室墳から離れていることや、石室の規模が小さいことなどもその理由として挙げられる。

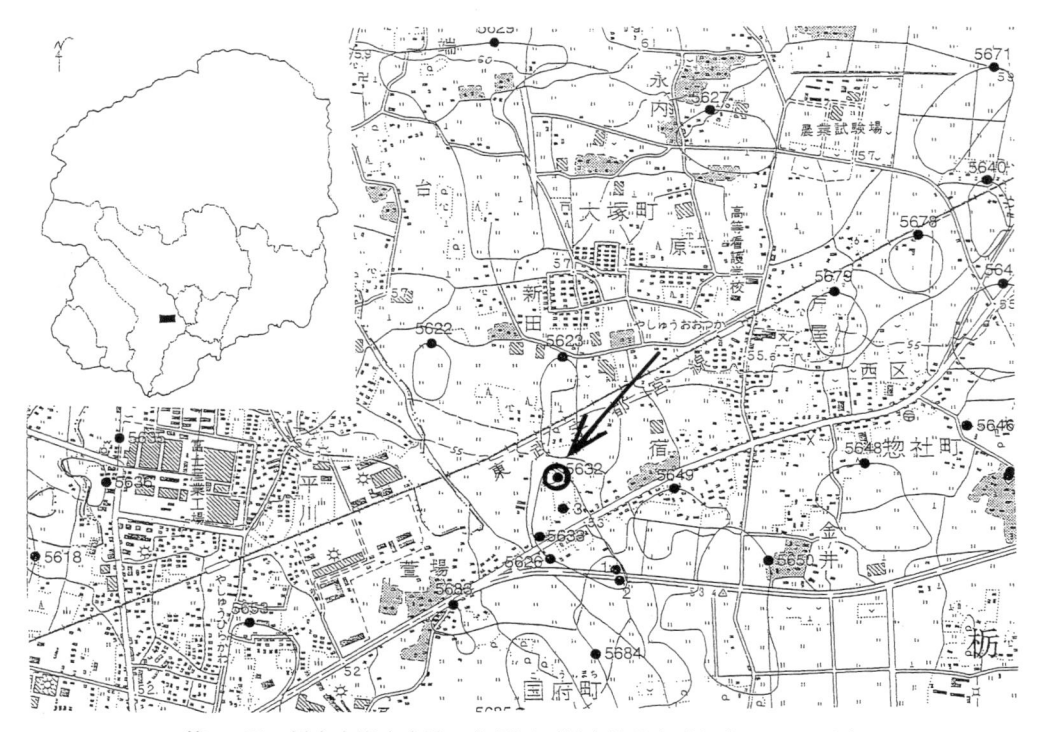

第47図　栃木市岩家古墳の位置図（栃木県教育委員会 1997 より）

しかしながら県内には大形切石石室墳はわずか10基前後しかない。したがって本古墳を明らかにすることにより、大形切石石室の性格（位置づけ・系譜など）をより明確にすることができるのではないかと考え、検討するに至った。

2. 研究史

(1) 古墳の紹介（第48図・第8表）

田代［1938］

石室（石槨）の規模など初めて具体的な数値を提示して紹介している。周囲50間（約90m、直径にすると約29mか）、高さ約9尺（約2.7m）、石槨は幅約6尺5寸(2)（1.97m）、奥壁の高さ約4尺8寸（1.45m）、幅4尺7寸位（1.42m）、天井石の広さは6尺（1.82m）、厚1尺6寸（0.49m）で、石材はいずれも大谷石の1枚ものとしている。発掘年代・埋蔵品は不明であり、羨道は破壊されていると紹介している。

栃木県下都賀郡教育会［1941］

下都賀郡内の古墳の悉皆調査報告書であるが、岩家古墳の具体的な所在地を周辺の古墳群とともに紹介している。所在地の大塚町にはこの古墳を含め29基の古墳があった。

大和久［1972・1976］

直径35m、高さ3.5mの大型円墳で、墳丘は基壇にのっていると紹介している。石室は玄室のみが残り羨道部は失われているとしたこと、凝灰岩の一枚岩で、奥壁幅1.43m、側壁の長さ2m、高さ1.4mとした点は田代［1938］とほぼ変わらない。他の（同類の）石室とくらべてかなり小形であること、横口式石室に近いこと、この玄室は大形石棺と見立てることも可能であることなどの注目すべき指摘をしている。

山越［1979］

墳丘はおおむね大和久［1976］などにもとづいて記述している。墳丘実測図は初出である。玄室は長方形の平面形で、長さ1.95m、奥壁幅1.35m、高さ1.15mとしている。墳丘における石室の位置が壬生車塚と同様の現象であることを指摘している。

山ノ井［1981］

切石使用石室を4類に分けており、本石室は玄室の各部が大形切石で構成されている第3類に分類している。古墳の紹介内容は大和久［1976］に準じ、「他の（同類の）石室と比べてかなり小形であること、横口式石室に近いこと」については　大和久［1976］の文章を引用している。

日向野［1985］

栃木県下都賀郡教育会［1941］を転載し、山越［1979］の墳丘実測図を掲載している。また石室の入口部の写真を1枚掲載し、さらに明治の頃までこの古墳の周縁に5～6基の円墳が残されていたことを紹介している。

秋元・大橋［1988］

各地域の古墳の概要で径（基壇径）が46mとし、石室は単室であると想定した。また床面が凝

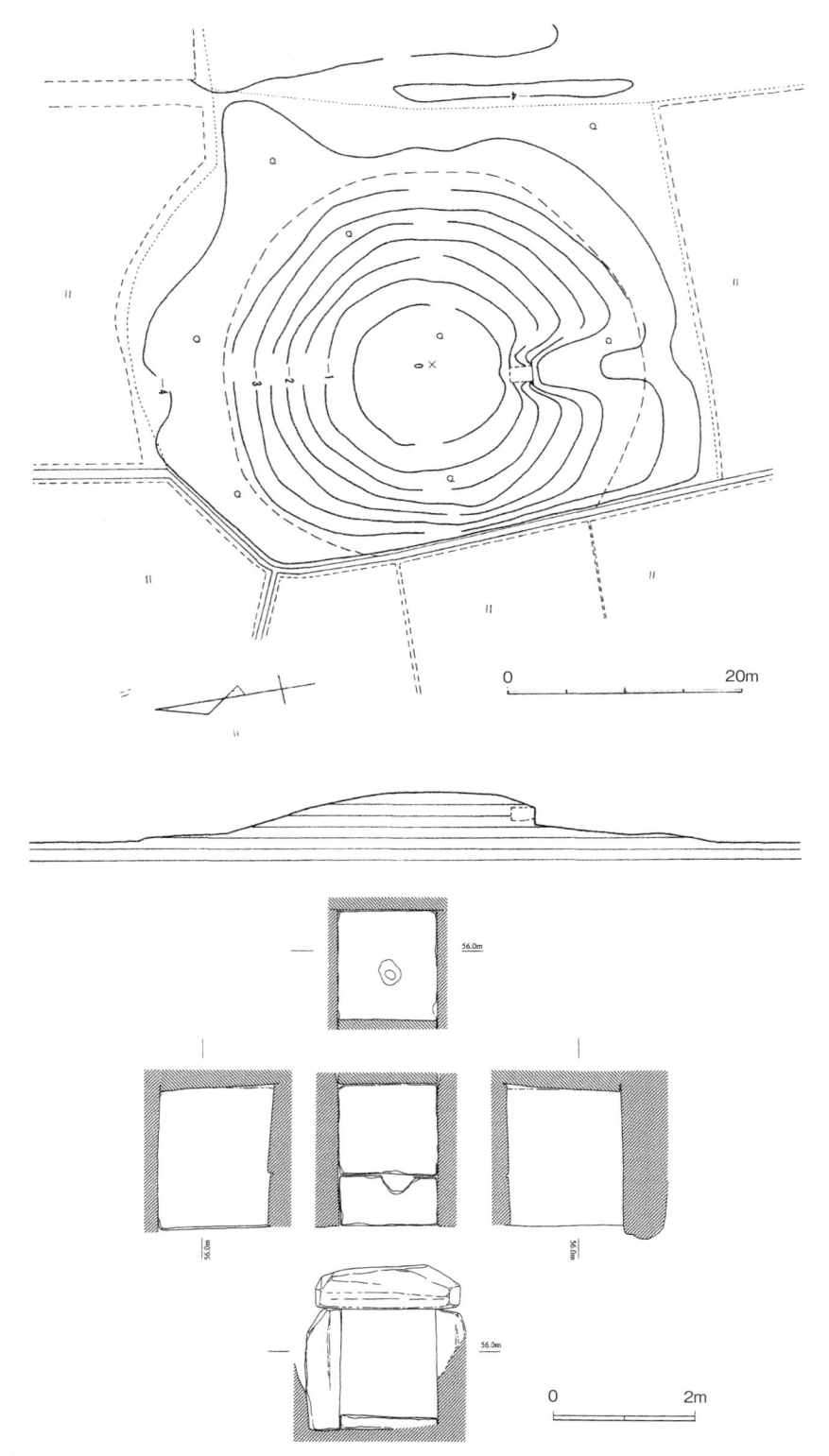

96　第 3 章　栃木県における横穴式石室の様相

第 48 図　岩家古墳の墳丘実測図（山越 1979 より）と石室実測図（秋元 2005 より）

第8表　岩家古墳の墳丘・石室測定値一覧表

単位 m

No.	文献名など	円墳径	円墳高さ	玄室長	玄室幅	玄室高	備考
1	田代 1938	29	2.7	1.97	1.42	1.45	
2	下都賀郡教育会 1941	45.45	3.9	—	—	—	
3	大阿久 1976	35	3.5	2	1.43	1.38	
4	山越 1979	35.6	3.8	1.95	1.35	1.15	
5	山ノ井 1981	36	4	1.95	1.35	—	
6	秋元・大橋 1988	46	4	2	1.3	1.7	図面から測る
7	栃木市説明版	61	5	1.95	1.35	1.15	
8	実施観察	—	—	1.95〜2.05	1.42〜1.43	1.58	

灰岩製の石が2枚敷かれていることなどを指摘したことや石室の実測図を載せたこと（p15）が注目される。

亀田［2001］

1997・1999年（平成9・11）度に周溝と石室の調査を実施し、直径61mの基壇を持つ2段築成の円墳であることが明らかになった。ほかに高さ6m、基壇上面の直径約53m、周溝の上端部幅約8m、深さ0.9〜1.3mを測る。石室は室内を清掃し、図面を作成し写真を4枚掲載している。石室法量の数値は開示していない。

秋元［2005］

秋元・大橋［1988］とは別の石室図面を掲載し、一覧表「栃木県内における主要終末期古墳」では山越［1976］を引用文献として主体部は横穴式石室、切石造り、長×幅は 2.0 × 1.4（m）としている。

栃木市が古墳脇に建てている説明板

「墳丘の構造は基壇の上に墳丘が構築されたもの（二段築成）です。古墳の直径　約61m、墳丘の高さ　約5m、周湟の幅・深さ　約8m・約1m」、「玄室　長さ1.95m、奥壁幅1.35m、長さ1.15m」と記されている。

（2）栃木県内大形切石石室研究における岩家古墳の位置づけ

大和久［1976c］

「北関東における一枚石造り石室の分布」のなかで、9基の内の1基として紹介しているが、岩家古墳は4グループに分けたうちの一つである姿川・思川流域グループのなかに入っており、「大古墳の密集地帯であり、国衙・国分寺の造立されたところである。在地豪族と律令制初期の国家権力の在り方を具体的に知ることのできる地域で、巨石を用いた古墳が築造されても不思議はない」と述べているが、石室そのものの形態や構造的な論述は少ない。考察的なところで横穴墓と石室の対比やそれらの範となるのが朝鮮半島の高山里1号墳であることなどの指摘はあるものの、今後の課題点などに重きが置かれている。

山ノ井［1981］

出土遺物の年代観と石材の加工度を基準にして4類に分類している。岩家古墳は第3類（玄室の

各部が大型切石で構成）に含まれるが、その細分を玄門の相違で分け、組合せ玄門は7世紀第Ⅲ四半期、刳り抜き玄門は7世紀第Ⅳ四半期と時期まで設定しているため、玄門部が消滅している岩家古墳の位置づけは特定されなかった。

秋元・大橋［1988］

この論文で下野型古墳を提唱したが、石室については石材の加工度は系統の相違とし、従来7世紀としていたこの種の石室の導入を6世紀後葉とした。また石室を1. 単室石造横穴式石室（刳り抜き玄門）、2. 複室石造横穴式石室（組合せ玄門）、3. 単室切石積横穴式石室（組合せ玄門）に分類し、1は山陰地方の石棺式石室の系譜を引くものであるとした。岩家古墳については前節で述べたが、単室であると想定したこと、床面が凝灰岩製の石が2枚敷かれていることなどを指摘したこと、石室の実測図を載せたこと（p15）が注目される。ほかには基壇を持つ古墳一覧表（p19）に掲載されていることと、車塚古墳の墳丘径と岩家古墳の基壇径が等しいという記載がある。しかし主体部の分類では構造・石材・玄門の要素を基準としているため、玄門の欠けている岩家古墳は対象からはずれている。そして最後の各地域の首長墓の変遷の章でも本文では考察されず、首長墓様式対比表と首長墓編年表で国府地域の5様式あるいは第Ⅳ期に岩家の名が記載されるのみである。岩家古墳の石室の検討はなされていない。

大橋［1990］

栃木県の切石石室の集大成である。大きくは4類に分け、県内すべての切石石室を対象として検討されている。しかし、ここでもその分類の重要な要素として玄門構造を取り上げている。そのため岩家古墳の石室は分布図と切石石室地名表に掲載されているものの、具体的な検討や実測図の掲載はない。一方で切石石室地名表では丸塚古墳や上三川愛宕塚古墳と一緒に1B型に分類されている。1B型は玄門の刳り抜き部が小形化し、側壁が直立化することが特徴であるとしている。

小森哲［1990］

切石石室の分類基準として従来の要素である石材の大きさや用い方、玄門形態の違いのほか、石室の平面形を加えて、大きく4類に分類してそれぞれの類に該当する17基の古墳を挙げている。しかしながら岩家古墳の名前は出てこない。

ほかにも栃木県の大形切石石室にかかわる論文があるが、岩家古墳の石室に論及されていないので、ここでは挙げない。ほかの石室との比較検討の中で必要に応じて引用していきたい。

3. 問題点──この石室を明らかにするための検討すべき点

ここでは岩家古墳の石室が大形切石石室あるいは一枚石造り石室と想定して、この石室を明らかにするための検討すべき点を考えていきたい。

栃木県の切石石室の分類の重要な要素の一つは、玄門構造にあり（大橋 1990）、それを喪失している岩家古墳は、検討の対象になりにくいようである。しかしながらこの玄室は直方体にたとえば6面中5面が残っているのであるから、これらの構造から導き出せる構成要素を検討することができるのではないか。また墳丘も完全でないにしてもその規模がわかるものであり、墳丘と石室と

の関係からも検討できないだろうか。以下に検討点を挙げていく。

(1) 床面が2枚の大形の切石からなる点

　従来の研究において岩家古墳は個々の古墳の紹介では、この石室が床石として切石を使用していることを指摘している論文もあるが（たとえば秋元・大橋 1988）、分類要素としてはいずれの論文も取り上げていない。これは下石橋愛宕塚古墳を除くと、県内では大形の切石の床面を構成する大形切石石室がないので構成要素として注目されなかったからと思われる。しかしこれは出雲型石棺式石室と比較するとき重要な構成要素になるものであり、小林孝秀も述べているように栃木県の刳り抜き玄門を有する切石石室では「切石を用いて床石を形成するものが認められない点に注意を払う必要があ」（小林 2005d：p87）る。

(2) 規模が小さい点

　県内の小形切石石室と大形切石石室とをくらべて、岩家古墳の石室はどちらに近いのか再確認しておく必要がある。岩家古墳の墳丘規模としては直径61mの円墳であり、ほかの大形切石石室の古墳とくらべても遜色ない。7世紀になると墳丘規模が小さくても最高首長墓と同等の出土遺物を持つ古墳もあるが、少なくとも大規模の墳丘であれば首長層であることが首肯できる。構造的には県内の小形切石石室は基本的に切石多段積みであり、1枚造り石室ないしそれを志向する石室である大形切石石室とは根本的に技術思想が異なると考える。よって岩家古墳は大形切石石室に分類される。ただし、石室規模の小さいことは、重要なことである。

(3) 出雲型石棺式石室の系譜に連なるものか

　出雲考古学研究会では、出雲型石棺式石室を「①刳り抜き玄門をもち、その前面周囲には閉塞石を受ける刳り込みを有す。②切石を使用する。③四壁・天井・床石は1枚石を指向する。④前壁・奥壁で側壁をはさむ石材組み合せ」（出雲考古学研究会 1987：p217）と定義している。また土生田純之は石棺式石室の説明の中で「栃木県下には本石室に酷似した一群の石室が」（土生田 1992：p124）あると指摘している。

　出雲型石棺式石室の定義を岩家古墳の石室に当てはめていくと、①は破損のため不明。②は該当する。③は床石のみ2枚であるが、全体的には1枚造りを思考するとみなせる。ただし床石の上に四壁が乗っていない。④は逆の関係になり側壁で奥壁を挟んでいる。これは後述するが西伯耆の石棺式石室の特徴でもある。以上4点に対して不明な点・該当しない点がある。ただし出雲地域の中でもいろいろな要素を持った石棺式石室があり、中には栃木県のそれと多くの共通要素を持った石室もある。必ずしも定義された石室ばかりではない。さらに山陰の隣接地域にまでひろげると、より類似のものが多くある。

(4) 横口式石槨の系譜に連なるものか

横口式石槨の形態は？

　土生田の横口式石槨の説明によれば「天井石、側石、底石をもち、一方の小口を横口部とするが、ここには板石の閉塞石を置く」。「石槨のみのものの他、前方に羨道や羨道と前室を付設するものがある。この場合、石槨の幅や高さは羨道や前室よりも小さい。また一般的には、石槨のみのものの方が新しい傾向にある」（土生田 1992：p124-125）とある。

　岩家古墳の石室は前面部分が欠損なのでわからないが、上述の土生田論文の前半の説明におおむね該当する。また山越茂により車塚古墳と墳丘における石室の位置が同じであると指摘されており（山越 1979）、このことは前方に羨道や羨道と前室を付設するものがあった可能性を示すものであり、玄室（石槨）単体ではないと思われる。ただし、その玄室（石槨）の幅や高さは羨道や前室よりも小さいという根拠はまったくなく、判断できない。一方で、栃木県内では多功大塚山古墳が玄室より羨道幅が大きい石室として想定されており（秋元 2005）、そうした石室形態が栃木県内にないとは言い切れず、岩家古墳の石室もその可能性は残る。

墳丘は？

　畿内において横口式石槨は、最高首長墓の墓制として採用される前は、一般的に20m以下の円墳で、山の中腹の緩い傾斜面にやや山寄せ的に構築されることが多い。しかしながら岩家古墳のように周りが平坦地で近くに丘陵・山地がないときはどうなるのか。推定ではあるが、墳丘の周りもある程度の空間を墓域としてとらえていたとすれば、平坦地ではその空間を周溝でくくることも考えられる。[(4)]

　あるいはまた栃木県のようにヤマト政権から離れている地域では、かつて前方後円墳の構築が少なくとも一世代遅れたように大形墳丘の構築は世代遅れでそのまま継続されるが、内部主体は新しい横口式石槨の導入が認められたと考えられないか。

　以上のような点を踏まえて検討していきたい。

4. 岩家古墳の石室の特定

(1) 墳　丘

　墳丘規模については、径約36mの基壇を有する円墳（山越 1979）とするもの、直径61mで、基壇上の直径は約53mの円墳とするもの（亀田 2001）などがある。

　秋元陽光・大橋泰夫は岩家古墳の墳丘形態は車塚古墳と共通した企画であることを指摘している（秋元・大橋 1988：p20）が、さらに前節でも述べたが、岩家古墳と車塚古墳は墳丘における石室の位置が同じである（山越 1979：p541）ことも注意すべきことである。

(2) 石　室

　石室規模は、従来の文献情報ではバラツキがあるので、現地で確認し、石室の状態も含めて観察した結果を以下に示す。

①石室は奥壁・側壁・天井はおのおの1枚の切石からなる。床石については入口側から土砂が流れ込み床面の大部分を覆っていたので、床面の切石の様子が不明であったが、2枚の切石からなることが明らかになった（亀田 2001）。

②石室構造は両側壁で奥壁をはさむようにして組まれており、奥壁はわずかであるが内傾している。これは土圧で押された可能性がある。両側壁はほぼ垂直に据えられている。床石はその両側壁の間に敷かれている。すなわち床石の上に側壁は置かれていない。天井石は奥壁・両側壁の上に置かれ、玄門側では側壁より12cm先まである。天井石の玄室内面側は平坦に加工されているが、全体としては板状体にまでは加工されていないようである。天井石側面（玄門側）は幅190cm、厚みは中央が高く56cm、左右は26cmと29cmを測る。また下端から約10cm幅で帯状に平坦面が形成されている。

③玄室測定値は、玄室長の場合、奥壁がわずかに内傾していることが主因で数値に幅があり1.95〜2.05mを測る。玄室幅は奥壁の上幅下幅で測定して1.42〜1.43m、玄室高は1.58mであった。従来の文献の測定値と比較すると、玄室高以外はさほど大きな相違はない。

④玄室の前方部が破壊されているが以下の理由により、現状より玄室規模は大きくならないと考える。
　イ．床石が現在2枚の切石からなるが、もう1枚想定するより、2枚からなる下石橋愛宕塚古墳と同様とみなすのが妥当であろう。
　ロ．天井石の前面の下端を加工しており、ここに板状の扉石（閉塞石）をあてる構造であったと想定できる。

(3) そのほか

今までの文献では埴輪が出土した記載はない。実際に岩家古墳を数回踏査したが1片の埴輪片も採集できなかった。これは岩家古墳が7世紀代の古墳であることを傍証している。

また、かつて周辺に5・6基の円墳があり（日向野 1979）、付近にある丸山古墳の内部主体は切石石室であると記録されている。これらのことは、周辺に岩家古墳と同時期の古墳があることを予想させる。

5. 比較検討――岩家古墳の石室の性格と系譜を求めて

(1) 県内大形切石石室との比較

岩家古墳を含めた大形切石石室と言われている古墳10基を第49図・第9表に示す。

これらの古墳のうちで一番古い時期は吾妻岩屋古墳の6世紀中葉〜後半と考えられる。

従来終末期古墳の内部主体部は多人数埋葬から一人埋葬へ転換することが知られている。その表れとして横穴式石室の規模が小さくなる傾向があり、ひいては石槨の採用へとつながる。この石槨の出現については、これまで7世紀後半（首長墓への採用時期）あるいは7世紀初頭から7世紀前半と見られていたが、シシヨツカ古墳の出現で6世紀後半からの可能性も出てきた（山本 2007）。

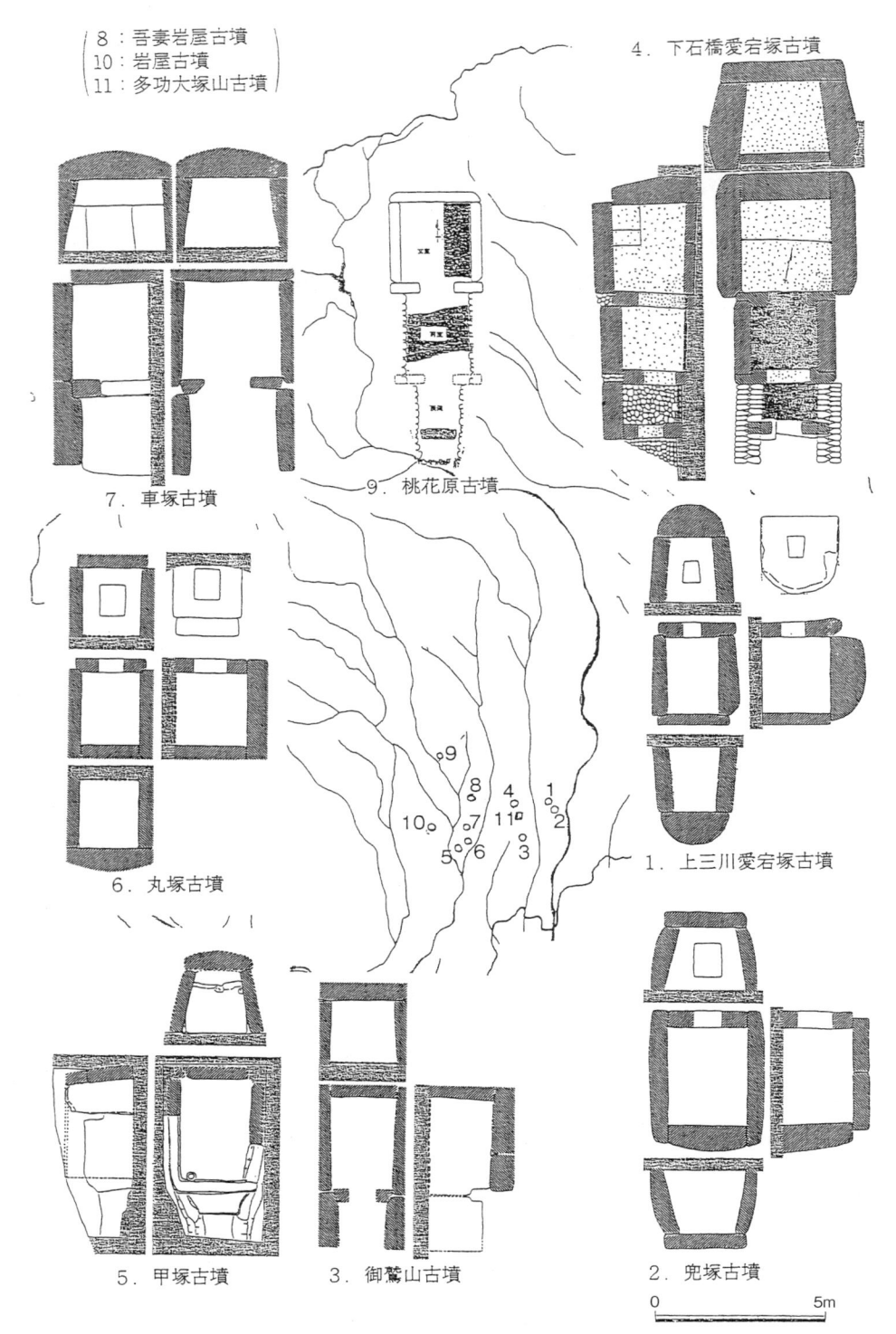

102 第3章 栃木県における横穴式石室の様相

第49図 栃木県の大型切石石室の分布・実測図（秋元・大橋 1988、秋元 2005より）

第9表 栃木県の大型切石石室一覧表（単位 m）

No.	古墳名 墳形（規模）	玄室長	玄室幅	玄室高さ	玄室長／玄室幅	玄室容量	玄室構造	側壁構造	玄門構造	壁組合せ	埴輪有無	その他
1	上三川愛宕塚古墳 円墳(40)？	2.35	1.5	2	1.57	7.05	単室切石造り	内傾	刳抜き	出雲型	無	石室移築
2	兜塚古墳 円墳(45)	2.85	2.29	(1.9〜2.0)	1.24	12.4〜13.1	単室切石造り	内傾	刳抜き	不明	有	
3	御鷲山古墳 前方後円墳(67)	2.9	1.95	1.9	1.5	10.7	単室切石造り	内傾	組合せ	下野型	有	秋元・大橋 1988 は複室
4	下石橋愛宕塚古墳 円墳(82)	2.67	2.56	2.1	1.04	14.4	複室切石造り	内傾	組合せ	下野型	無	床石2枚
5	甲塚古墳 帆立貝式古墳(75)	3	1.96	1.9	1.53	11.2	単室切石造り	内傾	？	不明	有	
6	丸塚古墳 円墳(74)	2.24	1.67	2	1.34	7.48	単室切石造り	直立	刳抜き	下野型か	無	
7	車塚古墳 円墳(82)	3	2.81	2.29	1.07	19.3	複室切石造り	内傾	組合せ	出雲型か	無	
8	吾妻岩屋古墳 前方後円墳(115)	3	1.8	2.3	1.67	12.4	単室切石造り	―	刳抜き	不明	有	
9	桃花原古墳 円墳(63)	2.4	1.8	1.9	1.33	8.21	複室切石造り	直立	組合せか	出雲型	無	
10	岩家古墳 円墳(46)	1.95〜2.05	1.42〜1.43	1.58	1.36〜1.44	4.38〜4.63	切石造り	直立	―	下野型	無	床石2枚

すなわち6世紀後半の時期からすでに一人埋葬の傾向が少なくとも畿内ではあったことがわかる。

　栃木県においても最高首長墓層の玄室の傾向を見るに玄室の規模の縮小化がみられる。そこで、10基の玄室規模を比較検討した。第50図に示すごとく玄室の規模（玄室の容積で長×横×縦の積で表す）をx軸とし、y軸には玄室長としたが、これは一人埋葬なら玄室の長さは2m前後に短縮集約化されてくるであろうし、さらに火葬化され蔵骨器収納となればさらに玄室長が短くなり、蔵骨器収納に充分な長さに集約されるのではないか。すなわち玄室の長さ・幅・高さの数値の中では、長さが一番数値変化に時期的変化があらわれると考えられることから、y軸に玄室長をあてた。

　結果A（A1＋A2）・B・Cの3グループに分かれた。Aグループは玄室長2.9m前後・玄室容積10m³以上の石室で、上三川町兜塚古墳・下野市御鷲山古墳・同甲塚古墳・壬生町車塚古墳・壬生町吾妻岩屋古墳・下野市下石橋愛宕塚古墳がある。Bグループは玄室長2.3m前後・玄室容積7〜8m³の石室で、上三川町上三川愛宕塚古墳・壬生町丸塚古墳・同桃花原古墳がある。Cグループは岩家古墳1基で、玄室長2.0m前後・玄室容積5m³以下の石室である。

　このグループ分けがどのような意味を持つか検討する。従来の大形切石石室の編年は大橋［1990］の編年観がよく整理されていると考える。ここでは大型1枚使用石室は切石石室全体の4分類の内の二つにまとめられている。そしてそれらの分類・変遷要素は、刳り抜き玄門採用石室（一類）では、刳り抜き玄門の刳り抜き穴は長方形のものから正方形の小さなものに、そして側壁は内傾から

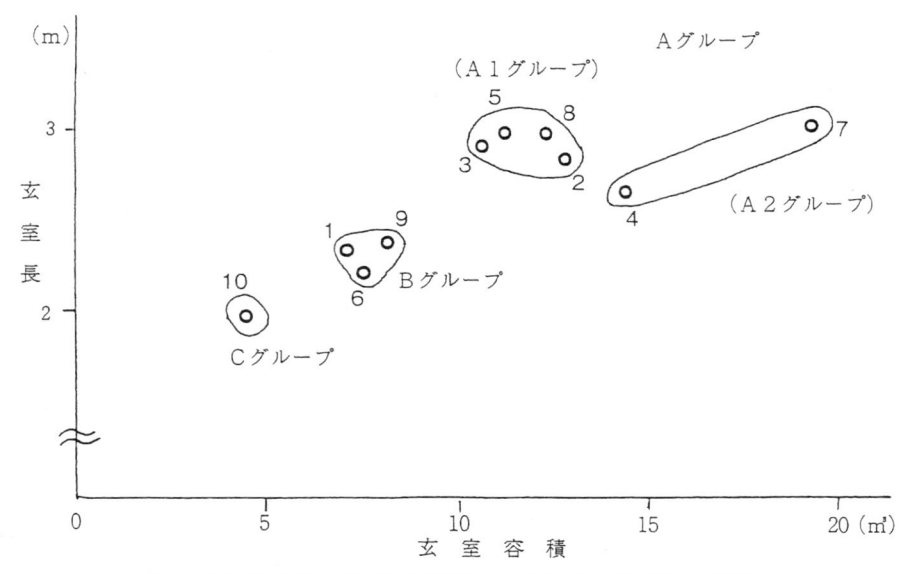

第50図　栃木県の大型切石石室の玄室長と玄室容積の関連図

直立化へ変遷すると指摘し、組合せ玄門採用石室（二類）では玄室形状が長方形から正方形へと変遷することが指摘されている。これをまとめると、変遷に関わる要素は、①刳り抜き玄門の刳り抜き穴の形状・規模、②側壁の形態、③玄室形状の3要素である。現状の栃木県の大形切石石室においては一類二類に限定せず、さらに2要素を加えて検討する。すなわち、墳丘からは墳形を要素④とする。この要素は前方後円墳から円墳へ変遷する（最終段階で方墳へ）。そのほかでは埴輪の有無を要素⑤とする。対象とする石室墳は6世紀後半以降であるから埴輪有から埴輪無へ変遷する。

　以上5要素を10基の大形切石石室に当てはめると第10表となり、おおむねAグループ→Bグループ→Cグループへと変遷する傾向が見える。上三川愛宕古墳の要素②が内傾であるがこれは移築されており保留とし、要素③はほかの要素の変遷から長方形→正方形→長方形に変遷することが理解できる。またAグループでは埴輪有の兜塚古墳・御鷲山古墳・甲塚古墳・吾妻岩屋古墳（A1グループ）と埴輪無の下石橋愛宕塚古墳・車塚古墳（A2グループ）に分かれ、時期区分することができる。さらにA2グループは玄室形状が正方形化し、容積が拡大化の志向性をもっており、この時点ではまだ玄室の縮小傾向は見られない。

　栃木県における大形切石石室は、Bグループになってから玄室規模の縮小化がみられる。その傾向が展開するCグループの岩家古墳はより新しい時期に位置づけられる。

(2) 上三川町多功大塚山古墳との比較

　多功大塚山古墳は大形切石を使用した古墳であるか否か不明であるため、前項では取り上げなかったが、栃木県の重要な終末期の古墳であることは明らかであるのでここで取り上げ検討する。

　報告書（秋元・齋藤 1994）によれば、多功大塚山古墳は上三川町内の低台地上にあり、墳丘形状は方墳で一辺が53.8mを測る。玄室は壊滅状態であったが、残された状況から切石積みが想定

第10表　栃木県の大型切石石室墳の5要素の変遷比較一覧表（単位 m）

グループ別		No.	古墳名 墳形（規模）	墳形	埴輪 有無	刳り抜き玄門 の孔形状	玄室平面形状	側壁 構造	備考
A	A1	3	御鷲山古墳 前方後円墳(67)	前方後円墳	有	—	長方形	内傾	
		8	吾妻岩屋古墳 前方後円墳(115)	前方後円墳	有	大型長方形	長方形	—	
		5	甲塚古墳 帆立貝式古墳(75)	帆立貝式	有	—	長方形	内傾	
		2	兜塚古墳 円墳(45)	円墳	有	大型長方形	長方形	内傾	
	A2	4	下石橋愛宕塚古墳 円墳(82)	円墳	無	—	正方形	内傾	床石2枚
		7	車塚古墳 円墳(82)	円墳	無	—	正方形	内傾	
B		1	上三川愛宕塚古墳 円墳(40)？	円墳	無	小型正方形	長方形	（内傾）	石室移築
		6	丸塚古墳 円墳(74)	円墳	無	小型正方形	長方形	直立	
		9	桃花原古墳 円墳(63)	円墳	無	—	長方形	直立	
C		10	岩家古墳 円墳(46)	円墳	無	—	長方形	直立	床石2枚

され、玄室長2.5m、幅1.4m以下、そして玄室幅より広い羨道幅が推定される（第51図）。ここでは玄室の高さがまったく不明であるが、長さ・幅の数値からその容量は小さくなることが想定される。また玄室幅より広い羨道幅が推定されている点は重要である。

　多功大塚山古墳の玄室規模はほかの大形切石石室の玄室にくらべて小さいグループに入り、羨道部より玄室のほうが小さい横口式石槨の羨道部を彷彿させる羨道部であることから、県内最新の古墳のなかの1基とみなすことができる。すなわち玄室が小さいこと、横口式石槨構造的であることがその理由である。これに対し岩家古墳の石室は前方部が失われていて羨道部の構造が想定できないが、玄室は多功大塚山古墳の玄室より小さいと思われることから、同時期に近いと考える。

　墳丘に関して比較検討すると、多功大塚山古墳は墳形が方墳であるので栃木県の終末期古墳の中でも最新の古墳とされている。これに対して岩家古墳は円墳であることから、墳形のうえからはより新しい古墳とはいい難い。また、横口式石槨を有する古墳は墳丘規模において小さく20m以下が多い。それに対して多功大塚山古墳は53.8mもあり、例外的な規模である。したがって径61mある岩家古墳も横口式石槨を有する古墳である可能性が残る。

　一方で次のような見方もできる。多功大塚山古墳は、墳丘は円形で、その廻りを方形に溝で区画されているようにも見ることができる。同じく終末期である福島県谷地久保古墳では、円墳に方形区画をめぐらせる形態をしている（第52図）。ほかにもこのような古墳の形態はこの時期に関東地

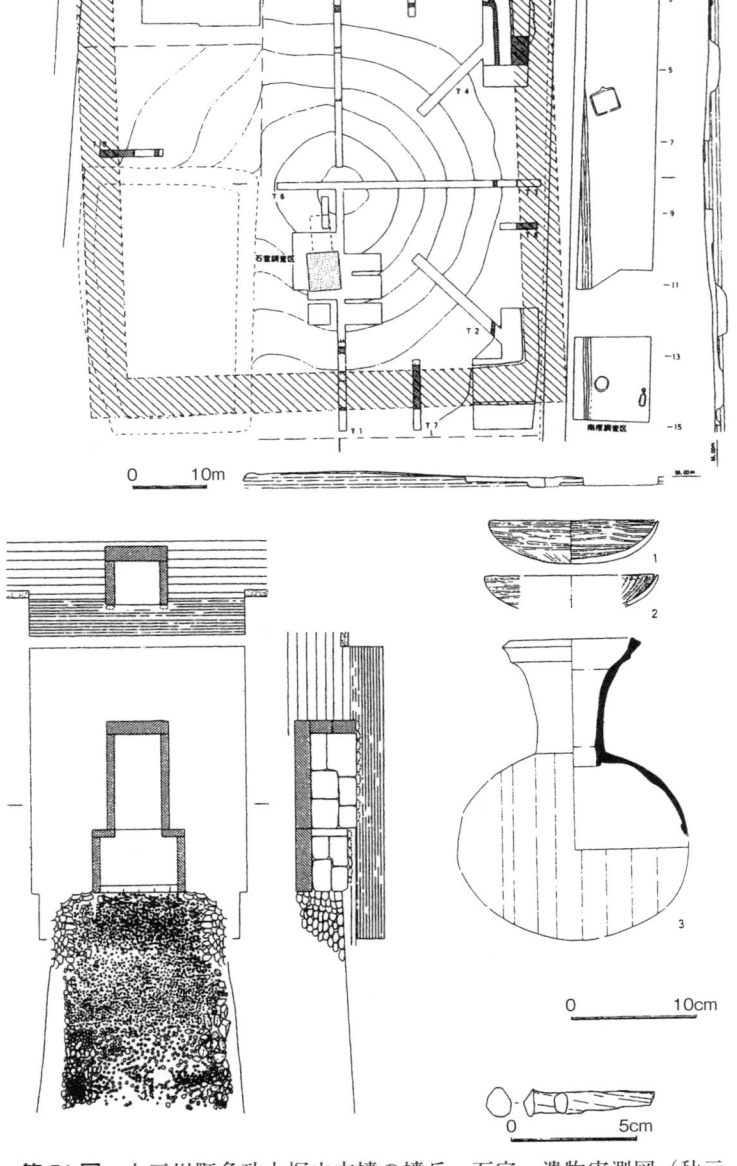

方でいくつか散見できる。(7)
そうした視点から岩家古墳を検討すると、20～30mの墳丘に50～60m前後の円形溝が区画する墓域と想定できないだろうか。栃木県においては従来から基壇を有するという古墳構造があり、形態的には上述の谷地久保古墳等に類似するものの、新しい古墳形態の導入が鮮明に表出されなかったのではないか。

(3) 栃木県周辺の石室との比較―系譜を求めて

大形切石を有する石室の中でも類例の多い刳り抜き玄門は、小林孝秀によれば茨城県つくば市平沢1・2・4号墳、山口3号墳の石室に類似の門構造が見られるが、7世紀の古墳であることから、6世紀後半に出現する栃木県の刳り抜き玄門のほうが先行することは明らかであるとしている（小林 2005d）。

ほかに埼玉県行田市小見真観寺古墳は刳り抜き玄門がみられるが7世紀になる

第51図　上三川町多功大塚山古墳の墳丘・石室・遺物実測図（秋元 2005より）

古墳であること、また小見真観寺古墳に類似した玄門を有する千葉県印旛郡栄町浅間山古墳などの石室も栃木県の刳り抜き玄門より新しいとしている。

以上のことより、県内自生説（小森哲 1990）もあるが、少なくとも現時点では栃木県の大形切石石室の系譜を関東地方に求めることはむずかしい。

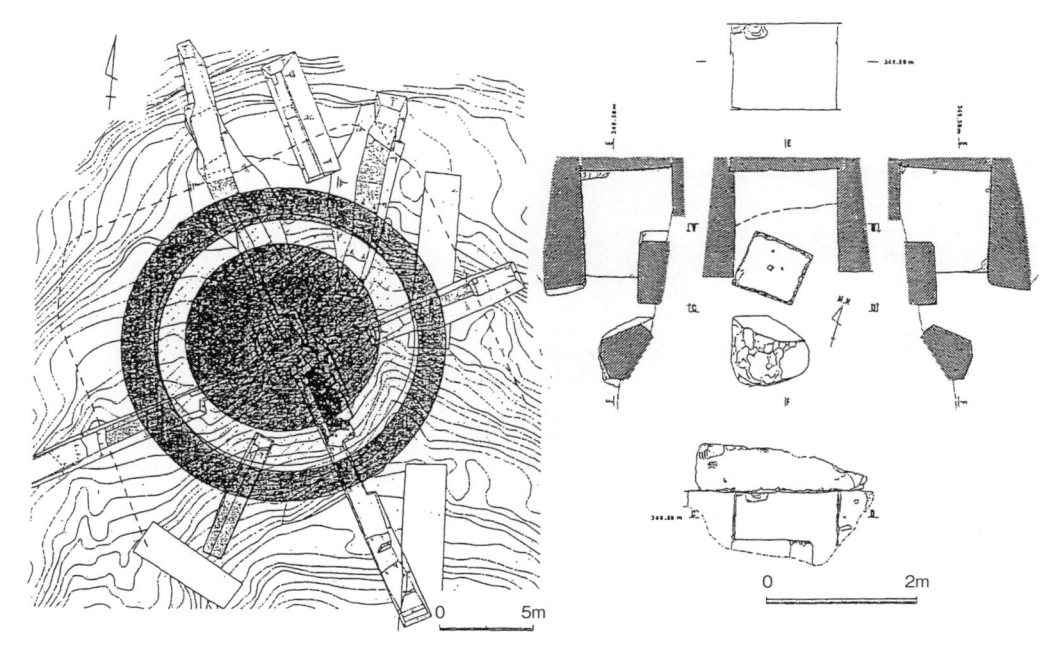

第 52 図　福島県谷地久保古墳の墳丘実測図（鈴木 2005 より）および石室実測図（網干ほか 1984 より）

(4) 福島県南部の横口式石槨との比較

　福島県南部に、その系譜が関東とりわけ群馬県の構造に類似性があると指摘されている古墳 2 基があり、そのうち福島県石川郡玉川村宮ノ前古墳は、玄室が栃木県の壬生町車塚古墳の玄室と同一の平面企画にもとづいたものとされている（網干ほか 1984：p92-98）。

　もう 1 基の谷地久保古墳（第 52 図）は明らかに横口式石槨とみなすことができる内部主体であるが、岩家古墳の石室と類似する点が見出せる。この古墳は福島県白河市内に位置し、小盆地の最奥部南斜面に所在する。墳丘と直下の盆地地形状平坦面との比高差は約 10m、北側の丘陵頂上部との比高差は約 30m。墳形・墳丘規模は造成工事などで把握は困難であるが、直径 10～12m、高さ約 3.5m の山寄せ式の円墳と想定されている。網干善教ほかによれば、「主体部は南に開口する切石の横口式石室で」、「石槨は底石の上に奥石と左右の側石を立て、その上に天井石を架構する構造」であるが、左側壁や閉塞部が破壊されており、天井石、底石、左右側壁各 2 枚、奥壁、閉塞石各 1 枚からなる構造と想定されている。そのため現状での測定値は左側石長 140.0cm、右側石長 142.5cm、奥幅 137.5cm、高さ 118.0cm であるが、そのうち長さについては破壊されており、もう 1 石側壁があるとすると、石槨外にある石材が 58cm の長さがあり、これを側壁と考えれば石槨長は約 2m になると想定している（網干ほか 1984）。この想定を採用して岩家古墳の石室と比較検討する。

　①板状の底石がある点は類似するが、谷地久保古墳はその底石の上に奥壁と左右の側壁を立てており、一方岩家古墳は側壁の間に敷いている点が異なる。
　②側壁が奥壁を挟む構造や側壁が垂直である点は同じである。
　③玄室（石槨）の規模が周辺の同時期の類似の石室にくらべて小さい点が同じであり、さらに高

さにやや違いがみられるが、ほぼ同規模である。

④石材は同じ凝灰岩系であるが、岩家古墳の側壁・天井石は玄室内面の裏側に充分な加工が施されておらず、谷地久保古墳はほぼ直方体状に6面が平坦に形成されている点が異なる。

⑤立地条件が異なる。

詳細な検討は困難であるが、岩家古墳の玄室に対して谷地久保古墳のほうがより石槨構造に近いので、より畿内的な要素を持っているといえるが、類似点が複数あることは注目すべきことである。

(5) 山陰地方の石棺式石室との比較

岩家古墳の石室と山陰地方の石棺式石室とを比較検討すると、類似の石室をいくつか見出すことができる。たとえば島根県出雲市光明寺2号墳の石室（第53図1）がある。この古墳の時期は7世紀前後から7世紀前半で、墳丘規模は不明、石室は玄室のみ残る。その玄室を比較すると、①玄門構造は岩家古墳が不明のため検討を留保するが、②切石を使用する、③四壁・天井・床石は1枚石を志向する（床石については、光明寺2号墳は部分的に壊されているし、岩家古墳は2枚からなるが、床石を敷いている点では同じである）、④側壁で（前壁）・奥壁をはさむ、の3点は同じ構成である。さらに側壁の形態はともに床面に対して直立している。また玄室容積は光明寺2号墳が奥行き2m、幅1.6m、高さ1.7m、岩家古墳が奥行き2m、幅1.4m、高さ1.6mと同じような規模である。光明寺2号墳自体が、出雲型石棺式石室の定義から離れているが、互いに現存する部分を比較検討するとかなり類似した玄室であるといえる。

岩家古墳は今までの検討で、吾妻岩屋古墳から始まる栃木県下における大形切石石室の流れの中に位置づけられると思われるので、栃木県の大形切石石室の初期形態であるAグループの吾妻岩屋古墳などの石室をもあわせて検討したい。

さて、秋元・大橋［1988］で述べられているように、栃木県の大形切石石室の始まりは吾妻岩屋古墳の割り抜き玄門を有する石室であるため、その成立は山陰における先行的な石棺式石室、あるいは出雲（島根県）から西伯耆（鳥取県西部）の割り抜き玄門を有する石室に変遷する過程のなかから見出すことができるのではないだろうか。

狭義の出雲型石棺式石室は栃木県の大形切石石室と構成要素の相違がめだつが、出雲（島根県）の中でも先行的な石棺式石室のひとつである松江市伊賀見1号墳（前方後方墳・全長25m）の石室（第53図2）は、玄室平面形が正方形であり平入り・妻入りどちらともいえず、奥壁は2枚であるが側壁は各1枚で一枚造り石室への志向性があり、割り抜き玄門、側壁で奥壁を挟む組合せなどは栃木県の構成要素と同じである。さらに屍床仕切石の存在など若干の相違点があるものの、時期的には6世紀中葉〜後半であり、栃木県における大形切石石室の源流である可能性は認めてよいだろう。これが須恵器中村編年でⅡ－4型式期（田辺編年TK43型式期）になると、西伯耆（鳥取県西部）に割り抜き玄門を有する石室である米子市福岡岩屋古墳（第53図3）があり、複室ではあるが、玄室平面は長方形であり、各壁1枚からなり、床石なし、側壁で奥壁を挟む組合せなど複室構造であることを除けば（最近の吾妻岩屋古墳の調査では複室の可能性が指摘されている）栃木県の構成要素と同じである。しかも最高首長墓ないし地域首長墓の前方後円墳（全長70m）であ

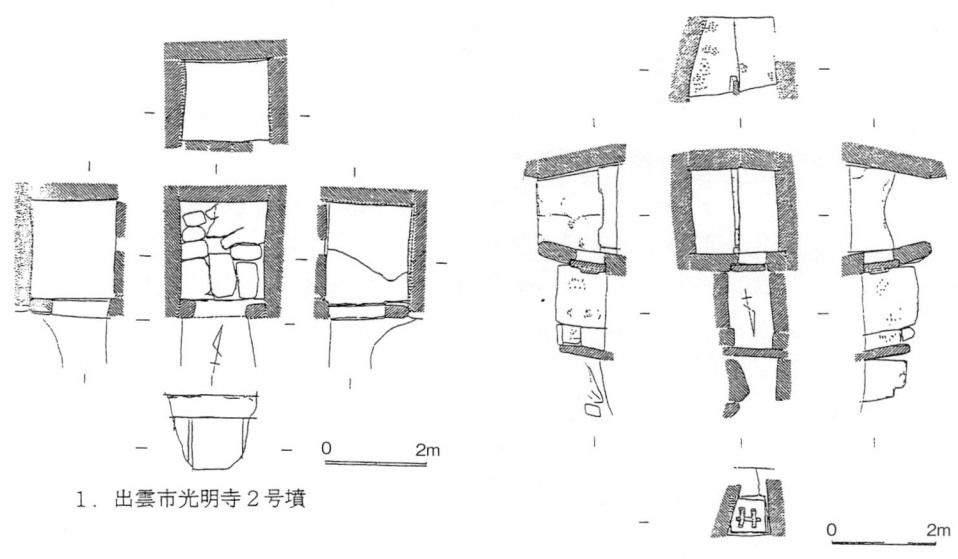

第5節　栃木市岩家古墳の石室に関する検討　109

1. 出雲市光明寺2号墳

2. 宍道町伊賀見1号墳

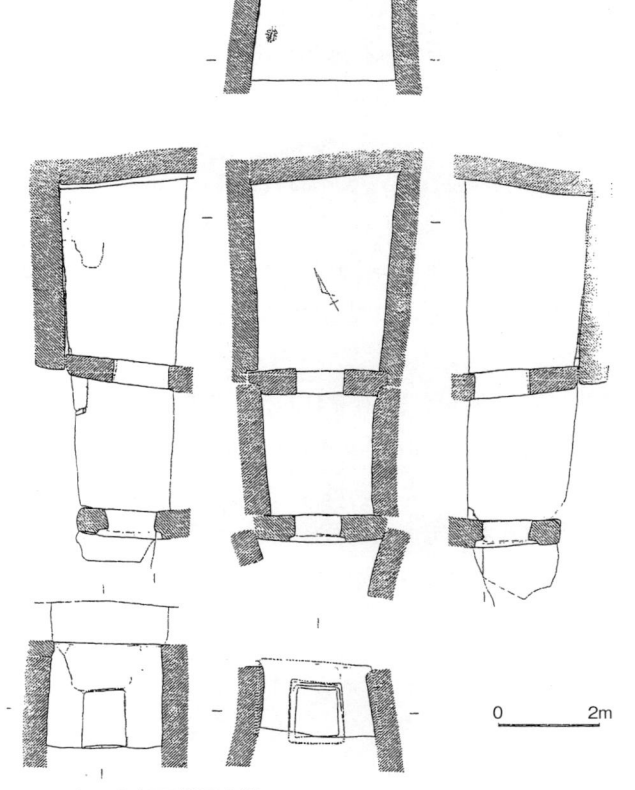

3. 米子市福岡岩屋古墳

第53図　山陰の石室実測図（出雲考古学研究会 1987 より）

110　第3章　栃木県における横穴式石室の様相

ることも同じである。よって西伯耆の福岡岩屋古墳から直接・間接的に伝播してきた可能性があり、福岡岩屋古墳の石室を築造させた供給元（出雲）から栃木県へ波及した可能性も考えられる。山陰の中に時期は不明であるがほぼ同様の石室を見出すことができる。

　時期的には西伯耆で変化した後栃木県へ伝播したか、直接出雲型石棺式石室あるいはその先行的な石室が伝播したが受容の段階で変化したか明らかにはできないが、山陰からの直接ないしは間接伝播で栃木県へ伝わったと考えることは妥当性がある。もちろん1回の伝播でなく何次かの伝播により、栃木県においても石棺式石室の系譜が成立したと考えることも可能である。[11]

　小林［2005a］では九州からの可能性も述べているが、その指摘は重要であり十分考えられるものであると考える。しかし一方で、関東において他の例をみると伝播しても単発であり、導入先で大きく展開しないといわれている。[12]山陰に関しては、古墳時代前期においては栃木県同様前方後方墳の集中地域であり、お互いの地域間交流の証はないがその関連性に可能性を求めることができる。

6. 岩家古墳の実態——まとめにかえて

　岩家古墳は前面が破壊されているが、玄室はほぼ現状の通りと想定すると、山陰地方の石棺式石室にその類似の玄室を見出すことができる。しかも岩家古墳の石室の系譜の中で最も古いと思われる吾妻岩屋古墳の石室なども山陰の石棺式石室を受容した可能性があり、山陰から何次かの間接・直接伝播により、栃木県の大形切石石室の系譜が形成されたのではないだろうか。

　また一方で岩家古墳の石室は、栃木県下の大形切石石室10基の中で、古墳の内部主体が縮小し始めた7世紀前半において、一番容積が小さく、側壁が直立であるという新しい要素も認められる。さらに床石を有しており石槨への志向性もうかがうことができる。

　地理的環境としては、下野国府の北方に位置しており、そのころは中級以下の初期官人などに採用され始めた墓制（土生田 1992：p126）である石槨構造の技術情報を、受容しやすかったのではないか。[13]

　すなわち岩家古墳の玄室は、石槨構造の技術情報にある程度影響を受けて造られたと考えることができないだろうか。それは多功大塚山古墳の玄室より幅広の羨道部という構造にもその影響を見ることができる。この2基の古墳のあとに築造された古墳があるとするならそれは福島県谷地久保古墳のような石槨構造の古墳である可能性があり、それの所在は岩家古墳周辺に予想される。

　あるいは栃木県の場合は横穴墓のほうへシフトしてしまったかもしれないが、今後の調査・研究にまちたい。

7. おわりに

　岩家古墳の石室について墳丘形態を含めていろいろ検討した。この石室の系譜である大形切石石室は今回検討した以外でも、隣県の前橋市総社古墳群の蛇穴山古墳の巨石石室などからの影響も無視できないのではないかと考える。さらに検討してその系譜について追求していきたい。

註

(1) 大形切石とは玄室の壁一面を1枚でまかなえる切石あるいはそれに準じる大きさの切石をいう。切石という用語についてはいささか問題が残るが、すでに栃木県では定着している用語なので、ここではそれに従う。
(2) 石槨の奥行幅か。
(3) 床石と壁石との関係は床石の上に壁石がのる場合と、壁石の間に床石が敷かれる場合があり、この石室は後者である。
(4) 福島県谷地久保古墳は円墳の廻りに方形の区画が見え、墳丘の外側に墓域が設定されていた可能性がある。
(5) 出雲考古学研究会［1987：p222］においても、石棺式石室の新古について新と判断する要素の一つとしてあげている。
(6) 池上悟氏から、関東地方の7世紀代のある時期に上円下方墳が出現するが、その後影響を受けてこのような構造の古墳出現が見られるとのご教示を得た。
(7) もちろん多功大塚山古墳が方墳であっても何ら本質的には問題なく、要は墳丘のまわりに墓域を確保しているという古墳構造ではないかということである。ありていに述べるなら、上円下方墳の系列に含まれるのではないか。
(8) ほぼ同じ時期に組合せ玄門構造を有する御鷲山古墳がある。別の系譜と見ることもできるが、山陰にも組合せ玄門を有する古墳が存在し石棺式石室の中に含めており、一枚造り石室に含めても特に支障はない。
(9) 当該石室の成立について西伯耆と出雲のいずれが古いものか現状ではいまだ不明瞭な部分を残すが、西伯耆に存在する石室の中には栃木県の石室と大変類似したものがあることは確かである。
(10) 栃木県の刳り抜き玄門の供給元である可能性は、すでに小林［2005d］が指摘している。
(11) 山陰からストレートに栃木県へと見るほかに、両者の中間点の場所へいったん伝播し、そこから栃木県へというケースも考慮する必要がある。九州説をとる場合も同様である。
(12) たとえば6世紀前半から中葉ごろに築造された茨城県高崎山2号墳の石室は、両袖を呈し側壁の並びから立柱石を突出させる玄門構造、腰石を配する点、一枚石による閉塞、屍床仕切石を設ける点などの九州的な要素を多く持つことが指摘されている（小林 2005c・2008）。しかしながらこの系譜はこの地では広く展開することはなかった。なお、このような現象はすでに土生田によって「九州型石室の場合、他地方への伝播は特定の地域を中心とした点状にすぎない。したがって多くは突発的で後続しない」（土生田 1998：p181）と論じられていることではある。
(13) それは古墳の構造にもいえることであり、7世紀代に中級以下の初期官人らに受容されたと思われる墳丘を小さくし廻りに墓域を形成させる古墳構造を取り入れやすい立地にあったのではないか。

第4章
栃木県における横穴式石室の変遷

第1節　栃木県における初期横穴式石室の受容の様相

1．6世紀前半の古墳の様相

　栃木県の古墳は渡良瀬川流域、思川流域、田川流域、五行川流域、那珂川流域の5流域に分けて論ずることが多いので、ここでもその分け方に従い概述する。

　5世紀以降の栃木県の主要古墳の多くは地理的にも中心である思川流域と田川流域に所在する。その首長墓の系譜は、5世紀中葉の宇都宮市笹塚古墳（前方後円墳・全長100m）が出現した後、宇都宮市塚山古墳群へと移動し、塚山古墳（前方後円墳・全長95m）、塚山西古墳（帆立貝式前方後円墳・全長61m）、塚山南古墳（帆立貝式前方後円墳・全長60m）と変遷し、宇都宮市雀宮牛塚古墳（帆立貝式前方後円墳・全長57m）、上三川町八龍塚古墳（前方後円墳・全長46m）、宇都宮市御蔵山古墳（前方後円墳・全長約62m）などに派生しながらも、その主流は、5世紀末葉〜6世紀初頭には南下して小山市摩利支天塚古墳（前方後円墳・全長120m）、同市琵琶塚古墳（前方後円墳・全長123m）と変遷して、最高首長墓として最初の横穴式石室墳である栃木市・壬生町吾妻岩屋古墳（前方後円墳・全長128m）へと連なる(1)。同じ小山市内には茶臼塚古墳（前方後円墳・全長77m）・三味線塚古墳（前方後円墳・全長61m）など、5世紀末葉〜6世紀前半に想定されている首長墓級の古墳が所在するものの、主体部の様相は不明である。ほかに思川流域では飯塚古墳群が6世紀の早い時期から群を構成するが、飯塚29号墳（前方後円墳・全長21m）など横穴式石室の受容は6世紀中葉近くまで待つことになる。田川流域においては、北に位置する宇都宮丘陵地域では6世紀前葉頃に北山古墳群から中小首長墓が出現する。ここでは最初から横穴式石室墳であるが、6世紀前葉より新しくする説もある(2)（山ノ井 1989、大橋 1997）。

　渡良瀬川流域において、足利地域では5世紀末葉〜6世紀初頭に足利市助戸十二天古墳（帆立貝式前方後円墳・全長約30m・木炭槨）、6世紀前半は足利市助戸車塚古墳（前方後円墳・全長規模不明）が想定されるが、助戸車塚古墳は消滅しており内部主体は不明である。その後は6世紀第3四半期に横穴式石室を持つ足利市正善寺古墳（前方後円墳・全長108m）に変遷するものとおもわれる。その直前に足利市明神山古墳（前方後円墳・全長31m）、同市文選11号墳（前方後円墳・

全長規模不明）などの小首長墓が横穴式石室を受容している。佐野地区では年代的には八幡山古墳（円墳・径46m・箱式石室）と米山東古墳（方墳・一辺33m・横穴式石室）との間に位置する古墳が明らかでなく、6世紀前半の古墳の主体部の様相は不明である。大平・岩舟地域は大平町七廻り鏡塚古墳（円墳・径30m・木棺直葬）が該当時期の古墳であるが、遺物に見るものがあるものの、その規模は小首長墓級である。その前後の時期の円墳である中山古墳（円墳・径18m）や小野巣根4号墳（円墳・径約20m）は横穴式石室を受容している。

　五行川流域は、編年表では大和田富士山古墳（前方後円墳・全長51m）、瓢箪塚古墳（前方後円墳・全長77m）、長寿山古墳（前方後円墳・全長70m）などが挙げられているが、その実体は不明であり、主体部が明らかな首長墓は6世紀中ごろの二宮町上大曽2号墳（前方後円墳・全長48m）や益子天王塚古墳（円墳・径43m）まで下る。これらは横穴式石室を有する。

　那珂川流域は6世紀前半の主要な古墳はほとんどなく、小古墳のうち内部主体が明らかなものは竪穴系埋葬施設である。

　このように栃木県中心地の首長墓の系譜は、5世紀後半～末葉に規模の縮小・墳形の変化から勢力の減退がみられることや、5世紀末葉～6世紀初頭には所在地が変わるものの大規模の前方後円墳があらわれることが指摘できる。この現象は九州北部、東海、関東に見られる(3)。栃木県もその動向の中に含まれる。

　少なくとも6世紀初頭前後の帆立貝式前方後円墳は、竪穴系主体部を有するが、次の時期に位置する主要古墳の内部主体の特定が意外と困難である。これらの古墳の多くは主体部の発掘調査はもちろん、ある程度の規模の墳丘や周溝の発掘調査すらおこなわれていない古墳が多いからである。この時期と同時かすぐ後には、中小首長墓・有力者墓に初期横穴式石室が受容される。しかし、この時期6世紀前半における最大規模の古墳や多くの中小首長墓の主体部は不明であることには注意を要する。この時期の主要古墳の編年表を挙げておく（第11表）。

2. 初期横穴式石室の受容

　この時期の最高首長墓群は思川流域・田川流域の中央部に所在することはすでに述べた。栃木県の初期横穴式石室は、その思川流域・田川流域の北方に位置する宇都宮丘陵地域と、思川流域とその西側の渡良瀬川流域との間に位置する岩舟・大平地域で受容される。

　岩舟・大平地域へは片袖横穴式石室、ついで無袖横穴式石室が、宇都宮丘陵地域には無袖横穴式石室が、ついで片袖横穴式石室が受容された。両地域ともその後には他の地域と同様に両袖横穴式石室が受容される。ここでは第1波について論じる。

　岩舟・大平地域に波及した中山古墳・小野巣根4号墳の初期横穴式石室2基（第54図1・2）はいずれも右片袖横穴式石室であるが(4)、小野巣根4号墳はその全貌は不明なので、残存状態のよい中山古墳を検討すると、山石からなり、袖部の幅は小さく上方に向かってさらに狭まり、天井部では消滅する形態である。前壁はない。平面形は細長逆台形状で、玄門側の側壁が狭まる。小野巣根4号墳は天井部で袖部が消滅する形態であるか否かは不明であるが、ほかはおおむね中山古墳に類似

第11表 栃木県における6世紀前半を中心とした主要古墳の編年表

年代	地域別				
	渡良瀬川流域	思川流域	田川流域	子貝川・五行川流域	那珂川流域
5世紀後葉			塚山 前方後円墳100 塚山西 帆立貝式墳63	大和田富士山(竪) 前方後円墳51	
5世紀末～ 6世紀初頭	助戸十二天 帆立貝式墳？	麻利支天塚 前方後円120 茶臼塚 前方後円77	雀宮牛塚 帆立貝式墳57 塚山南 帆立貝式墳60 本村2号 円墳24 八龍塚 帆立貝式墳51	長寿山 前方後円墳70	
6世紀前葉	助戸車塚 前方後円墳？	中山(横) 円墳25 七廻鏡塚(竪) 円墳30 琵琶塚 前方後円墳123 小野巣根4号(横) 円墳20	琴平1号 前方後円墳52 上神主狐塚 帆立貝式墳41 御蔵山 前方後円墳52 権現山(横) 前方後円墳55 琴平6号(竪) 円墳17	瓢箪塚 前方後円墳77 横塚(竪) 前方後円墳42 向北原8号 前方後円墳42 向北原1号(竪) 円墳？	
6世紀中葉	明神山(横) 前方後円墳31 米山(横) 方墳33 文選11号(横) 前方後円墳？	横塚山三味線塚 前方後円墳55 別処山(横) 前方後円墳37 飯塚29号(横) 前方後円墳21 七廻2・3号(横) 円墳？	琴平9号(竪) 帆立貝式墳17 久部愛宕塚 帆立貝式墳51 宮下(横) 前方後円墳43	天王塚(横) 前方後円墳43 上大曾2号(横) 前方後円墳48	境林(横) 円墳？

1. 古墳名の次の(竪)は竪穴系内部主体、(横)は横穴式石室である。
2. 2段目は古墳の墳形を表す。帆立貝式墳は帆立貝式前方後円墳の略である。墳形不明は？とした。
3. 墳形の次の数字は古墳の全長(直径・一辺長)であり、単位はmである。規模不明は？とした。

するものの、奥壁と側壁の接面が丸みを持つことからわずかに新しいと思われる。また、石室平面形が群馬県前橋市前二子古墳と似ていることが指摘されている(常川1988、石部1990)。

中山古墳の受容時期は出土遺物(第55図)、特に木芯鉄板張輪鐙、鉄地金銅張楕円形十字文鏡板付轡などの馬具類からほかの片袖横穴式石室より早く導入したと判断され、MT15～TK10型式期と位置づけられる(栃木県古墳勉強会2005)。

やや後発する他の片袖横穴式石室を比較検討すると、宇都宮市宮下古墳(第54図4、前方後円墳・全長43m)は、前壁があり、玄室平面形は長方形、框構造など相違点が多い。出土遺物の中で鈴杏葉などは明らかに中山古墳より新しい。下野市別処山古墳(第54図3、前方後円墳・全長

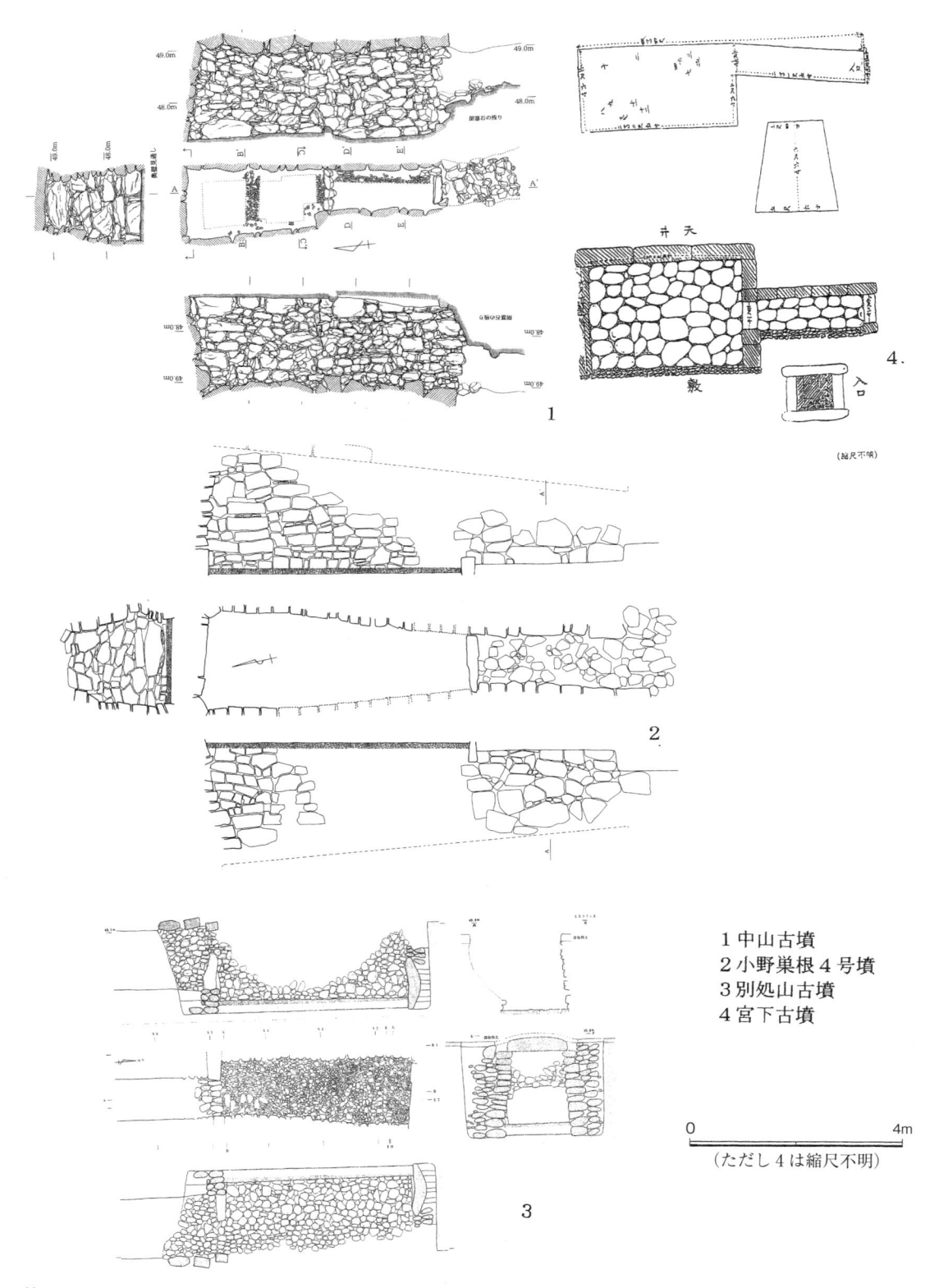

116　第4章　栃木県における横穴式石室の変遷

1　中山古墳
2　小野巣根4号墳
3　別処山古墳
4　宮下古墳

第54図　片袖石室の実測図（1：栃木県古墳勉強会 2004、2：常川 1988、3：斉藤ほか 1992、4：高橋 1888 より）

第1節　栃木県における初期横穴式石室の受容の様相　117

轡

木芯鉄板張輪鐙

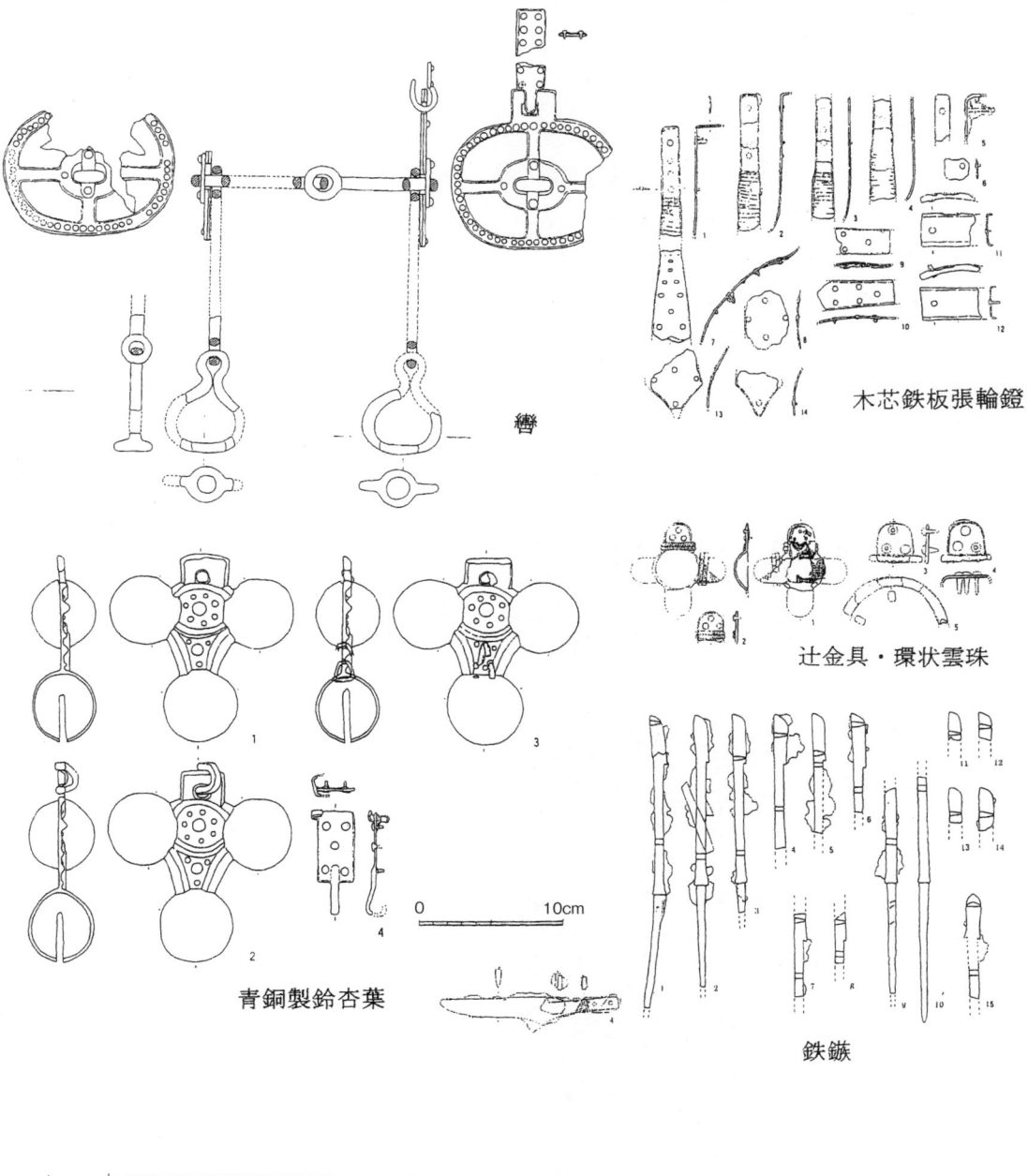

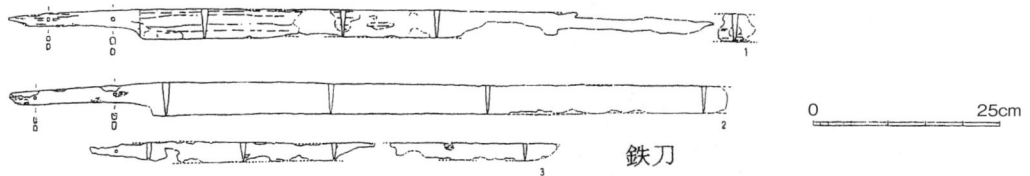

辻金具・環状雲珠

青銅製鈴杏葉

鉄鏃

鉄刀

第55図　中山古墳出土遺物実測図（栃木県古墳勉強会 2005 より）

37m）は平面形が細長逆台形状で前壁がない点は似るが、袖部に切石を使用する点は新しい傾向にあると思われるし、框構造や川原石の側壁は宮下古墳と同じである。半地下式的石室構造は飯塚古墳群の影響を受けている。明神山古墳（前方後円墳・全長 31m）は玄室平面がやや横長の正方形で長さ 1.5m・幅 1.8m、羨道部平面は長さ 3.6m・玄門側幅 1.5m・羨門側幅 1.2m と他に類例のない平面形である。これらは後発の片袖石室であり、同じ右片袖であることや出土遺物に関連性のあるものが見られるものの、栃木県内における変遷ではなく、他地方からの新たな伝播によるものと思われる。
(5)

片袖横穴式石室は関東にはその系譜が見出せず、栃木県最古の中山古墳は東海地方の静岡県浜北市興覚寺後古墳などとの関連が考えられる（栃木県古墳勉強会 2005）。また、中村享史が指摘するように、片袖横穴式石室によって導入される状況が岐阜県や静岡県に見られること（中村 2003）は、東海地方からの波及の可能性をさらに強めるものであろう。

宇都宮丘陵地域には、初期横穴式石室として権現山古墳に無袖横穴式石室が受容される（第 56 図）。石室形態は、奥壁は山石 2 枚からなり、側壁は山石を横位に積み、横方向に目が通ることが右壁では明瞭である。玄門部では天井石が一段下がり、左右に立柱石が側壁面に立てられ、床には梱石がある。羨道側に長方形の扉石が倒れている。玄室平面形は狭長な長方形である。県内には類似の石室はない。出土遺物はわずかであり、年代比定はむずかしく、また埴輪も円筒埴輪が知れているが、1 次タテハケ調整で、三条突帯以上であることぐらいしかわからず年代特定には至らない。類似の石室としては、隣県に前二子古墳があり、また朝鮮半島の石室と比較検討もされている
(6) (7)

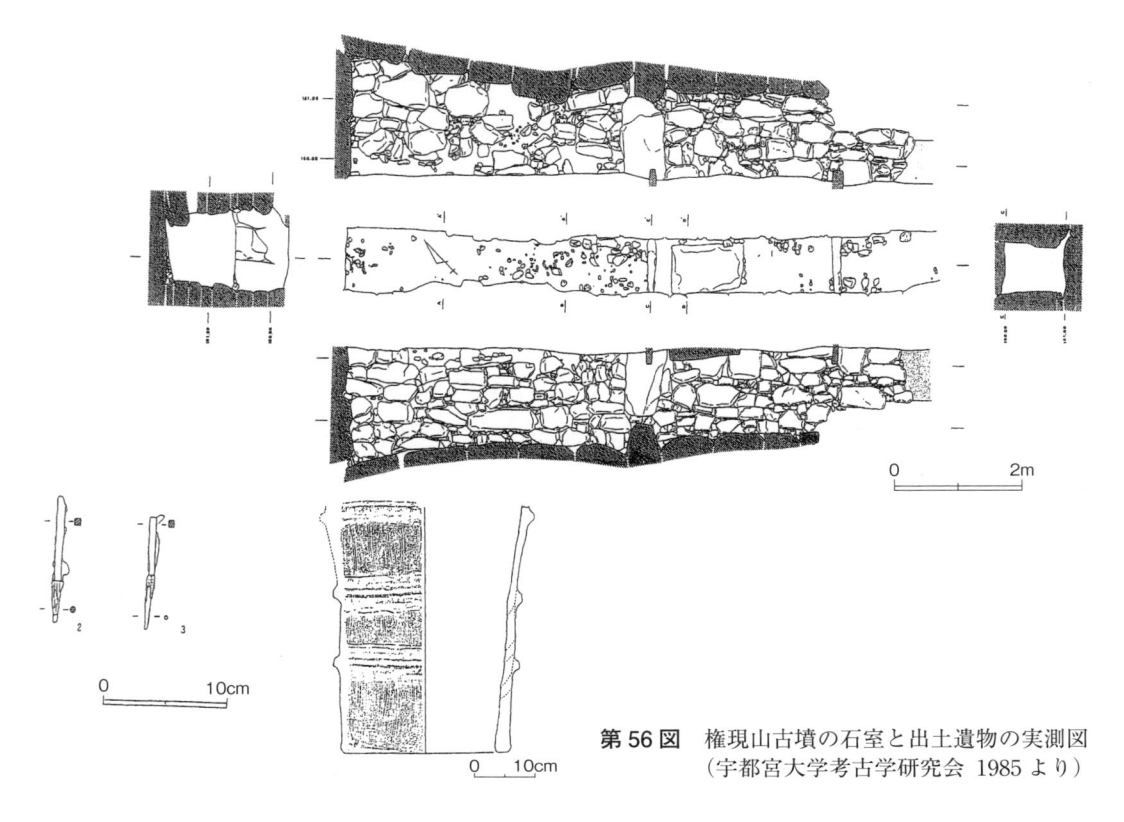

第 56 図　権現山古墳の石室と出土遺物の実測図
（宇都宮大学考古学研究会 1985 より）

（柳澤 2002）。現時点では、権現山古墳の無袖横穴式石室は、前二子古墳の影響を受けて築成されたとするのが至当であろう。無袖横穴式石室はこれ以降も栃木県で見られるが、この石室の属性を有する石室を見出せず、展開できずに終わってしまったと思われる。

以上の通り、岩舟・大平地域へは片袖横穴式石室が、宇都宮丘陵地域には無袖横穴式石室が、ほぼ同時期に受容される。しかしながら、これら初期横穴式石室は栃木県では大きく展開せず、第2波、第3波によって系譜の異なる片袖・無袖横穴式石室にとって代わったか、石室の属性をすべて継承させるほどの規制力がなく新たな情報によって入手した属性を容易に取り入れることができ、同一形態の石室の継続を許さなかったのであろうか。今後の検討課題ではある。

ここで群馬県との比較で述べると、群馬県では大型古墳に受容された両袖横穴式石室が栃木県では見られないこと、反対に栃木県では受容された片袖横穴式石室が群馬県ではまったくといってよいほどみられない。栃木県では畿内型横穴式石室を受容していないが、葬送墓制の点からも群馬県では、畿内型石室が当初から須恵器の横穴式石室への多量埋納を実施していたと同様に須恵器の多量埋納が見られるが、栃木県では初期だけでなく最後までそうした新来の葬送儀礼をも受け入れなかったことが指摘されている（土生田 1996）。6世紀後半に成立する「下野型古墳」もそうした傾向の延長線上にあるものであろう。

また、群馬県で下位の古墳に受容された無袖横穴式石室は、権現山古墳の受容とは別に少し遅れて栃木県へ波及する。

3. 初期横穴式石室の受容理由

初期横穴式石室は、交通に利便である地域に当初波及したのではなかろうか（第57図）。

岩舟・大平地域は原東山道が通り、山地と平地の境で渡良瀬川へ連なる河川が南流している。また、栃木県中央を領域支配した集団の所在する思川流域・田川流域の中央部地域と埼玉県（北武蔵）へ向かう陸路の基点となる足利地域の中間に位置する。同時期には多彩な出土遺物で知られる七廻り鏡塚古墳がある。

宇都宮丘陵地域は、丘陵というものの東から南にかけ豊かな平地があり、近くを田川が南流している。さらに6～7km離れた鬼怒川を挟んで芳賀郡北部・

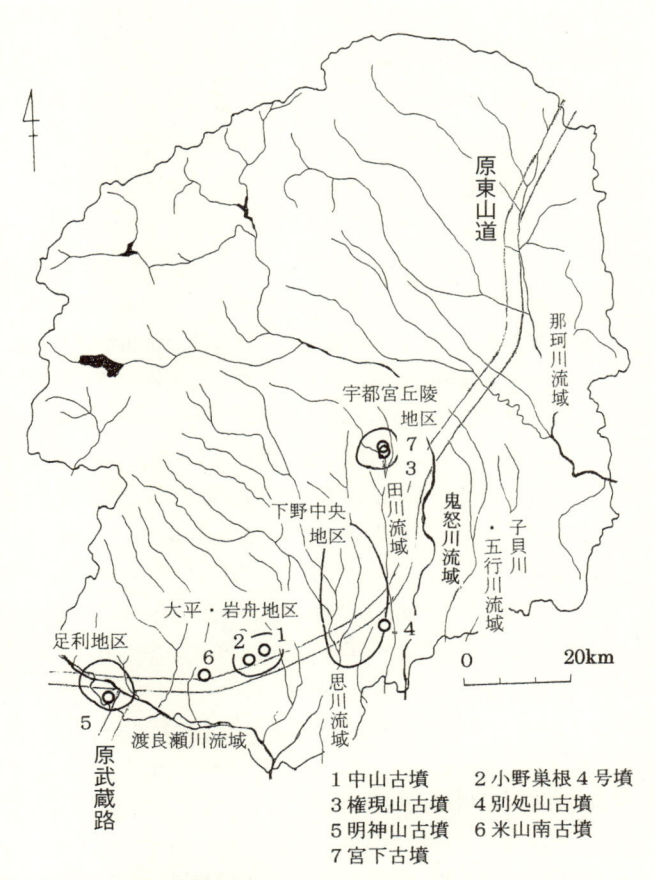

第57図　初期横穴式石室に関係する古墳の分布図

1 中山古墳　2 小野巣根4号墳
3 権現山古墳　4 別処山古墳
5 明神山古墳　6 米山南古墳
7 宮下古墳

那須地域方面に対峙する位置であり、原東山道が鬼怒川を渡河する地点が近いことも重要である。その後この地域周辺には、多彩な横穴式石室墳が受容され、7世紀に入る前後には横穴墓群までが形成される。

　前澤和之によれば、6世紀初頭頃に小山市北部の勢力が下毛野地域の新たな地域的統合をはかるが、これは東北地方に向けてその前哨地が進む段階を示したもの（前澤 2010）としており、言い換えれば中央勢力による東北経営政策により6世紀初頭頃にはその拠点地を群馬県から栃木県に移している。そうした状況下において5世紀末葉～6世紀初頭には栃木県の中心地域に摩利支天塚古墳が築造され、6世紀前半には琵琶塚古墳が築造される。まさにその時期に重要地点の周辺地域に新たな墓制である横穴式石室墳の造営が見られる。すなわち、それらは新たに構成された集団の存在を示すものである。

4. 中央勢力との関係——まとめにかえて

　初期横穴式石室を受容した岩舟・大平地域と宇都宮丘陵地域の両地域は多彩な形態の横穴式石室が受容され、立地がよく、交通上の要所であるなど、似た環境にある。

　すでに述べたが、他に類似の地域として足利地域がある。6世紀中葉の横穴式石室としては明神山古墳、文選11号墳などあり、初期横穴式石室墳の存在が期待できる地域である。

　足利地域も含めてこれらの地域の集団は、「国」単位の中心勢力集団とは別に、共通の何らかの役割を中央勢力から求められ、その要求に応えた結果の一つが初期横穴式石室の受容として現出したのではないだろうか。

註
(1) 中央部の田川流域・思川流域における首長墓の系譜は、埴輪の系譜からは5世紀後葉の塚山古墳から琵琶塚古墳まで塚山系埴輪として継続的な様相が見られる（秋元 2004）。また墳丘形態からは塚山古墳の前方部前端が剣菱形になるが、摩利支天塚古墳も同様である。一方で琵琶塚古墳にはやや傾斜があるものの墳丘第1段がいわゆる基壇状であり、吾妻岩屋古墳につながる。
(2) 北山古墳群は3基の前方後円墳とその周囲に散在する円墳からなる。3基の前方後円墳はいずれも横穴式石室墳で、権現山古墳（全長約40m・6世紀前葉）→宮下古墳（全長43m・6世紀中葉）→雷電山古墳（全長41m・6世紀後半）と変遷する。
(3) 関東は群馬県、埼玉県などで6世紀前半に規模の大きい前方後円墳があらわれる。群馬県西部では七輿山古墳（全長146m）があるが、その主体部は不明であるものの、つぎに連なる規模の古墳（梁瀬二子塚古墳・王山古墳・正円寺古墳・前二子塚古墳など）は横穴式石室を受容している。
(4) 奥壁を背にして右側に袖がある。
(5) ほかに佐野市米山東古墳がある。石室の残りが悪いが、左片袖横穴式石室であることは明らかである。半地下式構造をとり、長い長方形玄室で、羨道が短い。このことから中山古墳よりは後発の別系統で、6世紀中葉前後と思われる。
(6) 刻線は明らかでないが、推定器高約48cm、底径28cmの3条突帯でA組列（秋元 2004による）に該当する。宇都宮市本村5号墳出土円筒埴輪（高さ45cm、口径25cm、底径15cmの3条突帯でA組列・

6世紀中ごろ・井 2007）に似るが、器形は塚山西古墳など5世紀後半の3条突帯でA組列の円筒埴輪に近い。このことから6世紀前半のなかに収まると考える。

(7) この時期に長方形の扉石の類例はほかにない。権現山古墳が楣石の代りに天井石を一段下げたり（山ノ井 1989：p53によれば6世紀前半の伊那谷にみられるという）、扉石を受けるべき立柱石を石室内に突出させずに側壁内に設置しその機能を失っているものの、前二子山古墳と同様の玄門構造を模倣している。このことより権現山古墳は、前二子山古墳より後発であるが、近接した時期に構築されたと想定できるし、権現山古墳は前二子山古墳の影響を受けて築成されたとも考えられる。

(8) 無袖横穴式石室であるが、この石室は明らかに両袖横穴式石室である前二子古墳の影響を受けており（立柱石を設置したが石室の幅が狭いので石室内に突出できず無袖となったものと考える。玄門幅が70～90cmと狭く立柱石を突出させると玄門部の出入りが困難になると判断したのではないか）、その後の栃木県の無袖横穴式石室とは別の系譜と考えたい。

(9) この無袖横穴式石室はいわゆる地下式の飯塚型横穴式石室とは別の系譜で、群馬県から波及した系譜である。大平町七廻り塚古墳群（2号墳・3号墳）などが指摘できる。しかし、ほぼ同じ時期に飯塚型横穴式石室の第1波も原東山道（原武蔵路経由原東山道からの可能性もある）を経由して伝播したと想定している。

第2節　栃木県における無袖横穴式石室の変遷と系譜

1. はじめに

　TK10型式期に栃木県に出現した無袖有段構造をもつ川原石積み横穴式石室は後発のさまざまな横穴式石室の構成要素を取捨選択して採用しながら7世紀初頭まで発展・展開した栃木県を特徴づけている横穴式石室の一つである。この節ではそうした無袖有段構造をもつ川原石積み横穴式石室を中心とした無袖横穴式石室の変遷と系譜について検討する。

2. 各種無袖横穴式石室の分類

　無袖横穴式石室とは、側壁が奥壁から羨門部（入口部）まで変曲線のない横穴式石室とする。よって徳利形横穴式石室は除外とする。また擬似両袖横穴式石室も原則対象外であるが、無袖の展開期における付加的要素（属性）として、検討する必要がある[1]。
　無袖横穴式石室の分類については、石室が「基本的に無袖式のみ」である東駿河で分類をおこなった井鍋［2003］によれば、A類無袖式開口部立柱、B類無袖式、C類無袖式段構造に大別される。A類無袖式開口部立柱は栃木県では受容が明らかでないので、B類、C類を栃木県の無袖横穴式石室の大別とした。無袖有段構造横穴式石室、無袖無段構造横穴式石室と呼称する。次に側壁石材の種類である川原石・山石に分けたが、その理由は、①川原石は東海地方など伝播元と考えられる地域での使用は少なく、伝播先での在地化[2]によって石室の壁石材に採用されており、栃木県へ初めから川原石積みで伝播された石室の出自・経路を検討するうえで大きな要素となると考えるからである。また、②栃木県の一部地域では河川には多くの川原石が、山には山石となる岩盤が露出していて、石室の石材である川原石・山石の選択は築造関係者の意思によるものと推測できる[3]。すなわち石材の違いは必然性があると考える。ほかに必要に応じて平面形の相違を利用した。以降この分類に従って、論究していきたい。

3. 各種無袖横穴式石室の受容状況と地域性

（1）無袖有段構造横穴式石室

山石積み横穴式石室

　現在明らかな石室は栃木県南西部の足利市永宝寺裏古墳のみである（第58図）。永宝寺裏古墳は全長66m、石室長6.62mの前方後円墳で、平地に所在する足利地域南部の後期首長墓のひとつで

あり、まわりに所在していた数基の円墳の主墳であった。足利地域南部では後期の前方後円墳は淵ノ上古墳・勢至堂古墳などがあるが石室の形態は不明であり、このタイプの展開は把握できない。

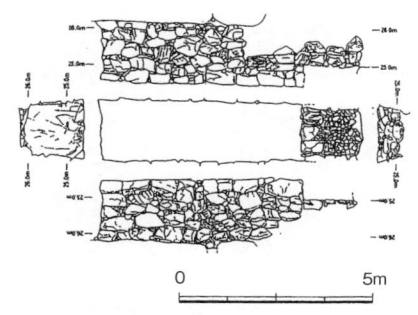

川原石積み横穴式石室

このタイプは栃木県の中では、一番早くそして幅広く波及している（第59図）。TK10型式期の頃には栃木県中央部の小山市飯塚古墳群内で受容される。初源は全長21mの前方後円墳・飯塚29号墳で、この系譜はほかの古墳群へも波及している。以下では、拠点である飯塚古墳群内の石室を中心にその変遷の様子を検討していきたい。

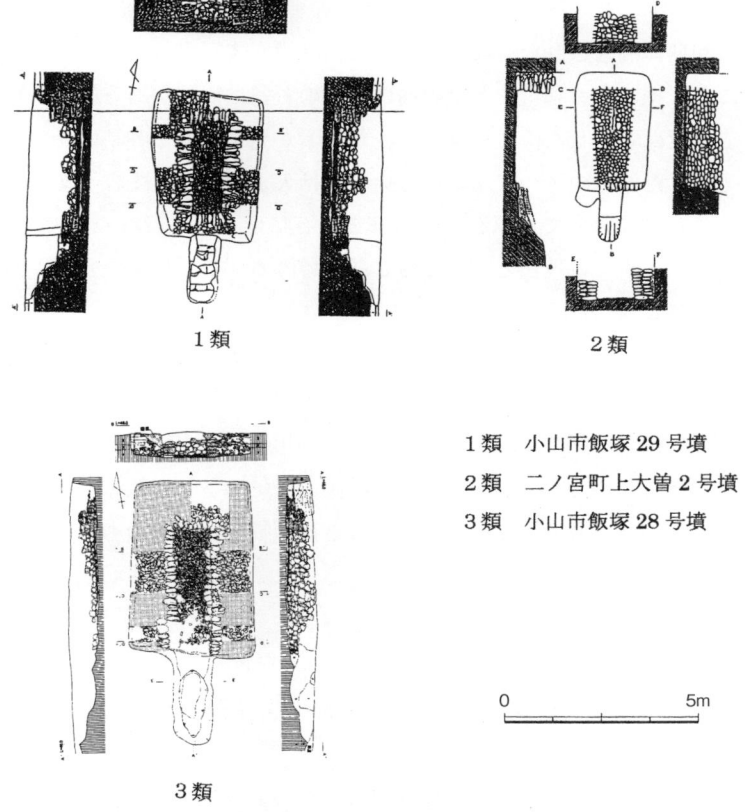

この石室群の重要な分類要素は、石室入口部構造であると考える。まず、羨道部がなく石室入口部が框構造あるいは框構造に類似した構造を、有段構造川原石積み横穴式石室1類とした。類似の石室である南西部の足利市文選11号墳は玄室内に間仕切り石を敷設させ、玄室の機能分化を計っている。いまひとつは下野市星の宮神社古墳の横穴式石室である。1類の系譜を受けて石室が長大化（全長7.84m、幅1.43m）したという新しい要素を付加して成立したと考えるか、星の宮神社古墳の石室構造そのもの他所から伝来したものか判断の分かれるところである。後者として考えるなら権現山古墳（石室全長7.80m、幅1.05m）のようにスポット的な伝播であろうか。両者とも側壁の使用石材は異なるが、やや狭長な石室で共通する。

第58図　無袖有段構造石室（山石積み石室、足利市教育委員会文化課 2004より）

1類
2類
3類

1類　小山市飯塚29号墳
2類　二ノ宮町上大曽2号墳
3類　小山市飯塚28号墳

第59図　無袖有段構造石室（川原石積み石室、1・3類：鈴木 1999、2類：常川 1974より）

次に有段構造川原石積み横穴式石室2類であるが、框構造の側面にも側壁が延設されて、この側壁が天井石まであったと想定でき、より明瞭な入口部を形成することから、1類より発展しており、羨道部の形態に近い構造である。この石室は、小山市間々田六本木1号墳・宮内11号墳、二ノ宮町上大曽2号墳・下野市朝日観音2号墳など飯塚古墳群の周辺に見られる。この系譜はさらに石材の長大化、胴張り化の要素をうけ、飯塚27号墳、北原6号墳の石室が構築される。また、有段構造については、礫を小口に積むもの〈框構造〉（2類A）と、1石からなるもの〈框石〉（2類B）がある。

一方、側壁と掘り方（墓坑）が近接し、短いながらも羨道の形成が見られるものを有段構造川原石積み横穴式石室3類とした。宇都宮市稲荷1号墳・久部台4号墳（擬似両袖の要素が見えてきている）、鹿沼市狼塚古墳、小山市外城2号墳・飯塚30号墳、下野市山王山86号墳、壬生町新郭14号墳・上原8号墳などがある。

初期に導入された有段構造川原石積み横穴式石室は、奥壁・側壁を構成する個々の石材が小さいこと、掘り方（墓坑）と壁の間に多くの石室は間隙があることが特徴である。しかし、これらの構成要素は安定した構造ではなく、新要素が発生すると容易に受容し石室構造・形状を変化させる。そうした要素の一つである小さい石材は大きい石材へ受容・変化する。すなわち奥壁・側壁を構成する石材において川原石から一部を山石に変える（石材の長大化）。これは石室の強化・作業量の低減にかかわる技法ととらえることができる(4)。ほかに胴張り化、両袖化などの技法を順次受け入れている。

以上をまとめると、1類は石室開口部の形成、2類は擬似羨道部の形成、3類は短い羨道部の成立である。

その後羨道部の完成をみるが、これが川原石積み横穴式石室4類である。羨道部としては完成された構造であるが、内的要素や外的要素が付与され複雑になっている。玄門部構造に組み立て玄門をとりいれるものや玄室袖部が形成され両袖を採用するものなどが目立ってくる。

(2) 無袖無段構造横穴式石室

山石積み横穴式石室

側壁が山石積みの石室は栃木県西部に片寄る傾向があり、なかでも足利市と大平町に集中する（第60図）。

足利市で多い類型は、平面形が長方形の横穴式石室と石室平面形の側壁が外側にわずかに張る石室であるが、どちらの石室が先行するかは明確ではない。また、明らかに胴が張る2基の円墳（足利公園K号墳・西宮古墳）は埴輪をともなわずTK209型式期以降であり、両者の後に出現する。いずれにしてもこのタイプの石室は、足利市をはじめ下野西部では川原石積み横穴式石室と同様普及していることが理解できる。注目すべき点は、必ずしも古墳群内では最初に受容した石室でないことである。足利市常見古墳群内の海老塚古墳はその前に両袖山石積み横穴式石室（正善寺古墳）があり、足利市明神山古墳群内の明神山1号墳はその前に片袖山石積み横穴式石室（明神山古墳）がある。同市機神山山頂古墳にしても同じ古墳群に先行する主体部不明の前方後円墳があり、先行

第2節　栃木県における無袖横穴式石室の変遷と系譜　125

の横穴式石室が見つかる可能性がある。

　中央部の宇都宮市に平面形が狭長な長方形の横穴式石室である権現山古墳（第56図）1基が所在するものの、栃木県のほかの地域ではみられない。

川原石積み横穴式石室

　はじめに伝播してきたのは平面形が長方形・逆長台形の石室で、西部・南部・北部に見られる（第61図）。

　西部の西方町西方山古墳群内では4・6号墳（石室平面形状が長方形）から1・2号墳（わずかに張る形）へと展開し、最後は両袖の要素を取り入れた3号墳へと変遷する（秋元2006）。このタイプは栃木県の東部を除く、各地域に波及し、各地域で同様に展開を見せる。古墳群の中では最初に受け入れるケース（西方町西方山古墳群）と横穴式石室伝播の第2波以降で受け入れるケース（足利公園古墳群）がある。また、このタイプの中では石

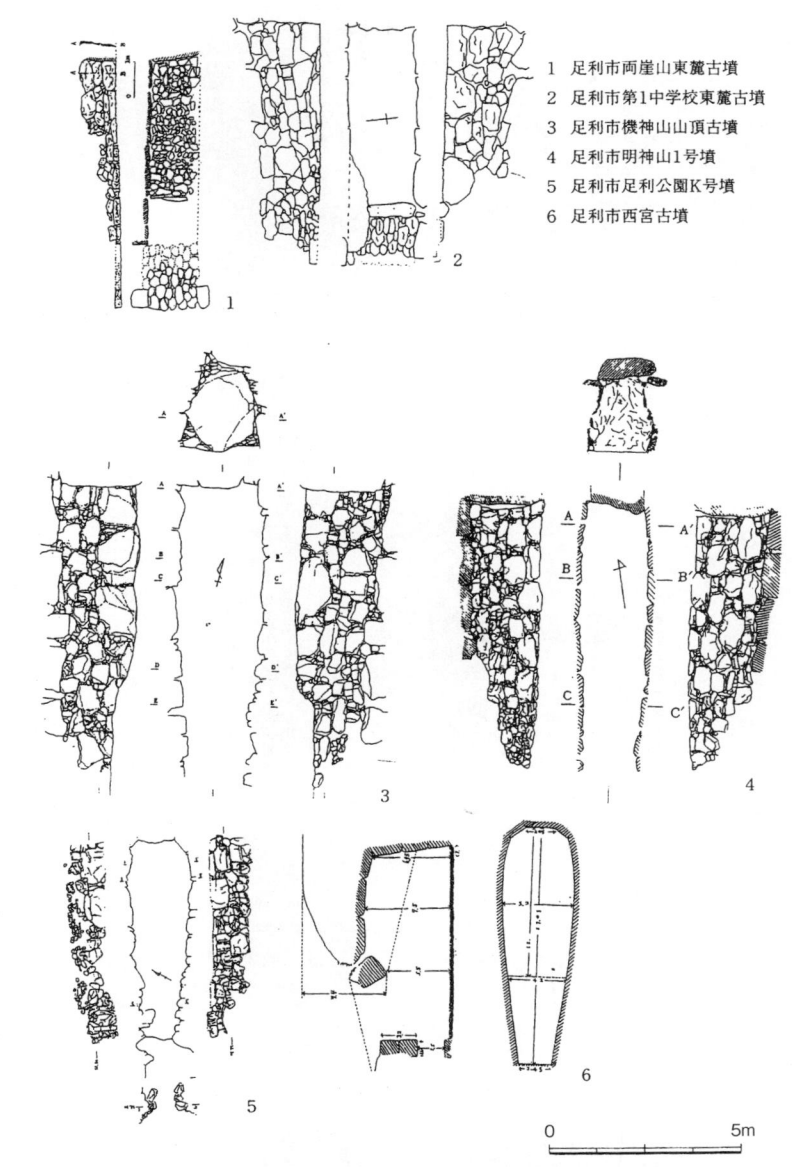

1　足利市両崖山東麓古墳
2　足利市第1中学校東麓古墳
3　足利市機神山山頂古墳
4　足利市明神山1号墳
5　足利市足利公園K号墳
6　足利市西宮古墳

第60図　無袖無段構造石室（山石積み石室、1：滝口・前澤 1953、2：足利市史編さん委員会 1979、3：齋藤・中村 1992、4：前澤・橋本 1985、5：足利市教育委員会文化課 1995b、6：高橋・谷井 1913 より）

室平面形状が長方形・逆長台形から胴張り形・奥搾り形へ変遷することが理解できるが、これは静岡県内で見られるような在地化の現れが栃木県でも生じたとも考えられる。あるいは静岡県など在地化した形状の石室が何波目かの伝播によって波及したとも考えられる。

　なお、奥搾り形のうち狭長な横穴式石室を持つ古墳は南部の小山市に受容されるが、少数である。代表例は牧ノ内9号墳（径22mの円墳）で、石室長11.7m、奥壁幅0.7m、胴部最大幅1.1mである（第62図）。側壁は川原石の小口積み、奥壁は下部に1枚の山石を据えその上は川原石を小口積み

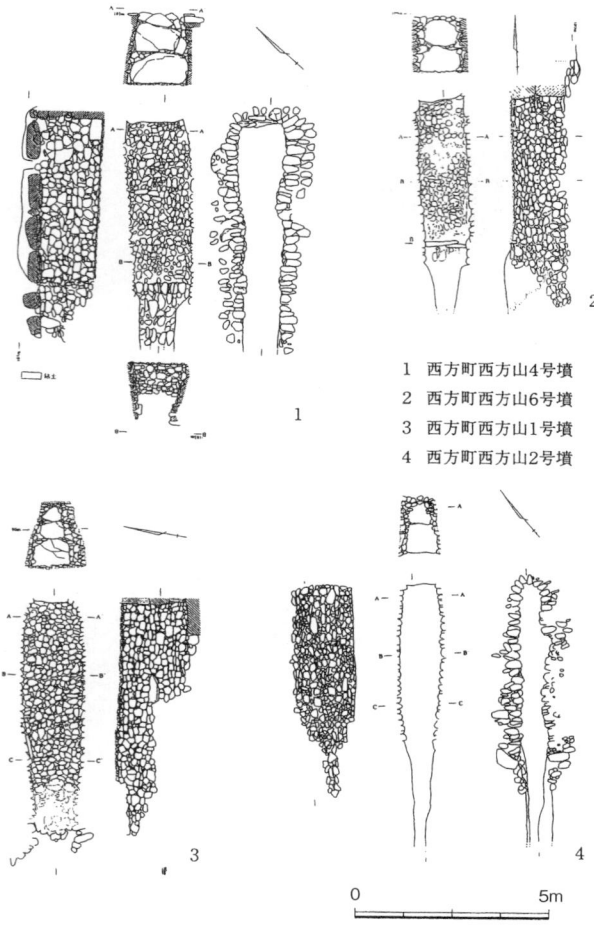

1　西方町西方山4号墳
2　西方町西方山6号墳
3　西方町西方山1号墳
4　西方町西方山2号墳

第61図　無袖無段構造石室（川原石積み石室、酒井・折原ほか 2006 より）

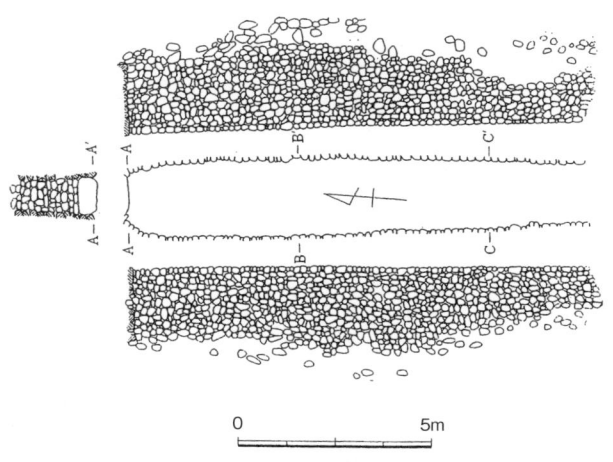

第62図　狭長な無袖無段構造石室（川原石積み石室、小山市史編さん委員会 1981 より）

にしている。構築時期は7世紀中葉とされている（小山市史編さん委員会 1981）。

4．無袖石室の系譜(6)

(1) 無袖有段構造石室(7)（第63図）

山石積み横穴式石室

該当する足利市永宝寺裏古墳の祖形は静岡県東駿河の中原4号墳、西実円寺古墳あたりであろうか。中原4号墳のほうが近いと思われるが、石室の構成要素に相違があること、構築年代が永宝寺裏古墳のほうが古い様相が感じられることなどから、これとは別の系譜をひくものかもしれない。たとえばその祖形として、遠江ではあるが後述の湖西市天神山3号墳（MT15～TK10型式期）などが考えられる。

川原石積み横穴式石室

東海地方においては川原石積みの石室は「在地系石室の一要素」との認識がある。在地系石室とは擬似両袖・無袖石室のことであり、それらは三河系石室とも呼称している（田村 2003）。さらに開口部から一段下がる有段構造も「新式群集墳の確立による在地系石室の一形態と考えられる」（井鍋 2003）と東駿河の在地系石室の一形態との見解がなされている。このことより川原石積みも有段構造も在地性とする見方が有力であることがわかる。

ここで東駿河において最古の有段構造横穴式石室である中原4号墳は、栃木県の最初に受容した飯塚29号墳より新しく、栃木県への伝播元（供給元）とはい

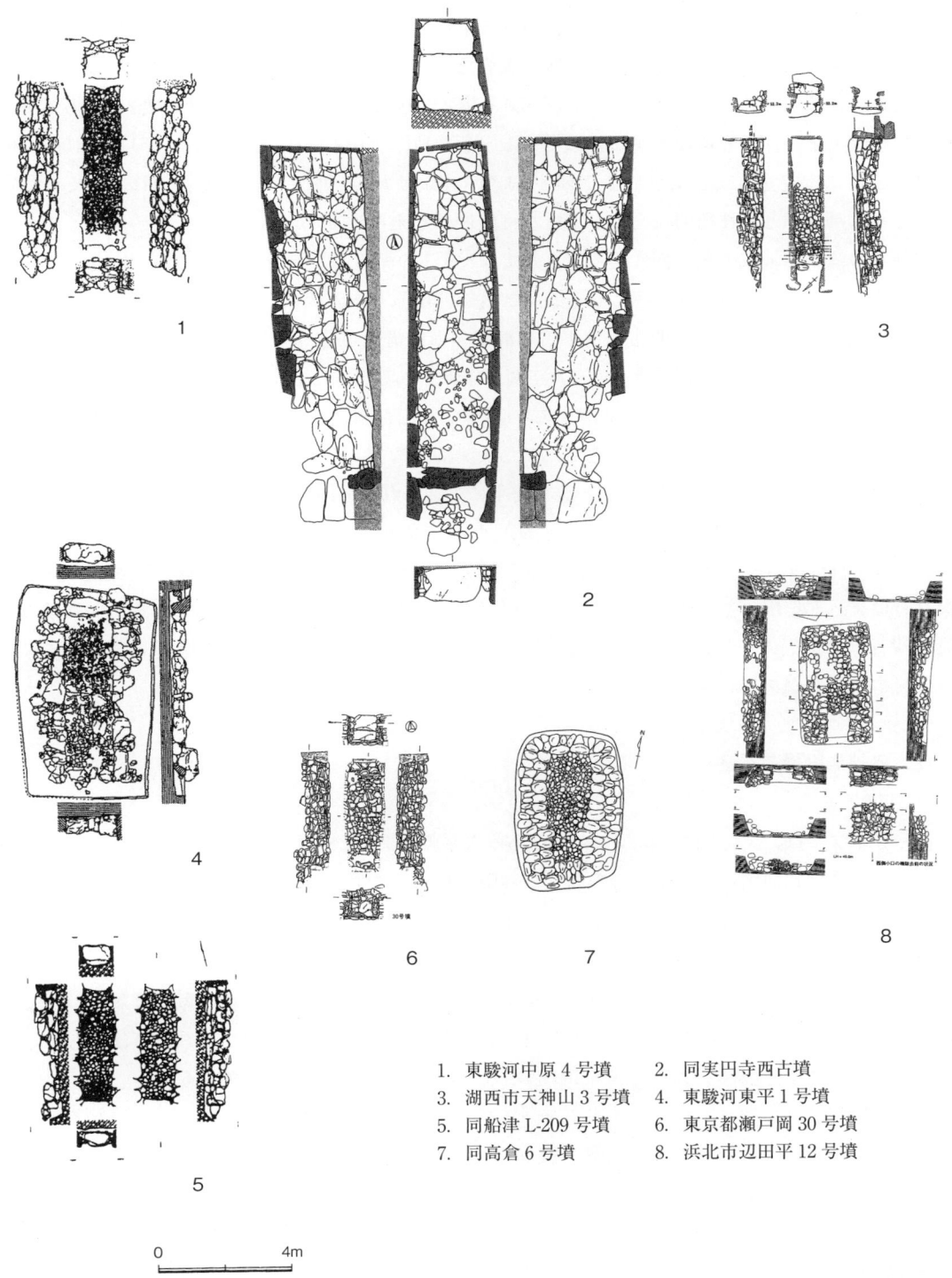

1. 東駿河中原 4 号墳　　2. 同実円寺西古墳
3. 湖西市天神山 3 号墳　4. 東駿河東平 1 号墳
5. 同船津 L-209 号墳　　6. 東京都瀬戸岡 30 号墳
7. 同高倉 6 号墳　　　　8. 浜北市辺田平 12 号墳

第 63 図　栃木県以外の無袖有段構造石室（1・4 は菊池 2008、2 は志村 1988、3 は田村 2008、5 は井鍋 2003、6・7 は多摩地区所在古墳確認調査団 1995、8 は鈴木 2000 より）

えない。この地、東駿河では他に東平1号墳・船津L-209号墳などがあるが、7世紀代の新しい石室とされている。また松崎元樹は船津古墳群と東京都瀬戸岡古墳群の類似性を指摘し、瀬戸岡古墳群の系譜を静岡県富士・愛鷹山南麓地域に求めた（松崎 2002）。注目すべき指摘である。さらに多摩川地域には同様の石室が瀬戸岡古墳群（30号墳）以外にも、万蔵院台1～3号墳・高倉6号墳・浄土1号墳・下谷保1号墳などが知られている（多摩地区所在古墳確認調査団 1995）。これらは栃木県の分類に比定すると2類が中心であり、1類・3類はあまり明確ではない。それにしても多摩地域と栃木県南部とで技術的な交流があった可能性は考えられる。

　静岡県のほかの地域の類似横穴式石室としては、遠江の湖西市天神山3号墳（井口 2003）がある。石材は山石であるが、MT15～TK10型式期と古く、川原石への変化を考慮しても時期的には整合する。また、天竜川西岸の浜北市辺田平古墳群中の横口構造を持つ埋葬施設は、「竪穴系の埋葬施設に横口を設けた形態と評価でき、一定の空間が確保される石室として利用できたか疑わしい」（石橋 2003：p43）としているが、飯塚29号墳の石室も入口部構造については、一定の空間が確保できる入口構造の想定に苦慮している点で、似た状況にあるといえる。具体的には、鈴木一有が辺田平12号墳を「横穴式石室ではないが、後期前半に築造された」「在来の竪穴系埋葬施設に横口を付け加えたような埋葬施設」（鈴木 2003：p260）として紹介している。図によれば石室形状は長方形で、川原石積み石室である。奥壁も川原石である可能性が大きく、地下に主体部を設置している。掘り方は裏込部を広くとった矩形であり、砂礫でないが川原石を裏込に使用している。栃木県の有段構造石室の祖形の一つの可能性がある。(8) さらには愛知県東部（三河）・岐阜県周辺についても今後検討する必要がある。(9)

(2) 無袖無段構造石室

山石積み石室

　このタイプでは、石室平面形状が長方形である大平町七廻り2・3号墳がTK10～TK43型式期に、ついでTK43型式期頃に石室平面形の側壁が外側にわずかに張る石室である足利市海老塚古墳などに受容され、東海地方にその祖形を求めることが可能であると思われる。いわゆる三河系無袖式石室（鈴木 2003）と石室の形態が類似する。(10)

　中央部の宇都宮市に所在する山石積みの狭長な長方形の権現山古墳は、栃木県では類型の石室はみられないが、権現山古墳の系譜は静岡市内の擬似両袖山石積み石室に求められる可能性もある。しかし既述の通り、現状では前橋市前二子古墳など群馬県からの波及の可能性が高い。

川原石積み石室

　石室平面が胴が張る形（わずかに胴が張る形を含めて）・奥搾り形は静岡県西部・中部に一定量存在する（鈴木 2003：p256）。平面形では類似の石室が多く、東海地方はこのタイプの発信地のひとつと考えられる。(11)

狭長石室

　石室全長が10mを超える狭長石室は山石積みも含めて小山市牧ノ内9号墳だけである。地下式であるが入口部に段がなく、溝状の墓道が周溝まで延設されている。有段構造川原石積み石室4類

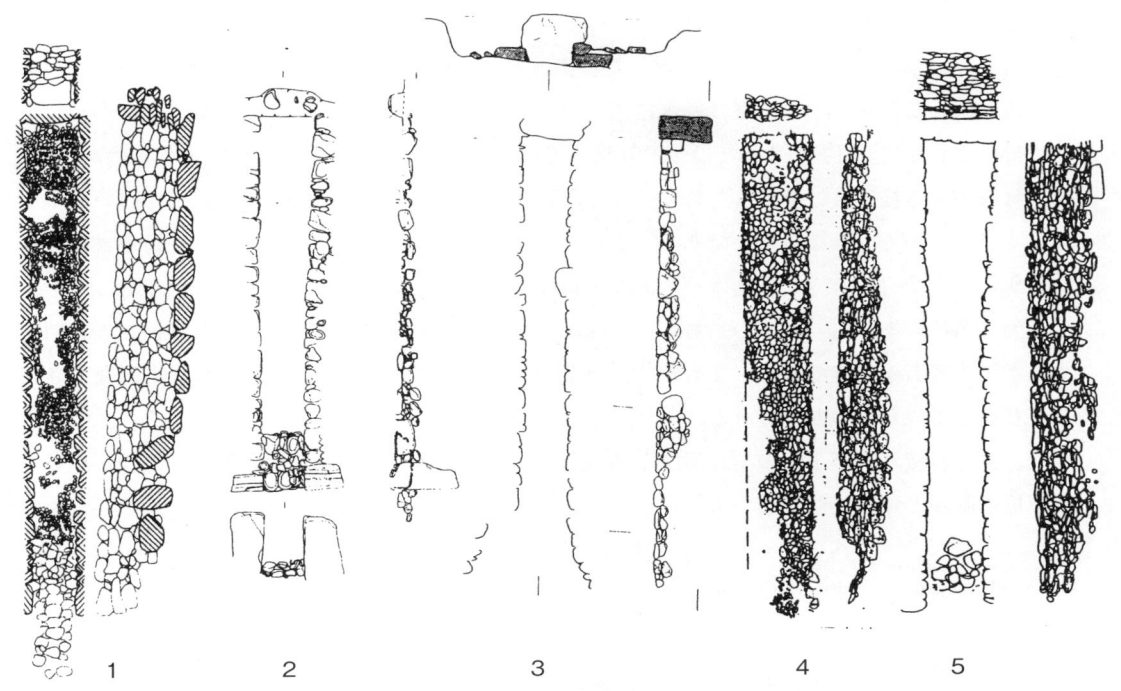

1. 富士市船津寺ノ上1号墳　2. 厚木市金井2号墳　3. 伊勢原市三ノ宮3号墳
4. 富津市西原古墳　5. 富津市新割古墳

第64図　栃木県以外の無袖狭長石室（井鍋 2003 より）

と入口部と墓道の構造は同じになるが、石室が長いことが特徴である。関東地方では厚木市金井2号墳、伊勢原市三ノ宮3号墳、富津市西原古墳・新割古墳などが知られている（第64図、井鍋 2003：p249）ので、南関東からの伝播が考えられる。さらに南関東の西に位置する東駿河の富士市船津寺ノ上1号墳では石室奥壁の下部に山石を1枚据えている点も同じである。牧ノ内9号墳は、このタイプでは最北端に所在する。(12)

5. 無袖石室の階層性

(1) 栃木県における横穴式石室の中での無袖石室の位置づけ

　石室形状においては、特殊形石室は墳丘が円墳のみで、下位に位置づけられる。片袖石室は数が少ないので保留するが、無袖石室と両袖石室を比較すると両者とも円墳以外に首長墓の前方後円墳が存在する。しかし、墳丘規模が大きく石室も大きい傾向にある両袖石室が無袖石室より上位にあると言える。(13)

　また、石材については凝灰岩の大形切石は最高首長墓の横穴式石室に限定的に使用されている。一方、凝灰岩小形切石は首長墓・有力者墓双方に使用されている。ただ無袖石室では、そのような凝灰岩切石をほとんど採用しておらず、無袖石室の下位性を示すものとなっている。

(2) 無袖有段構造石室墳における階層性

　川原石積み有段構造石室を最初に受容した古墳は飯塚 29 号墳で、小型前方後円墳であることはすでに述べた。このタイプの石室は飯塚古墳群の中に 9 基あり、前方後円墳と円墳との比率が、小型前方後円墳が 6 基、円墳が 3 基とほかの群集墳では考えられないほど、前方後円墳の割合が多い。ただこれらの前方後円墳は全長もそれほどなく、形状も後円部径にくらべて前方部長が短いものが多く、くびれ部のくびれは緩やかである。この小型前方後円墳はいわゆる首長墓と性格が異なる可能性がある（岩崎 1992）。たとえば一般的な小首長は重層的な支配体制の中では下位であっても、ある範囲の領域を支配しているのに対して、飯塚古墳群の小型前方後円墳の埋葬者は種々の職制的な支配者・管理者が想定できる。ともかく同時期的に同一範囲に複数の小形前方後円墳に埋葬される者が存在していたものと思われる。

　また、川原石積み石室 1 類の墳丘形状が小型前方後円墳であることは、受容階層が最初から必ずしも下位の階層とは言い切れない可能性を残す。

6. 特性の抽出――まとめにかえて

　栃木県の無袖石室は以下のように総括できる。
①無袖石室は最初に伝播した石室でなく、第 2 次伝播以降何回にも分かれて伝播してきた石室である。
②早い時期に狭長な無袖山石積み石室が伝播するが、栃木県では広く波及しない。
③無袖石室のうち、有段構造川原石積み石室も早い時期に伝播し、新たに伝播してくる各種の構成要素を受け入れながら変遷し、栃木県各地へ波及した。
④無袖石室のうち、狭長な川原石積み石室は新しい時期（7 世紀）に栃木県南部に伝播し、このタイプの北限となっている。

註
（1）一方で、類似両袖石室は両袖石室の退化形式と指摘もされている。横穴式石室受容の先進地では、その可能性は大きいと見ることができる。しかし、後進地では石室構築技術の 1 要素として伝播してきた可能性も考えたい。
（2）静岡県では、胴張・川原石・腰石・立柱石などは在地化の諸要素として認識されている（たとえば田村 2003）。こうした要素は在地化という言葉から推察すると、新たな石室技術の伝播がなくとも横穴式石室を受容した土地で自生する技術であると認識しているのであろうか。
（3）川原石において玉石・小形転石と大形転石は区別する。これは小形の石材である玉石を使用して壁面を構成する構造が川原石積みの祖形と想定し、小形石材である玉石（小形転石を含む）を採用したことあるいは採用せざるを得なかったことに意義を見出したいからである。
（4）奥壁・側壁を構成する石材の一部に山石を使用することにより、石積みを部分的であっても省略できること、その部分だけ見れば強度が向上していること、裏込めを川原石の場合は一石一石積むごとに平らにしてつき固める必要があるが川原石より数段高い（容積的には少なくとも十数倍大きい）山石に換

えることで、つき固め層の数を減らすことが可能となる。すなわち一部であれ川原石を山石に換えること（石材の長大化）により、石室の強化、労働力の削減になるのではないか。
(5) 小山市史編さん委員会［1981］に掲載の測定値と、図版から読み取れる数値とが一致しない。
(6) 本論は東海地方（特に静岡県）からみた栃木県の無袖石室を解明することが目的である。周辺の地域との関係では、特に群馬県と栃木県西部との関係、茨城県筑波山周辺・埼玉県と栃木県東部・中央部との関係などは、系譜を考える上で重要である。前者は無袖石室・両袖石室、後者は切石石室に共通の要素を見出すことができる。
(7) 群馬県でも羨道部入口から玄室へ階段状・スロープ状に下がる玄室は知られている。しかし梁瀬二子塚古墳の玄室床面は旧地表面上で石室入口は基壇面であるので狭長な羨道部が2段に傾斜している。王山古墳の石室構築面は墳丘第二段の中途で石室入口部は基壇面より1m上であるので傾斜している。軽石質角閃石安山岩で框構造を構築している玉村15号墳も石室が基壇上に構築されている。いずれも栃木県の地下式（半地下式）構造とは異なる。少数であるが御部入18号墳のように旧地表面より低い石室もあるが、傾斜地という地形環境から生じた有段構造（框石）である。有段構造の存在は認められるものの、これらの古墳から栃木県への直接波及は考えにくい。
(8) 菊池［2005］によれば静岡県・山梨県などに砂礫裏込の石室が見られる（ただし、菊池［2005］では礫と砂礫の区別が明確でないが、ここでいう礫のなかに砂礫が含まれているとする）。栃木県中央部の飯塚古墳群内では普及している技法である（鈴木 1994）。
(9) 愛知県西三河地域では、5世紀後葉には竪穴系横口式石室に近い構造の石室の受容（三田 2001）があるが、川原石積みへ変容した石室は見られない。次の時期のMT15型式期には岐阜県（美濃）各地へも同様の系譜の石室が出現している（横幕 2001）。そのなかで川原石積みに変容したものとしては長良川流域の陽徳寺裏山4号墳・木曽川流域の可児市羽崎大洞3号墳などが挙げられるが、これらの技法がこの地で熟成され最近注目されるようになった原東山道を経由して栃木県へ伝播したと考えられるのではないか（1類の有段構造川原石積み石室）。
(10) 一方、隣県の群馬県でも玄室平面形状が長方形（やや逆長台形も含む）の無袖石室は県内に広く所在しており、6世紀初頭の横穴式石室導入期にすでにその存在が確認できる。当初の無袖石室は「以前に行われていた竪穴系の埋葬施設の築造技術を改良することで、横穴式石室を実現したもの」（右島 1994：p147）と考えられている。その無袖石室が展開期に至ったときに栃木県への波及があったと想定される。

　群馬県下の横穴式石室導入期当初から継続している玄室平面形状が長方形（やや逆長台形も含む）の無袖石室の系譜が、七廻り2号墳・3号墳へ波及し、栃木県の最初の片袖石室に続く第2弾の石室となった可能性もある。玄室平面形状として長方形と逆台形のバリエーションがあり、壁面赤色塗彩などの共通要素がある。

　緩やかな胴張りを呈する無袖石室は後発となるが、藤岡市・高崎市・赤堀村・太田市に多く見られ、それらの中でもさらに新しい要素を持つ太田市所在の石室（西長岡東山3号墳・二つ山1号墳）と足利地域の同類の石室（機神山山頂古墳・海老塚古墳）とは、ほかの要素でも共通性（大型の石材を使用すること、形象埴輪の種類が多いことなど）を見る。群馬県から栃木県西部への波及がうかがえる。

　また石室の中央位置に間仕切石を配置する要素が群馬県下では広く採用されているが（渋川市・子持村・富岡市・吾妻町・赤堀村など）、足利市文選11号墳・田中3丁目市営住宅裏1号墳などへも波及しており、さらに両袖石室（足利公園M号墳）にも見られる。
(11) 群馬県では長方形の無袖石室は榛名町の場E号墳が著名であるが築造時期がMT15～TK10型式期と導入期の石室であり、栃木県ではまだ無袖川原積み石室は見出せない。

胴張り形や奥窄まり形の無袖石室は榛名山麓・赤城南麓において右島［1994］の設定した2期・3期と無袖石室が存続し、その新しい時期の石室にこれらの石室（渋川市半田中原・南原13・14・23・24号墳、境町采女村41号墳）を見出されるが、両袖石室へ移行する。また多くは浮石質角閃石安山岩の川原石からなる石室であり、別のカテゴリーとして検討されている。この種の古墳から栃木県への直接波及は考えにくい。

（12）群馬県下・埼玉県下にも狭長な無袖川原石積み石室は存在するが、地下式で石室全長10m以上の石室は確認できない。

（13）栃木県所在の古墳を集成し、墳丘規模として古墳の全長・直径で比較すると、円墳は明確でないが、前方後円墳では無袖石室より両袖石室のほうが規模の優位性がある。石室規模としては石室容積として検討するのがよいが天井石がない石室が多いので石室長として比較したところ、円墳は明確でないが、前方後円墳では両袖式石室のほうが規模の優位性があった。

第3節　いわゆる切石石室の出現とその意義

1. はじめに

　東国における古墳時代の社会を解明していく研究視点の一つとして、地域性の特性を明らかにすることがある。それによって、各地域間の交流やより上層からの支配の影響を知ることができる。ひいては列島全体の視点からの政治的動向をも理解しうる糸口となろう。

　ここでは、古墳時代後期・終末期の墓制の中心的な役割を持つ横穴式石室の中でも後期後半から終末期に多く採用された切石石室の動向と系譜を求めることで、栃木県における当時の政治的性格や他地域との交流を理解する資料としたい。

　さらに述べると、切石石室の中でも大形の切石を使用した石室が最高首長層に採用され、周辺の中小首長層には小形切石石室が少し遅れて受容されている。こうした現象をより明らかにすることにより、栃木県の古墳時代後期・終末期の支配者層の動向や階層の実態を把握する一助となるのではないか。

　栃木県を検討する目的は、次の理由にある。7世紀に入ると中央勢力の影響はさらに大きくなり、関東はすでに拠点的直接支配が始まり、東北へ支配領域を広げるべく、さらに強い働きかけをおこなっている。こうした時期、関東ではずば抜けて畿内的要素の強い群馬県から東北へ向かう陸路に栃木県は位置しており、東北への前進基地として、中央勢力からさまざまな働きかけがあったと考えられる。それらの動向を首長墓の受容とその拡散状況から検討したい。

2. 栃木県の切石石室研究の経緯とその定義

(1) 研究史

　栃木県の切石石室を論じた最初は大和久［1971b・1972a・1976c］である。これらの成果を受けて、山ノ井［1981］は切石の定義や分類をすることにより、分類ごとに切石石室の分布の片寄りがあることや下都賀・河内・芳賀の3郡に集中することを指摘した。さらに石材の加工度に注目した石室の変遷を提示している。ついで、大金［1984］、小森哲［1990］、池上［1988］、秋元・大橋［1988］、大橋［1990］、上野［1992・1996］、中村［1996］らが論を進め、特に秋元・大橋［1988］は切石石室を有する古墳のなかでも基壇を有し、前方後円墳にあっては前方部に石室を持つ首長墓を「下野型古墳」と呼称した。大橋［1990］は単一の形式変化でなく複数の形式変化により編年されることを主張し、その研究を集大成させている。さらに近年には小林［2005］らの研究もある。

　切石石室には大形と小形があり、大形は最高首長層を中心に採用され、6世紀中葉～後半に始ま

(2) 切石の定義

栃木県の切石は大部分が凝灰岩である。石材が軟質であることが、技術的な面からの限定要素であると考えられるので、砂岩、片岩板石（この石材だけは割る技術が優先と考えられる）、貝殻石などの石材は加工技術としては同じカテゴリーとみなしたい。

切石というものの、母岩から取り出した石材を工具で削り平坦面を作るものであり、削り技法である。いわゆる削り石の石材を表面が平滑に至らない状態で石積みをした場合、石室構築時に接面した石材の面同志が密接していなければ、削り石積み石室の削り石であり、切石石室とは区別したい。

定義するならば軟質石材の多面を平滑にし、積み上げたとき（石室を構築するとき）石材と石材の間に隙間がない状態（石材表面と石材表面が密接して壁面を構成する状態）となる石材を切石といい、そのような石材からなる石室を切石使用の石室（切石石室と略称する）とする。

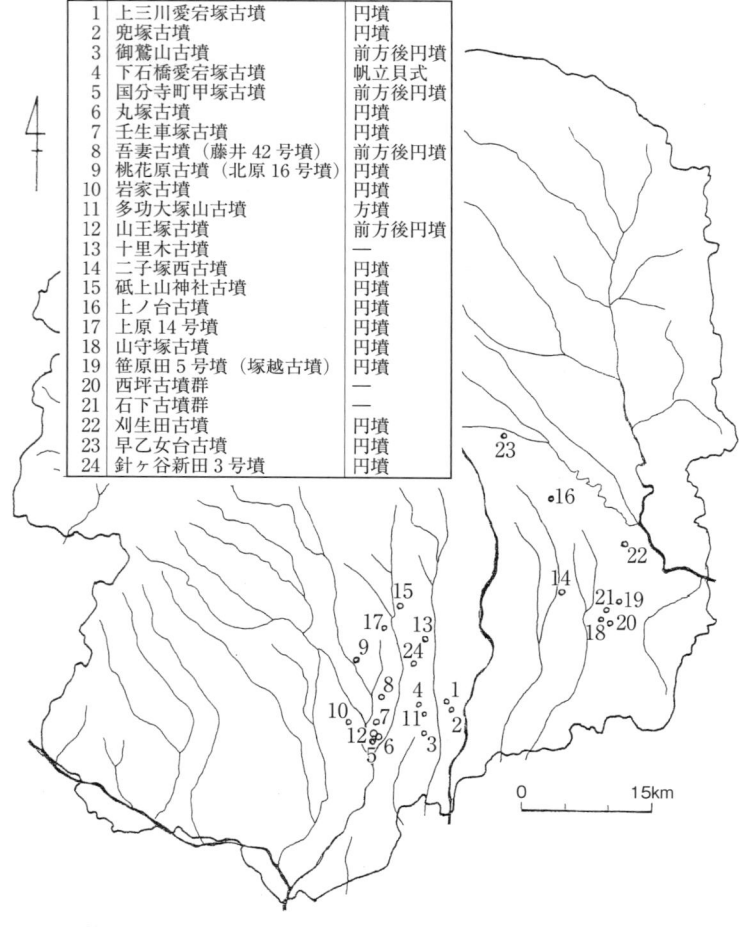

1	上三川愛宕塚古墳	円墳
2	兜塚古墳	円墳
3	御鷲山古墳	前方後円墳
4	下石橋愛宕塚古墳	帆立貝式
5	国分寺町甲塚古墳	前方後円墳
6	丸塚古墳	円墳
7	壬生車塚古墳	円墳
8	吾妻古墳（藤井42号墳）	前方後円墳
9	桃花原古墳（北原16号墳）	円墳
10	岩家古墳	円墳
11	多功大塚山古墳	方墳
12	山王塚古墳	前方後円墳
13	十里木古墳	―
14	二子塚西古墳	円墳
15	砥上山神社古墳	円墳
16	上ノ台古墳	円墳
17	上原14号墳	円墳
18	山守塚古墳	円墳
19	笹原田5号墳（塚越古墳）	円墳
20	西坪古墳群	―
21	石下古墳群	―
22	刈生田古墳	円墳
23	早乙女台古墳	円墳
24	針ヶ谷新田3号	円墳

第65図 栃木県における切石石室の分布図（付一覧表）

(3) 対象とする石室

栃木県内に石室構造がある程度明らかなものは25基である（第65図）。なお、破壊の甚だしい石室や、実測図などがなくしかも現時点で形態が確認できない石室は除いた。

3. 分類・編年

大和久［1971・1972］の分類にはじまり、山ノ井［1981］、大橋［1990］、小森［1990］、中村［1996］らの分類・編年まで種々あるが、それらを参照して検討した。

(1) 分　類

切石石室の特徴の一つは、玄室を家屋と意識しその壁部をいかに平滑な壁面に形成するかに技術的努力を払ってい

ると解する。そうした技術が表出している玄室の側壁を検討すると、石材の数と段数に相違があり、それを分類の基準とした。ついでその壁面で構成される玄室の形状で細分した。また、切石石室のうち破壊が甚だしく分類の基準となる要素が明確でない石室がかなりの数になったが、それらは除外した。

 1類 側壁が1枚1段からなるもの
   上三川町兜塚古墳、同町上三川愛宕塚古墳、下野市御鷲山古墳、同市甲塚古墳、同市下石橋愛宕塚古墳、壬生町車塚古墳、同町丸塚古墳、同桃花原古墳、壬生町・栃木市吾妻岩屋古墳、栃木市岩家古墳
 2類 側壁が多数枚1段からなるもの
   宇都宮市十里木古墳、芳賀町二子塚西古墳
 3類 側壁が多数枚2段からなるもの
   宇都宮市砥上山神社古墳
 4類 側壁が多数枚多数段からなるもの
  4類-ア 玄室平面形が正方形
    高根沢町上の台古墳
  4類-イ 玄室平面形が長方形
    益子町山守塚古墳、市貝町笹原田5号墳
  4類-ウ 玄室平面形が胴張り形
    壬生町上原14号墳、益子町西坪1・3号墳、市貝町石下14号墳、市貝町刈生田古墳、さくら市早乙女台古墳など
  4類-エ 玄室平面形が奥搾り形
    宇都宮市針ヶ谷新田3号墳

(2) 編年などの検討

a. 1類 側壁が1枚1段からなるもの

これらの石室は、いわゆる大形切石石室で、最高首長墓（およびそれに準ずる古墳も含める。以下同様とする）の内部主体に採用された。しかしすべてがこの1枚側壁を採用したわけではない。最高首長墓級で石室構造が不明なものを除いても、下野市山王塚古墳、上三川町多功大塚山古墳などは異なる。山王塚古墳は明らかに川原石積みでありほかの多くの最高首長墓とは異なるが、玄門部に刳り抜き玄門を採用している点においては、ほかのいくつかの最高首長墓と同様であり、最高首長墓以外では採用されていない。刳り抜き玄門使用にも規制があると考えられよう。上三川町兜塚古墳は刳り抜き玄門であるが、側壁の下位は同形同高の小形切石が据えられている。この切石の高さは側壁の高さにくらべて低いので基礎石とみなし、2段構築とせず、1枚側壁構造に分類する。これは1枚側壁構造石室に別の構築技術が付加された結果としたい。このような技法は長野県竹原笹塚古墳の合掌形石室の基底石（一部2段構築）に見られる[4]。さらに北方の宇都宮市針ヶ谷新田3号墳へ波及している。

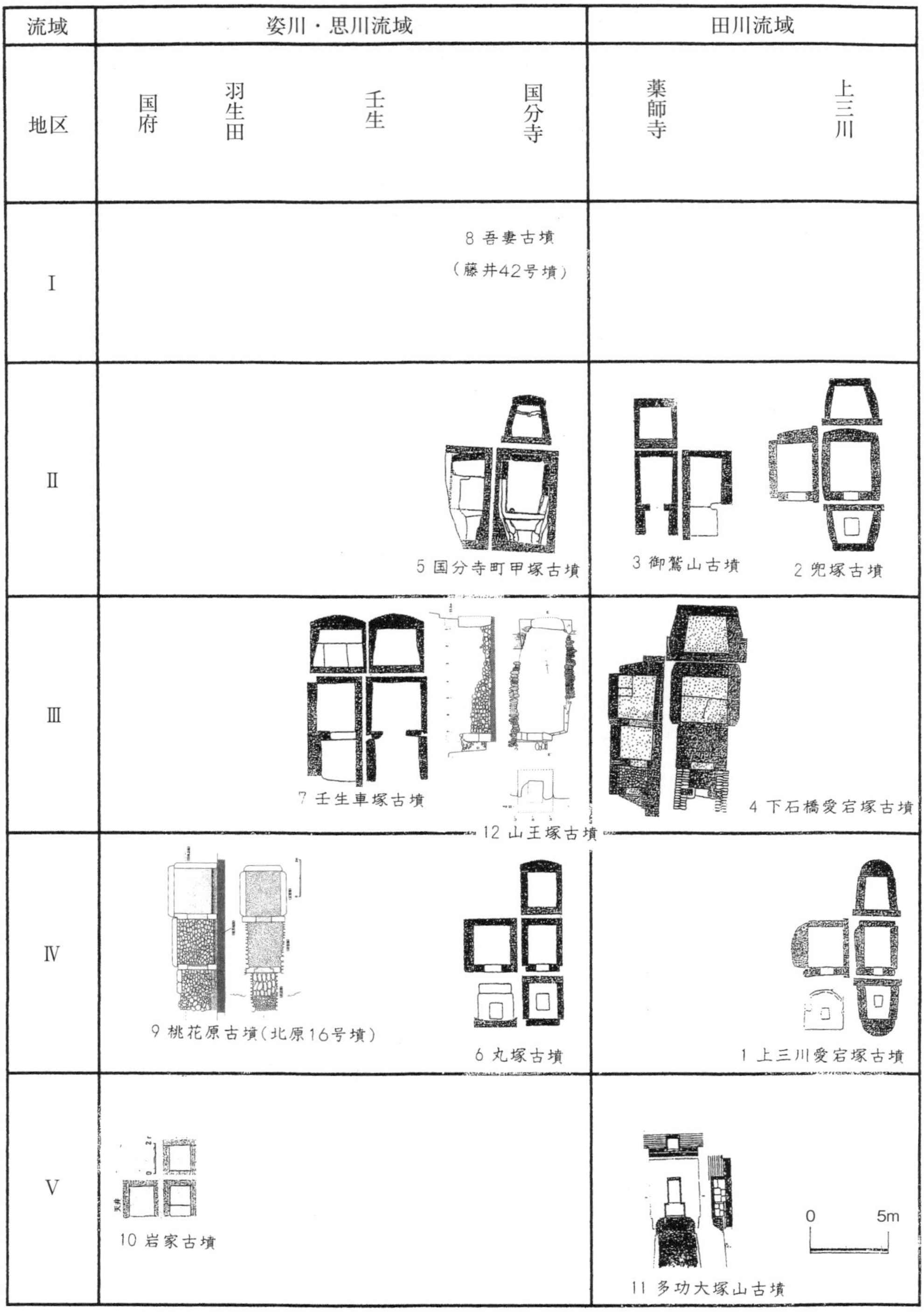

流域	姿川・思川流域				田川流域	
地区	国府	羽生田	壬生	国分寺	薬師寺	上三川
I				8 吾妻古墳 (藤井42号墳)		
II				5 国分寺町甲塚古墳	3 御鷲山古墳	2 兜塚古墳
III			7 壬生車塚古墳	12 山王塚古墳	4 下石橋愛宕塚古墳	
IV	9 桃花原古墳(北原16号墳)			6 丸塚古墳	1 上三川愛宕塚古墳	
V	10 岩家古墳				11 多功大塚山古墳	

第66図 切石石室1類の編年図 (1～7・10：秋元・大橋 1988、9：君島 2006、11：秋元 2005、12：小森・黒田 1990 より)

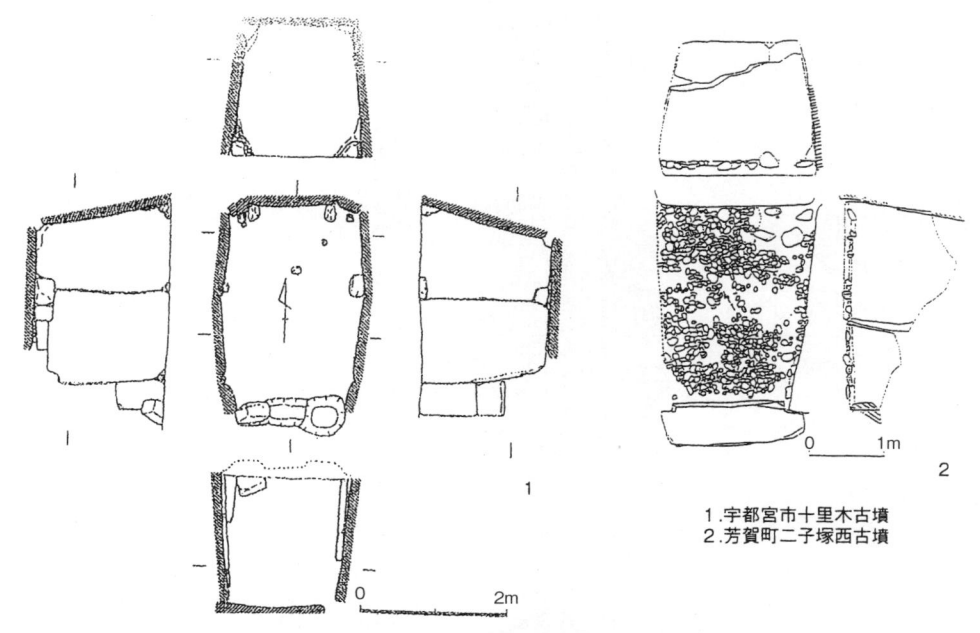

第67図　切石石室2類の平面図（1：宇都宮市教育委員会文化課 1998、2：屋代 1980 より）

1.宇都宮市十里木古墳
2.芳賀町二子塚西古墳

　1枚石からなる側壁を持つ石室は、6世紀中葉～後半に始まり7世紀中葉～後半までの最高首長墓に存在することから、継続した一系譜が想定できる。しかし細部にわたって見てみると複室構造と単室構造の石室、組み合わせ玄門と割り抜き玄門の石室など相違が見られ、同じ構成要素を継承しているわけではない。先に検討した石室の各種要素の比較（第10表）や切石石室の玄室長と玄室容積の関連図（第50図）などから導き出した編年案を第66図に示す。

b. 2類　側壁が多数枚1段からなるもの（第67図）

　宇都宮市十里木古墳は墳形・規模が不明であるが前方後円墳の可能性もあり、芳賀町二子塚西古墳は直径約15mの円墳と規模は大きくないがいわゆる基壇を持つ古墳であり、いずれも中小首長墓としての存在である。石室構造は二子塚西古墳の残りが悪く一部側壁が2段の可能性もあるが、現状ではいずれも側壁は2枚1段構成、奥壁・側壁が内傾する点が共通し、石室規模はほぼ同じである。一方で玄室構造や玄室

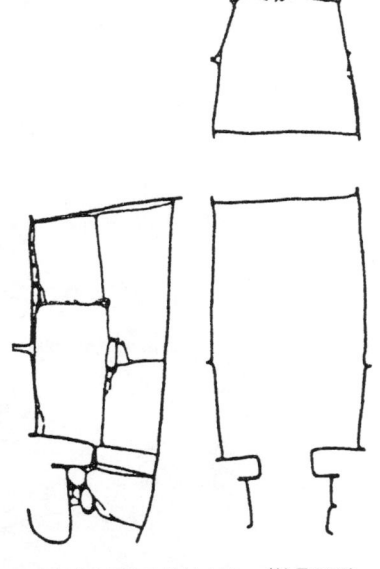

宇都宮市砥上山神社古墳　（縮尺不明）

第68図　切石石室3類の平面図
　　　　（大橋 1997 より）

平面形状でそれぞれ特徴を有するものの、1類を意識した構造とみなすことができる。両古墳とも埴輪が出土していないことや奥壁・側壁が内傾することから、1類編年のⅢ段階に比定できる。

c. 3類　側壁が多数枚2段からなるもの（第68図）

　宇都宮市砥上山神社古墳も、中小首長墓としての存在である。側壁が2段で2段目が内傾してい

古墳名	墳形	現況	規模	備考
1号墳	円墳	山　　林	径　約23m 高さ約1.6m	神社境内にあり、墳頂に社を置く
2号墳	〃	〃	径　約13m 高さ約1.3m	墳丘南側に盗掘痕
3号墳	〃	〃	径　約19.3m 高さ約1.7m	墳裾が大きく広がる 南側に盗掘痕
4号墳	〃	〃	径　約19.5m 高さ約2.1m	径に比べ高さが非常に高い 丘陵南斜面に裾を大きく張る 南側に盗掘痕
5号墳	〃	〃	径　約10m 高さ約1.5m	墳丘の裾部が道路によって切られている
6号墳	〃	ゴルフ場内	径　約10m 高さ約1.0m（原形）	ゴルフ場内にあり、墳丘は著しく削平されている
7号墳	〃	〃	径　約15m 高さ約1.2m（原形）	ゴルフ場内にあり、原形をとどめていない
8号墳	〃	ゴルフコース	径　約17〜18m 高さ約1.5m	昭和47年調査済、消滅 内部主体—粘土床
9号墳	〃	ゴルフ場内	径　約8〜10m 高さ約1.6m	ゴルフ場内にあり、保存されている
10号墳	〃	ゴルフコース	径　約9.5m 高さ　不明	昭和47年調査済、消滅 内部主体—乱石積横穴式石室
11号墳	〃	〃	径　約9.5m 高さ　不明	昭和47年調査済、消滅 内部主体—乱石積横穴式石室
12号墳	〃	〃	径　約17.5m 高さ約1.0m	昭和47年調査済、消滅 内部主体—切石積横穴式石室
13号墳	〃	〃	径　約32m 高さ約5m	昭和47年調査済、消滅 内部主体—切石積横穴式石室
14号墳	〃	宅　　地	径　約24〜25m 高さ約1.0m	昭和49年調査済、消滅 内部主体—切石積横穴式石室
15号墳	〃	山　　林	径　約15m 高さ約1.5m	墳丘西側、3分の1ほどが削平されている
16号墳	〃	〃	径　約30m 高さ約4.9m	昭和32年調査 内部主体—切石積横穴式石室
17号墳	〃	〃	径　約13m 高さ約1.7m	墳丘南側が大きく盗掘をうけている
18号墳	〃	〃	径　約12m 高さ約1.6m	墳丘南側に盗掘痕
19号墳	〃	〃	径　約15m 高さ約1.25m	墳頂部に盗掘痕
20号墳	〃	〃	径　約16m 高さ約1.5m	墳頂部に盗掘痕

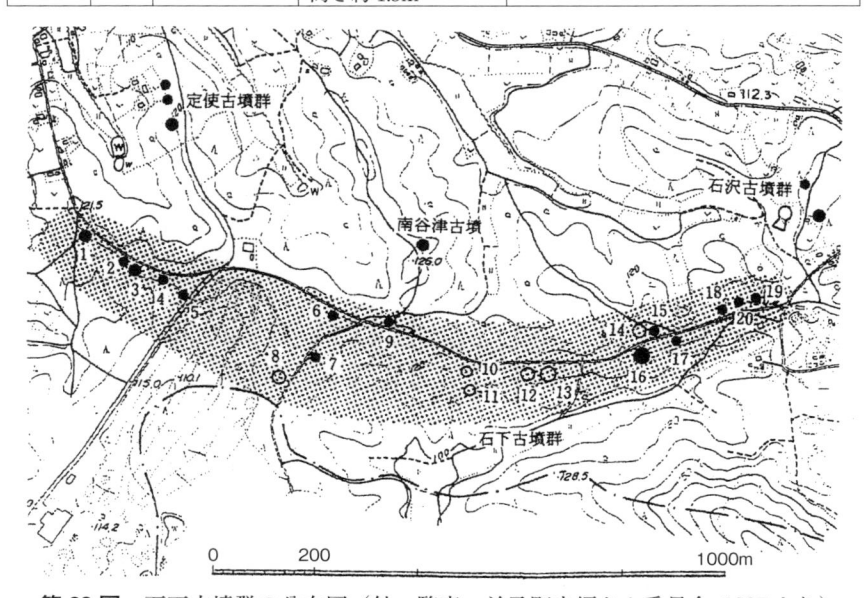

第69図　石下古墳群の分布図（付一覧表、益子町史編さん委員会 1987 より）

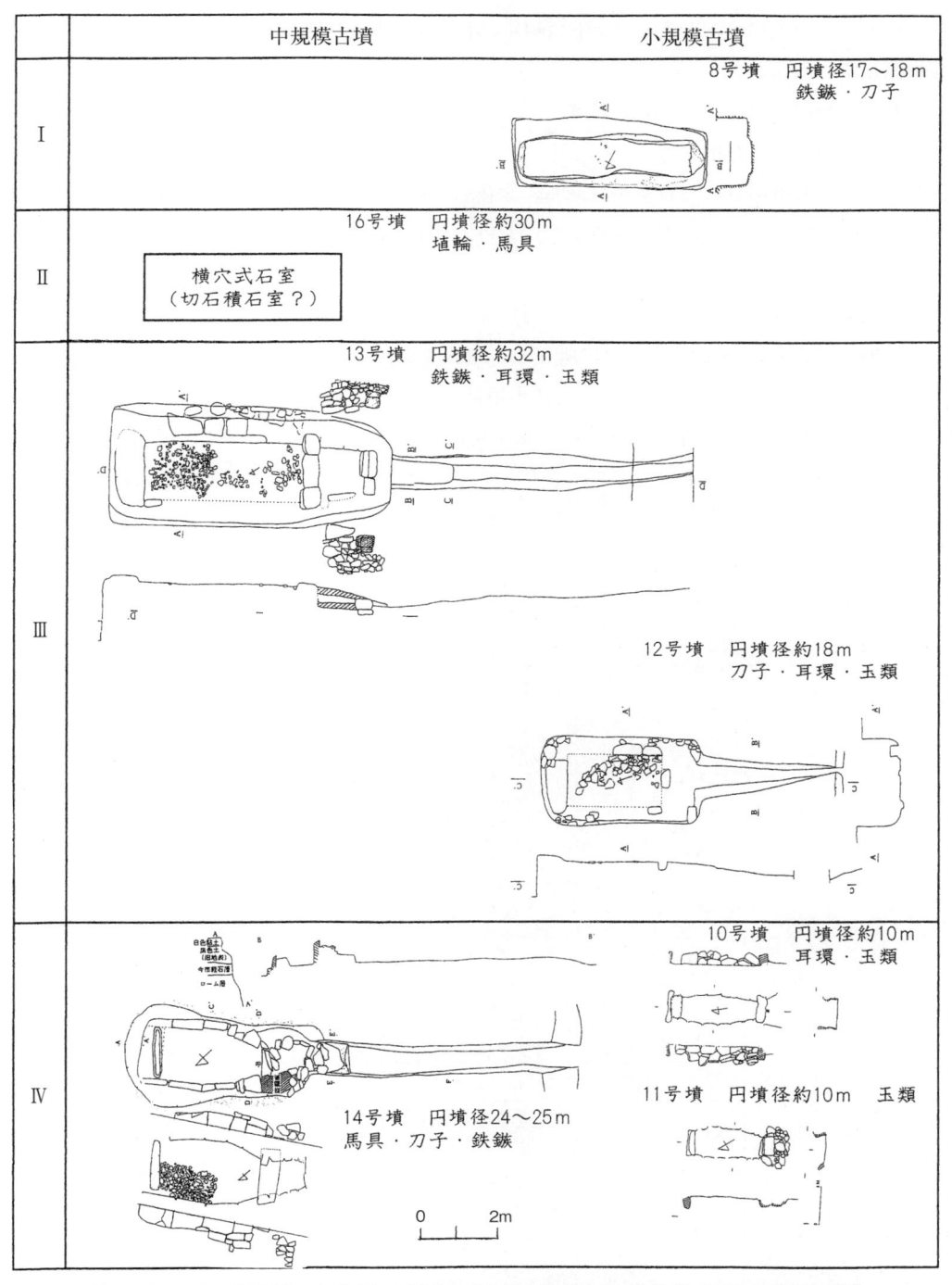

	中規模古墳	小規模古墳
I		8号墳　円墳径17～18m 鉄鏃・刀子
II	横穴式石室 （切石積石室？）	16号墳　円墳径約30m 埴輪・馬具
III		13号墳　円墳径約32m 鉄鏃・耳環・玉類 12号墳　円墳径約18m 刀子・耳環・玉類
IV	14号墳　円墳径24～25m 馬具・刀子・鉄鏃	10号墳　円墳径約10m 耳環・玉類 11号墳　円墳径約10m　玉類

第70図　石下古墳群の主体部の変遷図（市貝町史編さん委員会 1990を加工加筆）

る。ただし奥壁は1段垂直である。1類の中の側壁内傾斜構造と類似している。これも1類を意識した構造とみなすことができる。出土遺物は不明であるが、2類と同様に埴輪が出土していないことや奥壁・側壁が内傾することから、1類編年のⅢ段階に比定できる。また、軒線を設ける横穴墓とも類似している。

d. 4類　側壁が多数枚多数段からなるもの

(a) 群集墳の中の切石石室

　数が少ない上に破壊された石室が目立ち、全体の傾向を求めるのは困難である。ここでは、切石石室を含む群集墳において、その群集墳内における切石石室の在り方や年代的位置づけなどを検討する。

〔石下古墳群〕（第69図、竹澤 1973・益子町史編さん委員会 1987）

　石下古墳群は市貝町石下字勝見沢に所在し、東西1.3kmの範囲の尾根筋に分布している。円墳20基からなる古墳群で、さらに周辺に定使古墳群・南谷津古墳群・石沢古墳群がある。1957年に1基、1972年に5基、1974年に1基の計7基が発掘調査された。7基の内訳は竪穴系埋葬施設の粘土床1基、横穴式石室で乱石積み2基、切石積み4基であるとしている。しかしながら石室構造を見ると、切石石室とされたもののうち14号墳は明らかに切石石室であるが、12・13号墳は写真や図面からは明確でなく、割石積みのようにも見える。16号墳は石室図面がなく、石材の加工状況は不明であり、石積み状況も不明である。したがって切石積み石室と断定はできない。

　ここで墳丘について検討してみると、墳丘規模から2グループに分けることが可能である。24～25mから30mの円墳グループと10mから17～18mの円墳グループである[6]。また竪穴系埋葬の8号墳を横穴式石室受容以前ないし受容期の時期（小規模グループなので受容時期が遅れた可能性がある）に想

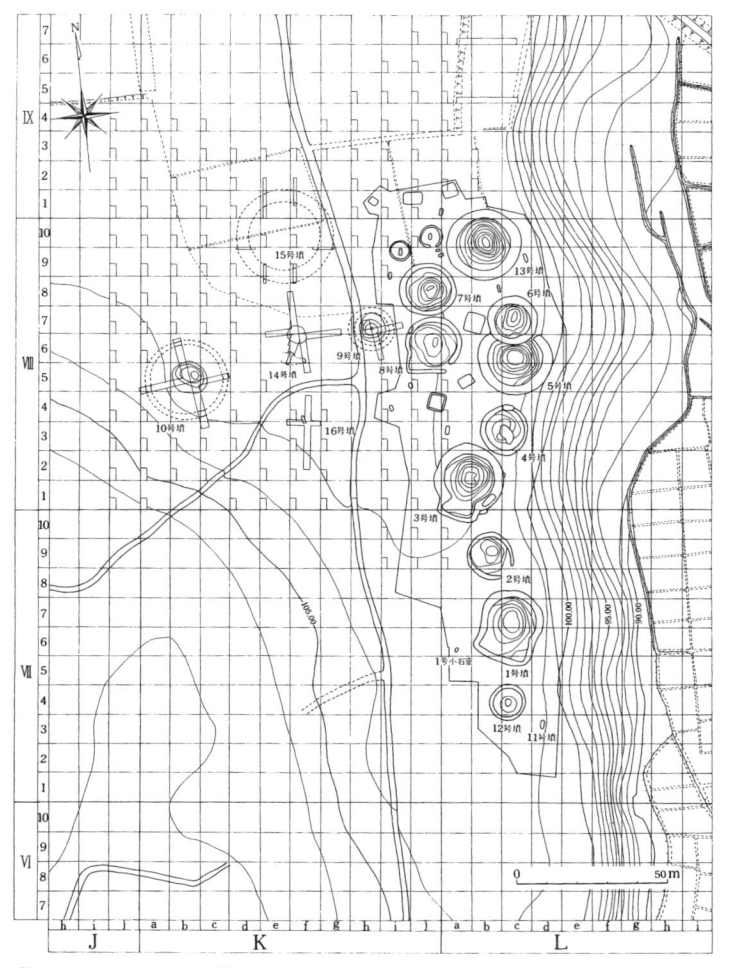

第71図　上原古墳群の分布図（青木・矢野・中山・平尾 1989 より）

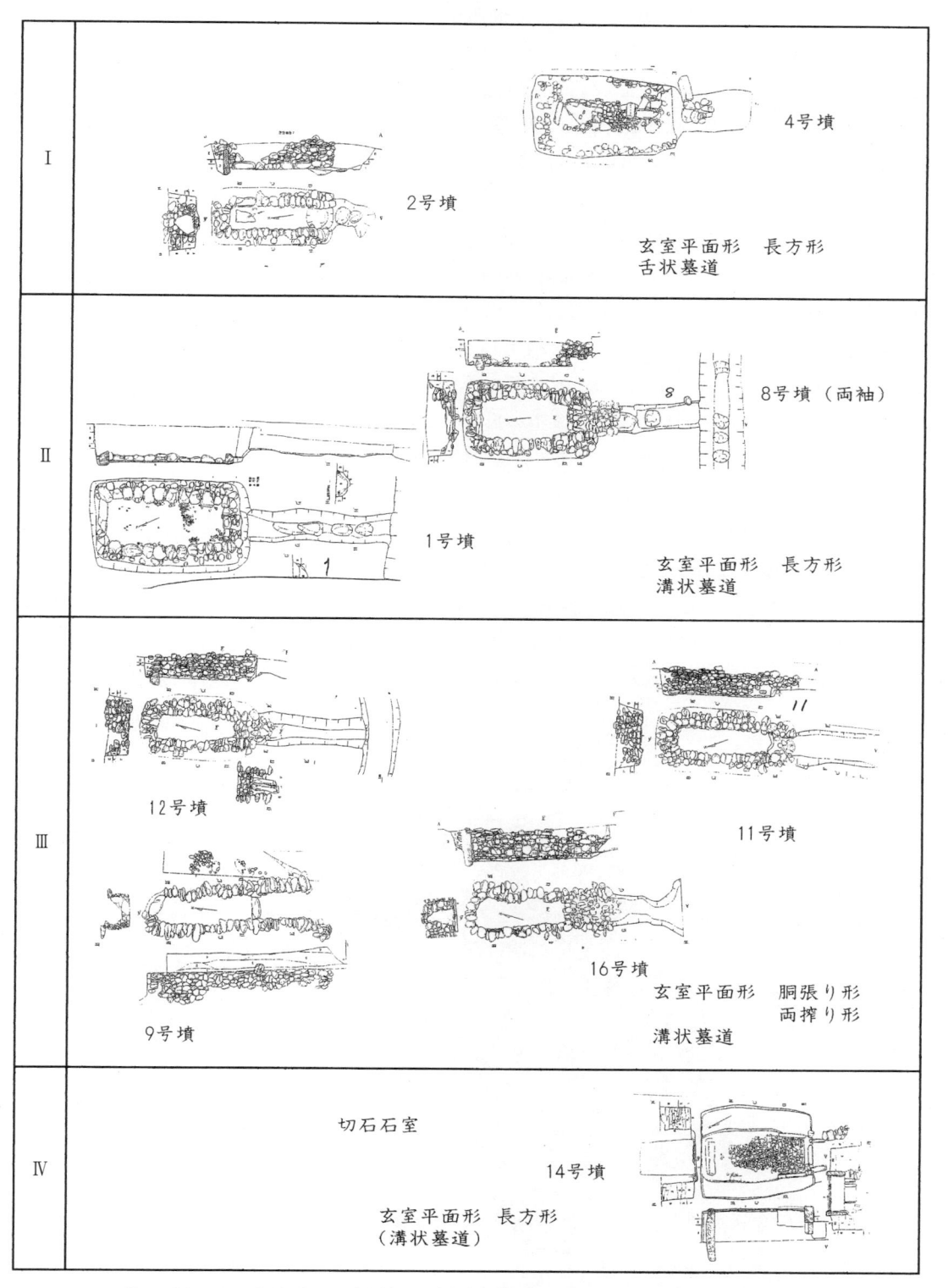

I		4号墳 2号墳 玄室平面形　長方形 舌状墓道
II		8号墳（両袖） 1号墳 玄室平面形　長方形 溝状墓道
III		11号墳 12号墳 16号墳 9号墳 玄室平面形　胴張り形 　　　　　　両搾り形 溝状墓道
IV	切石石室	14号墳 玄室平面形　長方形 （溝状墓道）

第72図　上原古墳群の石室編年図（青木・矢野・中山・平尾 1989を加工加筆）

定することは、他の古墳群の動向からなんら問題ないであろう。16号墳は唯一埴輪を有する横穴式石室であることからこの古墳群の横穴式石室受容期の古墳であり、6世紀後半頃の古墳であろう。栃木県の横穴式石室では玄室平面形は長方形石室の方が胴張り形石室より先行することが知られている。これらのことを勘案して編年図を求めると第70図のようになる。ここで12・13号墳を割石積み石室とみなすなら、石下古墳群は最終段階で切石石室を導入したことになる。しかも群中では上位階層の古墳が受容したことになる。

〔上原古墳群〕（青木・矢野・中山・平尾 1989）

　上原古墳群は壬生町安塚から宇都宮市鷺の谷町にまたがって所在し、東武宇都宮線西川田駅から南南西約2kmに位置する。姿川右岸の台地上縁辺部に分布する前方後円墳3基、円墳13基からなる古墳群である（第71図）。壬生町上原14号墳が唯一の切石石室であるが、同じ古墳群内の石室とは側壁の石材が異なるだけで、ほかは同様の要素からなる。上原古墳群は10基の横穴式石室が確認されている。玄室平面形の形状と墓道の形状により4期に編年すると、14号墳は最終段階の石室である（第72図）。最後の段階で切石石室を導入できた群集墳の一例である。

〔西坪古墳群〕（益子町史編さん委員会 1987）

　西坪古墳群は、益子町小宅字西坪にあり、南に緩やかな斜面を持つ丘陵の南斜面に所在し、前方後円墳1基・円墳3基からなる（第73図）。4基現存2基は横穴式石室あり。3号墳（切石石室）は奥壁1枚で、側壁が胴張りの切石石室であり、1号墳もほとんど同様の横穴式石室である。2基とも切石石室であり、東隣接する日向古墳群にも切石石室が在り、西には山守古墳がある。1号墳は円墳であるが、3号墳（切石石室、第76図1）は長塚という呼称などから前方後円墳であると想

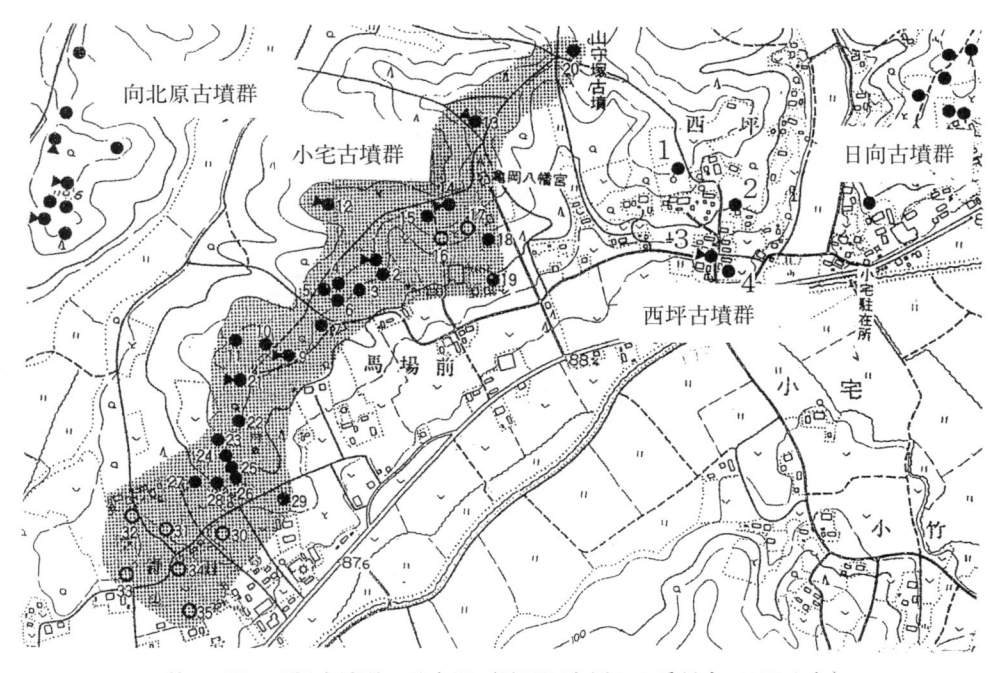

第73図 西坪古墳群の分布図（益子町史編さん委員会 1987 より）

第3節　いわゆる切石石室の出現とその意義　143

定されているが、古い図面や写真などからは確認されていない。石下古墳群・上原古墳群と異なり、横穴式石室受容期からの切石石室であった可能性がある。

以上のことから古墳群によって切石石室の受容の様相が異なることがわかる。

(b) 細分した4類切石石室の検討

〔4類ーア〕

高根沢町上の台古墳（切石石室、第74図）は、直径33mの円墳で、単独古墳であり、類似の石室はない。わずかに足利市明神山古墳（L字形石室＝右片袖）の玄室平面形が似るが石材が異なる。明神山古墳は全長31mの前方後円墳で、埴輪を持った6世紀中葉～後半の古墳であり、一方、上の台古墳は、年代を決められるような出土遺物はないが、埴輪がないことから7世紀代と想定される。時期的に見て直接的な影響を明神山古墳の石室から受けたとは認めがたいが、何らかの影響を感じる。

〔4類ーイ〕

市貝町笹原田5号墳（切石石室、第75図1）・益子町山守古墳（第75図2）があげられるが、いずれも

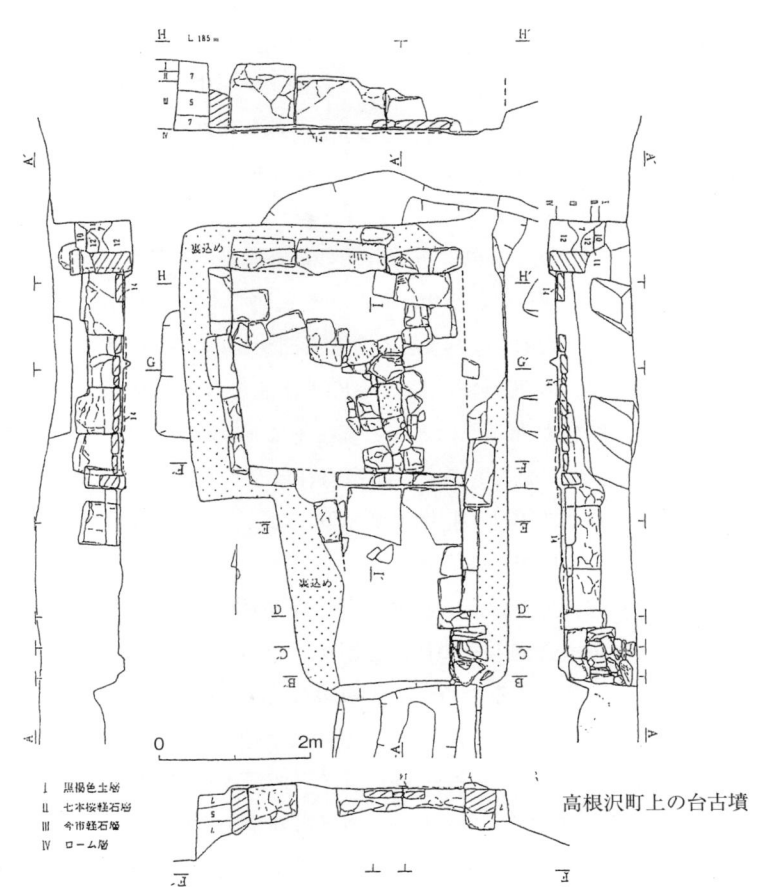

第74図　切石石室4類－アの平面図（高根沢町史編さん委員会 1995より）

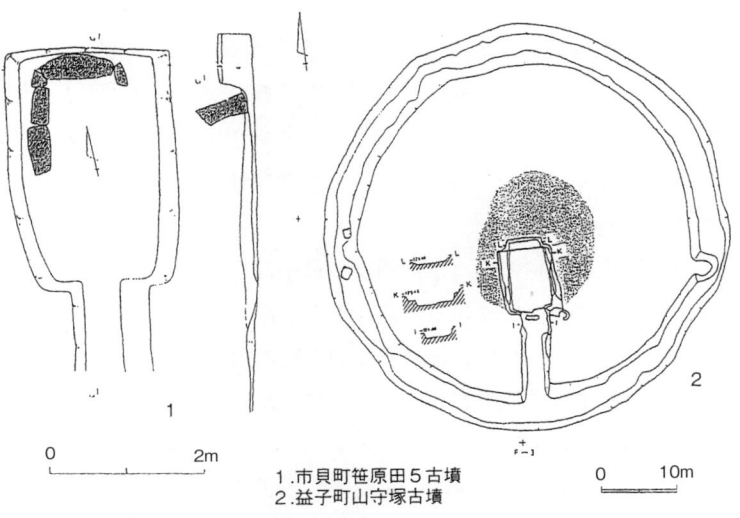

第75図　切石石室4類－イの平面図（1：関澤・北井 1979、2：久保・石川・岩松 1986より）

大きく破損していた。山守古墳は石材がすべて元の位置になく、その痕跡と移動した石材から玄室平面がほぼ長方形の切石切組石室としている。笹原田5号墳は第1段目の奥壁1枚・西側壁2枚、それに奥壁をはさむ小切石2枚のみが残る。敷石の残存状況からは奥壁より中央幅のほうが幅広のようにみえる。しかしながらここでは、玄室平面が長方形の石室としたい。

〔4類-ウ〕

石下14号墳・上原14号墳は古墳群内の最終段階の石室であるとしている。早乙女台古墳（切石石室、第76図2）の石室は玄門が組み立て玄門であり、県中央部の藤井古墳群からの影響を受けていると思われる。3類の二子塚西古墳も玄門が組み立て玄門であることは注目すべきことである。市貝町刈生田古墳（切石石室、第76図3）出土の双龍文環頭大刀把頭は、最古の6世紀前葉出土例にくらべて簡略化が進み、ほとんど龍である形がわからなくなる直前のものであり、6世紀末～7世紀初と想定されているものの、石室自体は7世紀前半～中葉頃と考えられている（益子町史編さん委員会 1991）。この種の把頭は栃木県ではこれまで3例しか確認されていない。軍事的組織を統括する首長級の古墳であろうか。

栃木県の横穴式石室では、玄室平面形は長方形石室の方が胴張り形石室より先行することが知られており、切石石室群でもその傾向を認めるなら、4類-イから4類-ウへの変遷を予想できる。また下記のように推移するため、小形の切石技法が益子町周辺から北方へ広がることがわかる。

```
    （玄室が長方形）            （玄室が胴張り）
    益子町山守古墳      ―――→    益子町西坪1・3号墳
    市貝町石下14号墳    ―――→    市貝町刈生田古墳
    市貝町笹原田5号墳   ―――→    さくら市早乙女台古墳
              壬生町上原14号墳
            （緩やかな胴張り）
```

〔4類-エ〕

玄室平面形が奥搾り形としては宇都宮市針ヶ谷新田3号墳（切石石室、第77図）があるが、すぐ南方に所在する藤井古墳群に切石石室ではないが同じ玄室平面形の石室がある。また針ヶ谷新田古墳群は少なくとも4基以上からなり、主体部が明らかな1号墳・3号墳の2基は小形切石を採用していることから、相当な勢力をもった新興集団であったと想定される。2類の十里木古墳との関係も注目される。

針ヶ谷新田古墳群における玄室側壁の構築は特徴的である。まず川原石を小口に並べ地固め石とし[7]、その上に基底石としてほぼ同大の切石を小口に据え、その上は大きさに変化のある切石を積み上げている。注目すべきは、基底石に同形同高の切石をそろえていることである。上三川町兜塚古墳[8]・長野県竹原笹塚古墳などが、基底石に同形同高の切石をそろえている。同じ玄室平面形の石室として、栃木県では上原9号墳が奥搾り形の石室で、側壁は川原石積み・奥壁は山石1枚、溝状墓道を有する。針ヶ谷新田3号墳の墓道から出土した須恵器フラスコ形長頸瓶は口縁部直下の段は存続しているが、頸部中央の2条の沈線が消失しており、池上［1985］によればTK217型式期頃になり、3号墳の築造時期を7世紀前半とする梁木・木村［1983］と相違しない。このことは、川原

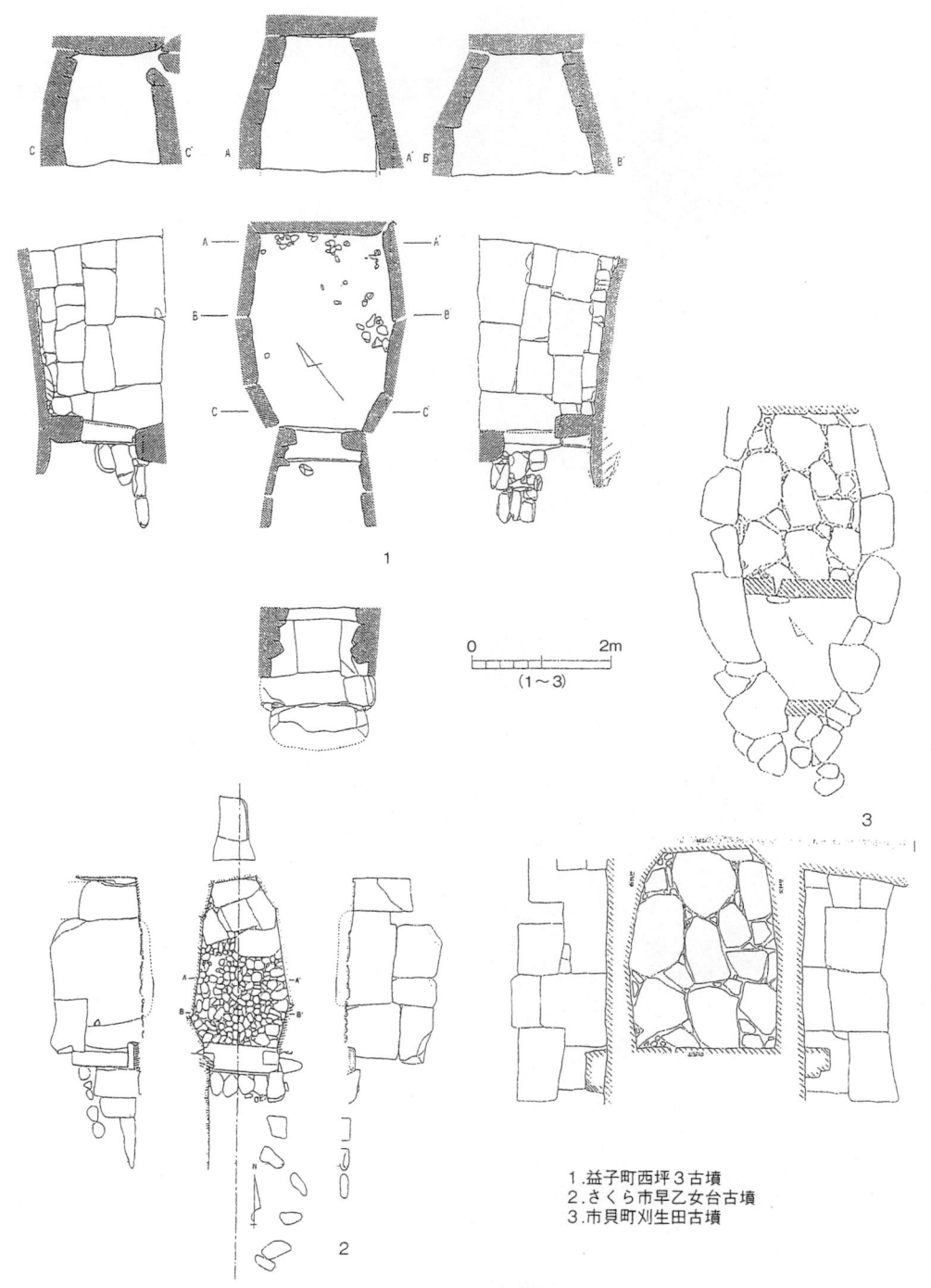

第3節　いわゆる切石石室の出現とその意義　145

1. 益子町西坪3古墳
2. さくら市早乙女台古墳
3. 市貝町刈生田古墳

第76図 切石石室4類－ウの平面図（1：益子町史編さん委員会 1987、2：赤山・大和久 1971、3：市貝町史編さん委員会 1990 より）

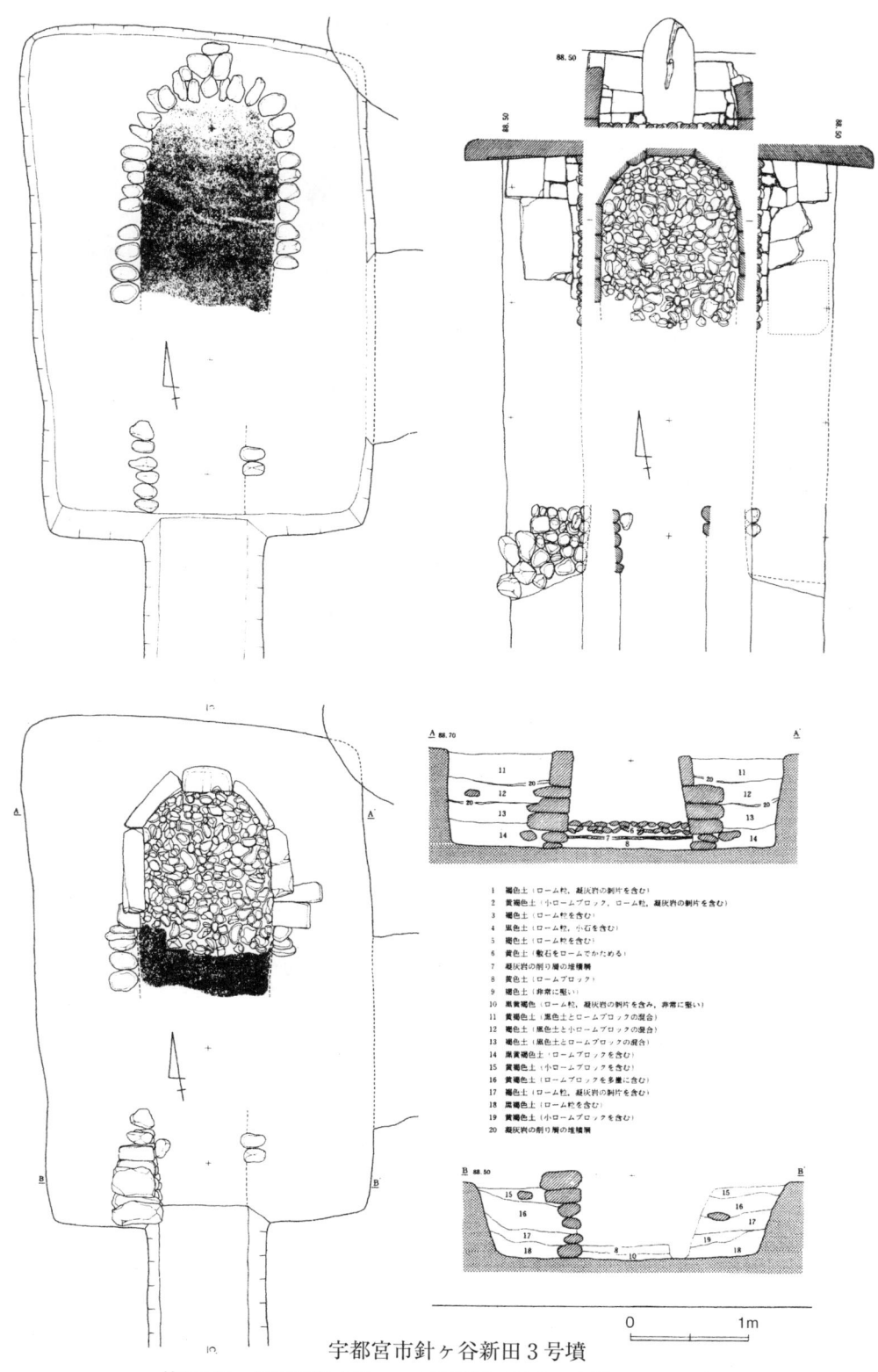

146　第 4 章　栃木県における横穴式石室の変遷

1　褐色土（ローム粒，凝灰岩の割片を含む）
2　黄褐色土（小ロームブロック，ローム粒，凝灰岩の割片を含む）
3　褐色土（ローム粒を含む）
4　黒色土（ローム粒，小石を含む）
5　褐色土（ローム粒を含む）
6　黄褐色土（敷石をロームでかためる）
7　凝灰岩の削り屑の堆積層
8　黄褐色土（ロームブロック）
9　褐色土（非常に硬い）
10　黒黄褐色（ローム粒，凝灰岩の割片を含み，非常に硬い）
11　黄褐色土（黒色土とロームブロックの混合）
12　褐色土（黒色土と小ロームブロックの混合）
13　褐黄褐色土（黒色土とロームブロックの混合）
14　黒黄褐色（ロームブロックを含む）
15　黄褐色土（小ロームブロックを含む）
16　黄褐色土（ロームブロックを多量に含む）
17　黄褐色土（ローム粒，凝灰岩の割片を含む）
18　黒褐色土（ローム粒を含む）
19　黄褐色土（小ロームブロックを含む）
20　凝灰岩の削り屑の堆積層

宇都宮市針ヶ谷新田 3 号墳
第 77 図　切石石室 4 類－エの平面図（梁木・木村 1983 より）

石や山石積み石室では玄室平面形が奥搾り形石室は胴張り形石室の後発と位置づけられているが[9]、切石積み石室においても同様であることがわかる。

(3) 小　括
a．大形切石石室
　1類が該当する。6世紀中葉〜後半にはじまる最高首長墓の系譜の存在を示すものとみなされている。詳細に見ていくと、（ア）これらは田川・思川流域に集中しているものの、いくつかのグループに分けられる。多くの研究者は5地区前後に分ける。乱立している点、すべてが同一である石室が少ない点は伊那谷地域に似る。ある種の政治的役割が発生し、それが存続している間は最高首長墓級の石室が乱立するが、その役割が終わると衰退する。（イ）石室が小さくなる点など畿内の動向に連動している。一方で、畿内と同質の石室は見られない。この時期の栃木県の政治的立場を示すものであろうか。（ウ）数は少ないが、大形切石石室の亜流石室（2類・3類を示す）がその周辺に位置していることは、注意を要する。

b．小形切石石室
　4類が該当する。
(a) 受容の様相
　栃木県内の小形切石石室の受容の様相は古墳群内あるいは周辺の古墳との関係で、以下の3ケースに分類できる。
　　①すでに形成されている石室の変遷の中でとらえられるケース……石下古墳群・上原古墳群
　　②玄室平面形は周辺の石室と同じであるが、小形切石石室が目立つケース……益子町小宅地区
　　　（西坪古墳群・山守古墳を含む小宅古墳群・日向古墳群）・針ヶ谷新田古墳群
　　③玄室平面形は周辺の石室と明らかに異なるケース……高根沢町上の台古墳
　これらのケースはさまざまに解釈をすることができると考えるが、ひとつの解釈として、以下のような見方を提示する。
　まず、①は切石技法が在地の中小首長層や有力者層に波及し、最後の段階で採用されたケース。そして、②・③は切石技法を有する集団あるいは使用を認められた集団が移動あるいは台頭してきたケース。そのうち、②は既存の集団の石室形態・技法も受け入れ融合した集団のケース。③は既存の集団の石室形態・技法とかなり離れた構造の石室であり、在来集団とは距離を置いたケース。
　このように解釈可能なら、切石石室は支配者層に規制された技法であることが想定される。
(b) 変遷の検討
　栃木県の群集墳内に受容された石室の変遷と同様に、玄室平面形が長方形から胴張り形・奥搾り形へと変遷する（4類－イ→4類－ウ・エ）。胴張り形（4類－ウ）と奥搾り形（4類－エ）は同時期に存在するが、奥搾り形（4類－エ）の方が後発的ではある。

c．階層性
　墳丘規模・出土遺物から大形切石石室と小形切石石室では階層差がある。2類・3類の大形切石石室志向グループはその中間に位置する。石室の1要素ではあるが、刳り抜き玄門もステイタスと

して使用の制限があったと推定できる。さらに切石石室の下位に川原石積み・山石積みなどの石室が位置づけられると考える。一方で、石室規模だけで階層性を判断するのは危険である。7世紀になるとその規模は新しくなるにつれて縮小していくことが知られている。時期が異なれば下位の横穴式石室の規模のほうが上位の横穴式石室の規模より大きくなることもありえるので、注意を要する。

d. ひとつの石室に異なる階層の石室構成要素の存在

針ヶ谷新田3号墳石室の構成要素のなかには、①大形切石石室で採用されている基底石に複数個の同形同高の切石をそろえて据える構成要素、②小形切石石室の特徴である小形切石で側壁を構築する構成要素、③群集墳内に主に波及してきた玄室平面形が奥搾り形である構成要素、というこれまでは明らかに異なる階層の石室構成要素と考えていたものが、一つの石室に表出している。

この現象は、古墳時代終末にきて規制が緩くなったのか、あるいはほかの理由によるものか定かではないが、注目すべき現象である。

e. 年代観

大形切石石室は吾妻岩屋古墳を初現とすれば、6世紀中葉～後半であり、小形切石石室は玄室平面形が長方形である4類－イが初現であり、6世紀末～7世紀初頭である。すなわち大形切石石室を構築する階層の支配の下で、遅れて次位の階層者が規制された環境で小形切石石室が築造されたと想定する。小形切石石室の変遷図は、4類イ→4類ウ・エへと変遷する。

大形切石石室と小形切石石室の終焉は7世紀中葉～後半頃で、その後は横口式石槨や他の墓制に変わっていくのであろう。

4. 系　譜

(1) 大形切石石室

a. 出雲説

早い時期に秋元陽光・大橋泰夫は出雲の石棺式石室との関連を指摘している（秋元・大橋 1988）。しかしその後、多くの研究者は定義された出雲型石棺式石室と栃木県の切石石室とはかなりの構成要素で相違点があると指摘し、その系譜とするのは懐疑的であった。しかしながら山陰の石棺式石室の中には、数は少ないが栃木県の切石石室と同様な構成要素を持つ石室もある。直接出雲型石棺式石室が栃木に伝播したが受容の段階で変化したものか、出雲から波及した西伯耆で変化した後に栃木へ伝播したかは明らかにはできない。しかし、山陰からの直接ないしは間接伝播で栃木へ伝わったと考えることは妥当性がある。もちろん1回の伝播でなく何次かの伝播により、栃木においても石棺型石室の系譜が成立したと考えることも可能ではないか（市橋 2008）。すでに上野恵司は広く関東の切石石室から、「出雲型石室」の様相を抽出して、「文献や墳形の問題、系譜関係から考えると直接的影響のもとにこれらが受け入れられ、一部地域的に変容した結果として出現したもの」と想定し、さらにその先に九州や半島からの影響を考えている（上野 1996）。また小林孝秀は伯耆からの波及の可能性を指摘している（小林 2005d）。

b. 北武蔵・常陸説

　田中宏明は、栃木県の大形切石石室（刳り抜き玄門）の系譜を埼玉県（北武蔵）、茨城県常陸南部・筑波山麓の平沢古墳群などに求めている（田中 1987）。

c. 肥後説

　小林は、熊本県と栃木県の間に系譜的な繋がりを想定できる可能性も視座に据えるべきであろうとしている（小林 2005d）。「肥後の刳り抜き玄門を有する石室には、各壁に1枚石を使用した構造のものもあり、さらに全体的に玄室の平面形が縦長の長方形を呈する特徴を認めることができる。また―中略―基本的には床石を持たないと言える。縦長の長方形を呈する平面形や1枚石の床石を有しない点に下野との共通点を窺うことができる」と主張する。

d. 在地発生説

　小森哲也は出雲の石棺式石室との関係を重視しながらも、栃木県で創出されたものとして「下野型石棺式石室」を提唱（小森哲 1990）した。その根拠は、①地理的にみた場合、直接彼我を結び付けるのはむずかしいこと、②石室の外面を蒲鉾形に仕上げる手法は石棺を意識した以外の何物でもないこと、③石棺に穴を穿つからこそくり抜き技法が生まれたと推定するのに出雲あるいは九州ましてや畿内の影響を考える必要はないこと、④さらに切石の使用についてはすでに5世紀後半の権現山北遺跡16号住居のかまどに採用されていることなどをあげている。

　その後、小森は「出雲の石棺式石室と壬生町・上三川町・下野市に分布する大型の凝灰岩切石使用石室」を、ほかのいくつかの例ともに、「広域交流の可能性を示す資料のひとつ」と位置づけをしている（小森 2009）。

e. 上野説

　上野恵司は、最も早く切石構築技術を有し、栃木県と関係の深い群馬県（上野）の切石使用工人の技術的影響を、変則的古墳にうかがえる常総地方より発展してきた板石使用工人集団が受け入れ、成立したのが下野型の一枚石を使用する切石石室である（上野 1992)[10]とした。しかしながら板石使用工人集団が受け入れなくても、群馬県の切石使用工人の指導があればできるのではないだろうか。

　群馬県では、高崎周辺の切石石室を検討した若狭徹が「古墳時代後期後葉に顕在化する館凝灰岩加工石を用いる一群の（横穴式石室の）存在は、やはり何らかの首長間紐帯の証と見なければなるまい」（若狭 2008：p178）と指摘し、石室への凝灰岩加工技術が首長層で管理されていたことを示唆しており、この技術が隣接地域の栃木県下の首長層へ限定的に波及した可能性はある。ただしここでの凝灰岩加工石は一枚石ではなく小形切石石室というべきものであり、大形切石石室は別の系譜を検討する必要がある。群馬県といえども一枚石使用石室の構築となると7世紀をまたねばならない。

f. 横穴墓との関連性

　上野恵司は、切石石室を担う集団を常総地域より発展してきた板石使用工人集団を想定している（上野 1992）が、初期はともかくその技術を担った集団は横穴墓を墓制とした集団の可能性もある。その集団がどのような性格の集団であるかはさて置き、関東地方を見回すと、いくつもの切石石室

と横穴墓が強くかかわっている事例を見出すことができる。栃木県へ波及した横穴墓は地理的・生態的・構造的に二つに分かれるようである。

長岡横穴墓群と栃木県東部（那須・塩谷・芳賀地域）横穴墓群である。長岡横穴墓群は、集中型横穴墓群であり、大形切石石室とのかかわりが考えられ、埼玉県東松山市吉見百穴横穴墓群に波及元を想定できる。栃木県東部横穴墓群は、分散型横穴墓群であり、小形切石石室とのかかわりが考えられ、茨城県に波及元を想定できる。

これらの集団は軟質の石を掘削する技術を有する集団であり、切石石室との関係が深いが、切石石室がみられない真岡市や群馬県板倉町でも横穴墓（真岡市は地下式）がローム層・硬質砂層など凝灰岩層でないところに所在していることは注意を要する。

また、これらの集団は生産遺跡をともなうことが知られており（若狭 2008、加部 2010 など）、栃木県でも時期はやや下がるが、製鉄遺跡・窯業跡などの分布の様相と類似する事実は重要である(11)。

(2) 小形切石石室

a. 4類－ア

他の4類とは別の経緯であると想定している。4類－アの石室は石材が異なるが、その平面形だけでなく形態的にも朝鮮半島百済（ソウル可楽洞3号墳やそれより新しい公州熊津洞12号墳など）に類似の石室構造を有する古墳がある。それが日本列島に伝播し、間接的・スポット的に上の台古墳に波及してきたと想定できないだろうか。栃木県の隣接地で類似の石室を抽出すると、埼玉県では東松山市諏訪山3号墳、群馬県では高崎市滝川村2号墳、甘楽町金比羅山古墳、箕郷町和田山5号墳（以上T・L字形石室）、富岡市小野5号墳、桐渕14号墳（以上玄室平面正方形）などがあるが、切石で同形の石室はない。玄室平面形が似るが石材が異なる足利市明神山古墳は距離的には群馬県に近い。玄室平面形が正方形の形状は群馬県方面からの影響が考えられる。

b. 4類－イ・ウ・エ

いずれもその石室形態は石材が異なれば既存の横穴式石室にある。すなわち既存の横穴式石室に石材の異なる切石積みの技法を導入したものである。先進地でそうした融合がおこなわれて栃木県へ波及したともとらえられるが、4類－イ・ウ・エのいずれもが石材が異なれば存在していることから、栃木県で成立したのではないか。それは下位者が上位者の横穴式石室のような壁面全体が平坦な構造の石室にステイタスを求め、一枚壁や刳り抜き玄門の使用は認められなかったものの切石積みの使用を認めさせたことによるのではないか。

草野潤平によれば、群馬県における截石切組積石室は従来7世紀後半早くても7世紀中葉とされていたが、これを第一段階は7世紀前半とし、7世紀前後の切石積石室の技術的伝統の中から構築されたとしている（草野 2007）。草野[2007]の切石積石室・截石切組積石室と本論の切石石室とはその定義が異なるが、切石積み技法が7世紀初前後には群馬県にあり、さらに技術的にも展開していく潜在力を持っていたことがわかる。この技術が4類の石室に影響を与えた可能性もある。また、4類－ウ・エは、その平面形が類似する石室として、埼玉県では比企地域桜山古墳群との関係

が注目されるし、茨城県では筑波山周辺の類似の石室との関係も注意をする必要がある。

(3) 小　括

いままでの大形切石石室に関する諸説はそれぞれに根拠がある。すなわち多様な系譜が多様なルートで栃木県へ伝播し、ほかへ波及していったと想定したい。このことが重要である。また小形切石石室のような下位層あるいは中間層の横穴式石室はその地域の領域支配者（地域最高首長）の影響によるものであろう。

また同時期に多彩な横穴式石室の技法の伝播について、今まではひとつの群集墳・古墳群にさまざまな種類の石室があるという現象での理解であったが、それだけでなく一つの石室に多系譜の構成要素が混在することを認めていくことが肝要である。この現象は、複合化した状態で栃木地方に波及したか、あるいは当地で複数の技法が合併したことなどが考えられる。

5. 地域性と流通――まとめにかえて

地域性と流通については、同時代の他の種類の石室や横穴墓、埴輪、須恵器、瓦など考古資料を分析する必要がある。しかし、小稿では予報的な見解を以下に述べておきたい。

(1) 分布状況

切石石室の分布をみると、大形切石石室は一つに大きくまとまりを見せる。群馬県においても、7世紀中葉になると大形切石石室（栃木県とは性格がやや異なるが）は総社地域へ集中をみる。そして両者はこの頃には形成しつつあった原東山道の道筋に当たる。このことは両者間の陸路交通が確立しつつあることの証しであろう。

(2) 伝播経路の想定

当然ながら原東山道だけでなく、ほかにも陸路・水路の複数経路が考えられる。

上野・信濃ルート（原東山道。複数か）、武蔵・相模ルート（原武蔵路の陸路や利根川・荒川などの水路）、常陸ルート（筑波山南・西麓周辺から北上する陸路・水路。那珂川を遡上する陸路・水路）、福島ルート（白河から南下する陸路〈原東山道〉、郡山から南下する陸路、会津田島から南下する陸路）などがあげられるが、具体的な論考は別途論じたい。

(3) その評価（結語）

この時期から陸上交通路が確立されてきたと考えられる。それは馬匹の生産地の設置、生産した馬匹の搬送、そして馬匹による交流物の搬送と、馬匹の存在が陸路開拓に始まり次いで陸運の確立へと強い影響を与えたのではなかろうか。

陸上交通の要所は政治的状況から東北への前進基地そして兵站基地として設営され、その結果としてさまざまなものが集まる。それにより軍隊・物資搬送・技術集団・組織管理者などさまざまな

集団の墓制と、あるいは派遣支配者の墓制との共存・融合による多様な石室の現出となったと想定したい。

　中央勢力が地方へ介入する契機は、兵站基地（物資の集積地であり人員の集合・設営地）の機能が生じたときであろう。栃木県の場合、すでに擬制的同族集団が形成された時期（6世紀中葉から後半か）に複数の中央勢力が構成する有力集団（この時点では代理勢力か）の介入があり、もともとあった複数系統の有力首長が割拠し、多くの大形古墳を出現させた。ただすでに大きな紐帯が形成されていたため（いわゆる下野型古墳の成立）、墓制へは強く現れず、おのおのの石室の構成要素にいくらかの相違が見られる程度である。

　このような陸上交通の要所を結ぶ陸路は、長野県伊那地域から群馬県総社地域へ、そして栃木県思川・田川地域へとつながる。そして、人びとは政治的役割をともなって、この原東山道を通って移動してきたのではないか。

註
(1) 最近の調査で、栃木市壬生町吾妻古墳の奥壁・側壁は凝灰岩でなく、硬質の閃緑岩であることが判明した（中村・齋藤 2011）。
(2) 古くは尾崎喜左雄が、自然石、剥石、割石、削石、截石に分けた（尾崎 1977）。しかし、その後石材加工の程度差であるとして、削石積み石室と截石積み石室の石材を技術カテゴリーとしては分けずに分析検討する研究者もいる。あるいは、そのような分類に限界を感じて加工した石材と大きな概念の用語を用いる研究者もいる（田中 1987）。一方で尾崎の分類に近い石材加工の分け方をする研究者もおり（梁木・木村 1983）、さまざまである。
(3) 切石を使用した石室という意味で切石石室と呼称したのは、切石積みとすると一枚壁の石室は石積み石室でないので該当しなくなるからであり、また横穴式石室としなかったのは、横口式石槨に類似した石室もあるので、広く表現した用語を用いた。なお箱形石棺に切石を使用したものがあるが、一方は石棺であるので区別が可能である。現時点では適当な表現であると理解している。
(4) 竹原笹塚古墳は径26m・高さ3.6mの円墳で、石室長6.8m、玄室長5.4m、奥壁幅1.8m、最大幅2.0m、玄門部幅1.8mを測る。石室形態は玄室平面形が無袖で、基部（基底石）は厚さ25cm前後の板石状、その上にのる合掌形の天井石は西側4枚・東側3枚からなる。副葬品は鉸具2・轡1・雲珠1がある。築造年代は合掌形石室の変遷から6世紀末から7世紀前半に位置づけられている（小林 1982）。
(5) さらに詳細には床石を持つ石室、2枚天井石、奥壁と側壁の組み合せ方、羨道部構造、前庭部の設置などの構成要素が指摘できる。
(6) この2グループを中規模古墳・小規模古墳と呼称したが、あくまでも相対的な表現であり、その墳丘規模の数値範囲を中規模・小規模と規定するものではない。
(7) この現象は、石室の壁の最下位の石材が川原石であっても、川原石積みであると判断できないことを示唆している。破壊された横穴式石室で側壁側に川原石が一段だけ部分的に残っている場合や、石材はまったく残っていないが側壁の位置に小口に据えた川原石の痕跡がある場合などは注意を要す。
(8) 小森ほか［1990］では側壁は上下2段の切石とし、上野 1992では下位に長方形の小形切石ブロックを2個据えているとしている。ここではすでに述べたが下段の切石の高さは側壁の高さにくらべて低いので側壁の1段目でなく、基礎石とみなしたい。
(9) 第72図上原古墳群における横穴式石室の変遷図により確認できる。

（10）板石使用工人集団は、特に小林［2005d］が言うように筑波山麓の平沢古墳群に特定するには時期的に無理があるが、竪穴系の板石（箱式石棺など）を扱う工人集団を考えれば時期的な問題は解消される。そもそも横穴式石室導入時期は受け入れ時期が異なっても、現象としては前代の石室構築工人集団が指導を受けるか技術的伝播で横穴式石室を構築しているのではないか。群馬県の初期横穴式石室の一つである川原石組み無袖石室なども前代の川原石積み竪穴石室からの技術的流れで理解できる。

（11）那須地域にみられる。ほかに栃木県と群馬県にまたがるが、板倉町横穴墓群（宮田 1989、加部 2010）と北方に隣接する栃木県藤岡町内の製鉄関係遺跡群（尾島 1989、伊藤・市橋 1999）との関係があげられる。

（12）草野［2007］では削石に近いブロック状直方体の石積み構造も含まれているように見えるが、本論では含めない。

第5章
栃木県における古墳時代後期の特性

第1節　横穴式石室墳の須恵器供献について

1. はじめに

　昭和50年代に栃木県の足利地域で6年間にわたり古墳の分布調査に参加したことがあるが、古墳であることの判断基準の一つに須恵器破片の出土有無を用いていたほど、須恵器破片の表採はめずらしいものではなかった。一方で、栃木県では古墳から出土する須恵器は少ないといわれていた。よくよく確認してみると、古墳の横穴式石室からの出土が少ないということであり、たしかに栃木県における過去の発掘調査例では横穴式石室からの出土例は大変少ない。隣県の群馬県の後期横穴式石室墳とは顕著な相違であるが、そうした事象を指摘し、考察したのは、土生田純之であり、その論考は支持されている（土生田 1996）。

　加えて栃木県内の横穴式石室墳の集成をおこなった際に、群馬県の後期横穴式石室墳との顕著な相違をあらためて感じた。そこで以下石室出土の須恵器埋納について考察する。

2. 栃木県における横穴式石室墳出土須恵器の研究史

（1）梁木誠の研究 ［梁木 1983］

　第4章第3節で針谷新田古墳群出土土器について論考している。須恵器と土師器について論じており、3号墳出土の須恵器フラスコ形長頸瓶の考察では、栃木県では出土した例が少ないこと、1点であるのにかなり広い範囲に破片として散らばっていたことから人為的な破砕をうかがわせることなどを指摘している。

　また、栃木県における主な後期古墳出土土器（須恵器と土師器）とそのあり方についてまとめている。注目点は、土器の出土位置については埋葬施設内の出土例が埋葬施設外の出土例にくらべて少ないことを指摘していることである。

(2) 土生田純之の研究［土生田 1996］

　黄泉国思想ともいえる古墳時代後期の葬送墓制は須恵器の石室内への埋納という形をとって顕現されるとして、北関東における横穴式石室への須恵器埋納の状況を考察している。栃木県における状況は、横穴式石室導入期には複数の石室タイプがみられるが、いずれも主体部内には須恵器を埋納することがなく、これが栃木県の特徴であるとしている。

　また、栃木県下の導入期に横穴式石室を受容した中山古墳、小野巣根4号墳、宮下古墳、権現山古墳を挙げ、「主体内への土器埋納は前代以来の伝統を引き継いでおり、基本的には認められなかった」(p12)とし、さらに、同時期における他の内部主体についても検討している。すなわち壬生町下坪古墳群の3基の箱石石棺と1基の円墳、矢板市大久保古墳群の木棺直葬の円墳3基を挙げ、いずれも主体内への土器埋納のなかったことを明らかにした。

　そして横穴式石室が定着した6世紀後半においても須恵器埋納がないことから、「栃木県の古墳は、在地的伝統と他地域との独自の交流による地域色の強い墓制であるといえよう。この点、畿内との密接な関係が節目に強く浮かびあがる群馬県とは対照的である」(p14)としている。

　次に栃木県の後期古墳の特徴の一つである基壇の意義を、葬制の面から「基壇はかつて墳頂部で実施していた儀礼に一面で共通した性格を備えた儀礼を、墳丘裾部で行うために創出されたものと思われる」と想定し、その結果「墓室内への土器埋納、すなわち新来の黄泉国観念にもとづく新たな儀礼の実施がついに定着しなかった事情も自ら理解が可能となるのである」(p15)とし、古墳の石室外に散在する土器の存在理由を示唆している。

(3) 近藤義郎の研究［近藤 2001］

　第6章「毛野と吉備Ⅰ須恵器は供献か放置か」の中で須恵器の出土状況についてまとめている。栃木県における群集墳6群46基と単独のやや大形の古墳32基との、合せて78基の横穴式石室墳から、横穴式石室内の須恵器の有無について前方後円墳・中型円墳と群小古墳に分けて分析している。群小古墳については須恵器があることは少なく、前方後円墳や中形円墳についても少ないが、足利地域だけは別でむしろ少なくないとしている。そしてその足利地域は上毛野（群馬県）と同じ様相とみて、一括して論じている。

　また、前方後円墳・中型円墳と群小古墳を問わず、前庭部・墳丘・墳裾において須恵器（甕・大甕）・土師器による祭祀の痕跡がしばしば見られるとしている。

　さらに、下毛野（栃木県）での古墳上における須恵器の在り方について、上毛野や吉備（岡山県）との共通点・相違点を見つめながら、いくつかの問題を提示している。そして、それらを解決する解釈として、古墳で死者を黄泉の国へ送り出す別離の宴という儀礼を考えている。

　本論の趣旨もこうした視点を追求していくものであり、近藤の研究のいくつかの見解に触発されてまとめたものである。

3. 課題の抽出

栃木県内の横穴式石室墳への須恵器埋納の検討を始めるにあたり、従来述べられている栃木県に特徴的な状況を、研究史でも検討したが、ここで今一度確認しておきたい。

①栃木県では横穴式石室内に須恵器が埋納されることは稀である。

土生田は、栃木県は須恵器が横穴式石室内に埋納されていない、すなわち黄泉国思想が定着しなかった理由として、かつて墳頂部で実施していた儀礼に一面で共通した性格を備えた儀礼がすでに採用されていたからであろうとしている（土生田 1996）。今次はその儀礼について論及する。

②同じ古墳群内で横穴式石室内に須恵器が置かれている古墳と置かれない古墳がある。

近藤は、須恵器は死者との別離の宴に用いた飲食物の容器として使用され、それぞれの家族体によって力量に応じた宴の用意をしたであろうとしている。豊かな宴ではたくさんの容器が残されるであろうし、貧しい宴ではわずかな容器が残るだけであろうし、さらには持ち帰りを考えれば、容器が残らなくても同じ宴をやらなかったということにはならないであろうと解している（近藤 2001）。

現時点における集成したデータを整理し、この2点について確認した後、栃木県に特徴的な状況のあり方を検討したい。

4. 栃木県下における横穴式石室墳出土の須恵器について

今回取り上げた古墳は横穴式石室を明らかに有しており、報告書・年報・論文などに記載されているものを対象として、その中から須恵器が出土した古墳を抽出した。

対象とした横穴式石室墳は290基である。そのうち、須恵器が出土した古墳は127基であり、その一覧を本文末の第12表にまとめた。

項目はNo.、市町村別、古墳名、墳形、須恵器である。墳形は円墳・方墳・前方後円墳・帆立貝式（前方後円墳）の4種で、（　）内の数値は前方後円墳・帆立貝式は全長の数値、円墳は直径の数値、方墳は一辺の長さの数値で、単位はmである。

須恵器の項目では、まず出土位置を表示し、「─」の後に器種・数量を表示した。なお、下野市石橋横塚古墳においては、横穴式石室内に須恵器高坏2とある文献（梁木 1983）があるが、出土状態は不明とされている文献（田代・小森 1984、大橋 1994）もある。ここでは、後者の説を取るが、須恵器高坏2は破片とは異なり、ほぼ完形品である。横穴式石室内出土の場合はきわめて重要な事象なので注記しておく。

第12表 須恵器が出土した横穴式石室墳の一覧表

No.	市町村別	古墳名	墳形	須恵器
1	宇都宮市	瓦塚古墳	前方後円墳(45)	須恵器2
2	宇都宮市	瓦塚3号墳	円墳(−)	墳丘斜面か周溝—大甕1
3	宇都宮市	谷口山古墳	円墳(29)	整地面から掘りこまれた土坑内—提瓶1
4	宇都宮市	山本山2号墳	円墳(19)	石室内流土—甕1
5	宇都宮市	上の原8号墳	円墳(17)	前庭部から周溝—提瓶1
6	宇都宮市	聖山公園6号墳	円墳(16)	前庭部や周溝—提瓶1・平瓶1・甑・大甕
7	宇都宮市	稲荷1号墳	円墳(13)	石室周辺の墳丘上細片になって—大甕1
8	宇都宮市	竹下浅間山古墳	前方後円墳(53)	墓道上面—大甕
9	宇都宮市	針ヶ谷新田3号墳	円墳(16)	墓道—長頸瓶1
10	宇都宮市	塚原1号墳	円墳(32)	墳丘—甕破片・高坏
11	宇都宮市	塚原2号墳	円墳(34)	墓道—フラスコ型瓶
12	足利市	物見13号墳	円墳(17)	墳丘テラス—大甕3以上
13	足利市	機神山山頂古墳	前方後円墳(36)	甕・瓶
14	足利市	足利公園古墳群E号墳	円墳(20)	石敷き上—大甕・長頸壺?
15	足利市	足利公園古墳群F号墳	円墳(16)	墳丘周辺—破片
16	足利市	足利公園古墳群I号墳	円墳(16)	石室前面—フラスコ形提瓶・甕?
17	足利市	足利公園古墳群K号墳	円墳(16)	墳丘テラス—長頸瓶1、石室や墳丘—大甕
18	足利市	足利公園古墳群M号墳	前方後円墳(34)	石室内—無蓋高坏4・有蓋高坏3・蓋1・台付長頸壺5・甑1、墳丘裾—提瓶1・甑1
19	足利市	足利公園古墳群N号墳	円墳(20〜)	墳頂部—大甕
20	足利市	助戸山3号墳	前方後円墳(28)	石室内—提瓶1、前庭部—平瓶1
21	足利市	田中3丁目市営住宅裏古墳1号墳	円墳(12)	墳頂部—広口壺2・高坏1
22	足利市	田中3丁目市営住宅裏古墳2号墳	円墳(9)	墳頂部—広口壺1
23	足利市	山辺小学校裏1号墳	円墳(13)	墳丘封土中—坏破片・壺破片
24	足利市	山辺村八幡山1号墳	円墳(13)	砂粒砂礫面(床面?)—提瓶、石室埋土—破片
25	足利市	明神山古墳	前方後円墳(31)	墳丘周辺—短頸壺1・提瓶1、石室上方—坏1
26	足利市	明神山古墳群1号墳	円墳(20)	葺石裾周辺—大甕破片?
27	足利市	明神山古墳群3号墳	円墳(15)	墳丘裾散乱—大甕群5以上?
28	足利市	明神山古墳群7号墳	円墳(10)	墳丘上—大甕破片A・B・C
29	足利市	明神山古墳群8号墳	円墳(18)	葺石付近—大甕2
30	足利市	文選11号墳	前方後円墳(−)	石室内—提瓶1・甑1・高坏2・坏蓋1、墳丘〜周溝—坏蓋2・甑1
31	足利市	海老塚古墳	円墳(50)	石室内—長頸瓶1、石室内排土—甑2
32	足利市	口明塚古墳	円墳(48)	石室?—壺破片、墳丘—大甕破片
33	足利市	永宝寺古墳	前方後円墳(66)	石室内—器台破片?、墳頂部—大甕破片
34	足利市	菅田44号墳	前方後円墳(24)	石室内—提瓶1
35	足利市	山辺村八幡山3号墳	円墳(−)	甑
36	佐野市	蓮沼3号墳	円墳(17)	墳丘斜面—甕
37	佐野市	五箇古墳	円墳(22)	控積みの外周や積石部の稜部?—提瓶2
38	佐野市	トトコチ山古墳	円墳(34)	石室内とトレンチ—甕破片
39	佐野市	小中古墳	円墳(20)	発掘前の土取り中?—甑
40	佐野市	米山東古墳	方墳(33)	破片1
41	佐野市	小峰山4号墳	円墳(20)	石室内(羨道)—提瓶1
42	佐野市	ムジナ塚3号墳	帆立貝式(31)	石室内堆積土内—坏1(9世紀後半)
43	佐野市	黒袴台SZ−1	円墳(26)	石室裏込め土内—壺破片
44	佐野市	黒袴台SZ−3	円墳(30)	石室内覆土と周溝—甕破片
45	佐野市	黒袴台SZ−5	円墳(24)	石室南1mの撹乱土坑内—甕・提瓶・甑・壺?
46	佐野市	黒袴台SZ−6	円墳(11)	周溝—平瓶1
47	佐野市	黒袴台SZ−7	円墳(28)	石室内撹乱土と周溝覆土内—甕破片
48	佐野市	黒袴台SZ−14	円墳(25)	周溝覆土—甕破片
49	佐野市	黒袴台SZ−15	円墳(22)	墓道覆土—フラスコ型瓶、周溝覆土—壺・甕破片、石室内撹乱土—壺破片・甕破片
50	佐野市	黒袴台SZ−22	円墳(21)	周溝覆土—甕破片

第1節　横穴式石室墳の須恵器供献について　159

51	佐野市	黒袴台 SZ－29	円墳(18)	前庭覆土―フラスコ型瓶2・甕破片、石室西側攪乱坑―甕破片
52	佐野市	黒袴台 SZ－33	円墳(14)	墓道覆土―フラスコ型瓶
53	佐野市	黒袴台 SZ－38	円墳(13)	石室内攪乱土と石室東側攪乱坑―甕破片
54	佐野市	黒袴台 SZ－41	円墳(－)	石室内攪乱土―甕破片・瓶破片
55	佐野市	黒袴台 SZ－50	円墳(16)	石室内攪乱土―坏蓋1・甕破片、石室南側攪乱坑―甕破片、周溝覆土―鉢破片
56	佐野市	黒袴台 SZ－63	円墳(11)	石室内攪乱土―甕破片
57	佐野市	黒袴台 SZ－526	円墳(－)	墓道付近―甕破片・坏破片
58	佐野市	黒袴台 SZ－721	円墳(32)	周溝覆土―甕破片
59	佐野市	黒袴台 SZ－722	円墳(18)	墓道付近―フラスコ型瓶1
60	佐野市	黒袴台 SZ－723	円墳(23)	周溝覆土―甑破片
61	佐野市	黒袴台 SZ－724	円墳(29)	墓道覆土―フラスコ型瓶1
62	佐野市	黒袴台 SZ－860	円墳(39)	周溝覆土―壺破片
63	佐野市	山越1号墳	円墳(11)	石室内堆積土―大甕1
64	佐野市	正光坊6号墳	円墳(19)	石室内？―提瓶1
65	小山市	雷電神社古墳	円墳(－)	墓道先端部―坏、墓道内―壺破片
66	小山市	外城2号墳	円墳(20)	石室天井石上面の被覆土―破片
67	小山市	飯塚5号墳	前方後円墳(25)	墳丘上部―提瓶1・壺1
68	小山市	飯塚27号墳	前方後円墳(34)	周溝―甕
69	小山市	飯塚28号墳	前方後円墳(21)	石室内と周溝―甕1、周溝―横瓶
70	小山市	飯塚29号墳	前方後円墳(21)	周溝―大甕1・坏1・甑1
71	小山市	飯塚30号墳	円墳(20)	石室内―大甕破片、周溝―甑破片・大甕破片
72	小山市	飯塚32号墳	円墳(17)	周溝―平瓶1・俵（横）瓶1・提瓶破片・破片
73	小山市	飯塚44号墳	前方後円墳(40)	墓道―高坏1・甕1・破片、墳丘―甑1・提瓶2・短頸壺1、大甕2、周溝―提瓶1・長頸瓶1・甕2・破片
74	小山市	足尾塚古墳	円墳(33)	円筒埴輪と円筒埴輪の間―大甕
75	小山市	飯塚42号墳	前方後円墳(22)	周溝―坏5・壺2・甕2、周溝―高台付坏1・坏1・坏蓋1・壺2・甑1・横瓶1・提瓶1・甕1
76	小山市	飯塚37号墳	円墳(20)	周溝―破片（瓶や甕か）
77	小山市	飯塚43号墳	前方後円墳(33)	石室―甕破片、周溝―破片
78	小山市	琵琶北1号墳	円墳(25)	石室前面―瓶1・短頸壺1・高坏1
79	真岡市	神宮寺塚古墳	円墳(24)	床構造材―大甕破片
80	真岡市	中村大塚古墳	円墳(25)	石室内―大甕破片・坏1
81	大田原市	蛭田・C－2号墳	円墳(－)	前庭部―坏1・壺1
82	矢板市	番匠峰1号墳	円墳(21)	墳丘上―破片
83	矢板市	番匠峰2号墳	円墳(13)	墳丘盛土―破片
84	下野市	朝日観音2号墳	円墳(24)	墳丘上―甕破片
85	下野市	御鷲山古墳	前方後円墳(62)	大甕
86	下野市	別処山古墳	前方後円墳(37)	周溝外―大甕1
87	下野市	星の宮神社古墳	円墳(46)	石室外客土―甕破片・提瓶
88	下野市	下石橋愛宕塚古墳	帆立貝式(84)	前庭部や石室付近―大甕2以上
89	下野市	石橋横塚古墳	前方後円墳(70)	無蓋高坏2・有蓋高坏1・甕1
90	下野市	甲塚古墳	前方後円墳(85)	石室内埋土―甕破片、造出部―（坏・坏蓋・高坏・高坏蓋)150・大甕・脚坏長頸壺
91	下野市	山王塚古墳	前方後円墳(89)	石室埋積土―大甕破片
92	下野市	丸塚古墳	円墳(71)	墳頂―破片
93	下野市	愛宕塚古墳	前方後円墳(－)	高坏・甑？
94	さくら市	瓜平古墳	円墳(12)	墳頂部―破片（8世紀後半～9世紀）
95	那須烏山市	大和久1号墳	円墳(13)	石室前方の周溝―蓋3・高台付坏1
96	上三川町	多功大塚山古墳	方墳(54)	石室内―甕破片・蓋破片、前庭部覆土―フラスコ型瓶、周溝―大甕破片・坏2・高台坏2・破片
97	上三川町	西赤堀狐塚古墳	帆立貝式(39)	表採―甕破片
98	上三川町	兜塚古墳	円墳(45)	甑1
99	上三川町	西赤堀2号墳	前方後円墳(27)	石室内―甕破片
100	上三川町	西赤堀4号墳	円墳(24)	周溝覆土―甕破片・平瓶破片・提瓶破片
101	西方町	西方山3号墳	円墳(23)	石室内―長頸瓶1、墳頂部―大甕

102	西方町	西方山6号墳	円墳(33)	墳頂部～裾部―提瓶1
103	二宮町	上大曽1号墳	前方後円墳(39)	墓道―破片1
104	益子町	山守塚古墳	円墳(54)	周溝―高台付坏1・長頸瓶破片・大甕破片
105	市貝町	刈生田古墳	円墳(50)	石室封土内―破片
106	市貝町	長久保4号墳	円墳(14)	平底短頸壺
107	芳賀町	二子塚西古墳	円墳(15)	石室内―破片、墓道―平瓶2・大甕1・高台付坏2・蓋1
108	壬生町	壬生車塚古墳	円墳(62)	墳丘上―大甕破片
109	壬生町	桃花原古墳	円墳(63)	前庭西側平坦面―長頸瓶1・高坏1、前庭覆土―甕12、石室内埋土―甕2
110	壬生町	新郭4号墳	円墳(26)	墳丘上と周溝―長頸瓶1・大甕破片・細頸瓶・瓶か壺、墳丘上―大甕破片、墓道―甕・高坏・坏、周溝―高坏・坏・提瓶
111	壬生町	新郭8号墳	円墳(12)	近世溝内―甕破片
112	壬生町	新郭10号墳	円墳(11)	墓道～周溝―大甕、周溝―甑1
113	壬生町	新郭12号墳	円墳(21)	墓道～周溝―大甕、周溝―甑
114	壬生町	上原古墳群1号墳	円墳(21)	墳丘―甕破片・平底短頸壺
115	壬生町	上原古墳群4号墳	円墳(13)	石室埋積土―提瓶・甕破片
116	壬生町	上原古墳群12号墳	円墳(10)	周溝―提瓶1
117	壬生町	上原古墳群14号墳	円墳(－)	石室前周溝―甕破片、位置不明―広口壺
118	壬生町	藤井1号墳	円墳(25)	墳丘上―大甕破片
119	壬生町	藤井19号墳	前方後円墳(15)	玄室付近―長頸瓶1
120	壬生町	藤井25号墳	円墳(9)	墳丘上―提瓶1・甑1・大甕1
121	壬生町	藤井52号墳	円墳(20)	破片
122	壬生町	北原6号墳	円墳(14)	墳丘―甕破片
123	藤岡町	七つ塚1号墳	円墳か(－)	石室内撹乱層―破片
124	藤岡町	七つ塚2号墳	円墳(12)	周溝と石室上の撹乱層―甕破片(古墳時代のものでない?)
125	高根沢町	上の台古墳	円墳(40)	甕破片
126	那珂川町	北向田7号墳	円墳(16)	石室外―甕破片
127	那珂川町	川崎古墳	前方後円墳(49)	石室内―甕

5. 課題の検討

(1) 横穴式石室内の須恵器埋納について

　第12表を基に横穴式石室内に須恵器を有する古墳について細分する。

　まず県内の横穴式石室墳290基を、各地域で主墳的な役割を果たしていると思われる前方後円墳、直径や一辺が20m以上の円墳・方墳の主要古墳と直径や一辺が20m未満の円墳・方墳の群小古墳に分け、最後に破壊程度が激しいなどにより規模不明な古墳の3グループに分けた。

　次に、これらに総数・石室内・その比率の項目を設けた。「石室内」は前項目の基数のうち、横穴式石室内で土器が出土した古墳数を示すが、石室内にもともとあったと想定できる古墳（保留を含む）を対象とした。これらを県内地域別に分けて第13表を作成した。ここで地域別としたのは、対象とする古墳数が市町村によっては少なすぎて適切な比較にはならないと考え、古墳数が少ない市町村は周辺の市町村とあわせたり、隣接の総数の多い市町村に吸収させたりして、ある程度の数になるようにし、やや無理があることは承知で県内を9地域に分けた。すなわち古墳数の少ない矢板市・さくら市・大田原市・那須烏山市・那珂川町・塩谷町は県北部地域、高根沢町・芳賀町・市貝町・真岡市・益子町・二宮町を芳賀地域、鹿沼市は宇都宮市にあわせて宇都宮地域、下野市と上三川町で下野市地域、西方町・栃木市・大平町・岩舟町・藤岡町を都賀地域とし、足利市、佐野市、

第13表　横穴式石室内に須恵器を埋納している古墳基数一覧表

	主要古墳			群小古墳			規模不明			合計		
	総数	石室内	その比率	総数	石室内	その比率	総数	石室内	その比率	総数	石室内	その比率
足利市	14	7	0.5	23	2	0.09	6	0	0	43	9	0.21
佐野市	21	2	0.1	14	1	0.07	9	0	0	44	3	0.07
都賀地域	6	1	0.17	6	0	0	5	0	0	17	1	0.06
小山市	24	3	0.13	2	0	0	5	0	0	31	3	0.1
下野市地域	20	2	0.1	4	0	0	0	0	0	24	2	0.08
壬生町	15	1	0.07	14	0	0	10	0	0	39	1	0.03
宇都宮地域	20	0	0	10	0	0	6	0	0	36	0	0
芳賀地域	18	1	0.06	11	0	0	4	0	0	33	1	0.03
県北部地域	7	1	0.14	10	0	0	6	0	0	23	1	0.04
合計	145	18	0.12	94	3	0.03	51	0	0	290	21	0.07

　小山市、壬生町はそのまま単独とした。また、地域分けの中で壬生町に大部分所在する藤井古墳群の横穴式石室墳の扱いについて、地域別にすると一部を都賀地域（栃木市）や下野市地域（下野市）に分けなければならないのであるが、古墳群は一括として扱ったほうがより精度の高い分析ができると考え、大部分が該当する壬生町に分けた。

　横穴式石室内須恵器の有無であるが、主要古墳では足利市が比率0.5、都賀地域が0.17、小山市が0.13、佐野市・下野市地域が0.1と続く。実数にすると足利市が7基、他の地域は0～3基（宇都宮地域のみ0基）であり、明らかに足利市の優位性を見てとれる。群小古墳ではすべての地域で0.1以下である。実数では足利市が2基、佐野市が1基で他の7地域は0基である。足利市では主要古墳の数値は高く、群小古墳の数値は低い。このあり方は、近藤の指摘どおりである（近藤2001）。

　また、多くの石室内の須恵器は、個体数が1個ないし2個が大部分であり、器種が2種以上出土した例は足利公園M号墳（3号墳）5種14点（第78図）[(2)]、同市文選11号墳4種6点（第79図）[(3)]、上三川町多功大塚山古墳2種2点[(4)]の3基だけである[(5)]。このような状況は岡山県などの出土状況とは大きく異なる。

　一方、石室外から須恵器を出土する古墳は、主要古墳では145基中79基、群小古墳では94基中38基であり（規模不明古墳は51基中10基）、近藤論文（近藤2001）と比較して、あまり変わらない結果であった。

　足利における様相、すなわち横穴式石室内に須恵器を埋納する古墳は、首長墓（前方後円墳や中形円墳・主要古墳）では比率0.5にのぼり、一方群集墳（群小古墳）では一桁近く少ない数値を示す。この様相は、小林孝秀［2005a］の分析で理解できる。小林は「須恵器の主体部内埋納が横穴式石室の導入と同時に見られ」、「その後、土器類が石室内から出土せず、それに替わって前庭部から多量に出土するようになるのである」が、首長墓では「依然として石室内において土器類の供献を継続して執行しているのである」（小林2005a：p89）と分析している。また、このような違いは「横穴式石室の構造は首長墓の影響を受ける一方で、他地域からの直接的影響や各群集墳における独自の変化」が想定でき、このような土器供献の場の移行についても同様に、「上層から下層へ伝播す

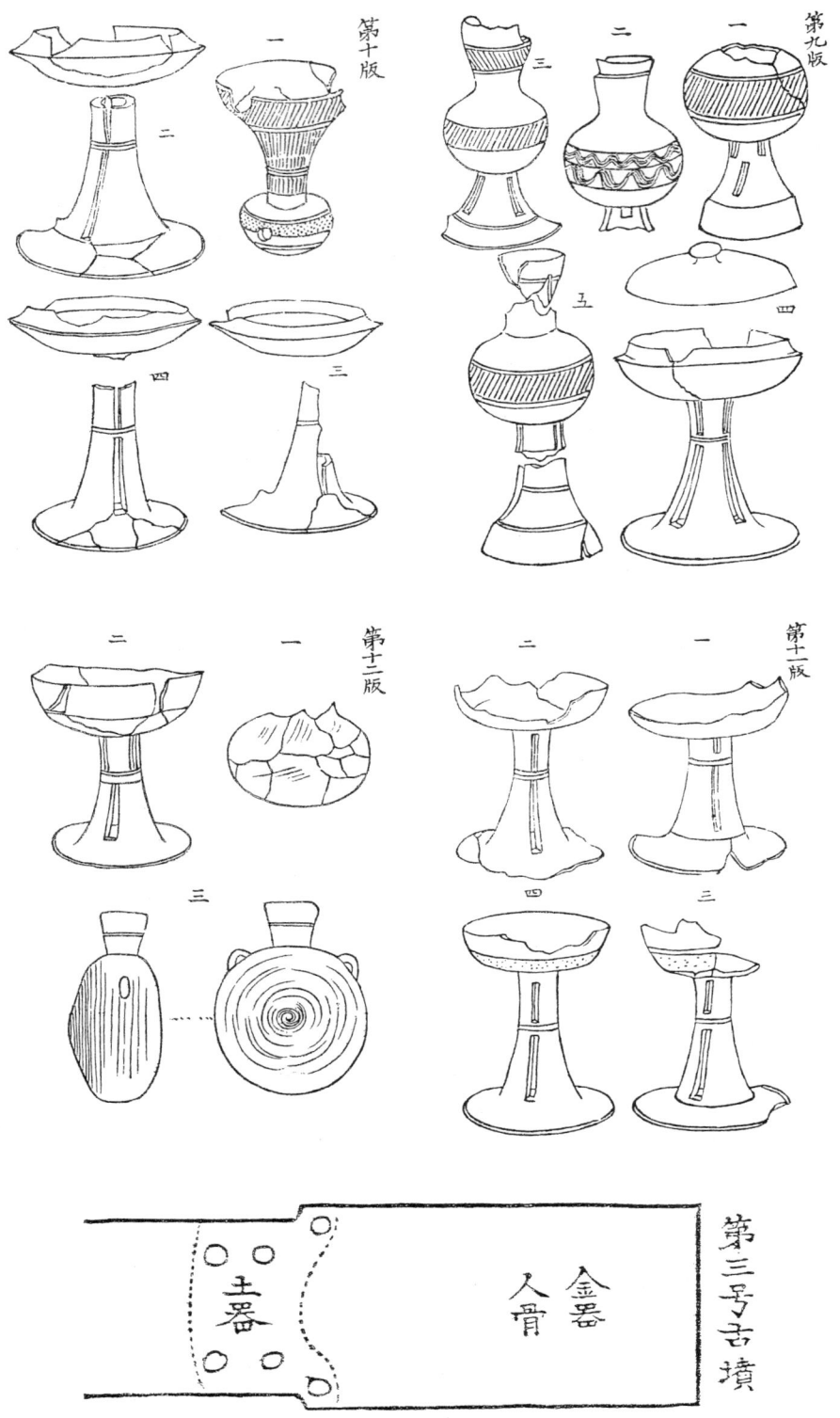

第 78 図　足利公園 M 号墳石室出土土器図および石室略図（坪井 1888 より）

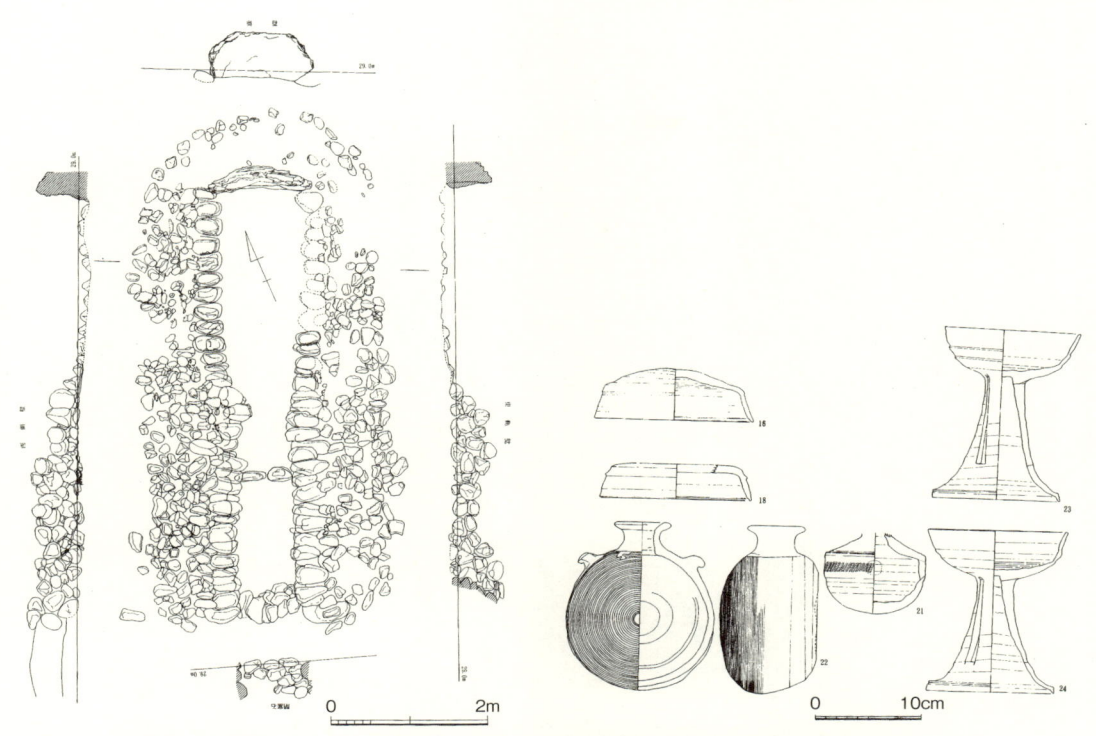

第79図　文選11号墳の横穴式石室および石室出土須恵器実測図（大澤 1997 より）

るといった図式ではなく、各群集墳内で独自に展開していた一面が窺える」（同 p90）のではないかとしている。同意したい。

(2) 同一古墳群内における横穴式石室内須恵器埋納の有無について

今回抽出の対象とした横穴式石室墳290基の中で、横穴式石室墳を4基以上含む古墳群は14古墳群あり、それぞれの須恵器出土状況を第14表に示した。このうち須恵器を出土しない古墳群は蛭田古墳群のみで、ほかの13古墳群は須恵器を出土する古墳を有している。14古墳群内で須恵器を出土する古墳の比率は0.45とかなり高い数値であるが、石室内に須恵器を埋納する古墳の比率は0.06と低く、石室内に須恵器を埋納する古墳を有する群集墳は足利公園古墳群・飯塚古墳群・上原古墳群・藤井古墳群・西方山古墳群の5古墳群に限定される。しかも古墳群内でのその比率は1割から2割程度である。すなわち、課題の条件である「同じ古墳群内で横穴式石室内に須恵器が置かれている古墳と置かれない古墳がある」古墳群は14古墳群中、5古墳群で36％である。

さて、ここでは検討対象古墳群として足利公園古墳群をあげる。対象古墳数は9基、主要古墳3基（全長34mの前方後円墳のM号墳以外は直径20mと20m強の円墳であり、首長墓とは言い難い）のうち、石室内に須恵器を埋納した古墳はM号墳の1基で、群小古墳6基のうち石室内に須恵器を埋納した古墳はK号墳の1基である。

M号墳は本古墳群の唯一の前方後円墳であり、石室構造からも最初に構築されたと想定できる。石室内の須恵器としては栃木県では異例の多さで、最近の整理作業時の調査では14点あり、その

164　第5章　栃木県における古墳時代後期の特性

第14表　横穴式石室墳からなる古墳群と出土須恵器の関係表（全体に占める割合は％）

古墳群	所在地	主要古墳			群小古墳					規模不明古墳					古墳合計			
		全古墳数	須恵器有古墳数	全体に占める割合	全古墳数	須恵器有古墳数	全体に占める割合	石室内須恵器有古墳	全体に占める割合	全古墳数	須恵器有古墳数	全体に占める割合	石室内須恵器有古墳	全体に占める割合	全古墳数	須恵器有古墳数	全体に占める割合	石室内須恵器有古墳	全体に占める割合
瓦塚古墳群	宇都宮市	2	1	50	2	0	0	0	0	1	1	100	0	0	5	2	40	0	0
足利公園古墳群	足利市	3	3	100	6	3	50	1	17	0	0	0	0	0	9	6	67	2	22
明神山古墳群	足利市	2	2	100	7	3	43	0	0	0	0	0	0	0	9	5	56	0	0
ムジナ塚古墳群	佐野市	3	1	33	0	0	0	0	0	1	0	0	0	0	4	1	25	0	0
黒袴古墳群	佐野市	12	11	92	9	7	78	0	0	8	2	30	0	0	29	20	69	0	0
飯塚古墳群	小山市	13	6	46	1	1	100	0	0	0	0	0	0	0	14	7	50	3	21
新郷古墳群	壬生町	2	2	100	6	2	33	0	0	0	0	0	0	0	8	4	50	0	0
上原古墳群	壬生町	1	1	100	5	2	40	1	20	3	1	30	0	0	9	4	44	1	11
藤井古墳群	壬生町	10	3	30	2	1	50	0	0	6	0	0	0	0	18	4	22	1	6
朝日観音古墳群	下野市	2	1	50	2	0	0	0	0	1	0	0	0	0	4	1	25	0	0
西方山古墳群	西方町	2	2	100	3	0	0	0	0	0	0	0	0	0	6	2	33	1	17
番匠峯古墳群	矢板市	1	1	100	5	1	20	0	0	0	0	0	0	0	6	2	33	0	0
蟹田古墳群	大田原市	0	0	0	0	0	0	0	0	4	0	0	0	0	4	0	0	0	0
石下古墳群	市貝町	1	0	0	3	0	0	0	0	1	1	100	0	0	5	1	20	0	0
合計		54	34	63	51	20	39	2	4	25	5	20	0	0	130	59	45	8	6

器種は台付長頸瓶5点・甑1点・有蓋高坏3点・無蓋高坏4点・蓋1点で、その時期はTK43型式期の範疇でとらえられるものであるが、新古二時期に分れると思われる（市橋2004）。なお発掘調査時では須恵器の種類はさらに提瓶が見られた（坪井1888）。それら須恵器の石室内の配列の詳細は不明であるが、第78図にあるように羨道部奥半に配されていたようであり、小林によれば葬送儀礼の変遷過程の第2期、すなわち「土器供献の場は石室内から前庭部へと変化する移行期」（小林2005b）にあたるものであり、6世紀後半から7世紀初頭を中心とする時期であるとしている。

K号墳の石室内須恵器は大甕破片であり、概報に「石室及び墳丘周辺からは須恵器の大甕（同書第9図3）」（足立ほか1995）と記載され、墳丘周辺の大甕破片と同一個体になる資料の可能性があり、石室内に須恵器が埋納されたか否かは保留としたい。

そうすると、足利公園古墳群では唯一の前方後円墳であり、石室構造からも最初に構築されたM号墳のみが石室内に須恵器を埋納しており、しかも他の古墳は8基（すべて円墳）中5基、すなわち50％以上が石室外から須恵器を出土しており、この状況も小林の論考で解釈できるものである。ただし首長墓は導入後も「依然として石室内において土器類の供献を継続して執行」（小林2005a）するとしているが、M号墳に続く首長墓が特定できないので、ここでは確認できない。

6. 須恵器供献儀礼について

(1) 須恵器供献儀礼の採用

ここからは須恵器埋納を供献に限定して検討する。栃木県での須恵器供献儀礼は、須恵器の出土状況から少なくとも墓前儀礼がかかわることが考えられる。すでに土生田が想定しているが、「かつて墳頂部で実施していた儀礼に一面で共通した性格を備えた儀礼」（土生田1996：p15）が栃木県下でも採用されていたのであろう。それは墓前に飲食物を入れた容器を並べた儀礼であり、その容器の一種として須恵器が採用されたと理解できる。

受容した時期は横穴式石室の受容以前であり、栃木県地域での創出ではなく、いずれかの地からの受容かもしれないが、弥生後期に執行されていた共飲共食儀礼と別の儀礼であることは、土生田だけでなく多くが認めるとこである（小林1949、近藤2001）。

墓前儀礼を受容した集団が、横穴式石室の導入とともに黄泉国思想に触れることは必然的であろう。それは埋葬主体部へ出入り可能な横穴式石室により横穴の闇を体験するからである。ただ栃木県では、黄泉国思想にともなう須恵器の横穴式石室への埋納については、定着・普及しなかったということではないだろうか。

(2) 須恵器供献儀礼の祖形

弥生時代における墳丘墓の上でおこなわれた首長権継承儀礼のひとつに共飲共食儀礼があり、その儀礼のために飲食物の供献があった。そのときに飲食物を収めた容器の一部または全部が墳丘上に残されることは、発掘調査から明らかになっている。「こうした儀礼は古墳時代の進展とともに首長権が確立し共同体成員と首長との隔絶化が進行するに伴って、徐々に解体の方向に向かうとい

われる」(土生田 1996：p14) とみなされている。しかし、そうした儀礼を経験した集団はその儀礼が解体しても墳墓に飲食物を供献し、それを共飲共食したという記憶は残るであろう。

　一方、古く中国では供献祭祀の一例として廟前でおこなわれた祖先祭や釈奠等がある。朝鮮半島では、現代でもその形態が伝わっており、遠く日本でも釈奠として現存する孔子廟で実施されている。

7. 供献について

　近藤は須恵器供献についての定義を、飲食容器である須恵器を横穴式石室の内外に収めることと定義しているように思われる (近藤 2001)。

　須恵器供献には、①飲食物を入れた須恵器を供献することと、②飲食の容器である須恵器を供献することの２通りあると考えたい。二つの関係は儀礼の中の時間差を考慮する必要がある。

　近藤は須恵器や土師器の出土状況を分析して、「須恵器や土師器のすべてを、死者の食器や死後の食物容器として置かれたもの、と見做すことは困難」(近藤 2001：p183) であるとしており、「少なくとも一部は生者が死者との別離の宴に用いた飲食物の容器」(同 p183) であるとした。すなわち「前方後円墳・中形円墳と群小古墳との間の須恵器「供献」の一見著大にみえる差も」、「毛野と吉備の違いも、須恵器「供献」に関しては、須恵器の普及の割合などに、いささかの相違があったとしても、基本的な違いではない」(同 p185) とした。いささかの相違とは、「石室内と外との違い」と「量の多少の違い」であり、「さらには前庭部にさえも土器類を見ない例」(同 p182) であっても、「須恵器・土師器祭祀＝飲食物祭祀を行なわなかったことの証拠というより、その後の散逸を示すと考えたほうがよい」(同 p182) とした。いずれにしても飲食物祭祀が古墳の場所でおこなわれたと解した。

　須恵器・土師器祭祀が飲食物祭祀であるなら、須恵器供献祭祀とは、飲食物供献祭祀といえるであろうか。そうした祭祀は中国朝鮮半島から日本列島へ伝わった祖先祭・釈奠を始めとした供献儀礼に似ている。

　供献儀礼とは神殿に物を供えることである。そしてその後宴会をおこなう。まず神殿に物を供えることであるが、容器とその中の飲食物について分析すると、①神殿の前にさまざまなものを容器に入れて並べる。②その並べ方に約束事がある。③入れる容器はさまざまな材質や形状のものがある。さらにはいけにえなどはそのまま俎などの上に置く。そして、これらは式の前に置かれるが、式の中で容器の蓋を開けることで、供える形を現す。

　次に、共飲的行為であるが、①液状のものは初献といって、祭主に当たるものが容器に入れたものを供える (事前に大刀・帛などを供えることもある)。肝心なこととして、②供献のあとに宴がある、ということである。供献した飲食物の一部、たとえば酒などを下げて、飲み食いするのである。

　こうした祭祀の流れの中であれば (祭祀の式次第を認めるならば)、須恵器や土師器の出土状況の違いや出土量の多少の違いなどを説明できるのではないか。

以上をふまえて古墳への須恵器供献儀礼の内容を想定し検討する。

容器とその中の飲食物としては、①神殿の前にさまざまなものを容器に入れて並べる。→すでに魚や貝などが知られている。神殿の前とは石室の前が一番妥当性がある。もちろん石室の中でもおこなうことは充分可能であろう。また、当初の供献儀礼は石室の前でおこない、最後に生者死者の共飲共食的儀礼を前提にするが、石室内に死者だけの飲食物を配列することも考えられる。現代でも葬儀の後、一膳を墓へ備える慣習がある。②その並べ方に約束事がある。→朝鮮半島の祖先祭・釈奠、日本の釈奠では同じ器形の物を複数使う。古墳でも同形の器がたくさん出土することがある。③入れる容器はさまざまな材質や形状のものがある。→材質は釈奠器としては木製器、竹製器、金属器がある。東京都湯島聖堂や足利市足利学校聖廟などで挙行されている釈奠で見ることができる。古墳時代の容器でも須恵器だけでなく、土師器もあったろうし、木葉・草葉製品、木製器、竹製器、金属器もあったのではないか。金属製品などは持ち帰りかもしれない。また木葉・草葉製品、木製器、竹製器などの可燃性物は焼却したかもしれない。容器ではないが、古くは釈奠では使用される祝文を祝板からはずし式次第の中で室外に移動させ焼却している。

共飲共食的行為としては、①液体のものは初献（最初に供える人）あるいは祭主が尊から爵に入れた酒を供える。供えたあと式次第の中で神前から一部を下げて飲み干す。→古墳では液体を入れたと思われるものに須恵器大甕・甕に須恵器𤭯あるいは須恵器坏などがあり、これらに注いで供えたか。酒を入れて供えた容器が木製品であった可能性もある。また、献じた食物の一部を切り取り、祭主が食するところもある。②供献のあとに宴がある。→近藤は古墳から出土の少なくとも一部の須恵器は別離の宴に用いた飲食物の容器としている（近藤 2001：p183）。すなわち別離の宴があり、その容器が古墳から出土する須恵器であるとしている。よって、その宴が貧しいものは須恵器の数が少なく、豊かなものはその須恵器の数が多い。さらには持ち帰りなどもあるであろうから、須恵器がまったくなくとも宴がないことにはならないであろうとしている。卓見である。釈奠でも場所を変えるが宴がおこなわれる。

須恵器供献儀礼の後、古墳での何らかの宴があれば、供献された飲食物の少なくとも一部は参列者（小さな古墳では家族であろう）に振舞われたであろう。このとき共飲共食儀礼の伝承が残っていれば容易に新たな古墳での儀礼に取り入れられるのではないか。そうであれば弥生時代と同じように少なくとも一部の容器は古墳上に残るであろう。さらに横穴式石室の導入にともない黄泉国思想が受容されてきているなら、埋葬者のために飲食物や容器をあの世へ送りつけようとするであろう。石室内で祭祀がおこなわれればそのままであろうし、前庭部で執りおこなわれていれば、前庭部にそのまま置いたかもしれない。また他の副葬品とともに石室内に移動させた場合も考えられる。

死者専用の器であることを示す必要からこの世で使えないようにするため、容器を破壊することもあるであろう。破壊する行為（確認できないが、材質によっては焼却も含まれるであろう）をおこなうことにより積極的にあの世へ供献したことになるのではないか。

8. 供献と放置――まとめにかえて

　古墳出土須恵器の存在の意義について、その解釈として、飲食物を入れた各種容器を置く祭祀として当時中国や朝鮮半島で執行されていたと思われる祖先祭・釈奠などの供献儀礼の間接的影響があり、それが次第に古墳儀礼に取り入れられた可能性について論じた。
　すなわち、須恵器供献儀礼は、
　　A　埋葬者に対して、器に入れた飲食物を供献し、その霊を慰める儀礼
　　B　その後供献した飲食物の一部あるいは大部分を祭主者たちが飲食する宴（Aで供献した残り物〈器あるいは器に入れた飲食物〉はそのままあるいは位置を変えて置く）
という一連の儀礼を想定できるのではないか。
　こうした儀礼行為は黄泉国思想の受容による影響があるからこそ、死者を慰め、死後の世界へ日常品を送る行為がおこなわれるのであろう。そうした儀礼の宴の段階はある集団では弥生時代の共飲共食儀礼に重なり、さらには使用された容器が古墳に残る現象をもたらしたのではないか。
　須恵器供献とは須恵器で飲食物を供献し、須恵器（副葬品）を埋葬者のために放置することではないか。すなわち、飲食物を入れた容器（飲食物が主体）として、次には埋葬者が使用するための容器（須恵器が主体）として埋葬者に提供される。前者は飲食物が主であり飲食物がなくなれば須恵器は用済みとなるが、後者は須恵器そのものが供献の対象物すなわち副葬品である。
　放置するとは埋葬者と共飲共食したのちでも、埋葬者があの世でその須恵器を器として使用できるようにしたということである。この世でその須恵器が器として使用できないあるいは使用しないことにより（現世での器としての機能の喪失により）、その器はあの世のものとなるのではないか。そうした器の機能喪失をよりたしかにする行為が、破砕であったり、石室内へ再供献したりすることではなかろうか（これは積極的な放置とでも定義したい）。また、1カ所に集めることも同様の解釈ができるのではないか。ただ横穴式石室内での片付けには追葬による行為もあると考える。もちろん墓前での放置にしても、現世でその須恵器を器として使用しないことにする、あるいは破砕して現世では使用できないようにすることで、あの世へ送りつけることになるのではないか。

9. おわりに

　須恵器をともなう古墳での儀礼は、同様な儀礼であっても古墳を構築しうる集団の中で、家族単位の出自の違いや貧富の差などによって少しづつ作法の相違が生じてきたり、あるいは時が経つことにより、あるいは新たな集団との出会いや拠点移動などによる生活環境が変わったりすることにより、新たな情報の伝播や異集団との文化接触、移動先の土俗的な慣習などが種々混合し省略し変形して、実際にはより重層的な祭祀となっているのではないか。
　今回は横穴式石室の研究の中で生じた疑問の一つであった須恵器供献を検討したが、検討不十分な点や思考方法に粗さがある。また、須恵器供献より土師器を含めた土器供献としてとらえたほう

が栃木県における供献儀礼を正確に理解できるかもしれない。今後の課題としたい。

註

(1) この分類は近藤に準じた（近藤 2001）。主要古墳は近藤のいう前方後円墳と中型円墳であり、群小古墳については、同条件、同表現である。
(2) 器種などは後段で述べる。第75図中の第十二版一は土師器である（坪井 1888）。
(3) 機種は坏蓋2点、甑1点、提瓶1点、無蓋高坏2点である。墳形は前方後円墳で、後円部の直径は約27m、くびれ部はあまりくびれない（大澤 1997）。
(4) 器種は甕・蓋の2種であるが、いずれも小破片1個のみである。墳形は一辺53mの方墳（秋元ほか 1994）。
(5) なお足利市海老塚古墳（前澤・橋本 1981）は、石室内1種1点のほかに、石室内排土とされる土から甑2点（破片）が出土しているが、出土状況が明確でなくここでは除く。

第2節　栃木県の横穴墓についての一考察

1. はじめに

(1) 研究目的

　横穴墓は、5世紀前半代に北部九州で現出した埋葬施設で、各種形態をとる初期横穴式石室のひとつである竪穴系横口式石室の構造から誘発されたものであるとされている。この起源からも想定できるが、石室からの簡略化によって構築されたものとの指摘がされており、初現から横穴式石室より下位の墓制と位置づけられたり、その伝播・分布状況に片寄りがあることから特定の集団の墓制として取り入れられたものとされている。
　東国では6世紀末頃に波及しており、現出する地域は限定されているが、多様な型式の存在があり、伝播時期も古墳時代後期から終末期の変わり目で、その政治的要素も見落とすことができない。すなわち、その内的要因による受容より外的要因による伝播のほうに比重がかかるようである。
　栃木県の古墳時代後期・終末期の墓制は横穴式石室墳が主体であり、それらの形態や出自・変遷を解明することは、当時の地域支配体制の実体や地域間交流を把握し、律令国家成立の前段階の時期とされるこの時代の一側面を知る糸口となるものである。しかし、さらにその精度を高めるには、群集墳にくらべ数も少なく分布状況も偏るが新たな墓制である横穴墓の実体を明らかにすることが肝要であると考え、栃木県の横穴墓を検討した次第である。

(2) 栃木県の横穴墓の様相

　秋谷沙織によれば、現認できる栃木県の横穴墓は24カ所227基である（第80図、秋谷 2009）[1]。その中で宇都宮市長岡百穴横穴墓群は地理的な理由、横穴墓の形態などからほかの横穴墓群とは分けて検討されることが多い。

1　那須地域の様相

　鬼怒川の東側で、ごく一部を除き那珂川流域に所在する。23カ所に分散するもののその初現は、家形天井構造を有する唐御所横穴墓であり、その簡略化となって各地区へ順次伝播した結果、形態に多様性を呈しているとされている。

2　下野地域の様相

　鬼怒川の西側で唯一確認されている長岡百穴横穴墓群が所在する。下野という地域をもう少し限定した表現でいえば宇都宮丘陵地域となる。1カ所に約50基集中しており、北向田・和見横穴墓群とともに、県内の大規模横穴墓群のひとつである。矩形玄室平面で、平天井構造を呈しており、しだいに簡略化に向かうことが知られている。下野最高首長層とのつながりが親密であるとの見解

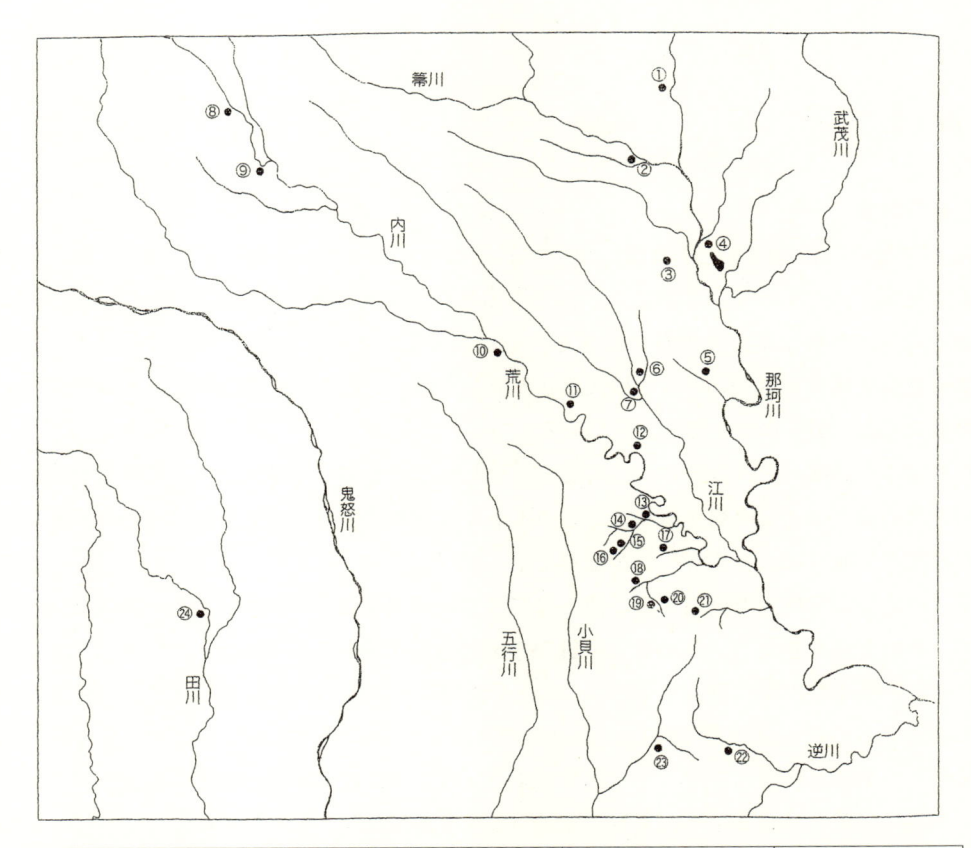

第2節　栃木県の横穴墓についての一考察　171

No.	横穴墓名	基数	現状	地形	文献	別名称など
1	石田横穴墓群	2	山林	段丘	田代1925	湯津上横穴墓群
2	観音堂横穴墓群	2	荒地	段丘端	小川町教育委員会1985	
3	岩谷内横穴墓	1	竹林	丘陵	栃木県教育委員会1963	
4	北向田・和見横穴墓群	86	山林	丘陵	岡田1895	小口横穴墓群も含む
5	中山横穴墓群	2	山林	丘陵	七合村1921	
6	小志鳥横穴墓群	32	山林	丘陵	栃木県1922	万古山横穴墓群
7	山崎横穴墓群	7	山林	丘陵先端	栃木県1922	
8	岩下横穴墓群	4	山林	丘陵崖	栃木県1922	
9	川崎城横穴墓	1	山林	丘陵崖	矢板市遺跡地図	
10	葛城横穴墓群	35	山林	段丘	喜連川町1921	
11	古舘横穴墓群	7	宅地	段丘	栃木県教育委員会1963	入野横穴墓群
12	向山横穴墓群	12	山林	段丘	田代1925	十二口
13	鴨毛横穴墓群	2	山林	段丘	栃木県教育委員会1963	
14	岩穴横穴墓群	6	山林	丘陵	南那須町史	曲田横穴墓群
15	芝下横穴墓群	9	山林	丘陵	栃木県教育委員会1963	
16	吉原横穴墓群	3	山林	丘陵	上野1988	
17	大日向横穴墓群	10	山林	丘陵	田代1925	向田（落合）横穴墓群
18	塩場横穴墓	1	路際	丘陵裾	栃木県教育委員会1963	
19	長峰横穴墓群	25	山林	丘陵北側	田代1925	続谷（小貝）横穴墓群
20	上立横穴墓群	7	道路際	丘陵中腹	栃木県1927	
21	羽仏横穴墓	1	旧道際	丘陵南斜面	関澤1979	
22	笹原田横穴墓	1	神社境内	丘陵南東斜面	関澤1979	笹原田古墳群1号墳
23	星川横穴墓群	2	山林	丘陵東斜面中腹	関澤1979	
24	長岡横穴墓群	50	山林	丘陵	八木1899	

第80図　栃木県内の横穴墓の分布図（秋谷2009より）

もある。

2. 研究史

(1) 研究略史

　2009年発行の『栃木県考古学会誌』30号に掲載された池上悟の宇都宮市長岡百穴横穴墓群に関する論文発表と、2009年10月におこなわれた栃木県なす風土記の丘資料館主催シンポジュウム「那須の横穴墓」は、栃木県の横穴墓の研究を一気に高めた(2)。その後、2010年2月の東北・関東前方後円墳研究会主催シンポジュウム「横穴墓と古墳」では、それらの成果を踏まえて秋元陽光が「栃木県の横穴墓と古墳」について発表している。

　もちろんこれらは、それ以前の大和久震平・池上悟そして初めて栃木県内の横穴墓を集成した上野恵司を含め多くの先行研究があってこその成果ではある(3)。また、県史や市町村史資料編の横穴墓実測図の開示も研究に大きく寄与したと考える(4)。

　まず、最近の研究内容を概述する。池上は宇都宮市長岡横穴墓群のすべての図面を開示し、3分類して、その年代を推定し、長岡横穴墓群が平天井構造の発信地であるとした（池上 2009b）。別の論文では、栃木県の横穴墓は基本的には地区首長墓としての横穴式石室墳に従属して造営されたものであるとしている（池上 2009c）。秋谷は栃木県下の横穴墓を集成し、図化されていない横穴墓を実測してデータの増加を図った（秋谷 2009）。鈴木勝は那須地域の横穴墓を五つのブロックに分け、初現の唐御所横穴墓が所在するa地区から順次展開したと想定している。そして、その版図は決して鬼怒川流域との分水嶺を越えない範囲で拡大している、すなわち那須の範囲内であるとした（鈴木 2009）。秋元は長岡地域の横穴式石室を編年し、その系譜が那珂川町川崎古墳へ波及したと指摘し、このことから横穴墓も長岡地域と那須地域とは何らかのつながりがあったのでないかとしている（秋元 2009b）。眞保昌弘は、横穴墓の分布から古代那須の支配領域を考察している（眞保 2009）。秋元は形態分類として平面形状および四隅と奥壁・天井境の明瞭・不明瞭さにより分類し、その出現時期・消滅時期を論じている。さらに古墳と横穴墓の関係やその他の墓制にも言及している（秋元 2010）。

(2) 問題の所在

　これまでの研究から横穴墓の分布は、那須地域と宇都宮丘陵地域の2地域に分かれることが知られているが、その解釈を巡っていくつかの見解が出されている。これまで、横穴墓の展開は那須地域の中で完結するとみる意見が主体的であるが、同時代の横穴式石室墳において那須地域と宇都宮丘陵地域で強い共通性があり、その視点から宇都宮丘陵地域の長岡百穴横穴墓群の成立を見る必要があるという意見もある。

　両地域の横穴墓とも横穴式石室の影響を受けているが、既述の通り両地域の横穴式石室には強い共通性がある。したがって同時代の横穴墓もなんらかの関係性が想定されることが、論じられてきた。しかし、両地域における横穴墓の直接的な比較検討は充分ではなかったように思う。ここでは

栃木県下の横穴墓という視点から、一括で検討してみたい。

3. 形態による分類

(1) 分類するにあたっての留意点
　横穴墓は伝播の過程で形態が変化する場合があることが知られている。よって、系譜を念頭にした分類の検討では、その遡及や伝播の時点で形態が変化する可能性を理解する必要がある。
　形態の相違が、型式変化なのか系統が異なるのか。形態の省略的変化は型式変化とみなしたいが、栃木県のような波及先では、先進地で形態の省略的変化をした横穴墓が第2次・第3次の伝播として波及してくることもありうる。
　これらのことを考慮する必要があるものの、とりあえずは栃木県内の横穴墓群で確認される形態の異なる横穴墓を抽出し、分類する。

(2) 家形状横穴墓
　那珂川町唐御所横穴墓（北向田・和見横穴墓群内、第81図1）がある。丘陵斜面に所在し、墳丘をともなう精巧な構造を持つ南に開口した横穴墓である。玄室・羨道部・前庭部からなり、羨門から奥壁まで約4.8m、玄室長約2.75m、幅約2.34m、天井は棟木状の削り出し・左右に切妻形状構造、床面はコの字状の無縁棺座を持つ。ほかには那須烏山市中山横穴墓（第81図2）が1基あるのみ。中山横穴墓は丘陵の高所に所在し、玄室・羨道部が確認でき、玄室長約2.7m、幅約2.5m、天井は棟木状の削り出しは羨道部では明瞭であるが、左右への切妻形状構造は明らかでなくややアーチ形状となっている。床面は奥壁に沿った無縁棺座がある。
　池上によれば「横穴墓構造の正整度の違いと棺座の様相の差異」により、唐御所横穴墓→中山横穴墓と変遷する（池上 2009c）。その後は家形状横穴墓としての展開は見られない。

(3) アーチ形状横穴墓
　那須地域の横穴墓の多くはこの形態である。玄室平面形が正方形（扇形を含む）と長方形、隅丸形がある。正方形は玄室長と幅の比率が0.9〜1.2とした。那珂川町和見遠見横穴墓（北向田・和見横穴墓群内）、同町治衛門穴横穴墓（北向田・和見横穴墓群内、第81図3）、那須烏山市小志鳥15号墓（第81図4）、同市吉原3号墓（扇形）などがある。長方形は比率が1.3以上とした。那須地域の全域に存在するが、際立って細長い横穴墓は見られない。市貝町長峯1号墓（第81図5）、小志鳥29号墓（第81図6）、那須烏山市鴨毛1号墓、同市岩穴2号墓・岩穴6号墓などがある。隅丸平面形は、規模の減少やいくらかの胴張りが見られる。栃木県では側壁が強く湾曲する形状の横穴墓は見られない。那須烏山市古館5号墓（第81図7）、小志鳥32号墓（第81図8）、那須烏山市山崎6号墓、市貝町塩田横穴墓などがある。
　池上は小志鳥横穴墓群の横穴墓を3時期（15号墓→29号墓→32号墓）に分け、玄室平面形が正方形から長方形へ変遷し、さらに長方形は丸みを持ち奥壁と天井が一体となって丸く立ち上がる

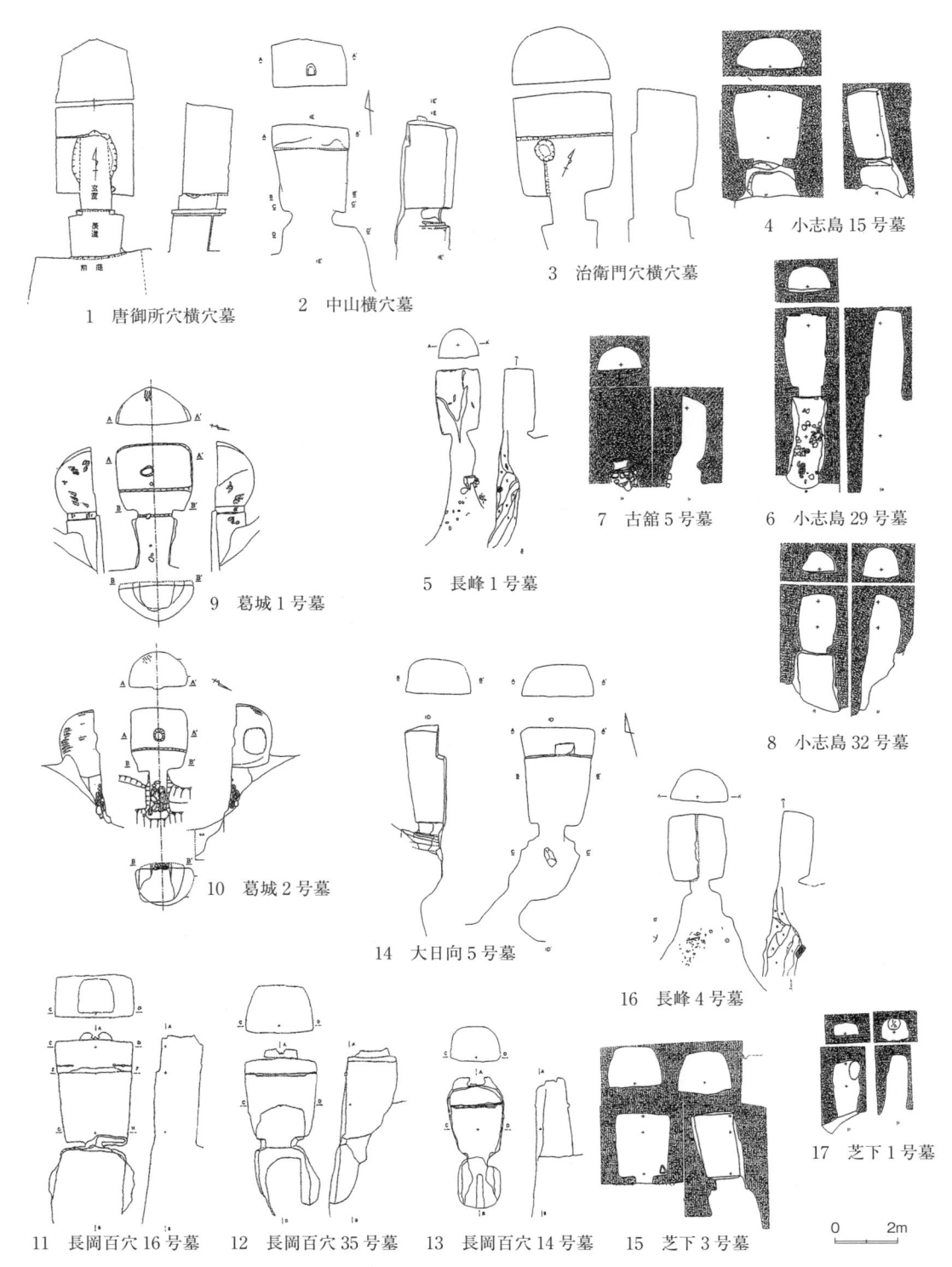

174　第5章　栃木県における古墳時代後期の特性

1　唐御所穴横穴墓
2　中山横穴墓
3　治衛門穴横穴墓
4　小志島15号墓
9　葛城1号墓
5　長峰1号墓
7　古舘5号墓
6　小志島29号墓
8　小志島32号墓
10　葛城2号墓
14　大日向5号墓
16　長峰4号墓
11　長岡百穴16号墓
12　長岡百穴35号墓
13　長岡百穴14号墓
15　芝下3号墓
17　芝下1号墓

第81図　各形状の横穴墓の実測図（1・2・3：栃木県史編さん委員会 1976、4・6〜8・15・17：南那須町史編さん委員会 1993、5・16：久保編 1983、9・10：喜連川町史編さん委員会 2003、11〜13：池上悟 2009b、14：秋谷 2009 より）

形状に変遷すると指摘している。岩穴横穴墓群も同様であり、那須烏山市芝下横穴墓群でも正方形→長方形の変遷を指摘しており（池上 2009b）、この変遷は那須地域では普遍的に援用できるものと思われる。この地域における玄室平面形の正方形から長方形へという変遷の過程をみると、玄室長は同じくらいで玄室幅が狭くなる現象は掘削作業量の減少につながり、平面長方形が丸みを持つことは奥壁と側壁の稜線を形成する作業の省略化（奥壁と側壁の稜線を形成するには手間と技術がいる。手間とは角を形成するので余分に岩盤を削る手間がかかることである。技術とは左右から削りながらその接点を同じ位置に連ねて稜線を形成させる技術である。丸みを持たせればこの手間と技術は必要なくなり、省略化となる）、奥壁と天井が一体となって丸く立ち上がる形状は掘削量の減少化であり、これらはいずれも編年的には新しい要素である簡略化、縮小化と考えられる。

小志鳥横穴墓群などに見られる第3段階の形態（奥壁天井面一体形状横穴墓）は、那須地域での変遷過程で生じた形態と見られるが、東海地方でも類似の形態が存在しており、直接・間接的に東海地方からの伝播で受容された形状の横穴墓と見ることもでき、必ずしも那須地域で生じた形態とは断言できない。この形状の横穴墓は縦断面の天井部が緩やかな曲線を描くものが多い。

（4）ドーム形状横穴墓

さくら市葛城横穴墓群1号墓・2号墓（第81図9・10）の2基がある。玄室平面はほぼ正方形で、形態は縦断面・横断面いずれも天井が弧状になる。床面は奥壁側に幅の広い無縁棺座である。また1号墓は玄門の先に羨道部が敷設されているが、調査時の羨道部天井は全体にはなく庇状に短く構成されている。2号墓は玄室に直接羨道部が敷設されている。玄門の省略化、玄室の縮小化から1号墓→2号墓の変遷が想定される。

数は少ないが、那珂川町小口横穴墓も記録から見ると、縦断面・横断面ともに弧状をなしておりドーム形状横穴墓と想定される（秋谷 2009）。

（5）平天井形状横穴墓

玄室平面は長方形で、奥・側壁は垂直に立ち上がり、天井は水平・平坦、玄門付設、玄門部に垂直な前壁を有す（池上 2009b）。宇都宮市長岡横穴墓群の多くがこの形状である。池上悟によれば3分類でき、16号墓（第81図11）のような玄室平面が角の明瞭な縦長の長方形で側壁は垂直に立ち上がり平坦な天井構造で両袖を有して羨道に続くものを①類、35号墓（第81図12）のように玄室平面前幅が狭まり奥幅の広い台形となり側壁は内傾して立ち上がり平坦な天井構造で両袖を有するが羨道幅が狭くなるものを②類、14号墓（第81図13）のような玄室平面縦長台形の角が丸くなり側壁は内傾して立ち上がり天井との境も丸く造形されるものを③類としている。この平天井形状横穴墓は、長岡百穴横穴墓群を起点として東北南部・北茨城へ展開したと推測している（池上 2009c）。

やや崩れてはいるものの、那須烏山市大日向5号墓（第81図14）は平面形逆台形、側壁と天井の境は明瞭でないが、横断面での天井は平坦になっている。縦断面では天井は入口に向かって低くなるが直線的であり、全体として平天井形状となっている。また、奥壁に沿って無縁の棺座がある

ことも、長岡横穴墓群に似る。形式は②類か。芝下3号墓（第81図15）もおおむね平天井形状を有する横穴墓とみなすことができる。平面図では明確でないが断面図から奥壁に沿った棺座が想定できる。玄室平面形は逆台形で、羨道部は後世の攪乱があるが、玄門構造も那須烏山市大日向5号墓に似る。形式は②類か。長峯4号墓（第81図16）は平面形が正方形で、側壁と天井の境は明瞭で、奥壁部での横断面ではアーチ形状を呈しているが中央部での天井は平坦になっている。西側側壁に沿って無縁の棺座がある。羨道部はないが、墓道（前庭）に接する玄門構造は大日向5号墓に似る。

ほかに平天井形状を有すると思われる横穴墓として、芝下1号横穴墓（第81図17）があるが、平面形は細長い長方形で丸みを持つようであるが形状が崩れており不明瞭である。奥壁は天井が一体となって丸く立ち上がる形状であり、アーチ形状横穴墓第3期の範疇に入ると思われる。

那珂川町厩穴横穴墓（北向田・和見横穴墓群内）は、現在の構造は明らかな平天井構造であるが、後世の手が入っているものと判断されているのか、調査の対象からはずされることが多く、未だに実測図も発表されていないので、対象から外しておく。[5]

4．年代観（編年）

2地域の初現的形態の検討と、わずかであるが出土遺物である土師器・須恵器の検討をおこなう。

（1）唐御所横穴墓の年代観

唐御所横穴墓を栃木県の横穴墓の初源とすることは、多くの研究者が認めているが、築造年代については、出土遺物はなく、類似の構造の横穴墓もあまり見出せないことから、意見が分かれている。

上野は6世紀末とし（上野 1988）、池上は7世紀前半を唱えている（池上 2009c）。秋谷は、6世紀後半から7世紀頃の築造とするものの、さらに搾って6世紀末葉から7世紀初頭と想定している（秋谷 2009）。この微妙な時期差はこの地域の最後の前方後円墳と同時期とみるか、次段階に降下するかの相違であるように思われる。唐御所横穴墓が最後の前方後円墳と同時期であるなら、首長墓の下位に位置する可能性が強く、次の時期であるなら首長墓の可能性を高めるものである。具体的には隣接する平坦地にある川崎古墳との関係であり、秋谷は唐御所横穴墓がこれに従属する形で構築された（秋谷 2009）としている。その可能性は高いと思われるが、そうであった場合、川崎古墳の次段階と考えられる墳墓を見出せない。したがって、唐御所横穴墓が川崎古墳の後継者の墳墓であることも考えられるのではないだろうか。すなわち7世紀初頭から前半ころの構築時期と想定したい。

（2）長岡①類の年代観

県中央部での横穴墓の初源である長岡①類の年代観については、池上が、長岡①類の横穴墓の寸法が35cmを基準にしていることから7世紀初頭であることを指摘している（池上 2009b）。すなわち、栃木県中枢の首長墓の埋葬施設である切石石室の玄室長・幅が長岡①類の横穴墓とほぼ同じ

規模であり、距離的なことなどから直接的な関連は考えにくいものの同じ様相がみられることから、35cm を基準長とする下野市下石橋愛宕塚古墳の石室と時期的に近いとした。

切石石室との関係を指摘しながら6世紀代に比定しないのは、長岡百穴横穴墓群に隣接している瓦塚古墳群の築造集団が切石石室構築と関わり、その集団が後に分派してこの横穴墓を築造したと解していることによるものと想定する。たしかにそのように解することが妥当であると思われるが、一方で6世紀後半以降に移動してきた石工集団が瓦塚古墳群築造集団の支配下におかれて、切石石室の造営に従事したとも解することができないか。そのため居住区域は瓦塚古墳群築造集団の生活領域内に配され、当然に墓域も瓦塚古墳群の近くになったのではないか。

(3) 出土土器による横穴墓構築時期の特定

8基の横穴墓の墓前域から土器が出土しており（第82図）、その内容は以下の通り。

小志鳥29号墓（アーチ形状横穴墓第2期）から須恵器蓋・平瓶・長頸壺・大甕、吉原3号墓（アーチ形状横穴墓第1期）から須恵器坏・蓋・高坏・平瓶・長頸壺、長峰1号墓（アーチ形状横穴墓第2期）から土師器・須恵器高台付坏・蓋、長峰2号墓（アーチ形状横穴墓第1～2期）から土師器坏・須恵器蓋・横瓶、長峰3号墓（アーチ形状横穴墓第2～3期）から土師器坏、長峰4号墓（平天井形状横穴墓第2期）から須恵器高台付坏・蓋、長峰5号墓（緩やかなドーム形状横穴墓）から須恵器坏・高台付坏・蓋、長峰22号墓（アーチ形状横穴墓第1～2期）から土師器坏が出土した。

これらのうち、類似の土器のあるものを除き、小志鳥29号墓、吉原3号墓、長峰1号墓、長峰22号墓出土の土器について検討する。

小志鳥29号墓の場合、内山敏行によれば、蓋・平瓶・長頸壺は骨針を含む在地の胎土であるが、東海系の影響を示すとして、尾北篠岡78号窯などを挙げ、また列点文＋真格子叩の大甕は県内南高岡窯1期にともなう可能性が高く、真格子叩は6世紀末～7世紀初から7世紀後葉まで消費地では継続するとしている（内山 1997）。

吉原3号墓出土の須恵器は、東海地方・埼玉県・茨城県出土の類似須恵器から、8世紀代と思われ、小志鳥29号墓より後出する須恵器である。

長峰1号墓出土土器のうち(1)・(2)は、いずれも体部外面最下部に稜を有する内面黒色処理された土師器坏で、これらは梁木・田熊[1989]の土師器編年Ⅷ期（8世紀中葉）に比定される。(3)・(4)は底径／口径比が大きく、底が下がって丸底状になる須恵器高台付坏でⅦ期（8世紀前葉）に比定される。

長峰22号墓出土土器のうち(1)は半球状で後円部は立直し、口唇内面に沈線を有する土師器坏である。類似の坏は見当たらないが梁木・田熊編年のⅤ期に近い。ただ丸底気味であることからⅥ期（7世紀後葉）と想定される。(2)は体部外面下方に稜線を有し口縁部は内湾気味に立ち上がる内面黒色処理された土師器坏で、(3)はやや丸底気味の底部から内湾して立ち上がり気味に口縁部に至る内面黒色処理された土師器坏で、これらはⅦ期（8世紀前葉）に比定される（梁木・田熊 1989）。

以上の土器は一部7世紀代のものもあるが8世紀代の土器もある。小志鳥29号墓出土の須恵器

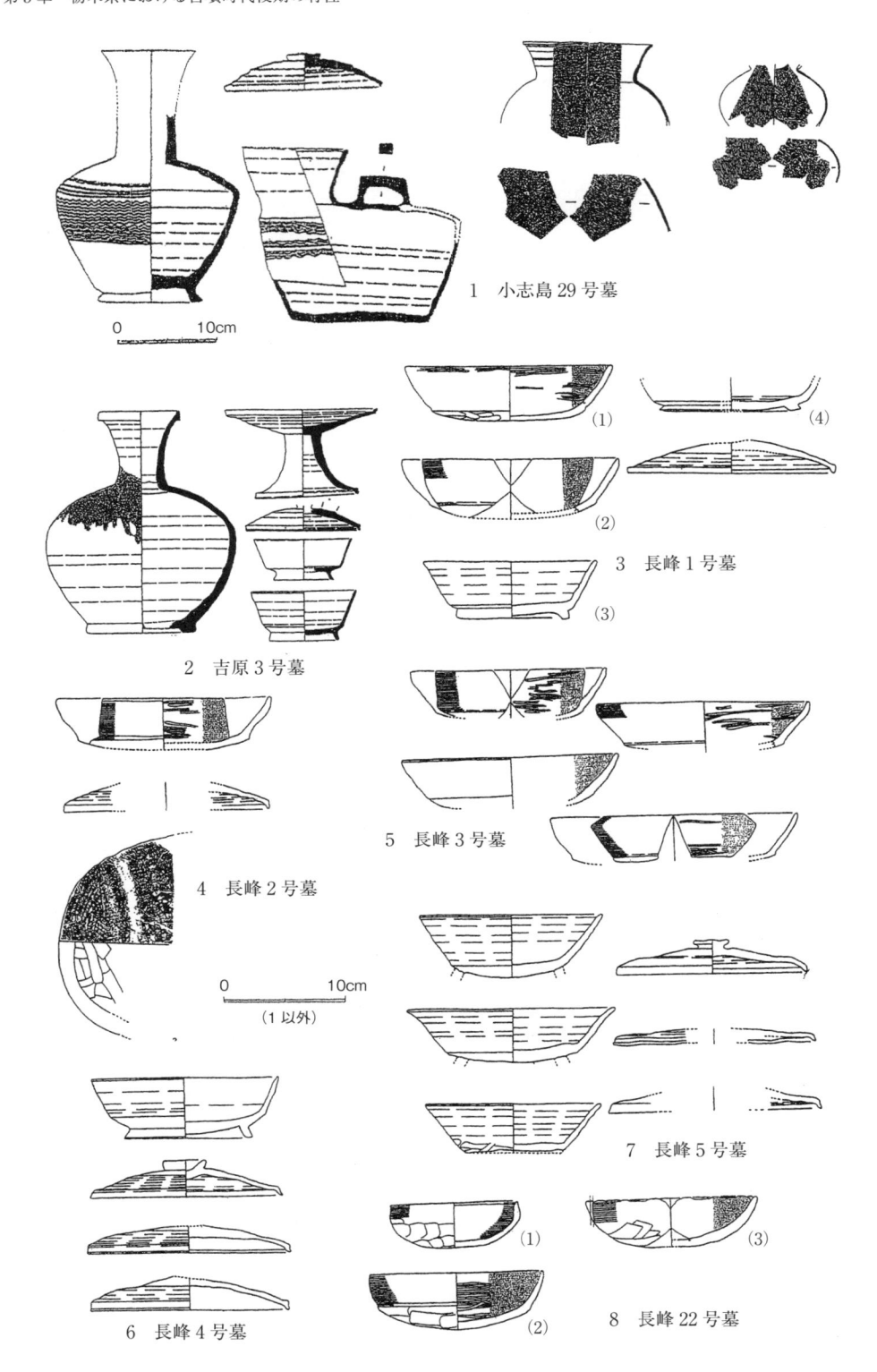

178 第5章 栃木県における古墳時代後期の特性

1 小志鳥29号墓

2 吉原3号墓

3 長峰1号墓

4 長峰2号墓

5 長峰3号墓

6 長峰4号墓

7 長峰5号墓

8 長峰22号墓

第82図 横穴墓出土土器の実測図（小志鳥29号墓・吉原3号墓：南那須町史編さん委員会 1993、長峰各号墓：久保編 1983より）

は判断を保留する(6)としても、出土した8世紀代の土器はその横穴墓築造時とはかなり離れた時期の土器といえるのではないか。すべてが玄室内でなく墓前域からという出土状況がその思いを強くする。

　近野正幸は、そうした事例を横穴式石室墳・横穴墓あわせて北関東地方で40例ほど挙げて検討した結果、「出土須恵器の年代は何れも古墳、横穴墓等の造営時期よりも降るものであり、追葬および墓前祭祀に伴うものと理解される」と論じている（近野1987）。8世紀代の須恵器を出土した横穴式石室墳のひとつである大和久1号墳は小志鳥29号墓とは直線距離で4kmも離れていない。

　近野の論は肯定できる見解である。よって土器による横穴墓構築時期の特定を検討したが、ここでは構築後かなり時期が降っても何らかの儀式・儀礼を墓前域でおこなっていること、一部の横穴式石室墳でも同様の現象が見られることは想定できたものの、築造年代を考究するという本来の目的は達成できなかった。かなりの横穴墓を8世紀代とすると県内最古の唐御所横穴墓との時期的開きが大きくなり、現時点では説明が困難である(7)。

5. 系譜の検討

　今回は玄室形態を主体に検討をしたが、技術の共有についても今後は検討が必要であろう。たとえば、天井部の掘削の最終工程として、玄室横方向に一定幅の帯状に仕上げる技法などが挙げられる。

（1）家形状横穴墓

　東国において家形状横穴墓は家形の形態や系譜が異なっていても、その地域（地区）における初現期の横穴墓である事例が多く見られる。しかもその形態の変容は早く、軒線や棟木状の削り出しなどの家形を示す特徴ある構成要素は消失してしまい、家形状横穴墓としては定着しないことが多い。またそれぞれの地域で特有の構成要素を付帯している。無縁棺座、有縁棺座、礫敷き、排水溝などである。栃木県の家形状横穴墓は、筑前で定型化した横穴墓形態の系譜であることが知られている(8)。すなわち初現の和見唐御所横穴墓は無縁であるが、コの字状に3棺座を有していることが特徴である。

　そもそも家形状横穴墓は、北九州系を起源として出雲系、河内系そしてその系譜を受けた遠江系などが形成されながら部分的に変容して東国へ波及し、それぞれの系譜あるいは変容した系譜が各地域に伝播してきたと考えられている。池上は、唐御所横穴墓について、天井の棟木状の削り出しなどの浮き彫り技法から千葉県東上総からの伝播とも見ることができるとともに、無縁三棺座の要素からは宮城県仙台平野、福島県南部と茨城県北部などとの関係を指摘している（池上2009c）。

（2）アーチ形状横穴墓

　在地での変遷過程における現出（在地化）とする見方や他地方からの伝播とする見方がある。茨城県北部地域からの伝播はすでに指摘がある。すなわち池上は、「立地から常陸北部に波及した長

方形玄室平面で奥側に棺座を造作する家形天井構造の北部九州系を祖形としての変遷と想定される」(池上2004：p199)としている。家形横穴墓の省略化であり、家形横穴墓伝播の第2次波及として、茨城県(常陸)北部から河川を遡上して那須地域各地区へ伝播したのであろうか。那珂川流域のすぐ北側の久慈川流域では幡山遺跡B-1号墓など、那珂川流域では十五郎17号墓などがある。6世紀中葉にはじまる静岡県伊庄谷横穴墓群もアーチ形状であり(池上 2004：p185-186)、茨城県

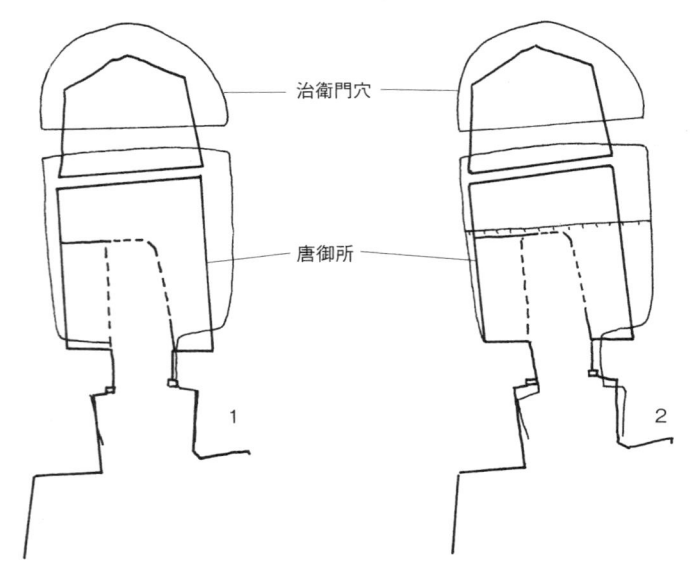

第83図　唐御所横穴墓と治衛門穴横穴墓の平面図の比較

北部地域へは静岡県から波及したとも考えられるし、直接那須地域まで伝播したのかもしれない。
　一方で、少なくとも北向田・和見横穴墓群周辺(鈴木 2009のaブロック)の正方形アーチ形状横穴墓は、唐御所横穴墓からの直接的な系譜ととらえられるのでないか。治衛門穴横穴墓を唐御所横穴墓と比較検討すると、羨道部平面形はまったく同じである(第83図1)。次に治衛門穴横穴墓は玄門の長さを唐御所横穴墓より多くとってしまったので平面形で同一にならないが、玄室奥壁に向かって左の壁を唐御所横穴墓の平面図にあわせると左側棺座・奥壁側棺座ともに同じ位置にあることがわかる(第80図2)。左右が非対称なことや奥壁幅が広がったこと、アーチ形になったことは造墓技術者の技量の問題や造墓期間の短縮などが考えられる。その解明は後の課題とするにしても、治衛門穴横穴墓が直接的に唐御所横穴墓の系譜(影響)を受けていることは相違ない。
　さらに鈴木が論じるaブロック(鈴木 2009)以外の横穴墓群の正方形アーチ形状横穴墓を見てみると、かなり変形や省略的な要素(玄門が短く、平面形のゆがみが目立つなど)が見られることから、鈴木が想定しているようにaブロックからほかのブロックへ展開した(鈴木 2009)とも理解できる。

(3) ドーム形状横穴墓

　ドーム形状は、埼玉県地域にも多く見られる。平面方形では東松山市吉見百穴横穴墓群第108号墓などがあり、長方形でドーム形状では吉見百穴横穴墓群第121号墓などがある。吉見百穴横穴墓群の初現形態は横長形の棺座が二つある形で、葛城横穴墓群と異なる(池上 2004：p103)。茨城県十五郎横穴墓群でも初現は棺座がともなう(池上 2004：p106)。群馬県では板倉町頼母子横穴墓群第2号墓が隅丸方形でドーム形状である。ちなみに1号墓は長方形でドーム形状であった。
　関東地方へは複数箇所へ波及しているが一気に波及したのでなく、ある地域で定着し変化し、変化した形態で次の地域へ波及していく経過をたどったのではないか。吉見百穴横穴墓群などでは早

い時期に受容し、那須地域へは第2次、第3次の波及による到達であろうか。ただし形状も崩れは少なく、棺座も存在することから、比較的早い段階に波及したと考えられる。しかしながら、この系譜は県内では広く展開しなかった。

（4）平天井形状横穴墓

池上は長岡横穴墓群の基本型式である平天井形状は切石石室の影響を受けて成立した形状で、「基本型式の様相は、関東の横穴墓の系統からは現出し得ない構造であり、容易に横穴式石室を規範とした構造と確認される」（池上 2004：p199）という。具体的には、栃木県の最高首長墓である大形切石石室の中でも6世紀後半～末期である古手の石室の規模と比較し、長岡①類に近似することから密接な関連性を指摘している。

さらに平天井形状は長岡横穴墓群を基点として、東北南部・茨城県北部へ展開したと推測している（池上 2009b：p68－69）。福島県白河市郭内横穴墓群、いわき市御台横穴墓群、同市館崎横穴墓群、茨城県日立市常陸千福寺横穴墓群などである。

ただ切石石室の影響という点を考慮するなら、群馬における横穴墓との比較検討も必要である。実見した群馬県内の横穴墓は群馬県西部地域（高崎岩野谷丘陵地区と隣接の安中市秋間丘陵地区）と群馬県東部地域（板倉町）がある。西部地域3カ所のうち2カ所はアーチ形状横穴墓である。東部地域板倉町の頼母子4号墓（第84図1）は玄室平面が長方形で、側壁が垂直に立ち上がり、想定であるが平天井形状である。頼母子4号墓のほうが長岡①類横穴墓より新しいと思われるが、東北南部・茨城県北部方面ばかりでなく、栃木県方面とも関連していた可能性も見出すことができる。

前述の群馬県西部地域の安中市秋間丘陵地区相水谷津横穴墓（第84図2）はアーチ形状である。しかし、必ずしも波及元の横穴墓が長岡①類の形態とまったく同じ形態である必要はなく、複数の共通構成要素が見出せれば両者間の系譜関係を想定できよう。相水谷津横穴墓と長岡①類の横穴墓の共通構成要素としては、天井が低いこと、奥壁に沿って無縁棺座があること、そして玄門構造が

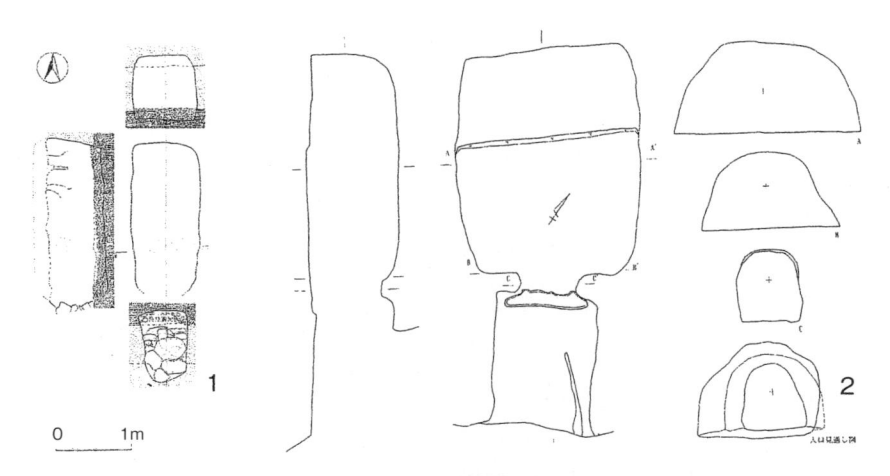

第84図　板倉町頼母子4号墳（1）および安中市相水谷津横穴墓（2）の実測図（1：宮田 1989、2：安中市市史刊行委員会 2001 より）

類似していることが指摘できる。また相水谷津横穴墓玄室の規模が長岡①類の玄室規模の範疇に入る。

さらに双方の横穴墓とも切石石室との関係が指摘されており、その技術集団の存在が想定される。安中市秋間の丘陵は高崎岩野谷丘陵とも連なり、この広範囲の丘陵から産出される石材が5世紀代から石棺などに加工されており、蓄積された石材加工技術の存在が知られているとともに、きわめて政治的な（支配的な）要因が想定されている[13]。以上から、群馬西部地域からの伝播も検討の対象に含めてよいのではないか。

そうした状況にもとづき、「特定地域における首長墓の埋葬施設と関連した」横穴墓を現出させたのではないだろうか[14]。すなわち、この宇都宮市長岡百穴横穴墓群で一枚切石構造石室を模した平天井構造横穴墓が現出したと思われる。

(5) 小括（栃木県の様相）

那須地域と宇都宮丘陵地域の横穴墓の編年を第85図・第86図に示す。

栃木県における初現期の横穴墓形態は、那須地域では家形状横穴墓、宇都宮丘陵地域では平天井形状横穴墓が出現した。少し遅れて那須地域にはドーム形状横穴墓が一地区に伝播するが、展開することはなかった。家形状横穴墓も定着しなかったが、正方形アーチ形状横穴墓に変遷した様子がうかがえる。

発展期は那須地域では地域内にひろく展開するが、すべてアーチ形状横穴墓であり、3期に分類できる。1期の一部はその平面形状の類似から北向田・和見横穴墓群からの影響であることがわかるが、扇形アーチ形状横穴墓などは新たな伝播によるものと解することもできる。また3期に現出する奥壁天井面一体アーチ形状横穴墓などは新たな伝播によるものとも理解できる[15]。2期に散見する床面への礫敷き構造も四周溝を設ける技法とともに新技術として伝わったものであろう。宇都宮丘陵地域は初現期の平天井形状横穴墓が変遷して定着する。池上が3期に分けている（池上2009b）が、6支群が1から3期まで同じような変遷で継続しており、異なった形態の横穴墓を築成する新たな集団の介入は認めにくい。

6. 横穴墓の特性と分布——まとめにかえて

(1) 横穴墓の性格

横穴墓の被葬者は古墳築造層の支配下に位置づけられている。たしかに領域支配の首長層からは支配を受けているが、後期から終末期に構成される群集墳との関係においては、横穴墓がただちにすべてが群集墳の下位となるものであるとは理解できない。

そもそも栃木県における横穴墓の現出をどのように理解するか。横穴墓を葬送施設とする新規の集団がもたらしたのであろうが、かつて竪穴系主体部を有する古墳を構築していた在住集団が、横穴式石室を受容したように、横穴式石室を構築していた集団が横穴墓を受容したとの見方もできる。すべてがそうでなくても、定着時の数からするとそのように解するほうが説明しやすい。そう

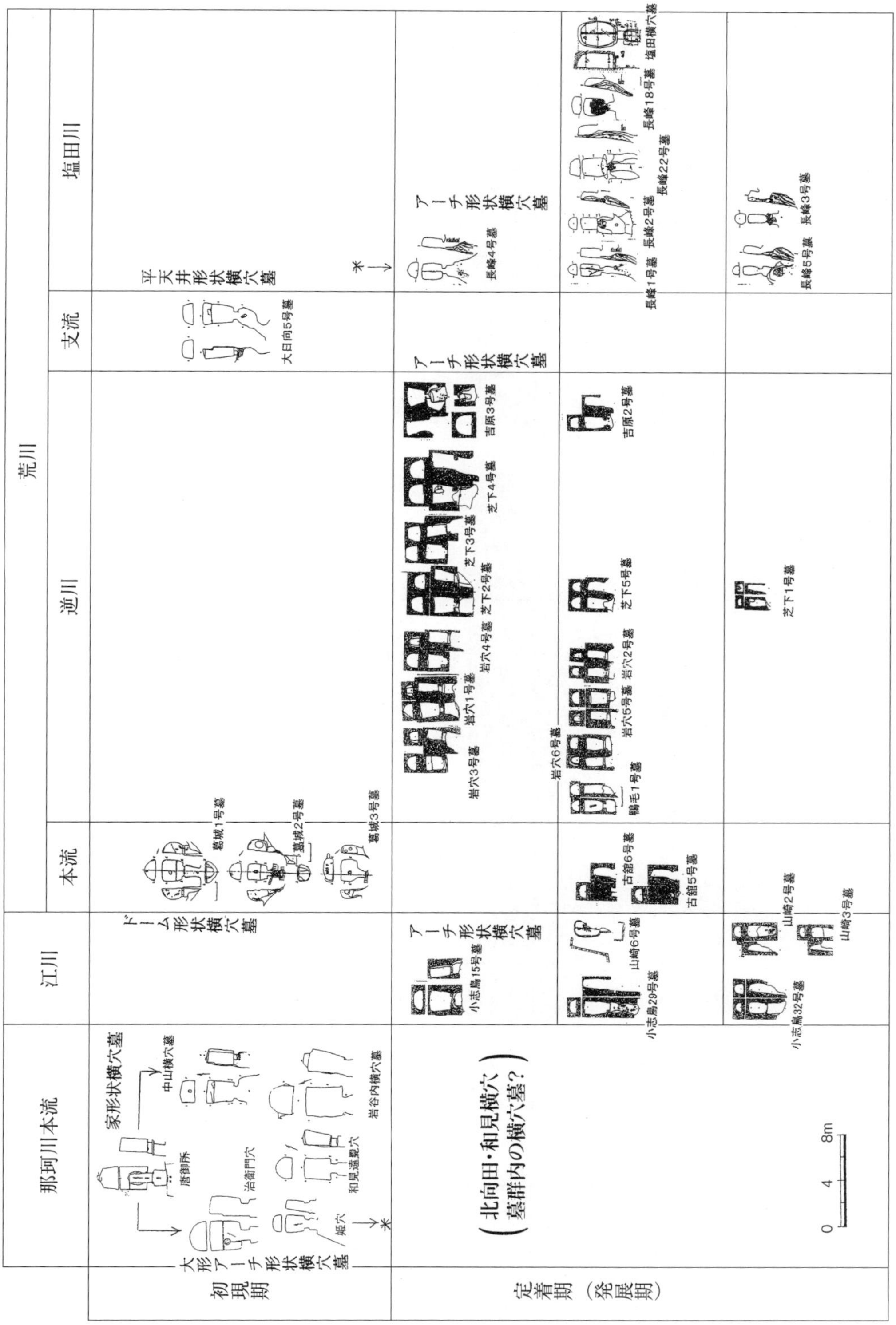

第85図　那須地域の横穴墓の編年図

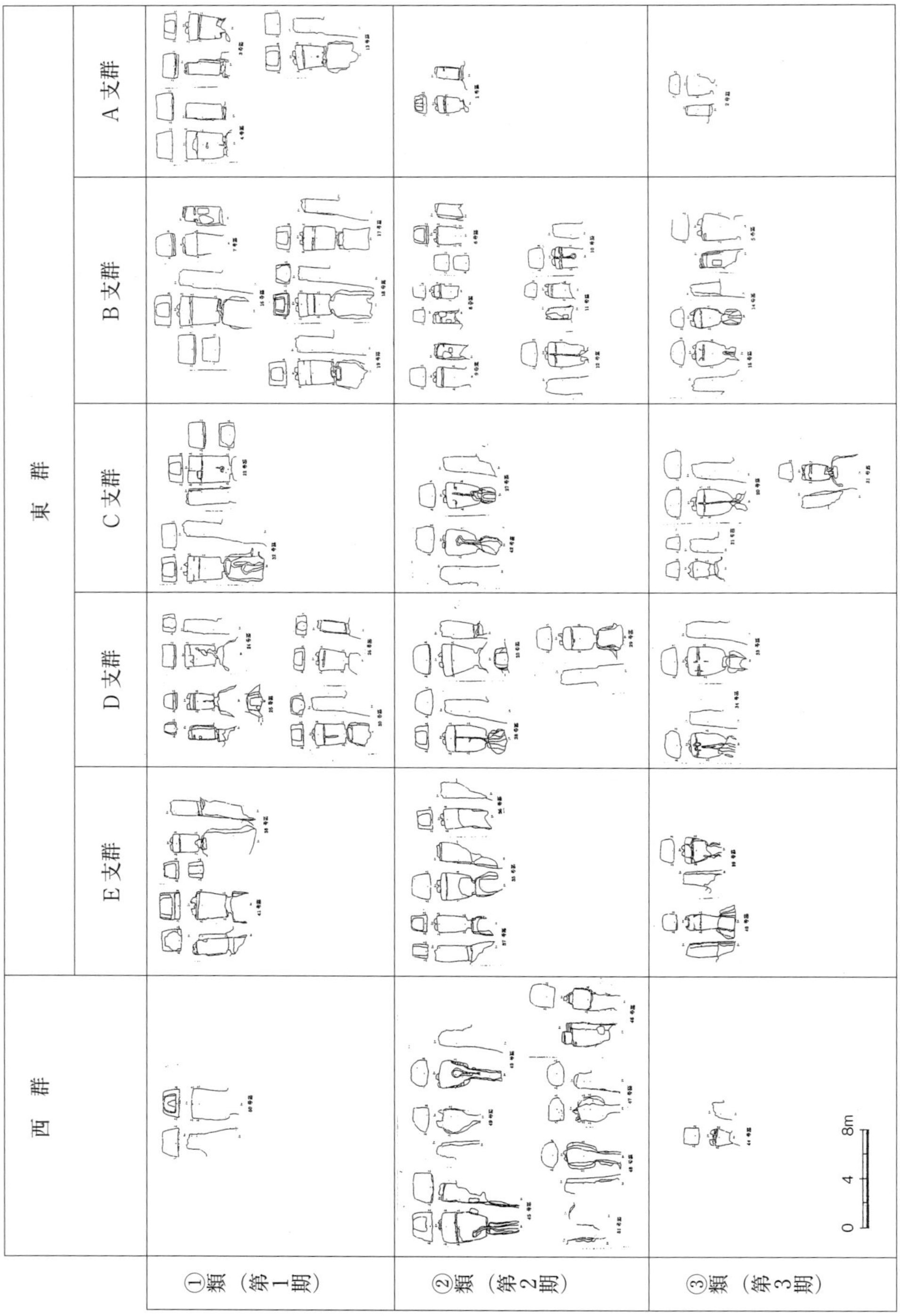

184 第5章 栃木県における古墳時代後期の特性

		①類（第1期）	②類（第2期）	③類（第3期）
東群	A支群			
	B支群			
	C支群			
	D支群			
	E支群			
西群				

第86図　長岡百穴横穴墓群の編年図（池上 2009b の分類を参照）

した場合、横穴墓群が群集墳の構築時期とある程度重なる時期に定着し、多数構築されているなら、群集墳構築者層から下位層が分出して構築したと解することもできる。群集墳構築が終了した後に横穴墓群が定着し、多数構築されるような直列的時期関係であるなら、必ずしも群集墳の下位となるものであるとはいえないであろう。横穴墓構築階層のすべてを古墳構築階層の下位に位置づけるのは、ほかの要因（一部ではあるが横穴墓の豊富な副葬品）も含めて考えると明らかに無理がある。さらに群集墳と横穴墓の関係は、地域外から移動してきた集団に対する地域首長の対応や新規集団の出自とも関係してくるのであろう。

(2) 横穴墓の形態の相違

　栃木県では地域によって横穴墓の形態に相違が見られる。宇都宮丘陵地域は平天井形状の玄室であり、那須地域では家形から変遷したアーチ形状玄室が大部分を占める。これは集団の違いであり、さらに突き詰めれば異なる技術者集団の相違と見ることができるのではないか。

　長岡百穴横穴墓群の集団は、石工・造墓技術を有した集団であり、だからこそ多くの横穴式石室で最高首長墓に類似した平天井形状玄室をつくれたのではないだろうか。

　そもそも宇都宮丘陵は、少なくとも古墳時代後期以降は西や南から移住してくる新来集団の受け入れ地の一つだったのではなかろうか。そしてここからさらにほかの地域へ、たとえば北へと一部が移動していくのではないか。初期横穴式石室も宇都宮丘陵に波及し、その後新たな形態の横穴式石室の出現がいち早く見られる。

　長岡横穴墓集団は、瓦塚古墳群の支配下に置かれ、石工・造墓作業に従事したとするなら、「凝灰岩の産地としては思川上流域の宇都宮丘陵と姿川上流域の大谷丘陵の2か所が主なもの」（梁木1983：p50）であるが、大谷丘陵周辺には横穴墓集団を管理する中小首長層がいないことや、宇都宮丘陵が新来集団の受け入れ地として、造墓地とは距離があるものの、ここでの生業活動が想定できるのではないだろうか。[16]

　また那須地域の集団は、開拓技術・製鉄技術を持った集団と想定される。これはその横穴墓群の立地状況が類似（小河川の谷地に散在し、集中管理がなされていない点）することや、横穴墓造成時期とはずれるが製鉄遺跡の多さからもいえるのではないか。[17]

(3) 伝播ルートの意義

　宇都宮丘陵地域と那須地域とはその流域河川を異にしており、横穴墓の形態からは相互の影響は見出せないといわれている。しかしながら、詳細に見ていくと以下のようなことが指摘できる。

　①那須地域の大日向5号墓は、平天井構造であることはすでに知られており、明らかに長岡②類に類似の横穴墓である。
　②長岡百穴横穴墓群に特徴である平天井構造は厩穴横穴墓にも見ることができる。相当崩れているが芝下1号墓も図面からは平天井構造の可能性がある。
　③長岡横穴墓群内の15号墓・20号墓・47号墓・48号墓は、那須地域で定着しているアーチ形状横穴墓に近い。さらに20号墓の床面は十字の排水溝が設けられており、那須地域との

共通要素を持つ。
　これらのことから、宇都宮丘陵地域と那須地域と交流が想定でき、河川流域で展開するだけでなく、陸上交通路で河川流域を越えた交流が指摘できる。
　この場合、那珂川流域と鬼怒川流域を繋げたものが原東山道であろう。秋元は、宇都宮丘陵地域の横穴式石室が那須地域の横穴式石室へ影響をあたえたとしている（秋元 2009）。もちろん那須地域から宇都宮地域への波及もあると思われるが、これらもその主たるルートは原東山道と考える。古墳時代後期ごろからの交易・交流路は河川の交通路だけでなく、陸路による河川流域を横断する交通路が確立してきた。それが群馬県からの原東山道であり、東京都・埼玉県からの原武蔵道である。この交通路の確固たる発展は、ヤマト政権による強い意図であり、東北地方の支配経営の過程を現出している事例の一つと見ることができる。「那須」に接した「下野」側の隣接エリアであり、原東山道筋からさほど離れていない宇都宮丘陵地域に、最高首長層の支配下におかれた造墓を含めた技術集団の長岡百穴横穴墓群が所在する所以であろう。
　また、原東山道と原武蔵道が交差する陸上交通の要衝である足利地域に県内では大規模な群集墳が分布することも、そうした東北地方への支配経営の意図によるものではないか。

（4）栃木県内における横穴墓の展開

　宇都宮丘陵地域の長岡百穴横穴墓群は、初現から長岡型として特徴づけられるほどの固有の形態が樹立され、そこからの伝播についてもすでに論考が発表されている（池上 2009b）。すなわち東北地方南部（白河地域）や茨城県北部などである。それらの中で、特に白河地域へ展開している意義は大きい。白河地域にはこの長岡型横穴墓以外に、下野型古墳の特徴のひとつである基壇を有する古墳が波及している。ほかに、栃木県の首長墓に採用されている切石石室（石槨）も所在することが知られている。これらのことからは、栃木県からの直接的な支配者層に関わる事象の波及があると読み取ることが可能である。すなわち支配者階層の属する一部の集団の人的移動の現れであり、それは単に栃木→福島（白河地域）の流れだけでなく、群馬県→栃木県→福島県の流れという、ヤマト政権の陸路を使用した東国支配の流れを証明するものの一つとなるのではないだろうか。

（5）横穴墓のない地域

　横穴墓は軟質の岩層やそれに相当する層がないと存在しにくい。栃木県では現時点では2地域だけであるが、群馬県板倉町では砂岩層に造墓しており、この砂岩層を基盤の一部としている台地は北方の栃木県へ続いていると思われ、砂岩層が露出している箇所では横穴墓が所在する可能性がある。
　この板倉町頼母子横穴墓群と芳賀郡の横穴墓が所在する地区との間に位置する真岡市磯山では、地下式横穴墓が確認されている。横穴墓とは系譜の異なる墓制であるとされているが、玄室などの形態や造墓時期は何ら変わらないことから、その存在は注目すべきことである。このように軟質の岩層のない地域でも地盤がしまっていれば、形態的には横穴墓と同様な墓制が確認できる可能性がある。

一方では、横穴墓がなく、横穴式石室を継続・発展して築造する地域がある。栃木県西南部がそれである。この現象は在来集団だけによる展開と見るより、新たな集団の定住化によるものとするほうが理解しやすいと思われる。これらは技術集団とは異なった集団であろう。原東山道と原武蔵路が合流する陸上交通の要所に据え置かれており、東北への武力的対策に関係する集団の可能性を考えたい。

7. おわりに

　那須地域は従前の通り茨城県北部などからの系譜を追認したにすぎないが、宇都宮丘陵地域においては、群馬県（あるいは埼玉県）→栃木県→福島県南部中通りという陸路交通による、かなり政治的な人・物の流れを横穴墓の系譜からも推し量れる可能性を、わずかながら見出せたのではないかと思っている。

註
(1) このほかに文献に掲載されているが、現在では確認できない遺跡が5カ所ある。
(2) その後、シンポジュウムで講演・討議された内容および企画展の概要が報告書として発刊された（栃木県那須風土記の丘資料館 2010）。
(3) 大和久［1976c］、池上［2000・2004］、上野［1988］などがあるが、これらの論文等の集成は秋谷［2009］の「引用参考文献」が参考になる。
(4) 栃木県史編さん委員会［1976］、南那須町史編さん委員会［1993・2000］、喜連川町史編さん委員会［2003］などがある。
(5) 対象から外したものの、一応の検討をおこなった。厩穴横穴墓は唐御所横穴墓・姫穴横穴墓の南方、遠見穴横穴墓の直下に所在する。横に走る岩盤は2mぐらいの高さでオーバーハングしており、その内側の壁面に沿って12の岩穴があけられている（第87図）。その多くは前半あるいは大部分を欠損しており、残りのよいものも後世の加工がされており、最もよく残存している横穴が厩穴と呼称されている。ほかに平天井状のもの2基、内アーチ形状のもの7基である。厩穴横穴墓の壁面を観察すると、現状の床面から40cm～60cmあたりに岩盤の境目が直線状に走る。上方はかなりしまった岩質だが、下方は礫の塊のような岩質で表面は上方より2～3cm内側になりしかも壁面はでこぼこ状態であ

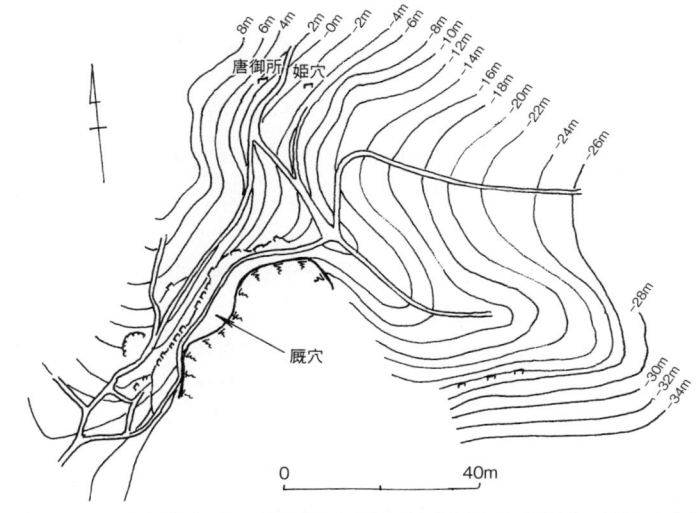

第87図　厩穴横穴墓の所在地図（栃木県史編さん委員会 1976より）

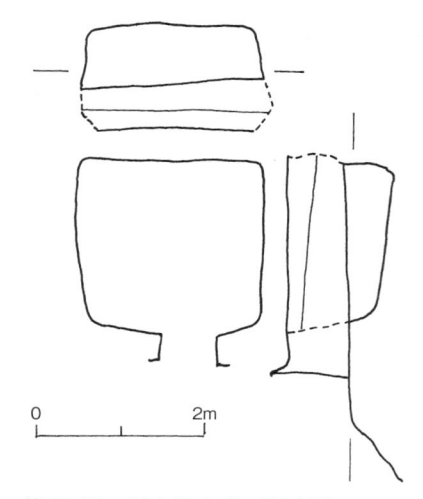

第 88 図　厩穴横穴墓の概略図

る。また、下方のさらに下半分は凹凸が目立ち中には玄室内へせり出している箇所もある。このことから最下部は後世に床面を掘り下げた可能性がある。また上方のしまった岩質の下面はオーバーハングの底面に連なる。玄室内のしまった岩質の面は一部で斜行の工具痕が見られる。玄室を略実測したが平面図はこの上方の下部の高さで測定した（第 88 図）。玄門部は破壊が甚だしく前壁としては天井から 30cm ほど残っており、その高さの範囲で玄門のように開口しているが後世の加工の可能性が高く、復元は困難である。入口から向かって左側の前壁を観察すると側壁から 20cm ほどの位置から先は残存前壁の下部が削られている（向かって左側は長さ 20cm の玄門構造）ように見えるが不明瞭である。憶測に憶測を重ねるようなことになるが、玄室は奥行 200cm 〜 212cm、奥幅 223cm、入口幅 200cm、高さは奥壁 128cm、入口 112cm（床面を掘り下げているとしたら奥壁高 92cm、入口高 88cm）を測る。玄室は平面正方形で平天井構造、高さが低く玄室横断面は横長方形と長岡百穴横穴墓に似る。ただし長岡百穴横穴墓の玄室平面は長方形が基本ではある。

（6）南那須町史編さん委員会［1993］ではすべて奈良時代前半の製作としている。

（7）事例は少ないものの、塩田横穴墓や山崎 6 号墓の玄室内出土遺物が 7 世紀代であることから、その構築年代の多くは 7 世紀代と想定できる。

（8）池上［2009a］によれば「肥後型を起源として、筑後・筑前地域において型式が変容して無縁棺座横穴墓が現出し筑前地域で定型化」したもので「九州各地の独自横穴墓型式が東国の地に伝播するのと同時に無縁棺座もあわせて伝播」したとしている。

（9）那須地域への波及元は、早期に波及し定着した吉見百穴横穴墓群からの波及の可能性を考えたいが、茨城県北部などからのやや遅れた時期における伝播も可能性としては残る。

（10）たしかに長岡百穴横穴墓群を実見すると、現状ではかなり崩れてはいるものの、1・3・24・25・26・29・37・38・41 号墓などは玄門外観が刳り抜き玄門と同じように、入口の周囲に額縁のような幅のある平坦面が廻っているように想定でき、しかもいくつかは明らかにその入口の形状が縦長方形であることは注目すべきことである。

（11）他に横尾横穴墓、川場村の横穴墓、月田横穴墓、十二社横穴墓群、岩宿横穴墓、離山横穴墓群の存在が指摘されているが（加部 2010）、ここでは実見できた横穴墓について論じていきたい。

（12）もう 1 カ所は高崎市大黒穴横穴墓であるが、後世の手が入り横穴墓としての形態を想定できないと判断した。

（13）池上［2009a］では、長岡百穴の平天井横穴墓についてそのように述べ、展開期の典型であるとしている。

（14）若狭徹は山名一帯の地域首長（地域管理者）が「中央政権と政治的関係を構築し、岩野谷丘陵資源の開発・利用を核とした手工業生産を推進することで経済的飛躍を遂げ」ていくとしており（若狭 2008）、その技術集団も確実に体制内に組み込まれていたであろう。

（15）一方で、その平面形をみると胴張り形を呈しており、時期的にはやや下がるが、横穴式石室からの影響も考慮に入れるべきであろう。

（16）長岡百穴横穴墓群の所在地が切石使用首長墓群の所在地から遠く離れていることは、池上［2009b］

(17) 製鉄関連遺跡は那珂川町のうちの旧小川町周辺だけでも19遺跡ある（栃木県立なす風土記の丘資料館 1999）。これらのうち製鉄遺跡の操業時期は不明であるが9世紀までにはかなりの操業がなされていたと思われる。横穴墓からの土器の出土例は少ないが、出土土器の多くは8世紀代のものであり、これらの土器が追葬や構築後の墓前域での儀式・儀礼であっても、この頃までは横穴墓構築の集団はその周辺に居住していたと理解すれば時期的には問題ない。

(18) 東山道が古代に整備される前に、栃木県内にほぼ同じルートの陸路があったと想定して、その陸路を原東山道と呼称している。

(19) 初期の東山道は上野国新田駅から武蔵路へ向かい、武蔵国国府から再び新田駅へ戻り、下野国足利駅へ向かうとされているが（須田 1991 など）、武蔵国国府からの帰路は利根川を越えてから直接足利駅へ向かったとする説もある（木本 2000 など）。後者の駅路は下野国梁田郡衙推定地近くを通過することになり、駅路でなくとも伝路として形成されていた可能性を高める。そしてその伝路の初現はすでに古墳時代後期には存在していたのではないか。

(20) 白河市大字舟田字中道所在の下総塚古墳は横穴式石室を有する前方後円墳であるが、最近の調査で基壇を持つ古墳であることが確認されている（鈴木・鈴木 2003）。

(21) 玉川村宮ノ前古墳（横穴式石室）、白河市谷地久保古墳（石槨）等がある。谷地久保古墳の石槨については、その形態から栃木県を飛びこえて、畿内からの直接の伝播によるものとの見解もある。

(22) 近くに板倉町離山横穴墓群が存在していたことが指摘されており（宮田 2001、加部 2010）、板倉町一帯にかなりの数の横穴墓があったことをうかがわせる。

(23) 小森［1984・2009］に詳しい。現時点では1基しか確認されていないが、田代善吉によれば地下壙として上都賀郡、河内郡に所在するとしている（田代 1939）。その多くは中世以降の地下式壙や近世のムロ（秋元陽光氏御教示）であると思われるが、「其遺物にも普通の古墳と同様なものが発見され或は人骨の埋没したものを発見されている」（田代 1939：p139）との記載もあり、地下式横穴墓があった可能性を否定できない。そしてその所在が鬼怒川流域地域であることも注意を要する。

第3節　横穴式石室から見た栃木県足利地域と群馬県太田地域の関わり

1. はじめに

　栃木県西部の中心である足利地域と群馬県東部の中心である太田地域とを合わせたこの地域は、北関東における東西・南北からの文化・物質流通の要衝地であった。
　さらに、古墳時代になると陸路の開発が進み、ルートの確立により、この地域は二つの大きな陸路の結節点となった。[1]
　6世紀から7世紀にかけての古代国家成立直前の時代において、この地域がどのように関わっていたのかを横穴式石室の受容状況から検討したい。すなわち、古墳時代前期ないしは中期頃の足利・太田両地域は一体の様相であったのが[2]、律令時代には東山道から武蔵路への出発・帰着の基点が新田駅となり、渡良瀬川を境に下野・上野に分かれている。その理由を古墳時代後期の横穴式石室の受容のあり方から考察したい。

2. 栃木県足利地域の横穴式石室（第89〜91図、第15表）

(1) 受容期

　足利地域では6世紀前半の地域首長墓は主体部が不明であり、その解明がないと最初に横穴式石室を受容した階層が特定できないものの、少なくとも6世紀中頃には首長層が受容している。早い時期に横穴式石室を受容した足利地域の後期首長墓は、東部にある常見古墳群内の正善寺古墳と南部の平地に所在する永宝寺古墳である。
　常見古墳群は煙滅した古墳を含めて6基の古墳が確認できており（市橋 1996）、不明の古墳もあるが、多くは横穴式石室を有する古墳であろう。実態の知られている中で最初に受容した古墳は正善寺古墳であり、山石使用の両袖横穴式石室を持つ前方後円墳である。横穴式石室の平面形態は長方形の両袖石室で、天井部は立断面では弧を描くように設置され、玄門部付近の天井石が1石だけわずかに下がっている。袖部は素形であるが同じような幅の石を重ねている。奥壁は2石で、側壁を含めて山石からなる。羨道部床面は入口部から玄門部に向かって下降傾斜している。1988・1989年（昭和63・平成元）に周溝の発掘調査をおこない、全長103m、後円部径約62m、前方部幅約73mの基壇にのる前方後円墳であることが明らかになった（足利市遺跡調査団・足利市教育委員会文化財保護課 1989・1990）。基壇上面は攪乱を受けているが、盛り土を若干のせたやや平坦な基壇であったと想定される。また葺石は基壇傾斜面にあるが、上段墳丘傾斜面では不明である。周溝底幅は約5.5mで、二重周溝の可能性もある。円筒埴輪が出土している。この石室と同じ系譜となる石室に足利公園M号墳（3号墳）がある。一方、永宝寺古墳は、全長66mの前方後円墳で、横

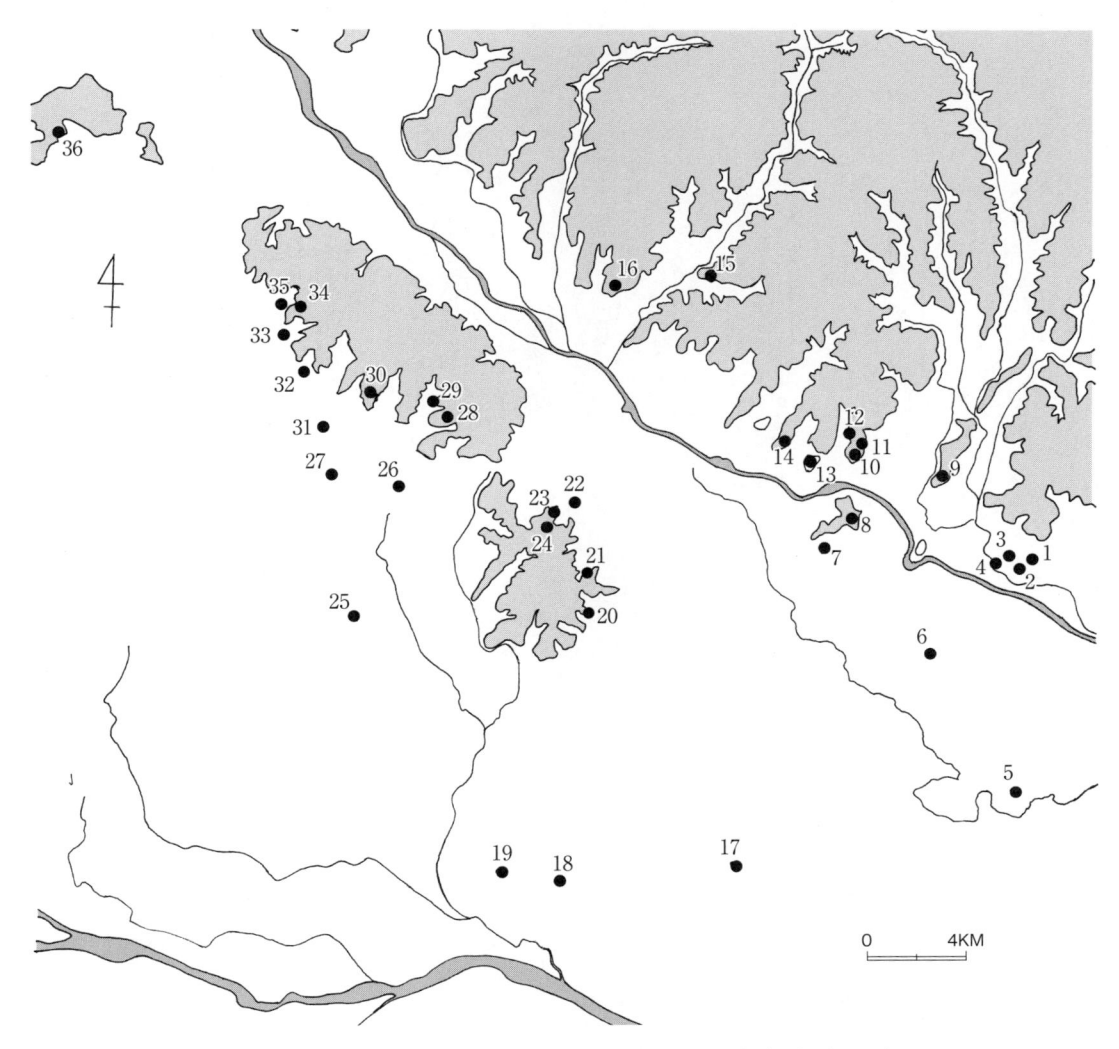

第3節　横穴式石室から見た栃木県足利地域と群馬県太田地域の関わり　191

1　海老塚古墳（円墳？・径約50m）
2　正善寺古墳（前方後円墳・全長103m）
3　口明塚古墳（円墳・径約47m）
4　金吾塚古墳（円墳）
5　永宝寺古墳（前方後円墳・全長66m・玄門部有段構造）
6　文選11号墳（前方後円墳・全長約40m・玄門部有段構造）
7　明神山古墳（前方後円墳・全長31m）、明神山1号墳（円墳・径20m）
8　田中町3丁目市営住宅裏1号墳（円墳・径12m）
9　助戸山3号墳（前方後円墳・全長28m）
10　機神山山頂古墳（前方後円墳・全長36m）
11　行基平1号墳（円墳・径12m）
12　長林寺裏古墳（円墳・径19m）
13　足利公園古墳群｛M号墳（前方後円墳・全長34m）、I号墳（円墳・径16m）、J号墳（円墳・径15m）、N号墳（円墳・径20m以上）｝
14　今福立岩古墳（円墳？）
15　羽黒古墳（円墳・径14m）
16　熊野古墳（円墳・径約10m）
17　城之内古墳（円墳・径12m）
18　割地山古墳（前方後円墳・全長105m）
19　沢野村102号墳（円墳・径13m）
20　寺ヶ入馬塚古墳（円墳・径15m）
21　亀山京塚古墳（前方後円墳？円墳？・約20m）
22　巌穴山古墳（方墳・一辺30m、複室）
23　今泉口八幡山古墳（前方後円墳・全長60m）
24　菅ノ沢古墳群｛L95号墳（円墳・立柱石）、p6・L10・N7号墳（いずれも小石室）｝
25　オクマン山古墳（円墳・径36m）
26　業平塚古墳（円墳・径35m）
27　二つ山1号墳（前方後円墳・全長74m）
28　御守山古墳（円墳・径15m）
29　北金井御嶽山古墳群
30　西長岡東山古墳群｛3号墳（帆立貝式前方後円墳・後円部約18m）、12号墳（円墳・径9m）｝
31　西長岡横塚27号墳（円墳・径35m）
32　街道橋古墳（前方後円墳・全長23m）
33　西山古墳（前方後円墳・全長34m）
34　北山古墳（円墳・径22m）
35　向山古墳（円墳・径23m）
36　和田遺跡1号墳（円墳・径19m）

第89図　足利地域・太田地域における主な横穴式石室の所在図

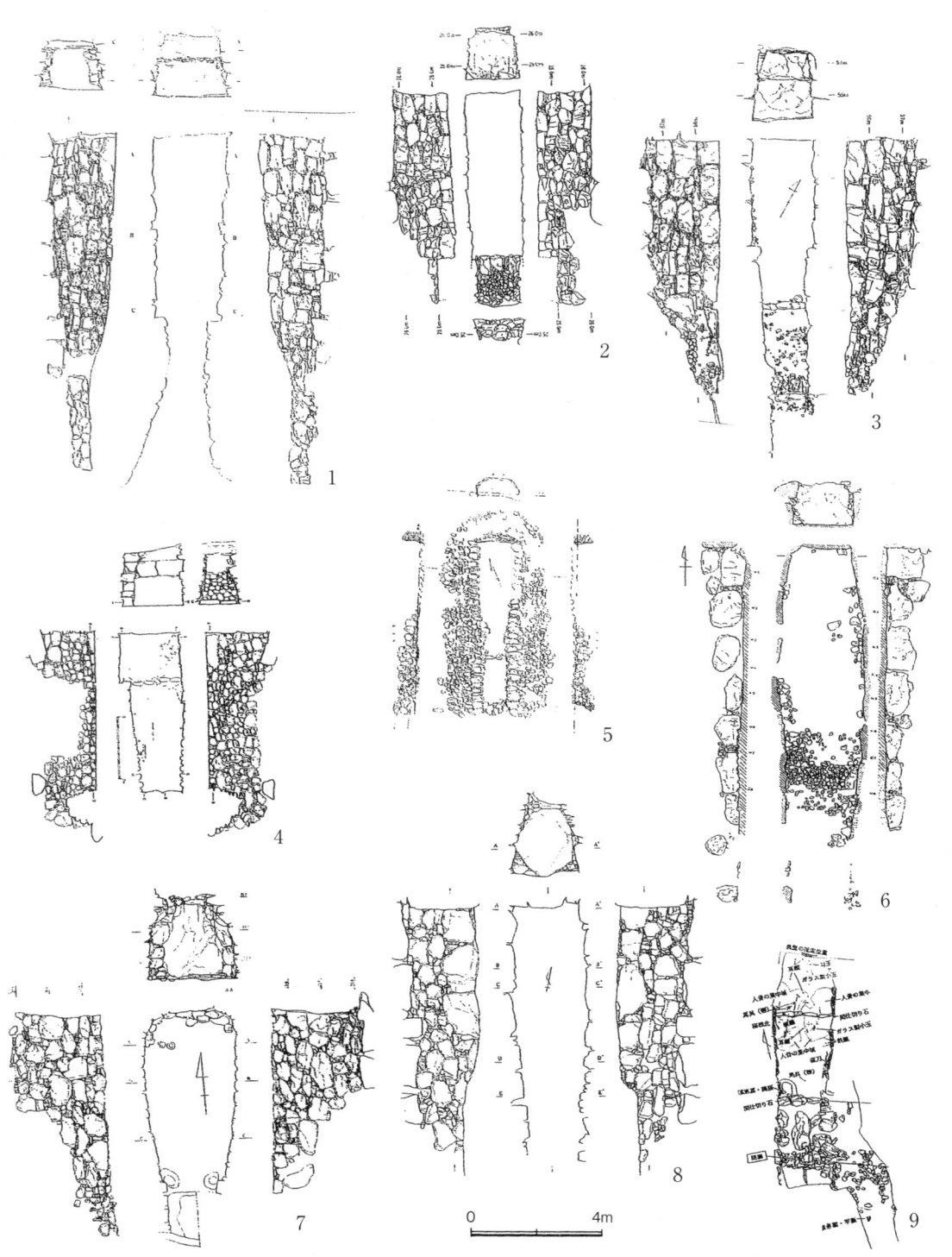

192　第5章　栃木県における古墳時代後期の特性

第90図　足利地域の横穴式石室の実測図 (1)（1・8：足立ほか 1996、2：足利市教育委員会文化課 2004、3：足利市教育委員会文化財保護課 1995、4：近藤 1999a、5：大澤 1997、6：前澤 1979、7：前澤ほか 1981、9：齋藤・中村 1992 より）

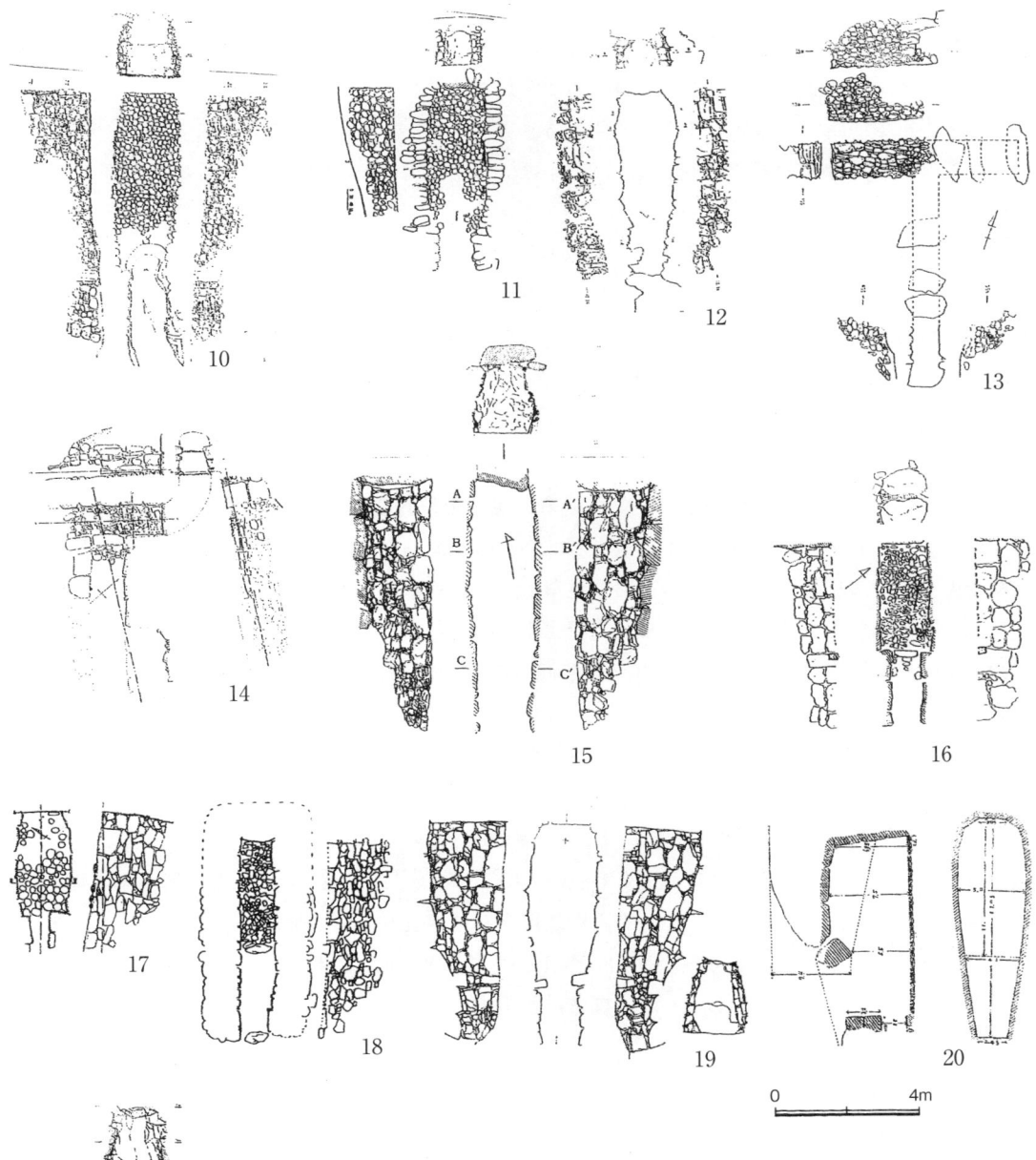

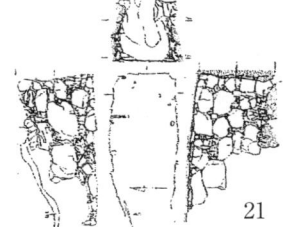

第3節　横穴式石室から見た栃木県足利地域と群馬県太田地域の関わり　193

1　正善寺古墳、2　永宝寺古墳、3　足利公園M号墳、4　明神山古墳、5　文選11号墳、6　海老塚古墳、7　口明塚古墳、8　機神山山頂古墳、9　助戸山3号墳、10～13　足利公園I号墳・J号墳・K号墳・N号墳、14　織姫神社境内古墳、15　明神山1号墳、16　行基平1号墳、17　熊野古墳、18　田中町3丁目市営住宅裏1号墳、19　羽黒古墳、20　長林寺裏古墳、21　物見13号墳。

（番号は第90・91図を通したもの）

第91図　足利地域の横穴式石室の実測図（2）（10：足利市教育委員会文化課 2003、11～13：足利市教育委員会文化財保護課 1994・前澤 1965・足利市教育委員会文化財保護課 1995b、14：後藤・内藤・森 1937、15：前澤・橋本 1985、16：前澤 1979、17：赤山 1971、18：前澤・橋本 1959、19：池上 2010、20：高橋・谷井 1913、21：足利市教育委員会文化課 2000 より）

穴式石室は石室長 6.7m、玄室長 5.2m・幅 1.6m で段構造をもつ、山石積み無袖石室である。出土遺物として鉄鏃、弓飾り金具、雲珠部材、耳環、玉類、埴輪、須恵器などがある（足利市教育委員会文化課 2002・2004）。この石室は玄室平面形が長方形であっても、明瞭な段構造をもつ石室であり、正善寺古墳の石室とは異なる系譜と考える。

またほぼ同時に小首長墓でも受容している。それらは、中部の足利公園 M 号墳、南部の明神山古墳、文選 11 号墳である。

足利公園 M 号墳（3 号墳）は全長約 34m の前方後円墳で足利公園古墳群の主墳であり、横穴式石室は南東に開口。石室はチャートの山石からなり、奥壁は 2 石を重ね、天井は 5 石からなる。石室の規模は長さ約 8.3m、玄室長さ約 3.5m、高さ約 2.2m、幅約 2.0m を測る。石室の平面形は長方形の両袖横穴式石室。1886 年（明治 19）の調査によれば出土遺物としては、玉類・直刀・刀子・鉄鏃・馬具・鎧・須恵器・土師器等がある（坪井 1888）。また埴輪も出土している。1993 年（平成 5）の調査では石室前面から須恵器が出土し、埴輪としては、円筒埴輪のほかに、盾形・靫形・鞆形・大刀形・衣蓋の形象埴輪が出土している（足利市教育委員会文化財保護課 1995a）。特に注目すべきことは石室内に須恵器が多数置かれていたことであり、群馬県では高崎市観音山古墳や観音塚古墳をあげるまでもなく多くの古墳に見られるが、栃木県内の横穴式石室では大変まれなことであり、群馬県側の影響をうかがわせる（土生田 1996）。

明神山古墳は、前方後円墳で前方部を南に向けた全長約 31m の古墳である。主体部は片袖の横穴式石室で全長 6.6m、玄室長 1.5～1.6m、幅 1.8m、羨道長 3.5m、幅 1.2～1.6m を測る。玄室平面形はわずかに横長の正方形で、羨道部は長逆台形となる。奥壁は 2 石の巨石が 2 段に重なり、その脇に小ぶりの割石 6 石が 6 段に据えられている（近藤 1999a）。

文選 11 号墳は、前方部が短く締まりのない括れ部を持つ全長 40m ほどの前方後円墳で、この横穴式石室は全長 5.75m、奥壁の幅が長く手前の入口部が短い長方形からなる（大澤 1997）。川原石小口積みで、羨道部がきわめて短い、有段構造川原石積み石室 1 類と想定される。出土遺物では環状鏡板付轡が 6 世紀中頃、須恵器は MT85～TK43 型式平行期、6 世紀中～後半の年代を想定できる。この古墳は前方後円墳の形態や砂礫裏込など小山市飯塚古墳群内の横穴式石室墳との関係がうかがえ、特に飯塚 29 号墳などと類似する。

以上 3 古墳の石室は、玄室平面形は長方形の両袖横穴式石室、玄室平面形がわずかに横長な正方形の片袖横穴式石室、無袖有段構造川原石小口積み石室と、いずれも系譜の異なる石室を受容している。

このように、受容期の様相は多様であるが、時期的には大平町、宇都宮市などにくらべて一時期遅い。ただし、一時期前になる 6 世紀前葉の地域首長墓は主体部が不明でありそれらの古墳の内部主体が横穴式石室である可能性もある。

(2) 展開期

首長墓では常見古墳群の海老塚古墳、口明塚古墳がある。

海老塚古墳は、墳丘を瓦用の土取りなどで削られ残存状況はよくなかった。内部主体の横穴式石

室は、江戸時代にはすでに開口されていた。明治時代の記録では、石室の全長8間、高さ7尺とある。1980年（昭和55）の発掘調査で、径約50mの基壇に載り、墳丘が約24mの円墳であると報告されている（前澤・橋本 1981）。横穴式石室は、破壊が激しいが全長9m以上、奥壁は2枚で、側壁は大きめの割石で構成されていたと思われる。玄室平面形は緩やかな胴張り無袖石室である。石室からは、丸玉、小玉、釧、石突（槍）、鉄鏃、小札（挂甲）、雲珠、銜、金銅製鈴、須恵器（フラスコ型長頸瓶、甑）、埴輪（円筒、形象）などが出土した。石室の破損が甚だしいことから流れこみとも考えられるが、石室内から須恵器が出土した可能性が高いことは注目すべきことである[3]。
　口明塚古墳は、1991年度（平成3）の調査によれば、径約47mの基壇に載り、墳丘が約23mの円墳であることが明らかになった。横穴式石室は、胴張りを有する両袖で、現存長約6.9m、玄室長5.4m、最大幅約2.7m、高さ約2.5m、奥壁は1枚で、側壁は山石で中ごろに大きめの割石を使用し、大きく持ち送りをおこなっている。墳丘裾に山石と河原石からなる葺石がめぐる。埴輪（円筒、形象）も出土した（足立ほか 1996）。
　小首長墓、小型古墳はこの時期になると、足利地域ではほぼすべての地区で横穴式石室が展開される。
　小首長墓は緩やかな胴張り無袖石室からなり、中部の機神山山頂古墳と助戸山3号墳がある。機神山山頂古墳は2008年（平成20）の調査で、全長36m以上の2段築成の前方後円墳であることが確認された（足利市教育委員会文化課文化財保護担当 2010）。石室長8.1m、玄室長5.2m、幅2.3mの山石積み石室である。1898年（明治31）に円頭大刀、直刀、刀装具片、責金具、鞍の磯金具、雲珠または辻金具、鏡、耳環、鐙、玉類、埴輪、須恵器などが出土した（足利市史編さん委員会 1979、齋藤ほか 1992）。助戸山3号墳は全長28mの前方後円墳で、石室長6.5m、玄室長4.5m、幅1.6mからなる。出土遺物は直刀、轡、勾玉、小玉、耳環、鉄鏃、円筒埴輪、須恵器などがある（足利市教育委員会文化課 2003）。4条突帯で5段の円筒埴輪があることは注目される。
　小型古墳は玄室平面形が長方形・胴張り形があり、袖部は両袖・無袖と多様である。地区の足利市内全地区に所在し、さらに変形石室も受容される。具体例を挙げれば、足利公園Ⅰ・J・K・N号墳（足利市教育委員会文化財保護課 1994、前澤 1965、足利市教育委員会文化財保護課 1995b）、中部の織姫神社境内古墳（後藤・内藤・森 1937）、南部の明神山1号墳（前澤・橋本 1985）、中部の行基平1号墳（前澤 1979）、西部の熊野古墳（赤山 1971）、南部の田中町3丁目市営住宅裏1号墳（前澤・橋本 1959）等がある。
　足利地域の横穴式石室展開期では、首長層では緩やかな胴張り形石室が多く採用され、ついで徐々に胴張りの程度が明瞭になってくることがわかる。小型古墳では多様な石室を受容し、石室規模は当然小さくなるが、首長墓の石室形態と同じ石室を構築していることもうかがえる（市橋 1996、大澤 2003）。また変形石室を有する古墳はこの時期である。

(3) 終末期
　地域首長墓は常見古墳群では金吾塚古墳が該当すると想定される。
　明治時代の記録（1885年［明治18］ごろ作成された『山川村ほか7ヵ村　地誌編輯材料取調書控』）

によると金吾塚は「字金吾塚平林の中にあり。高2尺(4)周囲50間にして辰の方の半腹に巨穴あり。口縦2尺5寸横3尺西へ入る事4間奥の広さ9尺高さ7尺、両側共前塚同断なり。築造年限詳ならずといえども今に現形を存せり。該塚は楢雑木立にして民有なり」とあり、横穴式石室で、全長約7.2m、幅約2.7m、高さ約2.1mの横穴式石室とおもわれるが、その実態は不明である。しかし、当該地付近で埴輪の出土がみられないので、口明塚古墳より新しく位置づけられ、7世紀前葉ごろに比定される。

　小首長墓は西部の羽黒古墳、中央部の長林寺裏古墳や物見13号墳などが想定される。これらは、単独か群集墳の端に位置し、山腹に所在するという、その立地に共通性が見出せる。また規模もその時期の古墳としては大きいが、埴輪の樹立はない。7世紀前葉以降になる。

　羽黒古墳（円墳・径13.5m）は、石室長7m、玄室長3.7m、幅1.8m、高さ2mを測る。胴張りで擬似両袖石室、奥壁側の天井がやや高く縦断面は弓なり状を呈す。また擬似まぐさ石を有する。奥壁は山石1石からなり、側壁は山石乱石積みである。玄門部袖は完全な石柱ではない（池上 2010）。長林寺裏古墳は円墳（径19m）で、石室の詳細は不明であるが、石室長5.1m、最大幅1.6mを測る胴張り無袖石室である。奥壁は3石で、側壁も含めて山石からなり、天井部縦断面はやや湾曲している。出土遺物は耳環、銅釧、刀、鍔、轡、兵庫鎖、環頭式柄頭、金具、鉄鏃、小玉類などである（高橋・谷井 1913）。物見13号墳は墳丘が2段の円墳で直径は16.6m以上、高さは基盤の低い位置から測って約6m。墳丘1段目は幅約3mの緩やかな傾斜のテラスになっており、この面に横穴式石室が構築されている。また、調査区内で、この面に大甕が石室開口部をはさんで北側に1個、南側に2個配列されていた。石室は西に開口し、奥壁は1枚からなり、側壁は30〜60cmの石を4〜6段積んでいる。積み方はやや乱積みであるが、横方向へ目地が通る。天井石は奥壁側に2石のみ残るが、裏込の粘土層の状況から羨道部側の天井石は低くなることが推定される。石室平面形はやや胴張りの無袖で、側壁は持ち送りになっている。石室規模は全長約5.9m、最大幅約1.72m、高さ約1.73mである。副葬品はすでに盗掘にあっていたが、石室内から直刀1、刀子1、鉄鏃破片、水晶製切子玉4が、石室外からは耳環1、鉸具1が出土した。埴輪は出土していない（足利市教育委員会文化課 2000）。

　足利地域の横穴式石室終末期では、物見13号墳は不明であるが玄室の天井部縦断面が湾曲した胴張り形石室という共通の要素があるが、発掘調査した古墳の数が少なく、この時期の石室の全貌を明らかにすることは困難である。すなわち太田地域で出土している切石組み石室、平面形が円形に近い石室、小石室などがみられない。

3. 群馬県太田地域の横穴式石室（第89・92〜94図、第15表）

　群馬県東部の中心である太田地域について述べる。この太田地域は、加部［1989］、梅澤［1996］、島田［1999・2001］などに詳しく述べられているので、それらの論文を参照して、ここでは概要を述べる。地域は三つに分けて述べられることが多い。すなわち太田市南部（由良台地とその西方の沖積平野にまたがる石田川・蛇川下流域）、太田市北西部（金山丘陵北西側から南側の蛇川上流域）、

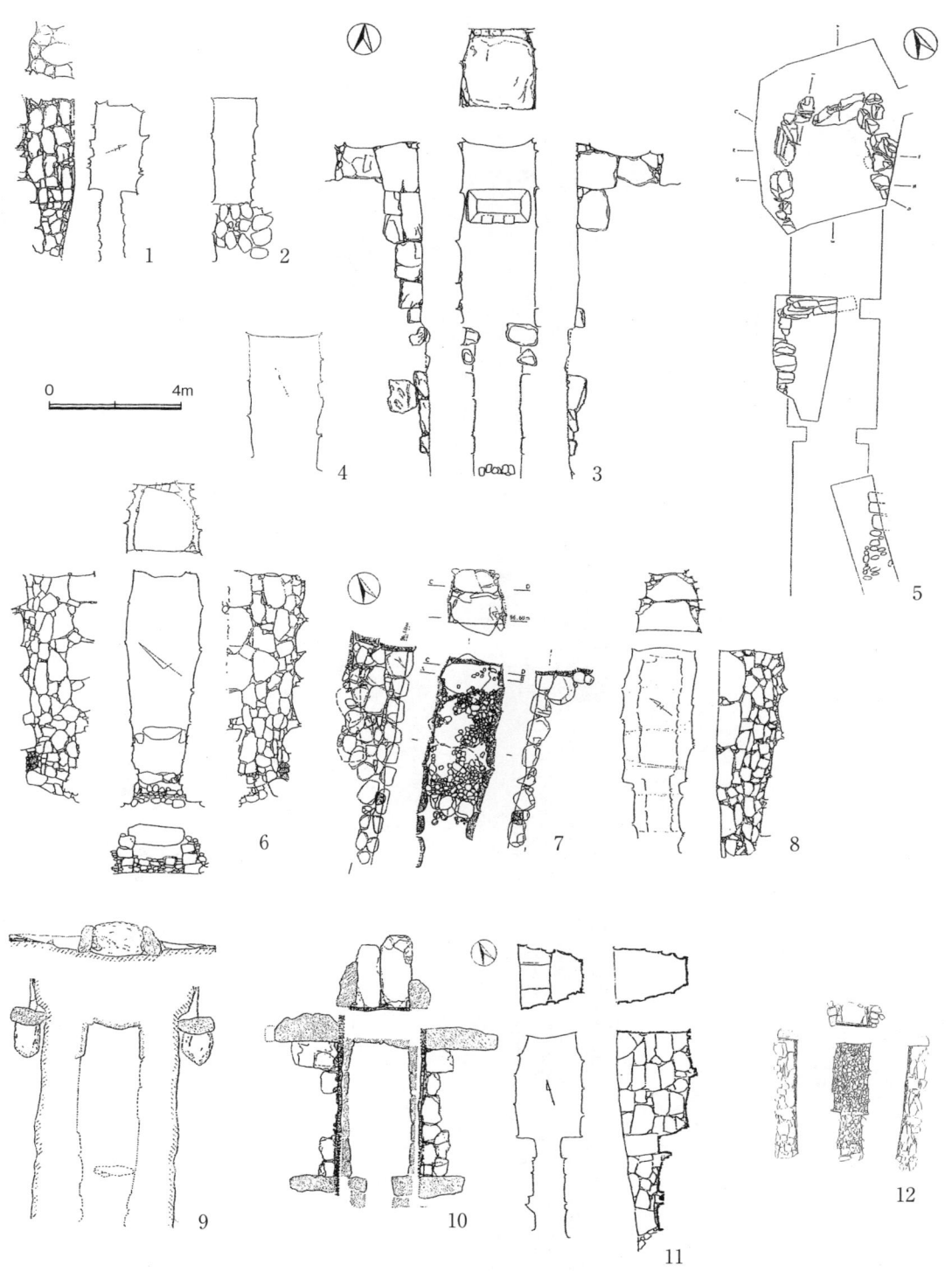

第3節　横穴式石室から見た栃木県足利地域と群馬県太田地域の関わり　197

第92図　太田地域の横穴式石室の実測図（1）（1・6・12：島田 1999、2・4：加部 1989、3：天笠 1996・太田市教育委員会 1997、5：谷津・坂庭 2000、7・10・11：島田 1996、8：細野 1981、9：木暮 1981b・島田 1999 より）

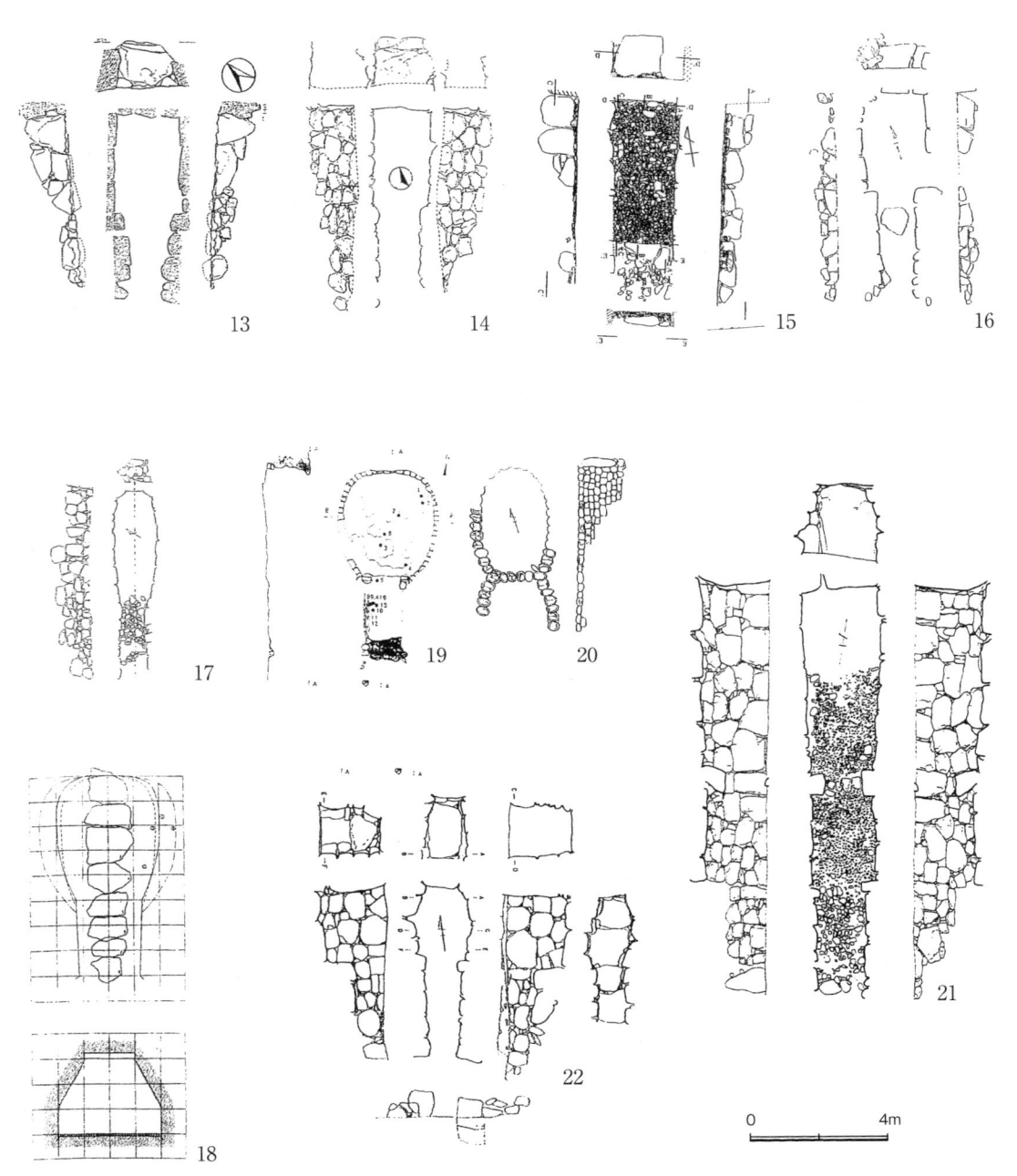

198　第5章　栃木県における古墳時代後期の特性

第 93 図　太田地域の横穴式石室の実測図 (2)（13：島田 1996、14：石塚 1996b、15：島田 1999、16：梅澤 1981、17：長井 1999、18：長井 1999、19：岡屋・黒澤 1993、20：木暮 1981a、21：渡辺ほか 1978 と梅澤・新井 1981、22：石塚 1981 より）

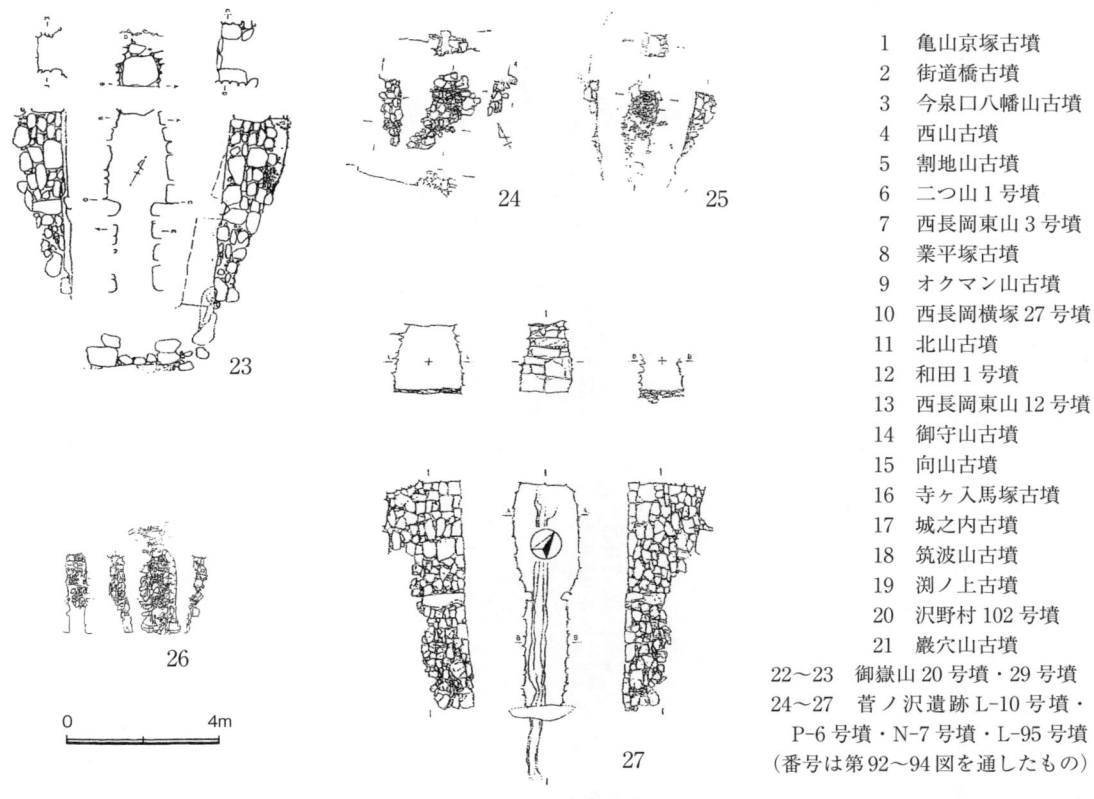

1　亀山京塚古墳
2　街道橋古墳
3　今泉口八幡山古墳
4　西山古墳
5　割地山古墳
6　二つ山1号墳
7　西長岡東山3号墳
8　業平塚古墳
9　オクマン山古墳
10　西長岡横塚27号墳
11　北山古墳
12　和田1号墳
13　西長岡東山12号墳
14　御守山古墳
15　向山古墳
16　寺ヶ入馬塚古墳
17　城之内古墳
18　筑波山古墳
19　渕ノ上古墳
20　沢野村102号墳
21　巌穴山古墳
22～23　御嶽山20号墳・29号墳
24～27　菅ノ沢遺跡 L-10号墳・
　　　　P-6号墳・N-7号墳・L-95号墳
（番号は第92～94図を通したもの）

第94図　太田地域の横穴式石室の実測図（3）（23：石塚1981、24：島田1999、25：石塚1996c、26：倉田ほか1976・島田1999、27：渡辺ほか1978・石塚1996cより）

太田市東部（金山丘陵北東側から南東側にかけての矢場川流域）の3地域である。なお必要に応じて周辺の横穴式石室も検討の対象とした。

(1) 受容期

　群馬県内では6世紀初頭か前葉に横穴式石室を受容している地域が多いが、太田地域では、6世紀中頃とされている東部の亀山京塚古墳が初現である（島田1999）。
　この古墳の墳形は円墳または前方後円墳で円丘部の直径が約20mとされている。主体部は南東開口の山石積み両袖石室で、玄室平面形は長方形を呈し、石は大ぶりで、奥壁は大石1石の周りにそれよりやや小さめの石をつめている。石室全長4.5～4.8m、玄室長2.4～2.6m・最大幅1.4mである。玄室側壁は通目積み・羨道部は乱石積みで、天井部は平坦だが、羨道部で低くなり入口に向かってさらに低くなる。玄門部にはまぐさ石が設置されている。また床面は図面からは玄室床面から羨道部入口へ向かって高くなっている。玄室壁面には赤彩が施されている。出土遺物は直刀、鉄鏃、管玉、勾玉、切子玉、須恵器提瓶、土師器坏・盌などがある。
　6世紀前葉の前方後円墳の内部主体が明らかでなく、この地域に前方後円墳と円墳どちらが先に石室を受容したか判然としない。もっとも亀山京塚古墳自体の墳形が確定されていないが、石室規

第15表　足利地域・太田地域の横穴式石室古墳編年表

区分	実年代	須恵器比定	足利地域（首長墓）	足利地域（小首長墓）	足利地域（小型古墳）	太田地域（首長墓）	太田地域（小首長墓）	太田地域（小型古墳）
受容期	6世紀中頃	TK43古	玄室長方形両袖石室　正善寺古墳（前方後円墳・全長103m）　玄室長方形無袖石室　永宝寺古墳（前方後円墳・全長66m・玄門部有段構造）	玄室長方形両袖石室　足利公園M号墳（前方後円墳・全長34m）　玄室長逆合形無袖石室　文遺11号墳（前方後円墳・全長約40m・玄門部有段構造）　玄室長方形片袖石室　明神山古墳（前方後円墳・全長31m）			玄室長方形両袖石室　亀山京塚古墳（前方後円墳？円墳？・約20m）　玄室長方形無袖石室　街道橋古墳（円墳・全長23m）	
展開期	6世紀後葉～7世紀初頭	TK43新～TK209	玄室緩やかな胴張り形無袖石室　海老塚古墳（円墳？・径約50m）　玄室胴張り形両袖石室　口明塚古墳（円墳・径約47m）	玄室緩やかな胴張り形無袖石室　機神山山頂古墳（前方後円墳・全長36m）　助戸山3号墳（前方後円墳・全長28m）	玄室長方形無袖石室　田中町3丁目市営住宅裏1号墳（円墳・径12m）　玄室横長方形T字形石室　足利公園号N墳（円墳・径20m以上）　玄室緩やかな胴張り形無袖石室　明神山1号墳（円墳・径20m）・足利公園号K墳（円墳・径16m）　玄室長方形両袖石室　行基平1号墳（円墳・径12m）	玄室長方形両袖石室　今泉口八幡山古墳（前方後円墳・全長60m）　玄室緩やかな胴張り形無袖石室　割地山古墳（前方後円墳・全長105m）・二ツ山1号墳（前方後円墳・全長74m）	玄室長方形両袖石室使用　西山古墳（前方後円墳・全長34m）　菜平塚古墳（円墳・径35m）　玄室緩やかな胴張り形無袖石室　西長岡東山3号墳・オクマン山古墳（円墳・径36m）　玄室緩やかな胴張り形両袖石室　西長岡横塚27号墳（円墳・径35m）・北山古墳（円墳・径22m）	玄室長方形両袖石室　和田遺跡1号墳（円墳・径19m）・西長岡東山12号墳（円墳・径9m）・御守山古墳（円墳・径15m）　玄室長方形無袖石室　向山古墳　玄室緩やかな胴張り形両袖石室　寺ケ入馬塚古墳（円墳・径15m）　玄室奥窄まり古墳　城之内古墳（円墳・径12m）
終末期	7世紀前葉～	TK217	金蔵塚古墳（円墳）	玄室胴張り擬似両袖石室　羽黒古墳（円墳・径14m）　玄室胴張り形無袖石室　長林寺裏古墳（円墳・径19m）		玄室長方形擬似両袖石室　巌穴山古墳（方墳・一辺30m・複室）		玄室胴張り擬似両袖石室　菅ノ沢1.95号墳（円墳・立柱石）　玄室胴張り無袖石室　菅ノ沢p6・L10・N7号墳（いずれも小石室）　玄室胴張り両袖石室　北金井御鐙山古墳群　胴張り形石室　沢野村102号墳（円墳・径13m）

模からは小規模な古墳と考える。しかしながら、6世紀中頃にはこの地域に玄室平面形が長方形の山石積み両袖横穴式石室が導入されたことは明らかである。

　西隣の佐波郡における導入期の横穴式石室をみてみると、6世紀前半に20～30mクラスの前方後円墳や帆立貝式前方後円墳さらには円墳からなる小首長墓・小形古墳など「墳形を問わずほとんどが短冊形の無袖式横穴式石室」で、「その手法には竪穴式小石槨と共通する点」があり、「竪穴式小石槨の伝統性の中に、横穴式石室が受容されていく状況を垣間見ることができる」としている（中里・深澤 1999）。導入期の横穴式石室の中には、赤堀村27号墳のように両袖横穴式石室も存在する。この赤堀村27号墳や多数存在する無袖石室の中の洞山古墳と亀山京塚古墳は複数にわたる共通の構成要素をもつことから、亀山京塚古墳の石室は佐波郡等西隣地域からの影響とも考えられる。いずれも20～30m規模の古墳で、玄室平面は長方形、側壁は大ぶりの石を多用し、乱石積みだがある程度横位に目が通り、一部を横積みにしている。また、洞山古墳と亀山京塚古墳は側壁に赤色塗彩を施しているほか、赤堀村27号墳と亀山京塚古墳は玄室床面から羨道部入口へ向かって高くなっている（洞山古墳は不明）。これらのことから3古墳は、さほど時期的には違わないと考えられる。一方で、奥壁を比較すると、洞山古墳は腰石の上に数石を使用して2段積み、最下段と合わせて3段積みになっており、赤堀村27号墳は大石3石を使用して3段積みとし、向かって右側のわずかな間隙に小石を詰めており、亀山京塚古墳では奥壁にやや大型の石材を用いており、鏡石への移行過程にあると思われる。このことから、洞山古墳→赤堀村27号墳→亀山京塚古墳という変遷の傾向が考えられるが、大きな時期差でない。

　もう1基太田地域で初現期の横穴式石室になると思われる古墳に、東部の街道橋古墳があげられる。多少情報量が少ないが、街道橋古墳は全長23mの前方後円墳の小首長墓である。石室は、長方形無袖石室で、奥壁は安山岩系転石の大形石が2段に積まれている（加部 1989）。山石乱石積み石室で、全長4.9m、玄室長3.25m、幅1.28m、高さ1.6mを測る。平面図からは玄門部付近が框構造（有段）になっている。

　羨道部・羨門部が明らかでないが、框構造で羨道部が短い点から足利市永宝寺古墳の石室に似る。奥壁は永宝寺古墳が1石であるのに対し2石からなる。県内では伊勢崎市権現山4号墳や赤堀22号墳などが似る。亀山京塚古墳と比較すると、互いに陶棺を出土しており、おおきな時期差はないものと思われる。

　この時期の横穴式石室を有する大規模前方後円墳は太田地域では見られないが、注目すべきは東矢島古墳群で、主体部が不明であるが、6世紀前半の首長墓が含まれている可能性がある[5]。県西部・中部では前代において首長系列が辿れない地域で、初出の前方後円墳に初期横穴式石室が受容されており（右島 2006：p40～41）、この東矢島古墳群にも当てはまる可能性がある。すなわち、この古墳群から6世紀初頭～中頃の横穴式石室墳が明らかにされる可能性がある。

　太田地域の受容期は、6世紀前葉の前方後円墳の内部主体が明らかでないが、6世紀中頃の小首長墓に玄室平面形が長方形の山石積み両袖横穴式石室が導入されている。また、有段石室が受容されている。

(2) 展開期

　この時期の首長墓は長方形両袖石室と緩やかな胴張りを持つ無袖石室を採用している。

　長方形両袖石室として、東部の今泉口八幡山古墳がある。全長約 56m の前方後円墳で、前方部先端が広がった墳形をしている。石室長 10.5m、玄室長 5.7m、玄室幅 2.2m、玄室高 2.4m を測る。奥壁は巨石１石の上に小さい石を１列に据えている。側壁は四角く整えた石材を互目状に積む。奥壁際は２段積みで他は壊されていて不明であるが、残存状況からは玄門側へ向かうにつれて石が小さくなっている。奥壁に白土を塗布しており、床面は図面からは玄室のほうがわずかに高い（天笠 1996、太田市教育委員会 1997）。玄室平面が長方形の石室としては他にも、玄室が半分しか残っていないが北西部の西山古墳（全長 34m・前方後円墳）が上げられる（島田 1999）。残存長 5.8m、幅 2.2m、高さ 1.5m で、やや玄門側の幅が狭くなるが、今泉口八幡山古墳の石室に近いと思われる。緩やかな胴張りを持つ無袖石室としては、南部の割地山古墳（全長 105m・前方後円墳、谷津 2001）、北西部の二つ山１号墳（全長 74m・前方後円墳、島田 1999）がある。割地山古墳の石室は残存状況が悪いが、痕跡がよく残る奥壁付近の平面図から緩やかな胴張りであると想定される。複室構造であるとする見解もある。[(6)]

　小首長墓も同様に長方形両袖石室と緩やかな胴張りを持つ無袖石室を採用している。帆立貝式前方後円墳である、北西部の西長岡東山３号墳（後円部径約 18m、島田 1996）は緩やかな胴張りを持つ無袖石室である。中型円墳は、長方形両袖石室としては北西部の業平塚古墳（円墳径 35m、細野 1981）の石室が、緩やかな胴張りを持つ無袖石室としては北西部のオクマン山古墳（円墳径 36m、木暮 1981b、島田 1999）の石室がある。いずれも奥壁が２石からなり、側壁に使用する基底石に大形の石を採用している。緩やかな胴張りを持つ両袖石室である北西部の西長岡横塚 27 号墳（円墳？径 35m、石塚・島田 1996）と同北山古墳（円墳径 22m、島田 1996）は、いずれも側壁は大き目の石を採用し、立柱石を導入している点や埴輪をともなわない点から業平塚古墳やオクマン山古墳より新しく、７世紀になってからの古墳であろう。西長岡横塚 27 号墳の奥壁は長方形の石材を使って縦長に２石を並べており、他に見ないつくりである。北山古墳は亀山京塚古墳の系譜と考えられる。

　二つ山１号墳の石室と西長岡東山３号墳の石室をくらべると、奥壁が２石と１石の違いがあり、一般的に２石→１石の変遷が見られることから、西長岡東山３号墳のほうが先行すると考えられる。また、二つ山１号墳の石室の側壁は基底石に大形の石を採用し、２段目以上は横口積みにしている。この石積み構造はこの時期に受容された技法であり、両袖石室である業平塚古墳の石室にも取り入れられており、首長層と小首長層との間で構築技術の共有が図られていることがわかる。

　小型古墳（小型円墳）は多様な受容をしている。長方形両袖石室としては、みどり市和田１号墳（島田 1999）、北西部の西長岡東山 12 号墳（島田 1996）、北西部の御守山古墳（石塚 1996b）、長方形無袖石室としては、北西部の向山古墳（島田 1999）があり、長方形両袖石室は、亀山京塚古墳の系譜、長方形無袖石室は街道橋古墳の系譜と考えられる。前者は奥壁に使用する石の数や、平面形における若干の相違があるが、多くは７世紀初頭前後に構築された古墳であろう。亀山京塚古墳の系譜になる。緩やかな胴張りを持つ石室は小型古墳では良好な古墳を見出せない。東部の寺ヶ

入馬塚古墳（梅澤 1981）は残存状態がよくないが、緩やかな胴張りを持つ両袖石室であるかもしれない。7世紀初頭前後になると大泉町城之内古墳（長井 1999）の石室のように小ぶりの石材を使用した奥窄まり形無袖石室が出現する。

なお、角閃石安山岩削石使用石室は、6世紀後半以降に、首長墓（板倉町筑波山古墳・前方後円墳全長54m、長井 1999）・小首長墓（館林市渕ノ上古墳・中形円墳径30m、岡屋・黒澤 1993）・小形古墳（沢野村102号墳・円墳径13m、木暮 1981a）のいずれにも採用され、大きな河川（利根川）沿いに所在する。石室平面形は多くは強い胴張りを呈する。

展開期は、首長墓は受容期からの長方形両袖石室のほかに新たに緩やかな胴張りを持つ無袖石室を採用している。この系譜は小首長墓にも受容される。7世紀になると首長墓は不明であるが、小首長墓では緩やかな胴張りを持つ石室は両袖となり、やや大型の石を採用し、立柱石を導入している。小型古墳は多様な石室が受容され、7世紀になると明瞭な胴張り両袖石室や奥窄まり形無袖石室が出現する。また、角閃石安山岩削石使用石室が、この時期に出現する。

(3) 終末期

7世紀前葉以降におけるこの地域では、主体部の明らかな唯一の首長墓である東部の巖穴山古墳が東部で築造される。一辺が30mの方墳で、主体部は玄室平面形が長方形の複室構造の擬似両袖石室である。奥壁は1石で、側壁は二ッ山1号墳の石室と同様の基底石に大形の石を採用し、2段目以上は横口積みにしているが、2段目以上の石材もかなり大きめの石を採用している（渡辺ほか 1978、梅澤・新井 1981、酒井・小林・藤野・三原 2009）。

小型古墳は、この時期になると玄室平面形が強い胴張り形になる石室や石室の急激な縮小化が進む。玄室平面形が強い胴張り形になる石室は北西部の御嶽山古墳群などに見られる（石塚 1981）。石室の中には、立柱石を持つこと（御嶽山29号墳）や前壁を形成すること（御嶽山20号墳）など北山古墳に似る。小石室は東部の菅ノ沢遺跡古墳群に見られる。すなわち、胴張りを持つ無袖石室である菅ノ沢遺跡L-10号墳（島田 1999）・P-6号墳（石塚 1996c）やかなり破壊されているが胴張りを持つ石室の菅ノ沢遺跡N-7号墳（倉田ほか 1976、島田 1999）がある。時期的に先行する石室全長6.2mの胴張り両袖石室（擬似両袖・立柱石）である菅ノ沢遺跡L-95号墳（7世紀初頭、渡辺ほか 1978、石塚 1996c）なども所在するが、P-6号墳・L-10号墳・N-7号墳は石室長が約2mほどである。

終末期は、首長墓としては玄室平面形が長方形の複室構造の擬似両袖石室が出現する。小型古墳は、立柱石を持つことや前壁を形成することを特徴とした玄室平面形が胴張り形になる石室が出現する。また石室の急激な縮小化が進むことも特徴的である。

4. 考　察

(1) 両地域の横穴式石室の受容の動向

いわゆる初期横穴式石室が波及する時期である6世紀初頭から前葉の地域首長墓は、両地域とも

主体部が不明であるが、それ以降については以下のことがわかる。

①受容期・展開期では類似の点が多くみられる

　足利地域では、当初に片袖石室が受容されている可能性があるものの、6世紀中頃には両地域とも玄室平面形が長方形の両袖石室が受容され、展開期に続く。これらのほかには、群馬県西・中央部からの影響と思われる竪穴系から派生した無袖石室がある。より祖形の赤彩無袖石室が大平町七廻り古墳群に見られるのは注目すべきことである。

　また、早い時期の有段石室が両地域に受容されている。東海地方からの直接ないしは間接の影響によるもので、この系統は栃木県小山市飯塚古墳群へも波及している。

　受容期において足利地域は首長墓や小首長墓に導入されているが、太田地域は現時点では小首長墓への導入であり、石室規模も小さい。しかしこのことは、太田地域では6世紀前葉から中葉の地域首長墓に想定される前方後円墳の実態が不明であることによる。

　展開期には両地域に緩い胴張り石室が広く普及する。これも東海地方に源を持つ系譜の石室であり、栃木県・群馬県の広い範囲に波及する。ついで徐々に胴張りの程度が明瞭になってくる。一方で、受容期からの長方形両袖石室が緩い胴張り石室と平行して築造される。小型古墳では多様な石室を受容していること、石室規模は当然小さくなるが首長墓の石室形態と同じ石室を構築していることなどがわかる。特に足利地域では顕著である。

　また足利地域では、変形石室を有する古墳が出現し、太田地域では南部に角閃石安山岩削石使用石室が出現することが特徴的である。ついで7世紀に入ると、太田地域では複室石室が導入されるなど、展開期後半では両地域での相違が現れるようになってくる。

②終末期には相違が目立つ

　7世紀前葉以降になると該当する古墳は少なくなり、足利地域の横穴式石室の終末期は、玄室の天井部縦断面が湾曲した胴張り形石室が複数基知られているが、他の地域で出土している切石組み石室、複室構造の石室、平面形が円形に近い石室、小石室などがみられない。

　一方、太田地域では、首長墓としては、玄室平面形が長方形の複室構造の擬似両袖石室、小型円墳は、立柱石を持つことや前壁を形成する玄室平面形が強い胴張り形になる石室や小石室など多彩である。これらのことから、太田地域の横穴式石室構築技法に関する情報入手についての優位性は明らかである。玄室平面形が強い胴張り形（小判形ないしはそれに近い形状）になる石室は、埼玉県の影響である。この種の石室が埼玉県に近い利根川沿岸（太田地域南部）だけでなく、八王子・金山丘陵（太田地域北西部・東部）の古墳にも所在することは注目すべきである。また同じ八王子・金山丘陵（太田地域北西部・東部）の北金井御嶽山古墳群、菅の沢古墳群では小石室の存在が確認されている。

(2) 両地域の古墳時代後期・末期における生産技術受容の動向（第95図）

　古墳時代後期・末期における生産技術には多種が存在するが、ここでは窯業である埴輪製造と須恵器製造について検討する。埴輪製造について、足利地域は西部の葉鹿埴輪窯跡の存在が指摘されているが、現在確認されていない。太田地域は北西部の北金井町形神社埴輪窯跡・成塚住宅団地埴

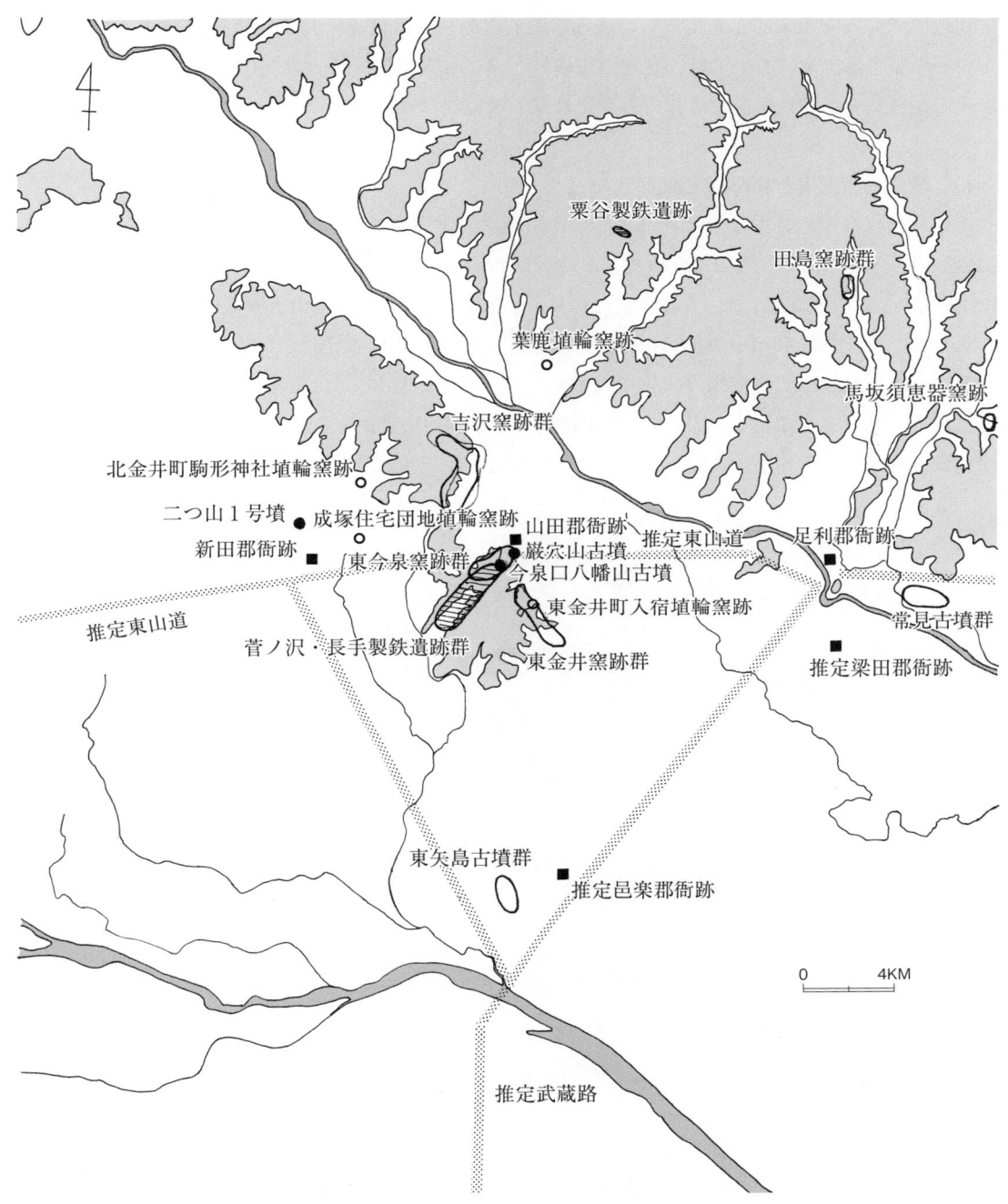

第 95 図　6 世紀中頃から 8 世紀にかけての主要遺跡分布図

輪窯跡、東部の東金井町入宿埴輪窯跡の 3 カ所がある。
　須恵器窯跡について、足利地域は北部の馬坂須恵器窯跡・田島窯跡群の 2 カ所が上げられる。太田地域では、東部の金山丘陵北東麓から南東麓にかけて吉沢窯跡群、東今泉窯跡群、東金井窯跡群からなる大窯業跡群が、北から南へ 12km にわたって所在している。
　すでに生産技術の導入という点では、6 世紀後半からは太田地域が優勢である。6 世紀後半では

足利地域でも人物埴輪「二人巫女」のような逸品もあり太田地域に引けを取らないが、7世紀以降が中心の須恵器生産においては、足利地域は質・量とも太田地域に圧倒されている。さらに8世紀以降の瓦製造や⁽⁸⁾、製鉄跡を⁽⁹⁾比較しても太田地域の優位性はゆるぎない。

(3) 横穴式石室墳と郡衙推定地

後期首長墓群等の分布は、足利市東部の山川地区（常見古墳群）、太田市南部の東矢島地区（第96図、東矢島古墳群）、太田市北西部・金山丘陵西側の寺井・成塚周辺（西長岡東山3号墳、二ツ山1号墳）、太田市東部・金山丘陵東側の今泉・金井周辺（今泉口八幡山古墳、巖穴山古墳）にあり、これらはそれぞれ足利市中央部の旧市内地区に下野国足利郡衙推定地（国府野遺跡）、太田市沢野地区の上野国邑楽郡衙推定地(10)（太田市東矢島、大泉町古氷周辺）、太田市強戸地区の上野国新田郡衙推定地(11)（天良七堂遺跡）、太田市毛里田地区の上野国山田郡衙推定地(12)（古氷郡衙跡）(13)との関連性が指摘されている(14)。また、これらの郡衙の所在地は東山道や武蔵路の沿線にあることがわかる。

古墳名	墳形	内部主体	出土遺物
沢野村105号墳	前方後円墳（全長55m）	横穴式石室？	
沢野村103号墳（御嶽山古墳）	前方後円墳（後円部径60m）	横穴式石室（チャート）	埴輪あり
九合村50号墳（観音山古墳）	前方後円墳（全長95m）	横穴式石室	馬具・武器・武具・銅釧、須恵器
九合村51号墳（割地山古墳）	前方後円墳（全長105m）	横穴式石室（チャート）	直刀・埴輪
九合村57号墳	前方後円墳（全長95m）	横穴式石室	直刀・玉・埴輪
九合村60号墳	前方後円墳（全長111m）	横穴式石室	

第96図 太田市東矢島古墳群の分布図（橋本 1996 より）

さらに、古代寺院（寺井廃寺、東矢島廃寺、小俣町鶏足寺、緑町廃寺、中里廃寺）も多くは古代陸路の周辺に配置されている。

5. おわりに

　足利地域と太田地域における後期古墳の主体部である横穴式石室の様相を分析すると、群馬県西部・中部からの伝播と想定できる横穴式石室が所在している。これは原東山道を媒体として波及してきたものである。

　そのような西からの影響は古墳時代中期においても見られる。足利市菅田神畑古墳は周溝の中に島を有しており、これは群馬県西部保渡田古墳群（井出二子塚古墳、八幡塚古墳）などからの波及と考えられる[15]。

　このような動向は、足利地域・太田地域が関東における陸路の要衝地であることによる。すなわち畿内から東北へと向かう原東山道とその原東山道に埼玉県側からの原武蔵路が交わる地域であるからである。そのため、この両地域から埼玉県への影響を与えたものもあるであろうが、埼玉県からの影響である強い胴張り形の石室が太田地域に現れ、栃木県の中心地域に近い足利地域には栃木県の中心地域からの影響として、古墳の墳丘に基壇を有するもの（常見古墳群の正善寺古墳・海老塚古墳・口明塚古墳など）が現れている。

　古墳時代後期でも、両地域は西からの文化・技術の波及の通過点・中継基地として当初は一体的であったが、後半になると波及先の一つである埼玉県側との関連性をみても交通の要衝としての機能は太田地域のほうが強く、また、古墳時代終末期の横穴式石室を比較すると太田地域が優位性を持つようになったことは明らかである。太田地域と足利地域に分別の傾向ができ、渡良瀬川（現在の矢場川）を境に下野・上野に分かれた歴史的事実と合致する[16]。また、かつて東山道は群馬県新田駅から武蔵国府へ武蔵国府から下野国府へとルートをたどっていたのであるが、このときの足利・太田地域のルートは新田駅―武蔵国府―新田駅―足利駅―下野国府とされている。しかしながら、このほかにも新田駅―武蔵国府―足利駅―下野国府のルートが想定されている（木本 2000：p115－117）。すなわち、新田駅―利根川刀水橋付近の道路以外に、利根川刀水橋付近―足利駅の道路が想定できる（第95図）。このことは、律令期以前である古墳時代に、少なくとも二本の道路が存在していた証しであろう。しかし、東山道の駅路を決定する時期における太田地域の優位性が、太田地域の新田駅を武蔵路への出発・帰着の双方の基点とさせたと推定する[17]。

註
(1) 山裾部を畿内から東北へむかう原東山道と南関東と北関東を結ぶ原武蔵路のことを指す。原東山道と原武蔵路の結節点は、太田地域とする説と、太田地域と足利地域の２カ所とする説がある。いずれにしても大きく見ればこの地域で交差していることになる。
(2) 橋本澄朗は毛野の古墳文化を考えるとき、地域区分として群馬県域を西毛・中毛・東毛、栃木県域の鬼怒川以西を下毛（下野）とするにあたり、「石田川以東・巴波川以西を東毛」としている（橋本2003）。太田市から栃木市の一部までと広く括っているが、太田市と足利市が一体であるとみなしてい

ることが重要である。また、今平利幸は栃木県側における東毛を A 地域とし、アとイの地域にわけ、ア地域はおおむね足利市からなり、吉ヶ谷式系土器の主体的な存在から隣接するに新田地域と関連性を指摘している（今平 2003）。すなわち弥生末から古墳時代初頭にかけて、新田地域（太田市が大部分を占める）と足利市地域が吉ヶ谷式系土器の拡散という視点から、一体と見ることが可能である。右島和夫は毛野という地域圏が存在したとするなら、上野地域西部の前橋・高崎市周辺と東部の太田市周辺の二大拠点を合わせた地域であり、現在の栃木県足利市・佐野市を中心とした渡良瀬川流域は太田市周辺地域の広がりでとらえられるものとし（右島 2008）、広い領域とはなるものの少なくとも足利・太田は同じ地域ととらえている。

(3) 足利地域では足利公園 M 号墳や文選 11 号墳の石室内から須恵器が出土しており、海老塚古墳も石室内の須恵器出土の可能性がある。

(4) 測定値の単位は海老塚にならって記述していることから、ここは海老塚の高さ 3 丈に対応して高さ 2 尺を 2 丈とすべきところであろう。金吾塚の石室の高さだけでも 7 尺あることから、地下式であっても墳丘が高さ 2 尺では低すぎて理解しにくい。

(5) 橋本博文によれば、東矢島古墳群は、高林台地東部の北縁を中心に分布する古墳群で、群集性にとぼしく各古墳間の有機的関連を考えるのは容易でないとする。しかし、100m 級の古墳が隣接して 2 基あり、ほかに前方後円墳が 4～5 基あり、さらに 30～40m 級の円墳も数基ある。太田市南部の後期の首長墓群であることには相違ないであろう。

(6) 割地山古墳の石室は全長 14.4m 以上とあるが、報告書では「玄室と前室の根石の位置は構築時とはズレが生じている」と述べている。その根石の位置で石室の平面形を想定しており、複室構造とすることには対しては保留とするほうがよいのではないか。それよりも、巨大な緩やかな胴張り石室である海老塚古墳との類似性に注目したい。

(7) 太田地域ではその時期に該当する東矢島古墳群の中の数基の前方後円墳の中に該当する古墳がある可能性については、すでに述べた。足利地域においても常見古墳群の中に時期不明の前方後円墳が 1 基あり、証拠はないものの前方後円墳の連続性を考えると正善寺古墳の前に位置づけられる可能性がある。これらのことから将来的には地域首長墓の横穴式石室の受容時期は早まる可能性がある。足利・太田両地域で同じような事象の可能性を有していることは注目してよいことである。

(8) 瓦窯跡は須恵器窯跡と重なっており、足利地域では田島岡瓦窯跡、太田地域では萩原瓦窯跡、落内瓦窯跡が知られている。

(9) 製鉄跡は時代の特定が困難であるが、古代と想定されているものとして足利地域では西部の粟谷製鉄跡（遺構は 1 基確認されている）、太田地域では菅ノ沢・上手製鉄跡群（多数の遺構が確認されている）がある（第 95 図）。

(10) 国府野遺跡は、縄文時代から中世までの複合遺跡である。1973 年（昭和 48）から 30 次に近い発掘調査をおこなった結果、古代の遺構としては基壇建物 8 基以上、掘立柱建物跡 10 棟以上、他に大規模な区画溝が検出され、遺物としては古代瓦、須恵器などが出土し、足利郡衙跡と想定されている（松原 2002）。

(11) 邑楽郡衙推定地は、地形景観と字名から、大泉町古氷の周辺地を想定している

(12) 天良七堂遺跡は、2007 年（平成 19）の発掘調査により新田郡衙の郡庁跡が確認されて 2008 年（平成 20）に国指定史跡となり、その後の発掘調査で外郭は東西南北が大溝で区画され、内部に郡庁、正倉群が置かれていたことが明らかとなった（小宮 2011）。

(13) 石塚久則によれば、山田郡衙跡は大字古氷地内で、地形景観と小字名から、丘陵を背に東面する南北 600m、東西 300m の範囲を想定している（石塚 1996d）。

（14）古墳群との関係は不明であるが、足利地域ではほかに梁田郡衙がある。推定地は足利地域南部の福居町・中里町阿弥陀堂前遺跡と想定されている。ここからは古代の複弁蓮華文鐙瓦（軒丸瓦）が出土している。
（15）もちろん、群馬県側の太田地域にも中島を有する鳥崇神社古墳（太田市大字鳥山所在、前方後円墳・後円部径 40m）がある（石塚 1996）。
（16）古墳時代中期に太田天神山古墳のあと毛野勢力が衰退し、上毛野・下毛野への分割に結びついたと考えられている。しかし、太田天神山古墳の膝元である足利・太田地域をみると、この時点では古墳の様相としては類似点が多く、当該期における上毛野・下毛野への分割は理解しがたい。
（17）このころでも刀水橋付近—足利駅の道路がまったくないわけでなく、刀水橋付近に所在する邑楽郡衙推定地から途中に推定梁田郡衙付近を通過し、足利郡衙へ向かう伝路ないしはそれに準じるような道路は存在していたと考える。

参 考 文 献

相場古雲 1898『栃木県野州足利郡足利町織姫山頭古墳発掘明詳図』(稿本)
青木健二・矢野淳・中山哲也・平尾良光 1989『上原古墳群』壬生町教育委員会
赤山容造 1971『熊野古墳群発掘調査略報』足利市教育委員会
赤山容造・大和久震平 1971『早乙女台古墳調査報告書』喜連川町教育委員会
赤山容造・竹澤　謙 1973『栃木県矢板市境林古墳発掘調査報告書』日本道路公団・栃木県教育委員会
秋谷沙織 2009「那須の横穴墓」『第17回企画展　那須の横穴墓』栃木県教育委員会・栃木県立那須風土記の丘資料館
秋元陽光 1989「上三川愛宕塚古墳について」『考古回覧』8、秋元陽光（代表）
秋元陽光 2000『上三川の古墳』三川町教育委員会
秋元陽光 2004「栃木県南部における円筒埴輪の一様相」『栃木県考古学会誌』25、栃木県考古学会
秋元陽光 2005「栃木県における前方後円墳以降と古墳の終末」『第10回東北・関東前方後円墳研究会大会　シンポジュウム前方後円墳以降と古墳の終末　発表要旨資料』東北・関東前方後円墳研究会
秋元陽光 2006「西方山古墳群における横穴式石室」『栃木・西方山古墳群』駒澤大学考古学研究室
秋元陽光 2007「河内郡における終末期古墳」『上神主・茂原官衙遺跡の諸問題』栃木県考古学会
秋元陽光 2009a「栃木県の前方後円墳ノート5」『栃木県考古学会誌』30、栃木県考古学会
秋元陽光 2009b「謎の横穴墓・長岡百穴」『第17回企画展　那須の横穴墓』栃木県教育委員会・栃木県立那須風土記の丘資料館
秋元陽光 2010「栃木県における横穴墓」『第15回東北・関東前方後円墳研究会大会　シンポジュウム横穴墓と古墳　発表要旨資料』東北・関東前方後円墳研究会
秋元陽光・大橋泰夫 1988「栃木県南部の古墳時代後期の首長墓の動向―思川・田川水系を中心として―」『栃木県考古学会誌』9、栃木県考古学会
秋元陽光・大橋泰夫・水沼良浩 1989「国分寺町甲塚古墳調査報告」『栃木県考古学会誌』11、栃木県考古学会
秋元陽光・斎藤恒夫 1994「多功大塚山古墳」『上神主浅間神社古墳　多功大塚山古墳』上三川町教育委員会
足利市遺跡調査団 1989『昭和63年度埋蔵文化財発掘調査年報』足利市教育委員会文化財保護課
足利市教育委員会 1989『足利市遺跡地図』足利市教育委員会文化財保護課
足利市教育委員会文化課 2000『平成10年度文化財保護年報』
足利市教育委員会文化課 2002『平成12年度文化財保護年報』
足利市教育委員会文化課 2003『平成13年度埋蔵文化財発掘調査年報』
足利市教育委員会文化課 2004『平成14年度文化財保護年報』
足利市教育委員会文化課文化財保護担当 2010『機神山山頂古墳』
足利市教育委員会文化財保護課 1990『平成元年度埋蔵文化財発掘調査年報』
足利市教育委員会文化財保護課 1991『平成2年度埋蔵文化財発掘調査年報』
足利市教育委員会文化財保護課 1993『平成3年度埋蔵文化財発掘調査年報』

足利市教育委員会文化財保護課　1994『平成4年度埋蔵文化財発掘調査年報』
足利市教育委員会文化財保護課　1995a『平成5年度埋蔵文化財発掘調査年報』
足利市教育委員会文化財保護課　1995b『平成6年度埋蔵文化財発掘調査年報』
足利市史編さん委員会　1979『近代足利市史』3・史料編　原始・古代・中世・近世、足利市
足利市文化財総合調査団　1986『足利市文化財総合調査団年報Ⅵ』足利市文化財総合調査団・足利市教育委員会
足利女子高等学校地歴研究部　1952「総合研究の部」『水輪』4
足立佳代ほか　1995「足利公園古墳群第6次発掘調査」『平成6年度埋蔵文化財発掘調査年報』足利市教育委員会文化財保護課
足立佳代ほか　1996『口明塚古墳発掘調査報告書』足利市教育委員会文化財保護課
穴沢咊光・馬目順一　1990「足利市西宮町長林寺裏古墳出土の双龍環頭大刀」『古代』89、早稲田大学考古学会
網干善教ほか　1984「東北地方南部における終末期古墳の調査」『関西大学考古学研究紀要』四、関西大学考古学研究室
天笠洋一　1996『今泉口八幡山古墳発掘調査報告書（今泉口急傾斜地崩壊対策事業に伴う埋蔵文化時発掘調査）』太田市教育委員会
荒川隆之介　1900「鬼怒川沿岸の古墳に就て」『東京人類学雑誌』15、東京人類学会
安中市市史刊行委員会編　2001『安中市史』4・原始古代中世資料編、安中市
井　博幸　2007「本村5号墳出土の埴輪」『本村古墳群・本村遺跡』宇都宮市教育委員会
井口智博　2003「浜名湖沿岸」『静岡県の横穴式石室』静岡考古学会
池上　悟　1985「古墳出土の須恵器について―フラスコ形横瓶―」『立正大学人文科学研究所年報』23、立正大学人文科学研究所
池上　悟　1988「野州石室考」『立正大学文学部論叢』88、立正大学文学部
池上　悟　2000『日本の横穴墓』雄山閣
池上　悟　2004『日本横穴墓の形成と展開』雄山閣
池上　悟　2009a「東北地方における横穴墓型式の展開」『立正大学大学院紀要』25
池上　悟　2009b「下野・長岡百穴横穴墓群の様相」『栃木県考古学会誌』30、栃木県考古学会
池上　悟　2009c「栃木県の横穴墓」『第17回企画展　那須の横穴墓』栃木県教育委員会・栃木県立那須風土記の丘資料館
池上　悟　2010「栃木県足利市所在・羽黒古墳測量調査報告」『立正考古』47、立正大学考古学研究会
池上　悟ほか　1987『栃木県那須郡南那須町大和久所在　大和久古墳群発掘調査報告書』南那須町教育委員会
石川　健　1954「大宮の古墳発掘」『下野史学』5、下野史学会
石川幸夫　1979「益子町小宅東古墳石室調査報告」『峰考古』2、宇都宮大学考古学研究会
石田茂作・坂詰秀一　1971「学史上における高橋健自の業績」『日本考古学選集　高橋健自集』上、築地書館
石塚久則　1981「御嶽山古墳群」『群馬県史』資料編3・原始古代3、群馬県
石塚久則　1996a「鳥崇神社古墳」『太田市史』通史編原始古代、太田市
石塚久則　1996b「大鷲古墳群」『太田市史』通史編原始古代、太田市
石塚久則　1996c「菅ノ沢古墳群」『太田市史』通史編原始古代、太田市
石塚久則　1996d「古氷郡衙跡」『太田市史』通史編原始古代、太田市

石塚久則・島田孝雄 1996「西長岡横塚古墳群」『太田市史』通史編原始古代、太田市
石野博信編 1995『全国古墳編集成』雄山閣
石橋直也 2003「天竜川西岸」『静岡県の横穴式石室』静岡考古学会
石部正志 1989「横穴式石室と6世紀の社会」『栃木県立しもつけ風土記の丘資料館第3回企画展　横穴式石室の世界—しもつけにおけるその導入と展開—』栃木県教育委員会
石部正志 1990「横穴式石室と6世紀の社会」『栃木県立しもつけ風土記の丘資料館年報』4、栃木県教育委員会
石部正志ほか 1994「栃木県下都賀郡国分寺町丸塚古墳測量調査報告」『峰考古』10、宇都宮大学考古学研究会
出雲考古学研究会 1987『石棺式石室の研究』出雲考古学研究会
市貝町史編さん委員会 1993『市貝町史』1、自然・原始古代・中世資料編　　市貝町
市橋一郎 1979「足利市の文化財」『近代足利市史』5、足利市
市橋一郎 1996a「足利公園古墳群と坪井正五郎氏」『唐澤考古』15、唐沢考古会
市橋一郎 1996b「常見古墳群の変遷」『口明塚古墳発掘調査報告書』足利市教育委員会文化財保護課
市橋一郎 2004「足利公園古墳出土遺物整理事業」『平成15年度埋蔵文化財発掘調査年報』足利市教育委員会文化課
市橋一郎 2008「栃木市岩家古墳の石室に関する検討」『栃木県考古学会誌』29、栃木県考古学会
市橋一郎 2010「栃木県の横穴墓についての一考察」『栃木県考古学会誌』30、栃木県考古学会
市橋一郎・大澤伸啓・足立佳代 1992「足利市域における古墳調査の状況」『唐澤考古』11、唐沢考古会
市橋一郎・齋藤　弘・齋藤糸子 2005「足利公園古墳群A号墳の石室をめぐる諸問題」『唐澤考古』24、唐沢考古会
伊藤博之・市橋一郎 1999「鉄滓分析による栃木県南西部の製鉄関連遺跡について」『唐澤考古』18、唐沢考古会
井鍋誉之 2003「東駿河地域」『静岡県の横穴式石室』静岡考古学会
岩崎卓也 1992「関東地方東部の前方後円形小墳」『国立歴史民俗博物館研究報告』44　東国における古墳の終末《本編》国立歴史民俗博物館
岩原　剛 2010「各地の様相—三河」『東日本の無袖横穴式石室』雄山閣
上野恵司 1988「野州・横穴墓瞥見」『栃木県考古学会誌』9、栃木県考古学会
上野恵司 1992「下野・切石石室考」『立正考古』31、立正大学考古学研究会
上野恵司 1996「東国古墳の石室にみる出雲の影響」『考古学の諸相』坂詰秀一先生還暦記念会
上野川　勝 1992「安佐地方の石灰岩横穴式石室を備えた後期群集墳について」『唐澤考古』11、唐沢考古会
植松章八 2004「静岡県における片袖式石室」『設立20周年記念論文集』静岡県埋蔵文化財調査研究所
宇佐市史刊行会 1975『宇佐市史』上、宇佐市史刊行会
臼杵　勲 1984「古墳時代の鉄刀について」『日本古代文化研究』創刊号、古代文化研究会
臼杵　勲 1986「古墳出土鉄刀の多変量解析」『日本古代文化研究』3、古墳文化研究会
内山敏行 1997「律令制成立期の須恵器の系譜　栃木県」『東国の須恵器』古代生産史研究会
宇都宮市教育委員会文化課 1998『宇都宮市文化財年報』14、宇都宮市教育委員会文化課
宇都宮大学考古学研究会 1985「Ⅳ権現山古墳」『権現山古墳—北山古墳群調査報告Ⅰ—』宇都宮市教育委員会
梅澤重昭 1981「寺ヶ入馬塚古墳」『群馬県史』資料編3原始古代3、群馬県

梅澤重昭 1996「毛野の中心にあって」『太田市史』通史編原始古代、太田市
梅澤重昭・新井　萌 1981「巌穴山古墳」『群馬県史』資料編3原始古代3、群馬県
梅原末治 1913「河内踏査報告（四）」『考古学雑誌』3-11、考古学会
梅原末治 1915「越前敦賀郡の遺跡遺物」『考古学雑誌』5-8、考古学会
梅原末治 1916a「山城綴喜郡茶臼山古墳と其発掘物」『考古学雑誌』6-9、考古学会
梅原末治 1916b「続越前敦賀郡の遺跡遺物」『考古学雑誌』7-1、考古学会
梅原末治 1917「塚原の群集墳と福井の海北塚」『考古学雑誌』8-2、考古学会
大金宣亮 1984「各地域における最後の前方後円墳　栃木県」『古代学研究』106、古代学研究会
大金宣亮・山ノ井清人・小森哲也 1985「瓦塚古墳群」『瓦塚古墳群・日満遺跡―長岡ニュータウンに伴う埋蔵文化財調査報告書―』宇都宮市教育委員会
大川　清 1989『栃木県馬頭町川崎古墳石室調査報告書』国士館大学文学部考古学研究室
大川　清・中山哲也 1991『栃木県壬生町　藤井78・79号墳』壬生町教育委員会
大澤伸啓 1993「葺石について」『栃木県考古学会誌』15、栃木県考古学会
大澤伸啓 1997『文選第十一号墳発掘調査報告書』足利市教育委員会文化課文化財保護係
大澤伸啓 2003「後期群集墳の中の前方後円墳」『新世紀の考古学　大塚初重先生喜寿記念論文集』大塚初重先生喜寿記念会
太田博太郎ほか編 1967『民家のみかた調べかた』〈昭和51年13版〉第一法規出版
太田宏明 1999「「畿内型石室」の属性分析による社会組織の検討」『考古学研究』46-1、考古学研究会
太田市教育委員会 1997『今泉口八幡山古墳』
大塚初重・小林三郎編著 1982『古墳辞典』東京堂出版
大橋泰夫 1990「下野における古墳時代後期の動向」『古代』89、早稲田大学考古学会
大橋泰夫 1994「石橋横塚古墳」『前方後円墳集成東北・関東編』山川出版社
大橋泰夫 1997「下野の横穴式石室と前方後円墳」『第2回東北・関東前方後円墳研究会大会　シンポジウム横穴式石室と前方後円墳発表要旨資料』東北・関東前方後円墳研究会
大谷宏治 2003「地域区分、用語、時期区分にかんして」『静岡県の横穴式石室』静岡考古学会
大和久震平 1966『狼塚古墳発掘調査報告書』（大和久・塙 1972より）
大和久震平 1967『台新田古墳緊急発掘調査報告書』（大和久・塙 1972より）
大和久震平 1969『雀宮市牛塚古墳』（大和久・塙 1972より）
大和久震平 1970『小山市飯塚古墳群』（大和久・塙 1972より）
大和久震平 1971a「桑57号墳の発掘調査」『月刊文化財』98
大和久震平 1971b「栃木県における横穴式石室と馬具の変遷（Ⅰ）」『栃木県史研究』1、栃木県教育委員会
大和久震平 1972a「栃木県における横穴式石室と馬具の変遷（Ⅱ）」『栃木県史研究』2、栃木県教育委員会
大和久震平 1972b「古墳文化」『栃木県の考古学』吉川弘文館
大和久震平 1974『七廻り鏡塚古墳』大平町教育委員会
大和久震平 1976a「大塚古墳」『栃木県史』資料編・考古1、栃木県
大和久震平 1976b「大桶古墳群」『栃木県史』資料編・考古1、栃木県
大和久震平 1976c「切石積み横穴式石室」『江上波夫教授古希記念論集　考古・美術篇』山川出版社
大和久震平・岡村　勝 1966「壬生町藤井古墳群」『栃木県考古学会誌』1、栃木県考古学会
大和久震平・加藤隆昭 1989『大平町七廻り古墳群』大平町教育委員会

大和久震平・塙　静夫　1972『栃木県の考古学』吉川弘文館
大和久震平ほか　1972『蛭田吉田富士山古墳群』栃木県教育委員会
岡屋紀子・黒澤文隆　1993『渕の上古墳』舘林市教育委員会文化振興課
尾崎喜左雄　1966『横穴式古墳の研究』吉川弘文館
尾崎喜左雄　1977『上野国の古墳と文化』尾崎先生著書刊行会
尾島忠信　1989「大前タタラ跡群について」『栃木県考古学会』11、栃木県考古学会
小田富士雄　1966「九州」『日本の考古学Ⅳ　古墳時代（上）』河出書房新社
小田富士雄　1968「横穴式石室古墳における複室構造の形成」『史淵』第百回記念特輯、九州大学文学部
小田富士雄　1979『小田富士雄著作集2 九州考古学研究古墳時代篇』学生社
小山市史編さん委員会　1981『小山市史』史料編原始・古代、小山市
賀川光夫　1951「大分県日田市付近に於ける装飾古墳」『考古学雑誌』37-3、日本考古学会
笠井新也　1918a「奥羽地方に於ける原史時代遺跡の概観上」『考古学雑誌』8-6、考古学会
笠井新也　1918b「奥羽地方に於ける原史時代遺跡の概観下」『考古学雑誌』8-10、考古学会
片根義幸　1997「古墳群について」『間々田地区遺跡群Ⅰ』栃木県教育委員会・財団法人栃木県文化振興事業団
加部二生　1989「群馬県東部における初期横穴式石室の様相」『第10回三県シンポジュウム東日本における横穴式石室の受容』第2分冊、千曲川水系古代文化研究所、北武蔵古代文化研究会、群馬県考古学研究所
加部二生　2010「群馬県地域の横穴墓」『第15回東北・関東前方後円墳研究会　シンポジュウム横穴墓と古墳発表要旨資料』東北・関東前方後円墳研究会
鎌田　正・米山寅太郎　1987『漢語林』大修館書店
上野川　勝　1992「安佐地方の石灰岩横穴式石室を備えた後期群集墳について」『唐澤考古』11、唐沢考古会
亀田幸久　2001『大塚古墳群内遺跡・塚原遺跡』栃木県教育委員会・財団法人とちぎ生涯学習文化財団
関西大学文学部考古学研究室　1992『紀伊半島の文化史的研究─考古学編─』清文堂出版
簡野道明　1955『増補字源』角川書店
菊地芳朗　2010『古墳時代史の展開と東北社会』大阪大学出版会
菊池吉修　2002「志太地域の両袖式・片袖式石室」『研究紀要』9、静岡県埋蔵文化財調査研究所
菊池吉修　2005「横穴式石室の裏込めにみる地域性」『研究紀要』11、静岡県埋蔵文化財調査研究所
菊池吉修　2008「駿河における無袖式石室」『東国に伝う横穴式石室─駿河東部の無袖式石室を中心に─』静岡県考古学会
喜田貞吉　1913「上古の陵墓（太古より奈良朝末の至る）」『皇陵』日本歴史地理学会
喜田貞吉　1914「古墳墓の年代に就いて」『考古学雑誌』4-8、考古学会
喜連川町史編さん委員会　2003『喜連川町史』1・資料編1考古、喜連川町
鬼頭清明　1993「6世紀までの日本列島─倭国の成立」『岩波講座　日本通史』第2巻・古代Ⅰ、岩波書店
君島利行　2001「藤井古墳群一覧表」『栃木県壬生町　藤井古墳群─壬生町埋蔵文化財調査報告書第1集復刻4─藤井34号・36号・38号・46号墳』壬生町教育委員会
君島利行　2006『栃木県壬生町　桃花原古墳』壬生町教育委員会
木本雅康　2000『歴史文化ライブラリー108　古代の道路事情』吉川弘文館
草野潤平　2007「群馬県における截石切組積石室の再検討」『群馬考古学手帳』17、群馬土器観察会
草野潤平　2008「埼玉県における切石積石室の地域相」『埼玉考古』43、埼玉考古学会

工藤　稔　1956「荒久台6号墳略報」『古代』18、早稲田大学考古学会

久保哲三　1956「下野益子天王塚古墳調査予報」『古代』18、早稲田大学考古学会

久保哲三・石川　均・岩松和光　1986『益子・山守塚古墳』益子町教育委員会

久保哲三編　1983『長峰横穴群』市貝町教育委員会

窪田　祐　1980『石垣と石積壁』建築技術選書16、学芸出版社

倉田義広ほか　1976『群馬県太田市菅ノ沢遺跡第ＩＸ次調査概報』駒澤大学考古学研究会

木暮仁一　1981a「『綜覧』沢野村一〇二号古墳」『群馬県史』資料編3原始古代3、群馬県

木暮仁一　1981b「オクマン山古墳」『群馬県史』資料編3原始古代3、群馬県

児島隆人　1967「福岡県かつて塚古墳調査報告」『考古学雑誌』52－3、日本考古学会

後藤守一　1922「遠江国榛原郡初倉村高根森古墳」『考古学雑誌』12－8、考古学会

後藤守一・内藤政光・森貞成　1937『足利市織姫神社境内古墳発掘調査報告』織姫神社奉賛会

小林孝秀　2005a「上野における横穴式石室葬送儀礼の変化—群集墳の事例を中心として—」『古文化談叢』52、九州古文化研究会

小林孝秀　2005b「上野における羨道部に区画をもつ横穴式石室葬の検討」『駒沢考古』30、駒澤大学考古学研究室

小林孝秀　2005c「常陸高崎山西2号墳の横穴式石室に関する再検討—関東における横穴式石室導入の評価をめぐって—」『茨城県考古学協会誌』17、茨城県考古学協会

小林孝秀　2005d「刳り抜き玄門を有する横穴式石室の比較検討—下野の事例とその評価をめぐる基礎的作業—」『専修考古学』11、専修大学考古学会

小林孝秀　2008「高崎山2号墳を読み解く」『第13回企画展　高崎山2号墳と桜川流域の後期古墳』上高津貝塚ふるさと歴史の広場

小林秀夫　1982「竹原笹塚古墳・菅間王塚古墳・桑根井空塚古墳」『長野県史　考古資料編』全1巻（2）長野県

小林行雄　1949「黄泉戸喫」『考古学集刊』2、東京考古学会

小林行雄　1950「古墳時代における文化の伝播」『史林』33－3、史学研究会

小松眞一　1921「伊豆国加茂郡に於ける古墳に就いて」『考古学雑誌』12－1、日本考古学会

小宮俊久　2011「新田郡衙の発掘調査成果」『平成22年度文化財シンポジュウム新田郡衙と東山道駅路予稿集』太田市教育委員会

小森哲也　1984「磯山古墳群」『真岡市史』1・考古資料編、真岡市

小森哲也　1990「下野における凝灰岩切石使用の横穴式石室」『栃木県立しもつけ風土記の丘資料館第4回企画展　古墳文化の終焉—しもつけにおける7世紀の墳墓と集落—』栃木県教育委員会

小森哲也　1996「下野の前方後円墳」『第1回東北・関東前方後円墳研究会大会　横穴式石室と前方後円墳』東北・関東前方後円墳研究会

小森哲也　2009「古墳時代後期における広域地域間交流の可能性—栃木県真岡市磯山古墳群の地下式横穴墓をめぐって—」『野州考古学論攷』中村紀男先生追悼論集刊行会

小森哲也・中村享史　1989「栃木県における横穴式石室の受容」『第10回三県シンポジウム東日本における横穴式石室の受容』第2分冊、千曲川水系古代文化研究所・北武蔵古文化研究所・群馬県考古学研究所

小森哲也・中村享史　1993「横穴式石室の地域性—関東地方」『季刊考古学』45、雄山閣

小森紀男　1989a「しもつけにおける横穴式石室の導入と展開」『栃木県立しもつけ風土記の丘資料館第3回企画展　横穴式石室の世界—しもつけにおけるその導入と展開—』栃木県教育委員会

小森紀男 1989b「栃木県芳賀町芳志戸十三塚古墳の検討」『栃木県考古学会誌』11、栃木県考古学会
小森紀男 1990「関東4. 栃木」『古墳時代の研究』11・地域の古墳Ⅱ東日本、雄山閣
小森紀男 1998「国分寺町丸塚古墳の築造企画について」『峰考古』13、宇都宮大学考古学研究会
小森紀男・黒田理史 1989「国分寺町山王塚古墳第2次発掘調査報告」『栃木県立しもつけ風土記の丘資料館年報』3、栃木県教育委員会
小森紀男・黒田理史 1990「国分寺町山王塚古墳第3次発掘調査報告」『栃木県立しもつけ風土記の丘資料館年報』4、栃木県教育委員会
小森紀男・松岡貴直 1991「国分寺町丸塚古墳第一次発掘調査報告」『栃木県立しもつけ風土記の丘資料館年報』5、栃木県立しもつけ風土記の丘
近藤義郎 1999a「足利明神山古墳」『唐澤考古』18、唐沢考古会
近藤義郎 1999b「須恵器は供献か放置か」『栃木県考古学会誌』20、栃木県考古学会
近藤義郎 2001『前方後円墳に学ぶ』山川出版社
今平利幸 1995「御蔵山古墳」『久部愛宕塚古墳　谷口山古墳　御蔵山古墳』宇都宮市教育委員会
財団法人とちぎ生涯学習文化財団埋蔵文化財センター編 2007『研究紀要』15―栃木県の埋蔵文化財と考古学―
齊藤　忠 1972「収録文献解説」『日本考古学選集　坪井正五郎集』下、築地書館
斉藤利光ほか 1992『別処山古墳』南河内町教育委員会
齋藤　弘 1990「栃木県における胴張り型横穴式石室の導入について―しもつけ風土記の丘第3回企画展に寄せて―」『考古回覧』12、秋元陽光（代表）
齋藤　弘 1991「足利市機神山24号墳の墳丘に就いて」『唐澤考古』10、唐沢考古会
齋藤　弘・中村享史 1992「足利市機神山古墳群の形成過程について」『研究紀要』1、財団法人栃木県文化振興事業団埋蔵文化財センター
酒井清治ほか 2006『栃木・西方山古墳群』駒澤大学考古学研究室
酒井清治・小林孝秀・藤野一之・三原翔吾 2009『群馬・金山丘陵窯跡群Ⅱ―菅ノ沢遺跡（須恵器窯跡群・古墳群）巌穴山古墳の発掘調査報告書―』駒澤大学考古学研究室
佐田　茂 1975「竪穴系横口石室の一側面」『史淵』112、九州大学文学部
佐藤行哉 1929『鶏塚古墳発掘概況』〈大和久・塙 1972による〉
佐藤行哉・後藤守一 1931「鶏塚古墳発見の埴輪」『考古学雑誌』21-9、日本考古学会
沢口　宏 1966「大間々扇状地の地形発達史」『群馬県高等学校社会科学研究会誌』7、群馬県高等学校社会科学研究会
沢口　宏 1977「渡良瀬川扇状地の地形とその教材化」『馬県立太田女子高等学校　研究収録』6、群馬県立太田女子高等学校
重藤輝行 1992「北部九州の初期横穴式石室にみられる階層性とその背景」『九州考古学』67、九州考古学会
志村　博 1988「後期古墳に於ける特異な石室構造について―富士市域を中心として」『研究紀要』11、静岡県博物館協会
島田貞彦 1918「近江国坂田郡の二古墳に就いて」『考古学雑誌』9-4、考古学会
島田孝雄 1996「西長岡東山古墳群」『太田市史』通史編原始古代、太田市
島田孝雄 1999「各地の概要―旧新田・山田郡」『群馬県内の横穴式石室Ⅱ（東毛編）』群馬県古墳時代研究会
島田孝雄 2001「各地の概要補遺編―旧新田・山田郡（2）」『群馬県内の横穴式石室Ⅳ（東補遺）』群馬県

古墳時代研究会
清水潤三 1952『栃木県足利郡三重村今福立岩古墳群の調査』(大和久・塙 1972 より)
下津谷達夫ほか 1961『佐野五箇古墳』(大和久・塙 1972 より)
白石太一郎 1965「日本における横穴式石室の系譜―横穴式石室の受容に関する一考察―」『先史学研究』5、同志社大学先史学会
白石太一郎 1966「畿内の後期大形群集墳に関する一試考」『古代学研究』42・43、古代学研究会
白石太一郎 2009『考古学から見た倭国』青木書店
白石太一郎・山形真理子・米川仁一・犬木務 1990「壬生車塚古墳の測量調査」『平成元年度科学研究費補助金(一般 B)研究成果報告書 関東地方における終末期古墳の研究』白石太一郎(研究代表者)
白川 静 1997『字通』平凡社
進藤敏雄 2004『塚原古墳群』栃木県教育委員会・(財)とちぎ生涯学習文化財団
進藤敏雄 2007「栃木県の考古学の研究動向―古墳時代概要」『研究紀要』15、財団法人とちぎ生涯学習文化財団埋蔵文化財センター
眞保昌弘 2009「横穴墓から読み取る古代の那須」『第 17 回企画展 那須の横穴墓』栃木県教育委員会・栃木県立那須風土記の丘資料館
鈴木 功・鈴木一寿 2003『舟田地区遺跡群―ほ場整備に伴う発掘調査―』白河市教育委員会
鈴木一男 1994「砂礫裏込の横穴式石室―栃木県南部にみられる石室裏込の一様相―」『小山市立博物館紀要』4、小山市立博物館
鈴木一男 1999『飯塚古墳群Ⅲ―遺構編―』小山市教育委員会
鈴木一男 2001『飯塚古墳群Ⅲ―遺物編―』小山市教育委員会
鈴木一寿 2005「《事例報告》谷地久保古墳と関連遺跡群」『第 10 回東北・関東前方後円墳研究会大会 シンポジュウム前方後円墳以降と古墳の終末発表要旨資料』東北・関東前方後円墳研究会
鈴木一有 2003「東海東部の横穴式石室にみる地域圏の形成」『静岡県の横穴式石室』静岡考古学会
鈴木京太郎 2000「辺田平古墳群」『内野古墳群』浜北市教育委員会
鈴木 勝 2008「塩谷の古墳時代前期中期の様相―内川流域の遺跡群からみた私論―」『唐澤考古』27、唐沢考古会
鈴木 勝 2009「那珂川流域の横穴墓について」『第 17 回企画展 那須の横穴墓』栃木県教育委員会・栃木県立那須風土記の丘資料館
須田 茂 1991「東山道と上野駅の駅家」『群馬県史』通史編 2・原始古代 2、群馬県
関 義則 1986「古墳時代後期鉄鏃の分類と編年」『日本古代文化研究』3、古墳文化研究会
関澤 昇 1979『小貝川上流域の古墳―栃木県芳賀郡市貝町を中心として―』
関澤 昇・北井 清 1979『塚越古墳(笹原田古墳群 5 号墳)―栃木県芳賀郡市貝町所在古墳発掘調査報告書―』市貝町教育委員会
関根穂高・今平利幸ほか 1985「宇都宮市岩本町権現山古墳墳丘測量及び石室実測調査報告」「峰考古』5、宇都宮大学考古学研究会
田中 琢・佐原 真編 2002『日本考古学事典』三省堂
高根沢町史編さん委員会 1995『高根沢町史』資料編Ⅰ原始古代中世、高根沢町
高橋健自 1913「下野国足利町助戸の古墳及発掘遺物」『考古学雑誌』3−6、日本考古学会
高橋健自 1914「喜田博士の「上古の陵墓」を読む」『考古学雑誌』4−7、日本考古学会
高橋健自 1916「石棺石槨及び壙を論ず(二)」『考古学雑誌』6−8、考古学会
高橋健自・谷井濟一 1913「下野国足利町字西ノ宮の古墳の調査」『考古学雑誌』4−1、日本考古学会

高橋鉱吉 1888「下野国河内郡豊郷村宮下の古墳」『東京人類学雑誌』14、東京人類学会
田川市史編纂委員会 1974『田川市史』上、田川市役所
滝口　宏・前澤輝政 1953「足利市本城両崖山東麓古墳調査報告」『古代』10、早稲田大学考古学会
田口一郎 1989「群馬県西部における初期横穴式石室の様相」『第10回三県シンポジュウム　東日本における横穴式石室の受容』第2分冊、千曲川水系古代文化研究所、北武蔵古代文化研究会、群馬県考古学研究所
武雄市史編纂委員会 1972『武雄市史』上、武雄市
竹澤　謙 1973『石下古墳群―栃木県芳賀郡市貝町所在古墳群発掘調査報告書―』芳賀カントリークラブ
田代善吉 1939『栃木縣史』12・考古編、下野史談會
田代　隆・小森哲也 1984「横塚古墳」『石橋町史』1巻・史料編（上）石橋町
辰巳四郎 1968「雀宮牛塚古墳の現状とその出土品について」『栃木県考古学会誌』2・3、栃木県考古学会
田中広明 1987「終末期古墳の地域性―関東地方の加工石材使用石室の系譜―」『土曜考古』12、土曜考古学研究会
田淵実夫 1975『ものと人間の文化史・石垣』法政大学出版局
多摩地区所在古墳確認調査団 1995『多摩地区所在古墳確認調査報告書』東京都教育庁生涯生活部文化課
田村隆太郎 2003「中遠江における横穴系埋葬施設の展開」『静岡県の横穴式石室』静岡県考古学会
田村隆太郎 2008「遠江における無袖式石室の展開」『東国に伝う横穴式石室―駿河東部の無袖式石室を中心に―』静岡考古学会
田村隆太郎 2010「各地の様相―遠江」『東日本の無袖横穴式石室』雄山閣
田米開七蔵 1977「自然との関わり会い」『近代足利市史』1　通史　原始・古代　中世　近世、足利市
田米開七蔵 1979「自然・災害」『近代足利市史』5　史料編　近現代Ⅱ、足利市
近野正幸 1987「8世紀代における須恵器供献について」『栃木県那須郡南那須町大和久所在　大和久古墳群発掘調査報告書』南那須町教育委員会
都出比呂志 1991「日本古代の国家形成論序説―前方後円墳体制の提唱―」『日本史研究』343
都出比呂志 1993「前方後円墳体制と民族形成」『待兼山論叢』史学編27、大阪大学文学部
都出比呂志 1995a「祖霊祭式の政治性―前方後円墳分布圏の解釈―」『日本古代の葬制と社会関係の基礎的研究』大阪大学文学部
都出比呂志 1995b「前方後円墳体制と地域権力」『日本古代国家の展開』上、思文閣出版
都出比呂志 1996「国家形成の諸段階―首長制・初期国家・成熟国家―」『歴史評論』551、校倉書房
常川秀夫 1973『下石橋愛宕塚古墳』日本国有鉄道・栃木県教育委員会
常川秀夫 1974『上大曽古墳群』二宮町教育委員会
常川秀夫 1988『小野巣根古墳群4号墳』岩舟町教育委員会
坪井正五郎 1886「古墳及び塚穴」『東京地理学協会報告』10-3、東京地理学協会
坪井正五郎 1888「足利古墳発掘報告」『東京人類学会雑誌』3、東京人類学会
坪井良平 1925「一二古墳の排湿設備」『考古学雑誌』15-3、考古学会
勅使河原　彰 1988『日本考古学史』東京大学出版会
土井基司 1992「横穴式石室からみた群集墳の様相」『九州考古学』67、九州考古学会
栃木県 1926『栃木県史跡天然記念物調査報告』1
栃木県教育委員会 1997『栃木県埋蔵文化財地図』
栃木県立なす風土記の丘資料館 2010『横穴墓からみた那須地域』栃木県教育委員会
栃木県古墳勉強会 1986「東国における首長墓の変遷―下野国を中心として―」『第14回古代史サマーセ

ミナー研究報告資料栃木』古代史サマーセミナー事務局、栃木県考古学会
栃木県古墳勉強会　2004「中山（将門霊神）古墳調査報告」『栃木県考古学会誌』25、栃木県考古学会
栃木県古墳勉強会　2005「中山（将門霊神）古墳調査報告2」『栃木県考古学会誌』26、栃木県考古学会
栃木県古墳勉強会　2010「栃木市（旧大平町）マガキ1号墳測量調査報告」『栃木県考古学会誌』31、栃木県考古学会
栃木県史編さん委員会　1976『栃木県史』資料編考古1、栃木県
栃木県史編さん委員会　1979『栃木県史』資料編考古2、栃木県
栃木県下都賀郡教育会ほか　1941『紀元二千六百年記念古墳調査』栃木県下都賀郡教育会ほか
栃木県立しもつけ風土記の丘資料館　1990『第4回企画展　古墳文化の終焉―しもつけにおける7世紀の墳墓と集落―』栃木県教育委員会
栃木県立なす風土記の丘資料館　1999『年報』7、栃木県教育委員会
長井正欣　1999「各地の概要―邑楽郡・舘林市」『群馬県内の横穴式石室Ⅱ（東毛編）』群馬県古墳時代研究会
中津市史刊行会　1965『中津市史』中津市史刊行会
中村享史　1996「鬼怒川東岸域の横穴式石室」『研究紀要』4、財団法人栃木県文化振興事業団埋蔵文化財センター
中村享史　1998「栃木県北部の横穴式石室」『研究紀要』6、財団法人栃木県文化振興事業団埋蔵文化財センター
中村享史　2000「東国における横穴式石室の開始と展開」『大塚初重先生頌寿記念考古学論集』東京堂出版
中村享史　2003「栃木県における後期古墳の諸段階」『第8回東北・関東前方後円墳研究会大会　シンポジュウム後期古墳の諸段階発表要旨資料』東北・関東前方後円墳研究会
中村享史　2007「栃木県の考古学の研究動向―（古墳の）内部構造」『研究紀要』15、財団法人とちぎ生涯学習文化財団埋蔵文化財センター
中村享史　2008『国指定史跡吾妻古墳―重要遺跡範囲確認調査概報Ⅰ―』栃木県教育委員会・財団法人とちぎ生涯学習文化財団
中村享史・内山敏行　2005「下毛野の古墳埋葬施設」『考古学ジャーナル』535、ニューサイエンス社
中村享史・齋藤恒夫　2011『吾妻古墳』財団法人とちぎ生涯学習文化財団
直方市史編さん委員会　1971『直方市史』上、直方市
橋本澄朗　2003「山王寺大桝塚古墳の検討」『栃木の考古学―塙静夫先生古稀記念論文集―』栃木の考古学刊行会
橋本澄朗・尾島忠信　1979「山本山古墳」『宇都宮市戸祭　山本山古墳・水道山瓦窯跡発掘調査報告書―日本住宅公団（宇都宮市戸祭地区）地内―』栃木県考古学会
橋本博文　1996「東矢島古墳群」『太田市史』通史編原始古代、太田市
馬頭町史編さん委員会　1990『馬頭町史』馬頭町
塙　静夫　1954「益子町天王塚古墳発掘記」『下野史学』5、下野史学会
塙　静夫　1964『鹿沼市藤江古墳』鹿沼市史編さん会
土生田純之　1983「九州の初期横穴式石室」『古文化談叢』12、九州古文化研究会
土生田純之　1991『日本横穴式石室の系譜』学生社
土生田純之　1992「横穴系の埋葬施設」『古墳時代の研究』7、雄山閣
土生田純之　1994「畿内型石室の成立と伝播」『ヤマト王権と交流の諸相』名著出版会
土生田純之　1996「葬送墓制の伝来をめぐって―北関東における事例を中心に―」『古代文化』48-1、古

　　　　　　代学協会
土生田純之 1998『黄泉国の成立』学生社
土生田純之 2003「近畿の外来系石室―大和・ワラ田古墳の石室をめぐって―」『古代近畿と物流の考古学』
　　　　　　学生社
土生田純之 2006『古墳時代の政治と社会』吉川弘文館
土生田純之 2008「日本における横穴式石室の導入」『栃木県考古学会誌』29、栃木県考古学会
林　日佐子 1998「丹後・丹波における初現期の横穴式石室」『考古学と技術』同志社大学考古学シリーズ
　　　　　　刊行会
原田道雄 1972「関東地方の初期横穴式石室古墳」『駿台史学』30、駿台史学会
樋口隆康 1955「九州古墳墓の性格」『史林』38-3
日向野徳久 1979「岩家古墳」『栃木市史』史料編古代・中世、栃木市
広瀬和雄 2011「下野地域の後・終末期古墳の歴史的意義―6～7世紀東国統治の一事例―」『国立歴史民
　　　　　俗博物館研究報告』163、国立歴史民俗博物館
細野雅男 1981「業平塚古墳」『群馬県史』資料編3原始古代3、群馬県
前澤和之 2010「古代上野国への歴史意識の形成と展開―随近国から坂東へ―」『近藤義雄先生卒寿記念論
　　　　　集』近藤義雄先生卒寿記念論集刊行会
前澤輝政 1954「佐野市八幡山古墳調査概報」『古代』16、早稲田大学考古学会
前澤輝政 1957「足利市八幡・山辺小学校裏古墳（2基）調査報告」『古代』25・26、早稲田大学考古学会
前澤輝政 1965「足利公園古墳群中南西部古墳」『古代』45・46、早稲田大学考古学会
前澤輝政 1979「原始古代」『近代足利市史』3・資料編、足利市
前澤輝政 1983『新編足利の歴史』国書刊行会
前澤輝政・橋本　勇 1959『足利市田中町3丁目市営住宅裏古墳調査報告』足利市教育委員会
前澤輝政・橋本　勇 1981『海老塚古墳』毛野古文化研究所・足利市教育委員会
前澤輝政・橋本　勇 1985『明神山古墳群―栃木県足利市朝倉町所在―』足利市教育委員会
前澤輝政・橋本　勇・大澤伸啓 1986『山辺小学校裏4号墳発掘調査報告書』足利市教育委員会
益子町史編さん委員会 1987『益子町史』1・考古資料編、益子町
益子町史編さん委員会 1991『益子町史』6・通史編、益子町
松尾禎作 1950「目達原古墳群調査報告」『佐賀県史蹟名勝天然記念物調査報告』9、佐賀県教育委員会
松崎元樹 2002「多摩川水系にみる古墳文化の地域特性」『第12回大会　多摩川流域の古墳時代―国府以
　　　　　前の様相―《発表要旨》』多摩地域史研究会
松原睦祐 2002『第16回企画展律令国家の地方官衙―古代の役所Ⅱ―』栃木県立下野風土記の丘資料館
丸山瓦全ほか 1940『足利市郡古墳調査誌』足利市郡教育会
右島和夫 1990「関東　3.　群馬」『古墳時代の研究』11・地域の古墳Ⅱ東日本、雄山閣
右島和夫 1994『東国古墳時代の研究』学生社
右島和夫 2006「古墳から見た6世紀の関東地方」『古代武器研究』7、古代武器研究会
右島和夫 2008「古墳時代における畿内と東国―5世紀後半における古東山道ルートの成立とその背景―」
　　　　　『研究紀要』13、由良大和古代文化研究協会
三木文雄・村井嵓雄 1957『那須八幡塚』小川町古代文化研究会
三田敦司 2001「三河における後期古墳の動向」『東海の後期古墳を考える』三河古墳研究会
南那須町史編さん委員会 1993『南那須町史』資料編、南那須町
南那須町史編さん委員会 2000『南那須町史』通史編、南那須町

壬生町史編さん委員会 1987『壬生町史』資料編原始古代・中世、壬生町

宮澤智士 1985『日本の民家』小学館

宮田祐紀枝 1989「頼母子横穴墓群」『板倉町史　考古資料編　別巻9―板倉町の遺跡と遺物―』板倉町史編さん委員会

宮田祐紀枝 2001「離山横穴墓」『町内遺跡』Ⅵ、板倉町教育委員会

真岡市史編さん委員会 1984『真岡市史』1・考古資料編、真岡市

茂木町史編さん委員会 1997『茂木町史』2・史料編1原始古代中世、茂木町

森　貞成 1936「下野山辺村八幡古墳発掘概報」『考古学雑誌』26-7、考古学会

森下浩行 1986「日本における横穴式石室の出現とその系譜―畿内型と九州型―」『古代学研究』111、古代学研究会

諸橋轍次 1985『大漢和辞典』大修館書店

八木奘三郎 1899「下野国河内郡豊郷村の横穴と塚穴」『東京人類学会雑誌』14、東京人類学会

屋代方子 1978『番匠峰古墳群発掘調査報告書』矢板市教育委員会

屋代方子 1980『芳賀町二子塚西古墳』芳賀町教育委員会

安永真一 1996「大塚遺跡群」『大塚古墳群』栃木県教育委員会

谷津浩司・坂庭秀紀 2000「東矢島古墳群（割地山古墳）」『市内遺跡ⅩⅥ』太田市教育委員会

柳澤一男 1975「北部九州における初期横穴式石室の展開」福島考古学研究会編『九州考古学の諸問題』東出版

柳澤一男 1980「肥後型横穴式石室考」『古文化論巧』鏡山猛先生古稀記念論集刊行会

柳澤一男 1982「竪穴系横口式石室」『森貞次郎博士古稀記念古文化論集』下、森貞次郎博士古稀記念論集刊行会

柳澤一男 2002「日本における横穴式石室受容の一側面―長鼓峯類型石室をめぐって―」『清渓史學』16・17、韓國精神文化研究院清渓史學會

梁木　誠 1983「まとめ」『針ヶ谷新田古墳群』宇都宮市教育委員会

梁木　誠・木村光男 1983『針ヶ谷新田古墳群』宇都宮市教育委員会

梁木　誠・田熊清彦 1989「古代下野の土器様相」『栃木県考古学会誌』11、栃木県考古学会

梁木　誠ほか 1983『聖山公園遺跡Ⅰ―昭和57年度発掘調査概要―』宇都宮市教育委員会

梁木　誠・水沼良浩・藤田典夫 1985『稲荷古墳群』宇都宮市教育委員会

山越　茂 1976「二つ室塚古墳」『栃木県史』資料編・考古1、栃木県

山越　茂 1979「岩家古墳」『栃木県史』資料編考古2、栃木県

山崎信二 1985『横穴式石室構造の地域別比較研究』1984年度文部省科学研究費奨励研究A

山中　樵 1905「所謂入鹿の隻塚につきて」『考古界』5-4、考古学会

山中敏史 1986「律令国家の成立」『岩波講座　日本考古学』6・変化と画期、岩波書店

山ノ井清人 1979「古墳時代」『宇都宮市史』原始・古代編、宇都宮市

山ノ井清人 1981「栃木県における切石使用横穴式石室の編年」『栃木県考古学会誌』6、栃木県考古学会

山ノ井清人 1989「栃木県の初期横穴式石室」『栃木県立しもつけ風土記の丘資料館第3回企画展　横穴式石室の世界―しもつけにおけるその導入と展開―』栃木県教育委員会

山本　彰 2007『終末期古墳と横口式石槨』吉川弘文館

横幕大祐 2001「美濃地方における後期古墳の状況」『東海の後期古墳を考える』三河古墳研究会

若狭　徹 2008「岩野谷丘陵の開発と山名伊勢塚古墳―佐野三家をめぐる雑考―」『山名伊勢塚古墳―前方後円墳の確認調査―』専修大学文学部考古学研究室

若林勝邦 1893「下野国足利に於て近頃発見せる埴輪土器」『東京人類学雑誌』8、東京人類学会
渡辺晶子・関根穂高 1986「宇都宮市瓦谷町宮下古墳及び小円墳群墳丘測量調査報告」『峰考古』6、宇都宮大学考古学研究会
渡辺博人ほか 1978『群馬県太田市菅ノ沢遺跡ⅩⅠ・巌穴山古墳Ⅰ次調査概報』駒澤大学考古学研究会

あ と が き

　本書は、平成 24 年（2012）3 月に専修大学に提出した博士（歴史学）学位請求論文「栃木県における横穴式石室の研究」にもとづく論稿集で、一部を訂正・削除したものである。
　この学位論文審査に際しては、主査として土生田純之先生、副査として荒木敏夫先生、右島和夫先生、高久健二先生にご指導をいただいた。
　とりわけ土生田純之先生には、入学してから後期博士課程の修学年数いっぱいまで、約 10 年間にわたって、多くのことを学ばせていただいた。その学恩は計り知れないものがある。先生とは不思議なご縁がある。今から 30 年以上前、当時地元の会社に勤めながら、足利市教育委員会の文化財総合調査に参加し、休日は旧織姫公民館で遺物の整理などをしていた。そんな折、右島先生の案内で白石太一郎先生、土生田先生が旧公民館の展示室へ見学に来られ、お話をさせていただいたことがある。その頃は先生はまだ宮内庁に在職中であったが、一介の調査員である私たちに宮内庁で展示会が開催されるときに、連絡してくれれば見学できるようにしますなどと話しかけられ、大変気を使われる方だなという印象を受けた。そして、約 10 年前に考古学の学問をしっかりと学んでみたいと思い、高校時代の同級生であった専修大学教授の川村晃正氏に相談したところ、同じ大学に優秀な先生がおられると紹介されたのが、土生田先生だったのである。まさか大学に移られているとは思わず、これも何かの縁であろうと、すぐさま決断をしたことを思い出す。
　1 年間の聴講生を経たのち修士に入学したが、大学院はさすがに優秀な学生がおり、追いついていくのがしんどく、途中で挫折しそうなことが何度かあった。しかし先生から「博士号を取るまで頑張るという、私との約束はどうしたのですか」との、きわめて具体的な叱咤激励もあり、平成 24 年に辛うじて卒業することができた。
　また、大学院での講座では、白石太一郎先生、右島和夫先生、松尾昌彦先生から体系だてられた学史や研究の方法論を、理論的でありながら大変わかりやすくご指導を賜った。考古学という専門分野を離れては、近世史の青木美智男先生に強い影響を受けた。夏季ゼミ合宿の真夜中に一升ビンを前において、とめどなくお弟子さんに話す近世文化史・民衆史の内容は、とても新鮮であった。卒業後は世界遺産関係の「近世日本の教育遺産」シンポジュウムでお目にかかったが、平成 25 年（2013）7 月に急逝されてしまった。ご冥福をお祈りする。
　本書を上梓するにあたって、土生田先生には、卒業後であったのにもかかわらず、博士論文を出版しなくては一区切りでないと、韓国への研修の最中に再度論文に目を通し、出版に関する一切の手続きをしていただいた。誠に感謝してもしきれない。また、いちいちご氏名を上げないが、地元足利市や佐野市の先輩・後輩からは、小論を作成するたびに有形・無形の協力をいただいた。そして、ちょうど入学したころ活動を再開した栃木県古墳勉強会の皆さんには、県内の古墳を勉強するエネルギーをいただいた。加えて、県や市町村の埋蔵文化財担当職員の方々には、現地の古墳を案

内していただき、さらに多くの資料の提供を受けた。小論で引用させていただいたデータや先行研究はそうした方々の実績にもとづくものであり、ありがたく思っている。また、出版にあたって同成社の工藤龍平氏にお世話になった。

　擱筆にあたり、今一度自身の考古学人生の来し方を振り返ると、考古学を学びたいという夢は、遠い過去の群馬大学工学部1年生のとき、学芸学部の尾崎喜左雄先生と出合い、『横穴式古墳の研究』の校正を一部お手伝いさせていただいたことから持つようになった。そのときは学部変更できず、かなわなかったが、おおよそ40年たってやっとたどりついた。その間、とぎれとぎれであったが、尾崎門下生の方々とのつながりがこの夢をつないできたのではないかと思う。

　最後に、このような自由な人生を過ごさせてくれている家族に感謝の気持ちを捧げたい。

　　平成26年3月

　　　　　　　　　　　　　　　　　　　　　　　　　　　　　　　　　　　　市橋　一郎

北関東の横穴式石室
<small>きたかんとう　よこあなしきせきしつ</small>

■著者略歴■

市橋一郎（いちはし・いちろう）

1946 年　栃木県生まれ
2002 年　足利市教育委員会事務局退職
2006 年　専修大学大学院文学研究科歴史学専攻修士課程修了
2012 年　専修大学大学院文学研究科歴史学専攻博士課程修了
　　　　博士（歴史学）号取得
現　在　専修大学文学部非常勤講師
　　　　足利市教育委員会　史跡足利学校事務所　研究員
　　　　足利市文化財愛護協会副会長
　　　　足利市文化財専門委員会副委員長

〔主要論著等〕
「後半の足利考古会の資料について」『足利市史研究』3、1974 年。「足利公園古墳群と坪井正五郎氏」『唐澤考古』15、唐沢考古会、1996 年。「文化遺産保存と活用のケーススタディ─栃木県足利市中世足利氏関連史跡」土生田純之編『文化遺産と現代』同成社、2009 年。「足利の廃寺について」『足利の廃寺』足利市文化財愛護協会、2009 年。「各地の様相　下野」土生田純之編『東日本の無袖横穴式石室』雄山閣、2010 年。「鑁阿寺の歴史的変遷」東京芸術大学保存修復建造物研究室編『鑁阿寺本堂調査報告書』鑁阿寺、2011 年。

2014 年 10 月 17 日発行

著　者　市橋一郎
発行者　山脇洋亮
印　刷　三美印刷㈱
製　本　協栄製本㈱
発行所　東京都千代田区飯田橋 4-4-8
　　　　（〒102-0072）東京中央ビル　㈱同成社
　　　　TEL 03-3239-1467　振替 00140-0-20618

©Ichihashi Ichiro 2014. Printed in Japan
ISBN978-4-88621-670-0 C3021